동아시아 역사학 선언

동아시아 역사학 선언

초판 1쇄 펴낸날 | 2021년 10월 30일
초판 2쇄 펴낸날 | 2021년 12월 10일

지은이 | 강상규
펴낸이 | 류수노
펴낸곳 | (사)한국방송통신대학교출판문화원
　　　　주소 서울특별시 종로구 이화장길 54 (03088)
　　　　전화 1644-1232
　　　　팩스 (02)741-4570
　　　　홈페이지 http://press.knou.ac.kr
　　　　출판등록 1982년 6월 7일 제1-491호

출판위원장 | 이기재
편집 | 신경진·김경민
편집 디자인 | (주)성지이디피
표지 디자인 | 김민정

ⓒ 강상규, 2021
ISBN 978-89-20-04182-2　93910

값 22,000원

동아시아 역사학 선언

근대 동아시아에 나타난 역사적 전환들

강상규 지음

에피스테메
EPISTEME

일러두기

1. 이 책을 집필하면서 필자는 참고문헌에 제시한 필자의 기존 관련 저작이나 논문을 최대한 활용했음을 밝혀 둔다. 그중에서도 이 책에서 필자가 언급한 주요한 새로운 개념틀은 강상규, "역사적 전환기 한반도의 국제정치 경험에 관한 연구: 류큐왕국/오키나와 및 대만과의 비교를 중심으로", 『진단학보』135호(2020.12)를 작성하는 과정에서 구체화된 부분이 많다. 이 책에서 언급하지 않은 보다 상세한 설명은 필자의 다른 관련 저작이나 논문을 참조할 수 있다.

2. 이 책에서 천황이라는 용어를 사용하는 이유: 역사적으로 한일관계를 보면 한국에서 일왕을 천황이라는 호칭으로 부르는 것은 여러모로 부적합할 수 있다. 하지만 근대 국제질서의 구조적 측면에서 보면 일본이라는 주권국가의 입장을 존중해 준다는 차원에서 일본에서 사용하는 천황이라는 칭호를 그대로 사용하는 것도 의미가 있다. 그뿐만 아니라 '천황제 이데올로기'라는 일본근대사의 특징적 현상을 포착하기 위해서는 천황이라는 용어가 갖는 시대적 뉘앙스를 있는 그대로 사용할 필요가 있다. 이 책에서는 '천황이라는 용어가 일본 열도에서 갖는 정치적이고 사회적인 의미를 여러 각도에서 주목할 필요가 있다고 생각하여 일왕이 아닌 천황이라는 개념을 사용했다.

서문

단거리 선수로 세계 육상계를 평정한 우사인 볼트 선수와 한국의 전설적인 마라토너 황영조 선수가 달리기 경주를 한다면, 과연 어떤 일이 벌어질까요? 100m 경주나 단거리 경주를 하면 기적이 일어나지 않는 한 황영조는 우사인 볼트를 이기기 어렵습니다. 가령 단거리를 기준으로 삼으면 황영조는 우사인 볼트와는 비교될 여지가 없는 매우 뒤떨어진 선수라는 딱지를 떼기 어려울 것입니다. 어쩌면 과학적 통계를 기반으로 우사인 볼트에게는 우월한 유전자의 소유자라는 낙인을, 황영조에게는 열등한 유전자의 소유자라는 낙인을 찍으려고 할지도 모릅니다. 그런데 이번에는 기준을 바꿔 장거리 경주를 한다면 어떻게 될까요? 결과는 전혀 달라질 것입니다. 우사인 볼트는 경주에서 어느 순간 황영조를 놓치게 되고 결승선까지 가는 것조차 어려울 수 있습니다. 이처럼 '기준'은 힘이 셉니다. 기준이란 대단히 강력한 힘을 갖는다는 의미입니다. 기준이 바뀌면 이에 따라 완전히 다른 결과, 전혀 다른 평가가 나올 수 있기 때문입니다.

기준은 힘이 세기 때문에 한편으로는 위험하기도 합니다. 다른 사례를 들어 볼까요? 언젠가부터 우리는 정치를 논할 때면 흔히 우익이나 좌익, 혹은 우파나 좌파라는 표현을 듣게 됩니다. 여러분은 자신이 우파와 좌파 중에 어느 편에 속한다고 생각하나요? 잠시 이 책을 덮고 곰곰이 생각해 보아도 좋습니다. 사람들은 대체로 자기 자신이 어느 한쪽으로 치우치지 않고 중도를 걷는다고 믿는 경향이 있습니다. 즉 자신을 기준으로 맹목적으로 사고하는 경우가 많습니다. 그러다 보니 사회과학에서 말하는 좌파와 우파에 관한 개념 정의와는 상관없이, '저 친구는 나보다 왠지 좌측에 있는 것처럼 보이니까 좌파'라거나 '나보다 우측에 있어 보이니까 우파'라고 단정하기 쉽습니다. 하지만 좌파와 우파의 구분은 실제로는 그 경계가 모호하고 대단히 민감한 문제여서 함부로 이런 기준을 만들어 적용하기 시작하면 매우 위험한 '양날의 검'이 될 수 있다는 점을 잊어서는 안 됩니다.

여기서 다음과 같은 질문을 던져 볼 수 있습니다. "기준이란 무엇인가? 그리고 누가 기준을 정하는가? 내 주변에는 어떤 유력한 기준이 존재하는가? 아울러 우리가 지금까지 '보편'이라고 간주해 온 것들은 어떻게 보편의 지위를 획득한 것인가? 보편이라고 믿어 왔던 것이 정말 보편인 것인가? 무엇이 보편이고 무엇이 특수인가?" 갖가지 질문이 꼬리에 꼬리를 물고 이어집니다. 여기서 적어도 한 가지 분명한 것은 기준을 어떻게 세우는가에 따라 보편과 특수에 대한 평가가 달라질 수 있다는 것입니다. 기준이 바뀌면 사람들의 '상식'도 변화합니다.

그뿐만 아니라 우리가 알고 있는 이론들도 대체로 어떤 기준에 입각해서 성립한 것들입니다. 따라서 매우 객관적이고 중립적으로 보이는 이론도 자세히 들여다보면 편향된 인식이 개입되어 있기 마련입니다. 이런 문제를 간파한 학자들은 "이론은 항상 특정 대상과 목적을 위한 것"이라고 설파하며 늘 경계가 필요하다고 경고하기도 합니다. 어떤 특정한 시간적, 공간적 관점에서 완전히 자유로운 불편부당한 이론이란 존재하지 않는다고 할 수 있습니다.

역사 속에서 인류가 봉착한 거의 모든 문제는 '무엇을 기준으로 삼을 것인가'라는 문제와 어떤 식으로든 연관되어 있다고 해도 과언이 아닐 것입니다. 따라서 어떤 이론, 신념, 사상, 종교를 맹목적으로 신봉하기보다는 가끔은 어느 정도의 거리를 두고 객관적으로 바라보려는 여유와 지혜를 가져야 합니다.

우리가 살아가는 세계와 역사 속에는 유력한 기준과 패러다임이 존재해 왔습니다. 역사의 축을 거슬러 올라가다 보면 매우 중요한 패러다임의 변동기, 즉 전환기를 수차례 만나게 됩니다. 역사의 현장에서 이처럼 거대한 변화에 직면한 사람들은 당황할 수밖에 없었을 것입니다. 실제로 전환기의 시대를 살았던 국가나 조직이 새롭게 바뀐 기준과 패러다임에 '왜' 그리고 '어떻게' 적응하거나 혹은 부적응하는지를 살펴보는 것은 손에 땀을 쥐게 하는 매우 흥미로운 작업입니다. 독자 여러분은 이 책을 읽으면서 우리 시대, 우리 사회를 구성하는 주요한 '기준'에는 어떤 것이 있는지, 그리고 그것은 누가 어떻게 정한 것인지를 생각해 볼 필요가 있습니다. 그리고 우리가 살아가는 패러다임과 각종 기준이 현재 그리고 미래에는 어떻게 변화해 갈지를 진지하게 예측해 볼 수 있다면 그것은 아마도 매우 유익한 경험이 될 것입니다.

이 책은 이런 문제의식을 가지고 '동아시아 근대사'에 나타난 주요한 몇 차례의 전환기를 생동감 있게 전달하기 위해 집필한 글입니다. 이 작업은 급격하게 '기준'이 바뀌었던 동아시아 근대 전환기의 맥락을 새롭게 포착함으로써 동아시아에 새겨진 굴곡진 과거의 여정과 그 위에 서 있는 현재를 보다 풍부하게 이해하고 지속 가능한 미래를 위해 고려해야 할 사항을 살피려는 것이기도 합니다. 동아시아 근대사에는 입장에 따라 해석이 상반되는 부분이 여러 군데 존재합니다. 어떤 입장이 옳다 그르다고 판단하기 곤란한 경우가 많습니다. 역사 해석에는 하나의 정답만 존재하지 않습니다. 그저 끊임없이 역사적 진실을 찾아가면서 그 의미를 다양하게 묻고 한결 납득할 만한 해석을 찾아가는 과정만 존재할 뿐입니다.

이 책을 집필한 저의 시각은 한마디로 '다중거울'과 '추追 체험'을 통해 동아시아 근대사를 관통하는 시대정신을 비판적이고 균형감 있게 음미하는 것이라고 할 수 있습니다. 의미를 알 수 없는 사건이나 사실을 늘어놓기보다는 동아시아라는 맥락에서 어떤 시대와 시대정신을 구성하는 요소들을 '질문'하고 그에 관한 답변을 찾아보려고 했습니다. 저의 관점과 질문의 주요한 내용에 관해서는 이 책의 1장과 2장에서 확인할 수 있습니다. 이 내용에 공감하는 독자라면 책을 읽으면서 현재가 과거와 어떻게 연결되어 있는지, 그리고 과거가 현재와 미래를 어떻게 '구속'하고 있는지를 보게 될 것입니다. 이 글을 읽으며 사유하는 동안 독자 여러분의 역사를 보는 시각이 풍부해지고 세상을 보는 눈에 변화가 일어나기를 그리고 더 많은 질문과 호기심이 피어오르고 아울러 상생과 지속 가능한 미래를 위한 '생각의 근육', '삶의 근육', '지혜의 근육'이 생겨나기를 바랍니다.

이 책이 나오기까지 일일이 거론하기 어려울 만큼 많은 분들의 도움과 격려가 있었습니다. 모두에게 고마움을 전합니다. 또한 청년시절에 만나 인생의 힘겨운 여정을 함께한 아내 한수영과 그사이 어엿한 지성인으로 성장한 두 딸 강민아와 강수민은 이 책을 구상하고 써 내려가는 동안 내내 대화와 배려로 성원해 주었습니다. 아울러 '나의 길 새로운 길'을 찾아가는 데 길동무가 되어 준 한국방송통신대학교 학우들도 빼놓을 수 없습니다. 그분들의 반짝거리는 눈동자는 내 인생의 소중한 등대가 되어 왔습니다. 모두 너무나 감사할 따름입니다.

동아시아 문명의 봄을 기다리며
혜화에서 **강 상 규**

차례

1장

‘동아시아 역사학’을
위한 예비작업

1. 동아시아의 국면전환과 한반도:
한반도의 국제정치적 민감성

동아시아에 위치한 한반도는 독특한 지정학적 공간에 자리하고 있다. 중국이라는 대륙세력과 일본이라는 해양세력이 만나는 길목에 위치하기 때문이다. 19세기 후반부터는 러시아가 대륙세력에, 미국과 유럽 열강이 해양세력에 합류해 들어왔다. 그래서 근현대 한반도는 지구상의 가장 강력한 열강들이 접하고 있는 지정학적 공간에 놓이게 되었다. 일찍이 황쭌셴黃遵憲, 1842~1905은 『조선책략朝鮮策略』1880에서 "조선이라는 땅은 아시아의 요충을 차지하고 있어 형세가 반드시 다투기 마련이며, 조선이 위태로우면 중국과 일본의 형세도 날로 위급해질 것이다. 따라서 러시아가 강토를 공략하려 할진

대, 반드시 조선으로부터 시작할 것이다"라고 설파했으며, 백암 박은식 1859~1925은 국망의 현실을 경험하고 『한국통사韓國痛史』1915를 출간하면서, "한반도가 동방의 해양과 육지의 요충에 처하여 열강이 서로 만나는 지점이라서 유럽의 발칸반도와 같다"라는 지적을 반복하여 언급한 바 있다. 이런 지정학적인 '구조'적 요인은 중화질서/동아시아 지역에 이른바 '전환기'적 상황이 도래하는 시기마다 한반도의 '역사'를 백척간두百尺竿頭의 위기로 몰아세웠다.

예컨대 16세기 말 일본의 전국戰國 시대가 마무리되어 가던 격변기적 시점에서 한반도는 두 차례의 왜란—임진왜란과 정유재란—을 치러야 했고, 17세기 중엽 중화질서의 패권이 한족漢族에서 만주족으로 이동하는 이른바 '명나라에서 청나라로 교체'되는 시점에서 두 차례의 호란—정묘호란과 병자호란—에 휘말려 들게 했다.

19세기 후반 서세동점[1]이 진행되는 상황에서 일본에서는 정한론征韓論, 청에서는 조선 속국화屬國化 작업이 추진되며 조선을 경쟁적으로 압박해 왔는가 하면, 얼마 후 한반도의 운명이 걸린 청일전쟁과 러일전쟁이 연달아 발발하면서 급기야 대한제국은 일본에게 강점强占당하는 수난을 겪게 된다.

이후 양차 세계대전이 끝나고 제국 일본이 패망하면서 한반도는 마침내 해방을 맞이했으나 그것은 동시에 반쪽으로 쪼개진 일그러진 모습을 하고 있었다. 그리고 트루먼 독트린 Truman Doctrine 등을 기점으로 '냉전'의 기운이 동아시아를 비롯한 세계로 급속히 확산되기 시작하면서 한반도는 6·25전쟁 혹은 '한국전쟁'이라는 이름의

---

1 (용어설명) 서세동점西勢東漸 : 서양 세력이 본격적으로 동아시아로 진출해 온 19세기 시대상황을 나타내는 말이다.

국제전國際戰을 치러야 했으며, 이는 냉전이 끝난 지 30년 이상의 시간이 흐른 '지금'까지도 지속되면서 '적대적 분단체제'로 이어진다. 아울러 냉전이 해체되고 21세기가 새로운 '전환기'적 상황에 들어서면서 세계적인 위기의 초점으로 '북핵 문제'가 떠오른 것이나, '전쟁 위기설'의 회오리가 한반도 주변을 유령처럼 불안하게 배회하는 작금의 상황 역시 한반도의 장기적 역사의 맥락 위에서 조망해 볼 수 있다.

이처럼 한반도의 지정학적이고 '구조적'인 위상과 더불어 전환기의 '역사적' 경험은 한반도가 국제정세의 변화에 얼마나 민감하

한반도 주변 거대한 지각변동과 한반도의 상관관계

한반도가 경험한 거대한 지각변동		한반도 주변 제국상황	결과: 한반도에서 발생한 사건
21세기	탈냉전 또는 탈근대 또는 세계화	미국 vs. 중국	북핵 위기, 한반도 전후체제의 동요, 한일관계 위기, 현재 진행 중
20세기 중엽	'냉전'의 시작	미국 vs. 소련	한국전쟁(1950) 발발 → 한반도 '적대적 분단체제'의 고착화
20세기 전반	양차 세계대전	일본 vs. 구미열강	근린 제국주의 피해, 해방과 분단
19세기 후반	서세동점	구미열강 vs. 일본(신흥제국) vs. 중국(구제국-청)	일본의 정한론, 청의 조선 속국화 시도 → 청일전쟁과 러일전쟁 → 국권의 상실
17세기 전반	'명청교체'(=한족(漢族)에서 만주족으로 중화문명 내부의 패권이동)	중국(명) vs. 신흥세력(후금=청)	두 차례의 호란 (정묘호란, 병자호란) 발생
16세기말	일본의 전국(戰國) 시대가 정리되어 가던 격변기	중국(명) vs. 일본	두 차례의 왜란 (임진왜란, 정유재란) 발생

고 취약한지를 분명히 드러내 준다고 해야 할 것이다. 환언하면 한반도가 동아시아 정치질서의 안정성을 보여 주는 바로미터의 역할을 하고 있다는 역설적인 사실, 그리고 '여기' 한반도에서 살아가는 정책결정자, 지식인, 시민사회들이 국제정치 및 세계질서 혹은 동아시아 지역 질서에 대한 남다른 안목을 갖출 필요가 있음을 선명하게 말해 주는 것이기도 하다. 그러면 이런 국제정치와 세계질서에 관한 논의는 한국인들에게 과연 얼마나 입체적이고 섬세하게 축적되어 있으며 체감되고 공유되고 있는 것일까? 그리고 그중에서도 특히 동아시아라는 '지역'질서에 관해 한국인들은 어떤 방식으로 이해하며 얼마나 진지하고 심도 있게 사고하는 것일까?

2. '다중거울'과 해석의 힘

자동차에 부착된 여러 개의 거울은 운전자가 운전할 때 필요한 것들이다. 자동차에 달려 있는 다양한 거울을 '다중거울multiple mirrors'이라고 부르기로 하자. 자동차를 운전하다 보면 자동차에 부착된 거울은 참으로 유용하다. 도로상의 어떤 상황을 눈에 쏙쏙 잘 들어오게 비춰 주고 보여 주기 때문이다. 한편 각각의 거울은 어떤 측면을 좀 더 잘 보여 주기 위하여 필요에 따라 주변의 상황을 어떤 식으로든 과장하거나 혹은 의도적으로 왜곡해서 보여 준다. 생각해 보면, 3차원의 세계인 입체적인 공간을 2차원의 평면거울 하나에 완벽하게 담아내는 것은 애초에 불가능하기에 여러 개의 거울이 필요한 것이다. 요컨대 차에 부착된 각각의 거울은 모두 운전자에게 유용한 것임이 틀림없지만 어느 것도 운전자에게 충분하거나 완벽하게 주변상황에 관한 정보를 제공해 주지 못한다.

현대학문에서 등장하는 모든 이론은 결국 하나의 '보는 눈', 즉 시각을 제공해 준다. 따라서 어떤 이론도 결국 하나의 특징적인 거울에 빗대어 생각해 볼 만하다. 학문에서 어떤 이론이 뭔가를 파악하고 이해하는 데 특별한 장점이 있다면 그 이론은 그것 나름대로 '가치'를 확보한다고 할 수 있다. 그와 동일하게 자동차에 부착된 하나의 거울도 어떤 측면을 탁월하게 포착해 내는 장점이 있으면 그 거울은 그 나름대로 효용가치가 존재한다고 볼 수 있다. 문제는 어떤 거울 혹은 이론의 제한된 효용가치를 충분히 이해하지 못하고 이를 잘못 활용하는 경우에 발생한다.

우리는 도로 위의 공간에서 일상적인 안전운전을 할 때 자동차의 여러 거울, 곧 '다중거울'과 함께 이를 적절히 활용하는 노련함이 필요하다는 사실을 경험으로 잘 알고 있다. 그런데 우리가 살아가는 세계와 역사는 어떠할까? 도로 위의 상황과는 가히 비교가 불가능할 만큼 복잡하다는 것은 두말할 나위가 없다. 그러면 다층적인 역사의 심연과 복잡하게 변화하는 거대한 세계를 이해하고 미래를 계획하며 오늘을 헤쳐 나가려면 도대체 얼마나 많은 '다중거울'이 필요할지 생각해 볼 필요가 있다.

그럼에도 불구하고 우리는 세상이나 역사를 바라보는 데는 오히려 매우 제한된 거울에만 비춰 보는 경우가 많다. 왜 그런 것일까? 아마도 그것은 자동차의 경우에는 '다중거울'을 적절히 활용하지 않으면 현장에서 곧바로 큰 사고로 이어지기 때문일 것이다. 자동차가 달리는 도로 위의 상황은 대부분 인과관계가 매우 명료하기 때문

다중거울의 이미지=자동차에 부착된 다양한 거울

에 운전자는 도로상황과 자기 차량 간의 관계를 제대로 의식하려고 노력하게 된다. 하지만 반대로 세상일이나 역사의 흐름의 경우에는 그 깊이와 무게가 헤아리기 어려울 만큼 깊고 심오하여 상관관계를 파악하기 어렵다. 다양한 인과관계를 파악하기 어렵고 모호한 경우가 많기 때문에 오히려 각자의 경험이나 가치관에 의존하면서 몇 개 되지 않는 거울을 통해 상황을 단순하게 이해하고 마는 오류가 역설적으로 계속하여 발생한다.

이처럼 '다중거울'이 자동차에 부착된 여러 다양한 거울을 의미한다고 하면, '다중거울'을 활용한다는 것은 항상 '다양한' 시각에서 역사를 보고 세계를 보는 것이 좋다는 정도의 의미로 생각할 수도 있다. 하지만 여기서 간과해서는 안 될 점이 있다. 여러분이 운전 중에 왼쪽으로 차선을 바꾸려고 할 때 상관없는 거울에 한눈팔거나 혹은 여러 다양한 거울을 계속 살핀다면 어떤 일이 벌어질까? 오히려 사고가 날 소지가 커질 것이다. 따라서 '다중거울'을 활용한다는 것은 다양한 거울을 평소에 구비해 두고 그때그때 상황이나 맥락에 따라 '최적'의 거울을 '타이밍'에 맞춰 활용하는 것이 중요하다는 사실을 잊어서는 안 된다.

본서에서 다중거울을 '다초점렌즈' 등에 비유하지 않고 자동차에 부착된 거울들에 비유하는 데는 여러 가지 이유가 있다. 그중에서도 자동차가 움직이는 물체이고, 다중거울은 자동차라는 움직이는 공간에서 유용하게 작동한다는 점에 주목해야 한다. 우리가 살아가는 세계나 우리 각자의 삶은 머물러 있지 않고, 끊임없이 움직이며 변화한다. 따라서 자동차의 여러 거울에 비유하는 '다중거울'이란 항시적으로 변화하는 일상의 세계, 역사 속의 세계를 가늠하고 포착하기 위해 창안된 도구임을 기억해 둘 필요가 있다.

3. 역사를 보는 눈과 '다중거울'

역사의 흐름이나 전개를 보는 시각은 여러 가지가 있다. 진보사관발전사관과 순환사관, 섭리사관, 운명사관 등이 특히 중요하다. 여러분은 이들 중에서 어떤 역사관을 가지고 역사를 이해하고 있을까? 혹은 어떤 역사관이 가장 과학적이고 합리적이라고 생각할까?

현대인들은 대개 진보사관이 가장 사실에 부합하며 과학적이라고 생각하는 경향이 있다. 왜냐하면 서양의 계몽주의자들에 의해 탄생한 직선적 발전사관으로 역사를 보면, 발전이라는 하나의 법칙으로 인류문명의 역사와 시대의 흐름을 명쾌하게 설명할 수 있는 것처럼 보이기 때문이다. 하지만 이런 진보사관이라는 거울을 통해서 역사를 보면, 세계는 자연스럽게 우월한 것과 열등한 것으로 구성된 것처럼 보이며 미래는 발전이라는 장밋빛 세계로만 시야에 들어올 소지가 크다. 따라서 이런 시각은 스스로를 성숙하게 반추하고 성찰하도록 도와주기보다는 결정론적이고 도식적으로 미래를 바라보게 되고 그런 만큼 인간 위주의 오만한 세계관으로 이어질 가능성이 크다고 할 수 있다.

반면 전통적으로 동양인에게 익숙한 '일치일란 一治一亂', '흥망성쇠 興亡盛衰'와 같은 순환의 입장에서 역사를 보면, 앞서거니 뒤서거니 하는 모습이 결국 일종의 연속이자 반복으로 느껴지게 한다. 봄-여름-가을-겨울 그리고 다시 봄으로 이어지는 자연의 반복적인 '리듬'과 삶의 주기가 손에 잡힐 듯 실감 나게 시야에 들어온다. 하지만 순환사관의 거울로만 보면, 역사와 세계의 순환은 잘 보일 수 있지만 순환의 과정에서 만들어지는 역사의 '질적'인 변화를 입체적으로 포착하기가 어려워지는 한계가 있다.

한편 종교에서 말하는 '섭리사관'의 거울로 역사를 보면 어떨까? 결국 역사의 전개는 모든 것이 신의 뜻, 곧 신의 섭리로 받아들여지고 해석된다. 또한 우리가 흔히 운수나 운명으로 역사를 풀어 보는 것도 이런 섭리사관의 연장선상에 있다고 할 수 있다. 다만 신의 섭리를 세상과 자연의 여러 기운들의 조합으로 대체해 놓은 점이 다른 지점이라고 할 수 있겠다. 이런 섭리나 운명으로밖에 설명하기 어려운 경우도 충분히 있을 수 있다.

한편 여러분에게는 다소 생소하게 느껴질 수 있겠지만, 필자의 경우는 역사를 볼 때 '계기'라는 측면을 특히 주목해서 바라본다. 여러분이 모두 알고 있을 '새옹지마 塞翁之馬'의 이야기처럼, 나쁜 일이 벌어졌다고 해서 그다음 상황이 반드시 나쁘게 진행되는 것이 아니며, 좋은 일이 벌어진 것이 길게 보면 나쁜 결과로 이어질 수도 있다. 어떤 사건이 향후 어떻게 전개되고 상황이 뒤집어질지는 알 수 없다. 그뿐만 아니라 어떤 상황이 어떻게 전개될지는 인간이 어떤 상황에서 그때그때 어떤 '판단'을 하고 어떤'선택'을 하는가를 '계기'로 하여 상황이 다르게 바뀔 수 있기 때문이다. 이런 역사관을 필자는 '계기사관'이라고 부른다. 계기사관이라는 거울을 통해 역사를 보면, 역사는 결정론적으로 정해진 것이 아니라 여러 가지 가능성을 지닌 역동적이고 긴장감 넘치는 현장으로 시야에 들어오게 된다. 역사에서 빈번하게 나타나는 역설적 상황이 훨씬 잘 포착된다는 장점이 있다.

이 외에도 역사의 '주체'를 어떻게 설정하느냐에 따라 영웅사관, 민중사관, 일국사관, 민족사관, 계급사관, 국민사관, 문명사관 등 역사를 보는 매우 다양한 시각이 존재할 수 있다. 또한 역사에서 다루는 '범위'가 무엇인가에 따라 최근 주목받고 있는 빅 히스토리 big history 를 비롯하여 거시사, 미시사, 전체사, 일상사 등으로 다양하게 구분할 수도 있다.

이런 역사를 보는 다양한 시각 가운데 여러분은 어떤 입장에 관심이 갈까? 필자가 보기에 여기 나열한 시각 모두가 대단히 흥미로운 관점이다. 여기서 특별히 지적해 두고 싶은 것은 이런 시각들 중에서 어떤 하나를 정답인 것처럼 간주하고 다른 역사관을 배척하는 태도는 매우 위험하다는 것이다. 바꿔 말하면 '다중거울'로 역사를 볼 필요가 있다는 이야기이다. 역사는 어떤 때는 발전이라는 직선의 형태로 볼 때 가장 선명하게 드러나기도 하고, 혹은 순환하는 역사의 리듬에 주목할 때 더욱 잘 박진감 있게 느껴지고 한눈에 들어올 수도 한다. 또한 때로는 역사의 전개를 신의 뜻, 곧 신의 섭리로 받아들여 져 해석해야 할 필요가 있기도 하며, 경우에 따라서는 인간들이 어떠 한 상황에서 어떤 판단과 선택을 하는가에 따라 드라마틱하게 흐름 이 뒤집히는 역설이 중요하기도 하다. 독자 여러분도 각각의 시각이 갖는 장단점을 이해한 후에 역사를 보는 하나의 정형화된 시각을 고 집하는 것보다 역사를 보는 '다중거울'을 구비하고 상황에 따라 지 혜롭게 활용하는 안목을 갖는다면, 역사가 입체적이고 풍부하게 보 이는 것은 물론이고 중요한 판단을 내려야 할 상황에서 한층 현명한 선택을 할 수 있을 것이다.

샤갈 Marc Chagall, 1887~1985 이 1911년에 그린 〈나와 마을I and the Village〉이라는 제목의 유명한 작품이 있다. 그의 그림을 보면 당장 눈에 보이는 것만 평면적으로 묘사되는 것이 아니라 다른 여러 거울 에 비친 모습들이 캔버스 위에 흥미롭게 조합되어 있다는 느낌이 든 다. 여러분도 한번 찾아 감상해 보라. 필자가 보기에 샤갈의 〈나와 마을〉은 일상의 풍경화가 아니다. 샤갈은 말하자면 다중거울로 마 을을 그려 낸다. 현실과 꿈처럼, 일상의 맥락에서는 분리되어 있거 나 감추어져 있는 것을 포착하기 위해서 다양한 거울이 작동하고 있 다. 눈에 보이는 현실의 인과법칙이 아닌 새로운 논리로 구성된 입 체적인 생명의 세계가 평면의 캔버스 위에 신비롭게 재구성되어 있 다고나 할까. 이처럼 '다중거울'은 새로운 세계를 발견하는 도구이 며, 잘 보이지 않는 세상의 계기와 흐름을 통찰하는 통로를 제공해 주기도 한다.

4. 인문·사회과학의 핵심가치

아침에 눈을 뜨고 집을 나서 보니 시야에 들어오는 온 세상이 눈에 덮여 있다. 어린 시절, 마치 한 폭의 그림 속으로 걸어 들어온 느낌을 받고 황홀해하던 기억이 새삼스레 떠오른다. 아름다운 기억은 그 자체로 매우 소중한 것이다. 하지만 눈에 덮여 있을 때는 한결같이 동화 속의 공간처럼 보이던 세계가 눈이 녹아내리면 있는 그대로의 현실을 드러낼 수밖에 없다는 사실 또한 간과해서는 안 된다. 이와 반대로 두텁게 덮여 있는 이물질 속에 갇혀 있는 보석을 발견하는 것은 또 어떤가. 이처럼 포장되어 있는 세계를 걷어 내고 본래의 모습을 꿰뚫어 보는 눈을 우리는 흔히 '통찰력 洞察力, insight'이라고 부른다. 통찰력이라고 하는 것은 '본질과 현상'이라는 양자를 구별해 내고, 현상 너머에 존재하는 본질의 세계를 읽어 내고 포착하는 힘이라고나 할까. 그리고 보면 화려한 웅변이나 멋진 수식어로 포장된 이데올로기의 실체나 위험성을 포착해 내거나, 평범하게 보이는 사람의 비범한 재능을 감지하고 발굴해 내는 것도 통찰력이라고 할 수 있겠다.

이런 통찰력을 통해 세상을 바라보면, 눈앞에 전개되는 세상만이 아니라 그 배후에 있는 세계까지도 좀 더 명료하게 시야에 들어온다. 오늘날 우리가 살아가는 세계는 과대 포장되어 있거나 너무 복잡하여 전체를 섬세하게 포착하기가 쉽지 않은 경우가 많다. 하지만 통찰력을 키워 가면 세상의 온갖 권위와 미사여구, 선입견에 가려진 진실을 파악하는 힘이 증대되고, 이를 기반으로 세상에 대한 건강한 비판의식도 기를 수 있다.

그러나 우리가 접하는 현상, 인간관계, 사회구조 등을 날카롭게 읽어 내는 능력을 갖추었다고 해서 인문·사회과학의 기본적인 소임이 끝나는 것은 아니다. 지적知的 편식상태가 지속되는 가운데 통찰력을 키워 가는 훈련 과정이 진행되면, 역설적으로 세상을 '균형감' 있게 바라보는 능력이 현저하게 떨어질 수도 있다. 자신의 분야에서는 뛰어나더라도 자기주장이 너무 강해 다른 사람에게 불편하고 피곤한 존재가 되거나, 자기의 분야가 아니면 좀처럼 무관심하거나 생각하려 들지 않는다면 이는 심각한 문제가 아닐 수 없다. 그런 점에서 통찰력과 함께 편향된 관찰이나 사고를 넘어서는 대화와 소통, 성찰 그리고 이를 섬세하게 종합하는 균형감의 함양이야말로 인문·사회과학을 탐구하는 무엇보다 중요한 이유라고 할 수 있다.

한편 통찰력과 균형감에 덧붙여 간과해서는 안 될 인문·사회과학의 소임이 하나 더 남아 있다. 그것은 '상상력'을 키우는 것이다. 오늘날처럼 많은 것이 빠르게 변화하는 상황에서는 상상력의 중요성은 더욱 증대하기 마련이다. 과거와 현재, 미래와의 끊임없는 대화, 다양한 타자들과의 성숙한 관계 설정, 시공을 넘나들며 절충과 융합적 사고를 시도하며, 기존 사고방식의 틀을 뛰어넘는 사고의 유연성과 모험정신이 없이는 지속 가능하면서도 새로운 창조적 문법을 찾아내기 어려울 수밖에 없다.

여기서 독자 여러분에게 당부해 두고 싶은 것이 있다. 인문·사회과학에는 정답이 없는 경우가 많다. 하지만 그렇다고 해서 아무렇게나 생각하고 말해도 된다는 것은 아니다. 이것은 오히려 내가 틀릴 수 있다는 가능성을 열어 놓는다는 의미에 가까운 것이다. 남의 생각을 잘 듣고 진지하게 경청하는 것은 모든 문제를 해결하는 기본이 된다. 타인의 견해가 설령 분명히 잘못된 것이라 하더라도 그런 생각을 하는 사람들이 존재한다는 것 자체가 존중되고 이해되어야 할 사실임을 잊어서는 안 된다.

다만 타인의 말을 너무 쉽게 받아들이는 것은 문제가 있다. 자신의 머리로 생각하고 가슴으로 느끼면서 자신의 견해를 유연하면서도 풍성하게 만들어 가는 것이야말로 중요하다. 이런 탐구를 거듭해 가는 가운데 세계를 바라보는 '통찰력'과 아울러 '균형 잡힌 사고', '상상력'과 같은 힘을 키워 갈 수 있을 것이다.

5. 이 책에서 다루는 동아시아의 의미와 범위

지정학적으로 보면 동아시아 지역은 중국 중심의 문명권이자 한자문명권으로 분류할 수 있다. 동아시아 지역에는 '인류 역사에서 가장 오래 지속되어 온 제국'이라고 할 수 있는 중국이라는 대륙세력, 그리고 '비非기독교권 국가로서 19세기 이후 유일하게 제국을 건설한 국가'인 일본이라는 해양세력이 존재한다. 그리고 한반도는 이처럼 대륙세력과 해양세력이 만나는 길목에 위치한다. 게다가 19세기 후반부터는 미국과 유럽 열강들이 해양세력으로 그리고 러시아가 대륙세력에 합류해 들어오게 된다. 그렇게 보면 한국은 '제국들 사이에 존재하는 국가', 곧 '제국 간 국가'인 셈이다. 이 책에서 다루는 동아시아는 한국, 중국, 일본을 주요한 축으로 삼으며 유구琉球 왕국, 대만 등의 공간을 포함한다.

하지만 동아시아라는 지역이 선으로 명확한 경계를 표시할 수 있는 고정된 불변의 실체라는 말은 결코 아니다. 시대의 변화에 따라 동아시아라는 영역이 의미하는 범위는 다르게 파악될 수 있으며, 바다로 이어진 미국을 비롯하여 동남아시아 혹은 베트남 등이 동아시아에 포함될 수 있는지 여부도 역사를 기술하는 주체가 누군가에 따라 얼마든지 달라질 수 있다는 점을 고려해야 한다. 그뿐만 아니라 중국의 경우는 동아시아에 속한다는 언급 자체에 강한 거부감을 드러내기도 한다. 동아시아는 다분히 일본을 기준으로 지역을 구획하려 한다는 느낌을 받게 되기 때문이다. 이와 더불어 동아시아 지역을 이해하려고 할 때, 동아시아에 해당하는 몇몇 국가의 역사를 단순 나열하거나 조합해 놓는다고 해서 동아시아 역사가 드러나는 것이 아니라는 점도 주의해야 한다.

한편 역사적으로 동아시아 지역은 오래도록 중국이 중심이 되어 중화문명권이자 한자문명권을 형성해 왔다. 중화문명의 센터가 중국이었던 까닭에 중국의 발달된 문명이 한반도를 거쳐 주변지역에 오래도록 영향을 미쳤다. 그런데 19세기의 서세동점 이후, 물리력을 앞세운 근대 서구문명이 세계의 보편적인 문명기준의 위치로 부상하면서 기존의 고유한 동아시아의 문명기준이 뒤집히고 새로운

고정된 실체로서의 동아시아보다 동아시아의 의미와 범위가 가진 가변성과 확장성을 시대에 따라 유연하게 파악하는 것이 중요하다.

서구문명이 그 자리를 대체하는 이른바 '문명기준의 전환' 상황이 벌어진다. 19세기 동아시아에서 발생한 거대한 판의 변동을 필자는 '문명기준의 역전'이라고 부른다.

이에 따라 이제는 과거와는 달리 서구문명이 '일본'을 거쳐 한반도를 포함한 동아시아, 한자문명권 지역으로 전파되는 양상으로 변화하게 된다. 이 과정에서 제국 일본은 서양제국주의를 열심히 배우다 이후 직접 제국주의로 매진해 들어갔다. 이런 와중에 동아시아는 거대한 혼돈 상황에 빠져들어 가지 않을 수 없었다. 따라서 동아시아의 근대를 역사적으로 이해하려면 좋든 싫든 서양의 제국주의를 비롯한 근대적 특성과 함께 동아시아의 근대를 사실상 주도한 메이지明治 일본의 문명화 논리와 제국 일본의 전쟁을 살펴보지 않으면 안 된다. 동아시아의 근대를 다루는 이 책에서 상대적으로 일본에 관한 언급이 많은 부분을 차지하는 것은 이런 사정에서 연유하는 것이다.

6. '동아시아 역사학'이라는 새로운 세계로의 초대

한반도는 역사적인 전환기의 상황마다 그 전환의 한복판에서 씨름해 온 독특한 경험을 갖고 있다. 이런 사실은 인류 보편의 문제를 근원적으로 성찰하고 발상의 전환을 가능케 하는 능력이 한국인들에게 그만큼 절실하게 요구된다는 것을 의미한다. 〈동아시아 역사학〉이라는 분야는 널리 알려진 것처럼 생각될 수도 있지만 현재로서는 동아시아인 모두에게 매우 생소한 영역이기도 하다. 등잔 밑이 어두운 이치라고나 할까? 아니 어쩌면 잘 알고 싶지 않은 불편한 세계 혹은 무시하고 싶은 세계라고도 할 수 있을 것이다. 왜냐하면 곳곳에서 '불편한 진실'들과 마주할 수밖에 없기 때문이다.

필자는 이번 『동아시아 역사학선언』을 통해 좀처럼 마주하지 않으려 했던 근대 속에 드러난 주요한 전환의 순간을 '다중거울'로 비춰 가면서 '추체험'하는 시간을 마련해 보려고 한다. 그렇게 보면, 이 책은 '과거로의 시간여행'이며 '타자他者'로의 추체험의 시간이라고 할 수 있으며, 그런 점에서 저들을 좀 더 깊게 조망할 수 있을 뿐만 아니라 우리 자신을 반추해 보는 기회가 될 수 있을 것이다. 필자는 과거로의 시간여행에 여러분과 동행하며 길잡이 역할을 맡을 것이다. 길을 걷다 보면, 근대 동아시아에서 펼쳐진 새로운 세계에 대한 탐구와 치열한 도전정신을 만나기도 할 것이며, 어떤 경우에는 무서운 광기의 현장과 부딪치기도 할 것이다. 독자 여러분은 섣부른 예상보다는 열린 마음과 호기심 가득한 눈망울로 동아시아 근현대 전환기의 현장 속으로 함께 들어가 보자.

📚 NOTE 1   다른 시공간에 입장하기: 추체험

여러분은 '지금, 여기' 자신이 존재하는 시공간을 넘어서 다른 사람의 체험을 마치 자신의 것처럼 느껴 본 적이 있을까? 우리는 어떤 드라마 속의 인물에게 감정이입을 할 때 함께 울고 웃고 분노를 느끼기도 한다. 그것은 우리가 드라마에 등장하는 인물에 '공감'하면서 그/그녀와 자신을 일체화할 때 일어나는 상황이라고 할 수 있다. 이를 '추체험'이라고 하는데, 즉 다른 사람의 체험을 자기의 체험으로 느끼는 것을 말한다. 요컨대 어떤 존재를 대상으로 거리를 유지하면서 바라보는 것이 아니라 그 대상 속으로 들어가 대상과의 일체화를 시도하는 것이다. 연극에서 주로 많이 사용하는 용어이다.

추체험과 관련하여 여러분에게 추천하고 싶은 영화가 있다. 여러분은 혹시 〈늑대와 춤을 Dances with Wolves〉1990이라는 영화를 기억하는가? 19세기 미국에서 남북전쟁이 진행되던 시기를 다룬 영화인데, 주인공인 북군 중위 케빈 코스트너가 미지의 인디언들과 접촉하면서 자연과 더불어 살아가는 그들의 삶과 세계를 점차 공감하고 이해해 가는 과정을 뛰어난 영상과 함께 감동적으로 다루고 있는, 놓쳐서는 안 될 영화이다.

제임스 카메론 감독의 영화 〈아바타 Avatar〉2009에서도 비슷한 느낌을 받은 바가 있다. 이 영화의 배경은 미래세계로서 무대는 우주의 다른 행성인 판도라라는 곳이다. 여기에서는 지구의 전직 해병대원인 주인공이 판도라 행성의 토착민인 '나비'족의 세계로 들어가서 자연 친화적으로 살아가는 이들의 삶을 직접 체험하면서 이해해 가는 내용을 환상적인 영상으로 담아내고 있다.

영화 〈늑대와 춤을〉 중에서   영화 〈아바타〉 중에서

이 두 영화는 모두 시간과 공간을 넘나드는 '상상력'과 함께, 우리가 살아가는 세계와는 다른 이질적인 세계를 '추체험'할 수 있는 기회를 제공해 준다. '저들'을 이해할 뿐만 아니라 '자기'를 다시 새롭게 바라보는 안목을 제시해 준다는 점에서 여러분에게 꼭 권하고 싶은 영화이다. 이 영화들을 감상하면서 추체험이 누군가를 이해하고 공감하며 소통하는 데 얼마나 중요한 것인지 여러분도 곰곰이 생각해 보았으면 한다.

2장

동아시아,
'지금, 여기'에서 다시 묻다

2장에서는 기존의 동아시아 근대사를 다루는 방식, 프레임에 관해 생각해 보려고 한다. 보통 사람들의 '상식'으로 자리 잡은 이해방식의 핵심을 포착하려면 아편전쟁 이후 19세기 후반의 상황, 양차 세계대전으로 상징되는 20세기 전반, 냉전과 이념의 대결기인 20세기 후반, 탈냉전과 정보화, 지구화로 상징되는 20세기 말부터 21세기 현재까지로 나누어서 검토하는 것이 좋을 것이다. 따라서 여기서는 시대별로 동아시아를 보는 전형적인 프레임이나 일반화된 이미지를 비판적인 관점에서 살펴보기로 하자.

이런 비판적 논의를 통해 기존 방식으로 '동아시아'의 역사가 제대로 포착되지 않는 경위를 이해하고 난 다음에는 근현대 역사 속의 수많은 퍼즐 조각에 머물러 있던 시선을 동아시아라는 큰 그림으로 옮겨 가기 위해서 새로운 질문을 제시해 보기로 하겠다. 그러기 위해서 새로이 던지는 질문이란, 과거를 다시 묻는 질문인 동시에 '지금, 여기' 21세기 현재와 미래의 동아시아를 이해하는 데 중요하다고 생각되는 질문이 되어야 한다. 여기서 제기하는 새로운 질문들은 동아시아의 근대사를 비추고 있는 기존의 거울들이 충분히 반영해 보여 주지 못한 중요한 사각지대를 드러내게 될 것이다. 현재 동아시아에는 동아시아의 근대에 관해 공통의 눈으로 서로를 바라보고 성찰할 수 있는 공통된 기반, 보편의 언어가 존재하지 않는다. 따라서 2장에서는 동아시아에 서로를 묶어 주고 이어 주는 공감을 얻어 낼 수 있는 보편화된 시각과 '공통의 언어'가 부재한 문제적 상황임을 확인해 두고 넘어가는 것이 무엇보다 중요하다.

근현대 역사 속의 작은 퍼즐 조각을 살핌과 동시에 동아시아 전체를 유기적으로 연결하는 큰 그림을 보는 안목을 확보해 나가는 것이 중요하다.

1. 배타적인 애국주의와 망각의 유령

21세기 동아시아 각국의 언론과 정계, 지성계를 배타적 애국주의와 혐오, 편견과 차별, 망각의 유령들이 활보하고 있다. 생태 위기, 에너지 위기, 핵과 대량살상무기의 확산, 끊이지 않는 내전과 난민 문제, 부의 쏠림현상 심화, 고령화 문제 등을 비롯하여 전 지구적 차원에서 정치·경제·사회·문화적으로 협력해야 할 사안이 산적해 있음에도 불구하고, 각국은 유튜브, SNS 등의 다양한 매체를 통해 국익지상주의, 자민족 우월주의, 정의와 진실, 무한경쟁 등의 논리를 빌려 타국에 대한 차별과 혐오를 정당화하는 언어와 가짜뉴스를 거침없이 발신하고 유통하며 소비한다.

편견과 증오의 언어는 국경 외부로만 향하는 것이 아니다. 국경 안에 있는 반대세력을 비롯하여 외부자, 소수자들을 편견과 혐오로 가둔다. 배제와 조롱으로 가득한 거친 언어의 비수들이 내부의 경쟁자를 끊임없이 타자화하면서 자기세력의 결집과 단결을 도모한다. 21세기 문명화된 인류사회의 정점에서 '반지성주의'라고 명명할 만한 혐오와 차별의 자극적인 언어들이 도처에서 범람하고 있는 것이다.

이런 상황은 비단 동아시아에만 해당하는 것은 아니다. 하지만 동아시아의 경우에는 중요한 차이가 존재한다. 그것은 동아시아 지역이 동일한 문명과 문화적 기반과 가치를 오랜 세월에 걸쳐 공유해 오고 있음에도 불구하고 역사, 그 가운데서도 특히 근대사를 바라보는 각 나라의 시각이나 관점이 첨예하게 대립함으로써 서로를 동등한 파트너로서 인정하지 않을 뿐만 아니라 심지어는 맹목적으로 적

개심을 가지고 바라보려 한다.

　동아시아 각국의 역사가들은 자국의 근대에 대한 서술 내러티브 들을 열심히 만들어 내지만, 각자의 내러티브는 내부자들 간에 유통되고 소비될 뿐, 국경이나 진영을 넘나들며 공유되거나 풍요로운 대화로 섞여 들어가지 않는다. 마치 햄릿이 달빛이 흐르는 밤에 늘어놓았던 독백처럼 허공을 맴돌다 그대로 침전 沈澱 해 버린다고나 할까. 그리고 그 망각의 자리에는 상대에 대한 온갖 거짓 비방과 혐오의 언어가 독버섯처럼 고개를 들고 마구 자라난다.

　이런 망각의 공간에는 역사적 기억들이 예외 없이 마구 뒤엉켜 있다. 역사의 진실은 없고 자기중심적인 해석들만이 평행선을 그리며 대결한다. 가해자가 피해자로 둔갑하고, 파편화된 진실이 본말을 전도시키며 전체를 거짓으로 뒤덮으려 한다. 바야흐로 동아시아 국가들의 안과 밖으로, 기억을 둘러싼 갈등이 내전 혹은 국제전의 양상으로 진행되는 것이다. 왜 이렇게 된 것일까? 해결의 방안은 없는 것일까? 이런 문제를 살피려면 무엇보다 '단기적 사고'를 벗어나지 않으면 안 된다. 거짓에서 진실을 분리해 내려면 세계와 동아시아 역사를 자국의 역사와 함께 조망하면서 전체 그림을 파악할 수 있어야 한다. 그러려면 근현대 역사 속 조각난 퍼즐들에 시선을 고정하지 말고 큰 그림을 동시에 조망하는 안목이 필요하다.

2. 근대적 시공간의식과 서구식 '기준'

　18세기 계몽주의 이후 서구의 근대사상은 '진보'에 대한 보편화된 믿음을 가지고 있었다. 이런 진보에 대한 보편화된 믿음은, 그것이 낙관적이건 비판적이건 근대인으로 하여금 고대-중세-근대라는 '역사의 발전단계'에 입각한 이른바 '세계사의 발전 법칙'을 일반적인 세계사의 이미지로 공유하게 만들었다. 이런 역사관 진보관념에 입각한 세계사의 이미지가 근대를 살아가는 사람들이 '시간'의 축을 이해하는 지배적인 방식이라고 한다면, 이른바 오리엔탈리즘은 서구의 '문명기준'에 입각한 문명과 야만의 구별을 통해 세계에 대한 '공간'적인 구획을 가능하게 했다. 오늘날 세계가 서력 西曆을 기준으로 한 연호를 사용하는 것이나, 영국의 그리니치 천문대를 기준으로 경도 經度를 설정하여 지구의 동과 서를 공간적으로 구분하는 것은 이런 서구식 '기준들'이 근대의 보편적 기준으로 정착했음을 보여 주는 하나의 상징적인 사례라고 할 수 있다. 동아시아가 얼마 전까지 '극동 極東, Far East'이라고 불렸던 것도 이런 사정에서 비롯되는 것이다.

이와 같은 근대인의 상식은 대체로 '불편부당한 객관적 지식'이 존재할 수 있다는 '실증주의'에 대한 믿음에서 비롯된다고 할 수 있다.[1] 이처럼 근대인의 상식이 되어 있는 지식체계에 근거하여 논의

---

1 실증주의를 요령 있게 요약 설명하고 있는 스티브 스미스의 견해를 빌리면, 실증주의는 다음과 같은 네 개의 주요 가정에 근거한다. 첫째, 실증주의는 과학의 통합성에 대한 믿음을 갖고 있다. 다시 말해서 동일한 방법론이 과학적 세계와 비과학적 세계에 공히 적용될 수 있다는 믿음이다. 둘째, 사실과 가치의 구별이 뚜렷하여 사실은 이론에서 중립적인 것으로 간주된다. 셋째, 사회 세계는 자연 세계와 마찬가지로 규칙성을 가지고 있으며, 이는 자연과학자들이 자연에서 규칙성을 찾는 것과 같은 방식을 통해 규명될 수 있다. 넷째, 어떠한 진술의 진리 여부는 중립적인 사실에 근거하여 결정될 수 있다는 것이다. 스티브 스미스 외, 『세계정치론』(3판, 2006), pp.286-287.

하자면, 우리가 살아온 '근대'라는 시대는 '고대-중세-근대로 이어 지는 필연적이고 보편적인 세계사 발전 과정의 어느 특정 단계에서 나타나는 것으로서, 대개 내셔널리즘, 자본주의 혹은 산업화, 민주 주의라는 세 개의 축을 중심으로 이를 구성하는 유무형의 지적·문 화적·물리적·제도적 요소 등을 합리적이면서도 배타적으로 배치 하고 확대해 가는 과정'이라고 이해할 수 있다.

이런 사고의 연장선상에서 동아시아의 역사는 서양의 이른바 과 학적이고 실증적이며 합리적인 잣대에 따라 '동양적 전제군주론 Oriental Despotism'과 '정체停滯된 역사'로 특징지어졌다. 동양적 전 제군주제에 관한 효시는 매우 뿌리가 깊은 것이어서 아리스토텔레 스Aristotle, B.C. 384~322의 불후의 명저로 꼽히는『정치학』에까지 그 기원이 올라가며, 가깝게는 18세기 계몽주의 사상가인 몽테스키외 Montesquieu, 1689~1755의 고전인『법의 정신』에 의해 체계화되어 나 타나기도 했다. 몽테스키외는 동양의 전제군주제가 법의 부재와 공 포에 의한 통치를 특징으로 하는 정체된 성격을 지니며, 군주가 모 든 재산을 소유하고, 군주의 의지만이 사회를 구속하는 원리가 된다 고 하면서 이런 근원이 동양의 기후와 지형에 기인한다고 정의한 바 있다.

한편 헤겔G. W. F. Hegel, 1770~1831은 널리 알려진 책『역사철학』 에서 중국의 성격을 '비非역사적인 역사an unhistorical history'와 '지속 의 제국empire of duration'이라는 시공간적 대립과 모순으로 추출해 내고, 중국제국을 이른바 '신정적 전제정치神政的專制政治'라고 정의 했다. 그리고 이는 랑케Leopold von Ranke, 1795~1886나 존 스튜어트 밀 John Stuart Mill, 1806~1873 등에 의해 동양의 정체사회론停滯社會論으로 연결되었는가 하면, 마르크스 Marx, Karl, 1818~1883 의 '아시아적 생산양식' 이론이나 베버 Max Weber, 1864~1920 의 '가산관료제 家産官僚制' 이론이 만들어지는 배경이 되기도 했다. 베버의 제자인 비트포겔 K. A. Wittfogel, 1896~1988 은 '수력사회 水力社會, hydraulic society' 논의를 통해 보다 본격적이고 체계화된 형태로 동양의 군주제를 비판하는데, 여기서는 동양의 권력구조가 총체적인 무자비성을 특징으로 하는 것으로서, 폭정의 전형이라는 결론으로 이어졌다.

동아시아 정치사상사 저작 중에서 가장 비중 있는 책으로 평가받아 온 일본의 대표적인 사상가 마루야마 마사오 丸山真男, 1914~1996 의 『일본정치사상사연구』 1952 가 앞서 언급한 바 있는 '중국역사의 정체됨'을 논한 헤겔의 책을 처음 시작에서부터 그대로 인용하면서 전개되는 것은, 이른바 근대적 지식체계와 동양에 대한 부정적인 이해의 상관관계가 냉전 시기 이후에도 여전히 계승되고 있음을 명료하게 보여 주는 대표적 사례라고 할 수 있다.

📚 NOTE 2   케이크 나누기와 오리엔탈리즘

20세기 후반에 들어 근대에 나타난 '서양중심주의'에 대한 비판적인 성찰이 이루어지면서 오리엔탈리즘이 주요한 화두로 등장했다. 오리엔탈리즘이란 '서양이 동양을 바라볼 때 가지는 선입견, 혹은 서양의 동양문화에 대한 굴절되고 왜곡된 태도나 관념, 이미지'를 의미한다. 유럽은 자신을 보편 혹은 표준이라고 간주하고, 동양을 자신과 대조되는 이미지와 관념, 성격, 경험을 갖는 것으로 정의해 왔던 것이다.

따라서 이런 상황하에서 '객관적'이라는 이름으로 진행되는 모든 학문적인 탐구가 불가피하게 서양중심주의적 관점을 견지하고 은연중에 제국주의적 성격을 띠는 상황이 발생한다는 통찰이 이루어진 것이다. 이런 논의를 본격적으로 전개한 것이 1978년에 출간된 에드워드 사이드Edward W. Said, 1935~ 2003의 저서 『오리엔탈리즘』이라고 할 수 있다.

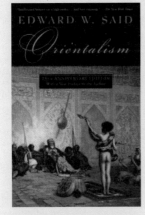

에드워드 사이드의 저서 『오리엔탈리즘』

에드워드 사이드는 영국 치하의 예루살렘에서 팔레스타인인으로 출생하여, '에드워드'라는 영국식 이름과 '사이드'라는 아랍 성(姓)이 조합된 이름을 가지게 되었다. 1947년 이스라엘 건국으로 이집트로 이주했고, 1950년대 말에 미국으로 건너가 재외국 팔레스타인 의회 의원으로 활동하면서 미국 행정부의 중동정책과 이스라엘에 대해 강력한 비판을 해 왔다. 1978년 『오리엔탈리즘(Orientalism: Western Conceptions of the Orient)』이라는 저서에서 '동양은 서양보다 열등하다'는 사고방식의 유럽중심적 편견과 제국주의적 음모를 밝혀 전 세계적으로 큰 반향을 불러일으켰다.

중국 근대 사상사 분야의 석학인 폴 코헨Paul A. Cohen은 『지식의 제국주의: 오리엔탈리즘과 중국사』1984에서 케이크 나누기의 사례를 통해 오리엔탈리즘이 빚어내는 허위와 폭력성에 관해 언급한 바 있다. 예컨대 하나밖에 없는 케이크를 두 사람이 나눠야 하는 상황을 가정해 보자. 케이크를 공정하게 나누어 배분해야 하는 상황이라면, 케이크를 절단하는 쪽과 나눈 케이크를 먼저 선택할 수 있는 쪽이 동일해서는 안 될 것이다. 인간이란 본래 자신의 이익을 챙기려고 하는 존재이기 때문에 만약 케이크를 자르는 사람이 나눠 놓은 케이크를 선택하는 것도 마음대로 할 수 있다면, 그리고 이런 상황이 공개적으로 투명하게 이루어지지 않는다면, 그 사람은 케이크를 공정하게 자르는 데 주의를 기울이지 않을 뿐 아니라 상대를 속이고 전체적인 상황을 은폐하면서 케이크를 더 많이 가져가려는 유혹에 빠져들기 마련이기 때문이다.

그러면 이런 불공정한 케이크 나누기의 사례가 서구의 제국주의가 식민지를 지배하고 수탈하는 방식에서 어떻게 구현되어 현실화된다는 것일까? 폴 코헨은 권력이 불평등하게 배분된 제국주의적 상황에서는 불공정한 사례가 거의 필연적으로 발견되었다고 말한다. 이른바 제국주의자들은 '황금과 노예를 추구하면서 이를 수탈해 가는 것에 만족하지 않고, 오히려 식민지 주민들을 문명화의 길로 인도하는, 은혜를 베푸는 시혜자적인 존재로 칭송을 받고 감사패까지도 받아가려 했다'고 지적한다. 그러기 위해서는 과학적인 언어로 편견과 차별을 정당화하는 체계화한 지식이 반드시 필요할 수밖에 없었다.

이렇게 보면 19세기 이후 동아시아 지역을 다룬 대부분의 지식들은 이처럼 서양적인 동시에 근대적인 '기준들'에 입각하여 논의되었다고 할 수 있다. 그것은 요컨대 기존 동아시아의 전통을, 전 지구적인 차원의 보편적인 문명으로서의 '근대'와는 명료하게 대비되는, 정체停滯됨의 산물이자 개혁되어야 할 낡은 과거라고 규정하게 된다. 동아시아의 역사는 이른바 과학적이고 실증적이며 합리적인 잣대에 따라 '동양적 전제군주론'과 '정체된 역사'로 특징지어졌다. 이런 동양적 전제군주제와 정체됨을 특징으로 한 동아시아에 관한 여러 지식은 근대 시민사회가 지향했던 자유와 진보라는 이상理想의 사실상 '반대 이미지'에 가까운 것이었고, 이런 인식은 '진보'에 관한 광범위한 확신과 근대 서양 사회의 압도적인 힘을 배경으로 별다른 저항 없이 보편적인 사실로서 전 세계에 수용되었던 것이다.

그리고 이런 부정적인 동아시아에 대한 이해방식은 역사적으로 서양권이 비서양권을 포섭하는 과정에서 서양문명이 스스로를 '보편'으로 인식하는 혹은 인식시키는 작업과 병행해서 본격적으로 형성되어 갔다. 따라서 정체된 '저들'은 문명화된 존재들에 의해 대표되어야만 하는 타율적인 존재로 규정되었으며, 문명세계의 식민 지배를 통한 문명화의 필요성이 등장하는 논거가 될 수 있었던 것이다. 이 책의 서문에서 '기준은 힘이 세다'고 언급한 내용을 독자 여러분은 다시 한번 곰곰이 반추해 볼 필요가 있다.

3. 동아시아 근대를 바라보는 일반화된 시각

아편전쟁 이후 19세기 후반 동아시아 상황에 관한 일반화된 이해방식을 한마디로 요약하자면, 동아시아는 '서양의 충격' 덕분에 어떤 식으로든 몽매한 상태에서 깨어날 수 있었다는 것이다. 서구 열강이 추진하던 제국주의에서 나타나는 폭력적 방식은 문제가 있었지만, 능동적인 서양에 의해 중국 중심의 낡은 질서가 무너질 수 있었고, 이를 통해 고대 혹은 중세적인 역사발전 단계에 머물러 있던 동아시아가 근대로 진입하는 '문명화의 과정'을 겪을 수 있었다는 것이다. 이런 '역사발전의 세계사적 법칙'이라는 프레임으로 보면, 19세기는 문명화의 단계로 한 발 더 진보하는 과정에 들어서게 되었다는 해석이 가능해진다.

19세기 동아시아 지역을 다룬 대부분의 연구는, 이와 같은 세계사의 발전법칙과 근대에 관한 이해를 공유하면서, 동아시아 삼국에서 근대로 이행되는 과정이 어떻게 진행되었으며, 혹은 반대로 어떻게 지체되었던 것인가에 관해 서구적이고 근대적인 '기준들'에 입각하여 규명하려 애써 왔다. 그것은 요컨대 기존의 동아시아의 전통을, 전 지구적 차원의 보편적인 문명세계인 '근대'와는 극단적으로 대비되는, 정체停滯의 산물이자 개혁되어야 할 낡은 과거의 것으로 규정하게 된다.

따라서 이른바 '근대적 지식체계'라고 불리는 이런 거대한 지적 믿음과 학문적 체계에 따라 접근하면, 19세기 후반 동아시아에서 진행된 전환기 동아시아의 이미지라고 하는 것은, '서양의 충격'이라는 계기가 주어졌을 때 동아시아 삼국이 어떻게 '반응'했는가에 따라, 메이지明治 일본과 같이 전통으로부터 탈피함과 동시에 근대적 성취에 멋지게 '성공'하거나 아니면 중국이나 조선처럼 '좌절'하게 되는 결과를 낳는 매우 드라마틱한 이분법적 모습으로 나눠질 수밖에 없다.

이런 이해방식은 전환기적 상황에서 성공과 실패 중의 하나로 귀결되는 측면을 비춰 준다는 점으로 미루어 19세기 동아시아를 바라보는 매우 유용한 하나의 시각이자 거울임이 틀림없을 것이다. 하지만 이런 단편적인 거울에 비친 이미지만으로는 19세기의 여러 중요한 장면의 다채로운 모습을 입체적이고 역동적으로 담아낼 수 없을 뿐만 아니라, 20세기 동아시아와의 연속되는 역사적 장면을 보편적인 설득력을 확보한 '공통의 언어'로 담아낼 수가 없다는 결정적 한계를 가지게 된다는 점을 동시에 주목할 필요가 있다.

다음으로 20세기 전반의 동아시아로 시선을 옮겨 보자. 이 시기는 대체로 어떻게 이해되고 있을까? 대개 양차 세계대전에서 빚어지는 파멸적인 상황과 함께 일본을 비롯한 동아시아 역시 제국주의 전쟁 속에 휘말려 들면서 근대 세계가 충격과 혼돈에 빠져들었던 시기로 이해하고 넘어가는 경향이 강하다. 이런 시대 인식 위에서, 일본처럼 제국주의를 펼친 쪽에서는 혼돈의 상황에 놓인 근대적 세계에 대한 비판적 인식과 함께 전체적으로 어둡고 암울한 시대여서 '세계적 대세'에 따라 일본 역시 불행한 흐름 속에 불가피하게 휘말려 들어갔다는 상황논리를 주로 강조하는 입장이 지배적이다.

반면 일본 내부의 비판세력이나 제국 일본의 지배를 받은 쪽에서는 일본이 전체주의적인 초국가주의 성향, 파시즘으로 나아가면서 연합국과 전 세계를 위협했으며, 이때 일본이 만주사변 1931, 중일전면전쟁 1937, 아시아·태평양전쟁 1941 등으로 이어지는 전쟁 속으로 몰입해 들어감에 따라 일본 국민과 주변 국가의 국민이 겪는 고통에 초점을 맞춰 이 시대를 주로 이해하고 있다.

이처럼 20세기 전반기를 바라보는 두 개의 상반된 입장에서 동아시아 역사를 보는 '공통된 시선'이나 '공통의 언어'를 추출하기는 쉽지 않다. 이는 역사 서술의 주체가 일국사적 관점에서 자기가 보고 싶은 깃만을 보거나 혹은 지기 눈에 보이는 것만으로 시대를 이해하고 주장하려 드는 경향 때문이겠지만, 각자가 제시하는 이 시대의 퍼즐 조각이 매우 협소하고 지엽적이며 지나치게 자기중심적이라는 비판을 면하기 어려워 보인다. 여기서 간과해서는 안 될 사실은 제국 일본의 행보에 대한 이해가 갖춰지지 않은 채로는 20세기 전반기 동아시아를 이해할 수 없다는 것이다. 뒤에서 살펴보겠지만, 이 시기 일본제국주의와 동아시아는 어떤 식으로든 떼려야 뗄 수 없이 맞물려 있었음을 주목해야 한다.

한편 20세기 후반의 동아시아 경우는 냉전과 이념의 시대상황 속에 이해되어 온 경향이 있다. 군국주의 일본이 사라지고 유럽의 시대도 저물어간 자리에 새롭게 미국과 소련이라는 초강대국이 등장하고, 핵무기가 확산되는 등 군비경쟁과 이념대결이 계속된다. 이런 큰 그림 속에서 중국은 중화인민공화국이라는 사회주의 국가로 변신하고 어느 틈인가 일본은 평화헌법과 전후개혁을 통해 경제 대국으로 거듭나는가 하면, 한반도는 분단과 전쟁 그리고 분단의 고착화라는 고통스러운 과정으로 빠져들어 간다.

이런 와중에 각국은 다양한 형태의 내부 진통을 겪는데, 예컨대 중국은 문화대혁명과 중소분쟁을 치르는 한편 양안兩岸 관계라는 사실상 엄연히 다른 두 개의 중국으로 존재하면서 '하나의 중국' 원칙을 관철해 들어가는가 하면, 일본은 미국의 보호우산 속에서 평화국가를 표방하며 이른바 '전후체제' 속으로 들어간다. 세계적 차원에서 전개된 냉전의 진영 논리 위에서 두 개로 나눠진 한반도는 끊임없이 체제 경쟁에 몰입해 들어갔고, 베트남전은 장기화했으며 인도차이나나 인도네시아 등지에서도 수백만 명이 학살되는 비극이 벌어졌다. 이런 과정을 힘겹게 통과하며 20세기 후반 동아시아는 세계적으로 가장 역동적인 지역으로 부상하는 모습으로 이해되고 있다. 하지만 이런 이해 속에 세계적 차원의 냉전과 각국의 일국사의 이야기만 존재하고 있을 뿐 동아시아가 맞물려 움직이는 큰 그림은 좀처럼 찾아보기 어렵다.

마지막으로 20세기 말 이후 21세기 초 동아시아의 세력관계는 냉전이 끝나고 전 지구적 차원에서 세계화와 정보화가 진행되면서 급격하게 변동하는 모습을 보여 주고 있다. 독자 여러분에게는 이 시기 동아시아와 관련해서 가장 주요한 사건으로 어떤 뉴스가 연상될까? 중국의 G2부상, 북한의 핵실험과 한반도의 전쟁 위기 고조, 후쿠시마 원전사고로 상징되는 일본의 상대적 하락 가속화와 일본의 우경화, 동아시아 국가들의 민족주의 급부상과 배타적인 역사인식 가속화 등과 함께 미·중 갈등의 양상이 전 방위적으로 확산된다는 내용의 사건들이 떠오르지 않을까 싶다. 아마도 이런 사건들이 이 시대를 구성하는 매우 중요한 사실이라는 점에는 반론의 여지가 없을 것이다. 하지만 이런 사실들이 동아시아 근대의 역사적 맥락과 어떻게 이어져 있는지를 살피지 않고 지금과 같이 단기적 사건들에만 시선을 집중한다면 어떻게 될까? 동아시아의 주요한 사건들이 동아시아의 역사적, 구조적 요소들과 어떻게 이어지고 있는지를 놓칠 수밖에 없을 것이다. '지금, 여기'에서 살아가는 우리가 역사를 살피는 것은 우리가 역사의 그늘 위에서 살고 있기 때문이다. 그런데 동아시아 역사 속에서 이어지는 맥락을 성찰하지 못한다면 역사 속에서 이루어진 잘못된 선택을 다시 동일하게 반복할 수밖에 없지 않을까?

📚 NOTE 3 　동아시아 오리엔탈리즘의 여러 층위

　서양중심주의에서 비롯된 오리엔탈리즘이 근대 서양지역에서 광범위하게 나타나면서, 이런 논리는 아편전쟁 이후 서세동점의 상황을 겪으면서 점차 동아시아 내부로 스며 들어왔다. 그리고 일본은 19세기 후반 이래 서양국가의 오리엔탈리즘을 접하면서 일본에 유리한 방향으로 오리엔탈리즘적 사고를 변형해 나갔다. 이를 '일본형 오리엔탈리즘'이라고 한다. 여기에는 '일본'을 동양에서 '예외적으로' 문명세계의 특징을 갖는 것으로 인식하면서, 다른 동양국가들은 나약하고 나태하며 뭔가 중요한 것들이 결핍되어 있다는 사고가 바탕에 깔려 있다고 할 수 있다. 예컨대 19세기 일본의 대표적인 계몽사상가인 후쿠자와 유키치福沢諭吉, 1835~1901의 표현에 따르면, 중국이나 조선의 경우는 '완고하고 고루하며, 편협하고, 의심이 많고, 구태의연하고, 겁 많고 게으르며, 잔혹하고 염치없으며, 거만하고 비굴하고 잔인한 속성'을 갖고 있다. 제국 일본이 이른바 실증사학의 방법론에 입각하여 '동양적 전제專制 군주론'과 '정체停滯 사관', '타율성他律性론' 등을 중심축으로 중국과 조선을 비판하면서, 중국이나 조선을 진취적이고 문명화된 일본에 의해 대표되고 지도되고 보호되지 않으면 안 되는 존재로 설정한 것은 이처럼 근대적인 지식 체계와 지적 계보와 닿아 있으면서 뒤틀려 진행된 것이었다.

한편 해방된 이후 뒤늦게 근대 국제질서에 편입되어 서양의 근대문명을 따라잡지 않으면 안 되는 절박한 시대상황 아래 놓인 한반도는 서양의 문명기준을 철저히 수용하고 이를 공고하게 다져 나간다. 여기서 주목해야 할 사실은 해방 이후 냉전이 진행되는 가운데 이루어진 근대화, 산업화, 서구화의 추진 과정을 통해 서구 문명의 보편성에 대한 믿음이 한국인의 몸과 마음속으로 체화되어 들어오면서 이른바 '우리 안의 오리엔탈리즘'으로 정착되게 되었다는 점일 것이다. 바꿔 말하면 20세기에 광범위한 서양화의 세례를 받으면서 오리엔탈리즘이 우리에게 '내면화'됨으로써 우승열패 優勝劣敗 의 세계관과 함께 스스로를 '타자화'하는 데 익숙해져 자기 전통에 대한 부정과 멸시의 태도를 갖게 된 것이다. 중국의 마오쩌둥이 펼쳤던 문화대혁명의 거친 물결도 결국 이런 인식의 연장선상에서 이해할 수 있다.

4. 세계사와 일국사의 압박 속에 자리 잡지 못하는 동아시아 근대사 서술

동아시아의 근대를 몇 개의 시대로 나누어 상식으로 자리 잡은 기존의 이해방식을 조망해 보면 선명하게 부각되는 특징이 있다. 그것은 19세기 이래 세계사의 전개 위에서 그저 각 나라의 일국사적 관점만 논의되고 있으며, 동아시아 문명이나 전체 지역차원의 관계사적 관점이나 국가 간 사회 간의 상호관계는 좀처럼 드러나지 않는다는 점이다. 세계사와 일국사 위주의 서술방식이 이루어지는 곳에서 국가 간의 관계는 어떤 특정 사안을 둘러싼 양국관계 수준에서 전개되기 쉬우며 동아시아가 세계사와 맞물려 영향을 주고받는 내용이나 혹은 동아시아 문명 내부 행위자들 간의 영향관계 또한 지엽적인 논의 수준에 머무르고 만다. 예컨대 전체와 부분, 부분과 부분, 부분과 하위부분들 간의 다양한 상호작용이 섬세하게 포착되지 않은 채, 세계와 일국의 역사가 雙을 이루며 논의되는 것이다.

이런 틀 위에서 동아시아 근대에 관한 논의는 대개 세계사의 전개와 일국사의 중간 어느 지점 정도로 막연하게 간주되는 경향을 벗어나기 어렵다. 19세기 '서양의 팽창'과 그로 인한 '서양의 충격'이후 동아시아 국가 간 관계가 맞물리고 상호영향을 주고받는 다채로운 내용이 입체적이고 복합적으로 조명되면서 의미를 부여받지 못하고 파편화된 기억으로 남거나 사장되고 마는 것이다. 이처럼 동아시아의 근대를 구성하는 역사에 '공통의 언어'와 폭넓은 공감대가 확보되지 않는다면, 21세기 동아시아 역사분쟁은 끊어지지 않고 상호 간의 불신으로 이어지며 확대 재생산될 것이다.

'동아시아'라는 제목을 달고 있는 기존의 책들을 읽다 보면, 동아시아라는 지역이나 중화/한자문명권 전체의 모습이나 혹은 동아시아 내부의 상호 영향관계는 잘 드러나 보이지 않고 동아시아에 소속된 '국가'들의 이야기만 건조하게 나열하는 수준을 크게 벗어나지 않는다. 이런 이해방식으로 역사를 보면 동아시아 내부에서 진행될 역사 서술이란 배타적이고 자기중심적인 각국의 내러티브 수준을 벗어나는 것이 사실상 불가능하다. 지금까지 그래 왔던 것처럼, 각국의 역사들이 함께 만들어 가는 유동流動하는 동아시아 지역 혹은 변화하는 한자문명권 내부의 역동적인 모습은 거의 포착하기 어렵지 않을까 우려된다.

이런 상황에서 동아시아 국가들은 서로 '가깝고도 먼 나라'일 수밖에 없을 것이며, 상생의 미래를 논의하는 것 또한 표면적인 외교적인 제스처를 넘어서기 어렵다. 또한 동아시아 문명권을 구성하는 국가들에 국가를 넘어선 지역의 역사가 제대로 섭렵되지 않은 채 자국의 이야기를 제대로 담아낸 역사가 과연 성립할 수 있는 것인지 다시 진지하게 묻지 않을 수 없다. 동아시아 근현대를 보는 획기적인 안목을 담은 큰 그림이 절실하게 요청되는 것은 지금 우리에게 지속 가능한 미래를 선택할 수 있는 시간이 많이 남아 있지 않기 때문이다.

NOTE 4　　바다를 통해 생각하는 역사:
'국면전환'의 중간층

프랑스의 유명한 역사학자, 페르낭 브로델 Fernand Braudel, 1902~1985 은 역사가 세 개의 층위 層位 로 이루어져 있다고 보았다. 그는 바다의 비유를 통해 역사의 층위를 설명한다. 여러분도 잠시 바닷속 세계를 상상해 보라. 브로델은 바다를 크게 세 개의 층위로 나누어 설명했다. 바다의 '표면'은 끊임없이 출렁거린다. 반면 바다 깊은 곳의 '심연 深淵'에는 거의 움직이지 않는 세계가 존재한다. 그런데 그 중간지점에 어떤 완만한 리듬의 변화를 가진 '중간' 층위가 존재한다는 것이다. 출렁이는 바다의 표면이 끊임없이 터져 나오는 '사건'들의 세계라면, 역사의 가장 밑에는 '거의 움직이지 않는 역사'가 있다. 그리고 그 중간에는 가끔씩 방향을 바꿔 흐르는 해류 海流, 곧 '완만한 리듬을 가진 역사'가 존재한다는 것이다. 브로델은 그것을 아래로부터 각각 구조 structure—국면전환 conjuncture—사건 event 의 역사라고 명명한다.

여기서 국면전환, 즉 '콩종크튀르'란 브로델 역사학에서 가장 중요한 개념 가운데 하나로서, 긴 시간대를 포용하는 상승과 하강의 사이클을 지칭한다. 역사의 완만하고 유장悠長한 '변화'를 강조한다는 의미를 담고 있다. 만일 이런 국면전환을 고려하지 않은 채, 미시적인 사건들의 역사에만 집착한다면 그 사건들의 의미는 매우 협소하게 파악될 수밖에 없다. 그와 반대로 구조에만 주목하면 역사로부터 역사의 가장 핵심적 특징인 움직임을 제거해 버리는 오류에 빠질 수 있다는 것이다.

이런 상반된 태도는 브로델의 표현에 따르면, 전자는 "역사를 멸시하고 자신을 단기적인 사실에 국한하도록 함으로써 실생활의 조사에 치중하는 경험적 사회학에 힘입어 사회과학적 연구를 지나치게 '사건화'하고 시사화時事化 하는 것"이며, 후자는 "거의 비非시간적인 구조에 대해 수학적 공식을 상상함으로써 전적으로 시간을 초월해 버리는 것"이라고 할 수 있다.

브로델이 말하는 국면전환이란 사상사적인 관점에서 본다면, '시대정신의 변화'와 맞물릴 수 있는 것이다. 여기서 시대정신Zeitgeist이란 한 시대를 살아가는 사람들 마음의 대부분을 지배하는 정신 혹은 그 시대를 특징짓는 정신이라 할 수 있다. 브로델의 논의는 구조주의와 사건사 위주의 단편적인 정치사 연구 쌍방에서 나타날 수 있는 편향을 극복할 가능성과 아울러 정치사를 폭넓게 분석하는 중요한 관점을 제공해 준다. 독자 여러분도 이런 시각을 고려해서 역사를 이해하는 폭을 넓혀 갈 수 있으면 한다.

5. 이 책에서 주목하는 동아시아 근대 시기의 주요한 국면전환

흩어진 퍼즐 조각 전체를 보는 눈을 찾아 동아시아 근현대를 관통하는 내러티브를 어떻게 설정할 수 있을까? 동아시아 근대에 관한 보편적인 이해와 상호영향 관계를 종합적으로 파악하려면 동아시아라는 차원에서 19세기 후반 이후 나타난 주요한 '역사적 전환기들' 각각의 '결정적 장면'을 입체적으로 포착하는 여러 프레임을 확보하는 것이 무엇보다 중요하다.

동아시아의 근대는 대체로 제1기 19세기 후반: 아편전쟁에서 청일전쟁 직전까지, 제2기 20세기 전반: 청일전쟁에서 아시아·태평양전쟁 종결까지, 제3기 20세기 후반: 일본의 패전에서 냉전의 종언까지, 제4기 21세기 초반: 탈냉전에서 현재까지의 네 개 시기로 나누어 이해하는 것이 적절할 것으로 판단된다.

여기서는 우선 이 네 개 시기를 동아시아적인 관점에서 어떻게 다룰 것인지 생각해 보자. 시기별로 동아시아를 이해하기 위해서는 동아시아를 구성하는 세계사적인 사건과 함께, 동아시아 차원에서 문제를 보는 근간이 될 만한 시선의 축을 새로 설정해야 할 것이다.

우선 아편전쟁에서 청일전쟁에 이르는 제1기의 경우는 19세기 후반 '서양의 팽창'과 '문명기준의 역전'이라는 관점을 서로 교차해 가면서 다루려고 한다. 보통 이 시기가 '서양의 팽창'과 그로 인한 '서양의 충격'으로 진행된 문명화의 과정이자 중세 혹은 전근대에서 근대로 발전하는 과정이라고 파악되어 왔다고 한다면, 이 책에서는 이와는 다르게 19세기 후반 동아시아에서 나타난 거대한 문명사적 전환의 의미와 서로 다른 선택들이 나타나는 배경과 경위를 보다 입체적으로 조망해 나갈 필요가 있어 보인다. 서구와 동아시아, 한·중·일 삼국의 각자의 입장이나 시선들의 차이가 발생하는 이유는 무엇이고 또한 다른 것 같으면서도 하나로 연결해서 보아야 할 지점은 무엇인지를 포착하는 것이 중요할 것이다.

다음 제2기에 해당하는 20세기 전반은 구체적으로 청일전쟁에서 아시아 · 태평양전쟁이 종결되는 시점까지를 다룬다. 이 시기에 관해서는 '양차 세계대전'과 '제국 일본의 동아시아 50년 전쟁'이라는 서로 다른 두 개의 거울로 접근해 본다. 20세기 전반부 동아시아의 전체상全體像을 보다 입체적이면서도 섬세하게 포착하려면 흔히 간과되어 온 것과는 달리 다음과 같은 점을 주목해야 할 것으로 생각된다. 동아시아의 관점에서는 제국 일본이 1894년 청일전쟁 이후부터 1945년 종전에 이르는 50년의 시간 동안 전쟁 중에 있었거나 혹은 사실상 준전시 準戰時 체제라고 부를 만한 상황에 들어가 있었다는 점이다. 「일본제국헌법」의 선포 1889와 제국의회의 설립 1890 이후 청일전쟁 1894~1895과 러일전쟁 1904~1905을 일으키며 본격적인 제국주의로 나선 일본은 제1차 세계대전 1914~1918, 시베리아 출병 1918~1922, 1931년의 만주사변부터 1937년의 중일전면전쟁, 나아가 아시아 · 태평양전쟁 1941~1945까지 기나긴 전쟁을 계속해 나갔다.

동아시아에서 반세기에 걸쳐 진행된 전쟁을 '제국 일본의 동아시아 50년 전쟁'이라는 거시적인 시각에서 일련의 덩어리로 파악하는 것은 그동안 이 시기 동아시아를 양차 세계대전이라는 프레임 위주로 파악하는 것과는 전혀 다른 차원의 시야를 열어 줄 것이다. 왜냐하면 청일전쟁 이후 일본 제국이 패망할 때까지 50년간의 궤적을 기존 방식과 같은 파편화된 조각난 프레임으로 바라보는 한계를 극복하면서 일관된 시야로 일본제국주의의 전체상을 직시하게 해 줄 뿐만 아니라 제국 일본의 억압하에 들어가게 되는 유동하는 동아시아의 전체 상황을 동시에 입체적으로 조명할 수 있기 때문이다.

한편 일본제국주의는 서양제국주의에 대한 대항논리적 성격을 지닌 것이기도 했다. 이처럼 일본제국주의가 서양제국주의에 저항하면서 동아시아를 해방시킨다는 논리를 펼치면서 전쟁을 수행해 나갔던 측면을 고려할 때, '제국 일본의 동아시아 50년 전쟁'이라는 시각은 제국 일본의 전쟁을 서양제국주의의 행보와 별개의 것 혹은 관련 없는 것처럼 이해하는 일반화된 통념을 넘어서게 해 준다.

다음으로 제3기는 일본의 패전 시점부터 냉전의 종언에 이르는 시기로서 20세기 후반에 전개된 '전 지구적 냉전'과 '동아시아 전후 체제'라는 시각을 교차하면서 동아시아를 조명하게 될 것이다. 잘 알려진 바와 같이, 인류 역사상 가장 뜨거웠던 세계대전은 독일과 일본의 패배로 극적으로 막을 내렸다. 그리고 신흥제국 미국과 소련이 주도하는 전후가 시작되었다. 그것은 동아시아에서 반세기에 걸쳐 지속되던 제국 일본의 패권이 무너지는 순간이었고 세계적 차원에서는 그동안 근대를 주도해 온 유럽의 시대가 사실상 막을 내리는 순간이기도 했다. 연합국으로서 서로 협력하던 미·소 관계는 경쟁하며 대립하는 관계로 차갑게 얼어붙었다. 유럽에서 두 개의 진영 간에 '철의 장막'이 들어서고 미국에서 트루먼 독트린이 선언되면서 냉전적 흐름이 분명히 가시화되어 가던 시기에, 동아시아에서는 기존의 제국 일본이 빠져나간 거대한 권력 공백을 이제 미국과 소련이 표상하는 자유주의와 사회주의 이념 대결의 소용돌이가 휘감으며 메우게 된 것이다.

이에 따라 한반도에서는 미국과 소련이라는 세계질서의 새로운 승자들의 이데올로기 대결 및 진영논리와 한반도 내부진영의 '독립' 쟁취방안을 둘러싼 갈등이 얽히면서 극단적인 대결양상으로 빠져들었다. '제국 일본의 동아시아 50년 전쟁'이 끝나면서 한반도에 형성된 거대한 권력 공백을 메우며 등장한 것은 '적대적 분단체제'

라고 부를 만한 생소한 질서체계였다.

여기에서 주목해야 할 사실은 한반도에서 한국전쟁 1950. 6. 25~1953. 7. 27이 치러지는 과정에서, 어려운 입장에 놓여 있던 무너진 과거의 제국들, 즉 중국과 일본이 다시 일어설 수 있는 중요한 '계기'를 발견하게 된다는 점이다. 아시아·태평양전쟁에서 패한 뒤 '무조건 항복'을 선언하면서 주권을 잃고 연합군의 점령하에서 전후 개혁에 임하고 있던 일본은 1951년 9월 8일에 체결하여 1952년 4월 28일에 발효된 샌프란시스코 강화조약체결을 통해 주권을 회복하고 경제적으로 재기할 수 있는 계기를 마련했다. 아편전쟁과 청일전쟁 이후 기나긴 일본제국주의와의 전쟁으로 황폐화된 중국은 이른바 '미국 제국주의'와의 투쟁을 기치로 삼아 '항미원조抗美援朝'라는 이름으로 한반도의 전쟁에 거국적으로 참가함으로써 새롭게 국가 재건의 동력을 확보해 나갔다는 점을 눈여겨볼 필요가 있다.

요컨대 20세기 양차 세계대전과 '제국 일본의 동아시아 50년 전쟁'을 마감하고 한국전쟁을 겪으면서 동아시아에는 견고한 '전후체제'가 새로이 모습을 드러내게 된다고 해야 할 것이다. 그것은 한반도의 적대적 분단체제, 평화헌법과 미일안보체제를 기반으로 한 일본의 경제우선주의, 중국의 양안관계로 상징되는 두 개의 중국체제를 가장 주요한 세 개의 축으로 삼는다고 할 수 있다. '동아시아의 전후체제'라고 불러야 할 이런 틀은 매우 견고한 것이어서 20세기 후반 내내 지속되었다.

마지막으로 제4기는 탈냉전 이후 현재 21세기 초반까지에 해당하는 시기로서 현재진행형의 유동적인 동아시아라고 할 수 있다. 21세기 인류는 지구화의 흐름과 정보혁명 시대의 도래에서 비롯한 '거대하고 복합적인 변화'의 시기를 맞이하고 있다. 여기서 간과해서는 안 될 사실은 전 지구적 냉전과 함께 형성된 '동아시아 전후체제'가 세계적인 냉전이 끝나는 1991년으로부터 30여 년이 지난 상황에서도 여전히 끝나지 않고 있다는 사실이다. 그런데 언젠가부터 세계사적인 차원에서 나타난 이른바 '근대문명의 복합위기'와 함께 그동안 동아시아 차원에서 지속되던 '동아시아 전후체제'가 위기상황에 이르렀다는 징후들이 선명하게 드러나고 있다. 이른바 '임계점에 도달한 동아시아 전후체제'라고 부를 만한 상황들이 발생하고 있는 것이다. 다만 이 시기는 아직 '진행' 중이며 현재를 살아가는 사람들의 선택이 중요하다는 점을 고려하여 본문에서는 '동아시아의 선택'이라는 미지의 가능성의 세계로 명명해 두겠다. 앞의 내용을 표로 정리해 보면 다음과 같다.

이 책에서 제시하는 동아시아 근대 시기 구분

편의상 시기 구분	구체적인 시기 구분	동아시아에 영향을 미친 세계사적 차원의 사건	동아시아 내부 관점
제1기 19세기 후반	아편전쟁(1840)에서 청일전쟁(1894) 직전까지	서양의 팽창	문명기준의 역전
제2기 20세기 전반	청일전쟁(1894)에서 아시아·태평양전쟁 종결(1945)까지	양차 세계대전	제국 일본의 동아시아 50년 전쟁
제3기 20세기 후반	일본의 패전(1945)에서 냉전의 종언(1991)까지	전 지구적 냉전	동아시아 전후체제
제4기 21세기 초반	탈냉전(1991)에서 현재까지	근대문명의 복합위기	임계점에 도달한 동아시아 전후체제

6. 동아시아 근대사 퍼즐 맞추기를 위한 질문들

여기서는 앞서 언급한 바와 같이 동아시아 근대를 네 개 시기로 나누어, 각각의 시기에 해당하는 동아시아 근대사를 이해하는 데 중요한 질문을 편의상 5개씩만 제시해 보겠다. 다음의 질문을 진지하게 따라가다 보면, 여러분의 머릿속에서 수많은 질문이 꼬리에 꼬리를 물고 이어질 것이다.

제1기 19세기 후반, 서양의 팽창과 '동아시아 문명기준의 역전'

Q1 19세기는 서세동점西勢東漸의 시기로서 흔히 '서양의 충격'이라고 일컬어진다. 서양의 충격은 대체 왜 중요한 것일까? 그리고 서양의 '충격'이란 어떤 내용을 말하는 것일까?

Q2 '서양의 충격'이라는 관점은 19세기 동아시아를 이해하는 데 꼭 필요한 안목을 제공한다고 할 수 있다. 그러면 이런 시각으로 19세기 동아시아를 바라볼 때 현실적으로 빠지기 쉬운 함정이나 오해는 없을까?

Q3 근대를 흔히 서양/서구중심주의, 유럽중심주의의 관점에서 비판적으로 이해하는 경우가 많다. 그런데 동아시아에서 살아가는 현대인에게는 근대가 유럽중심주의라고 하는 것이 그다지 피부에 와닿지 않는 측면이 있다. 오히려 미국중심주의라고 하는 것이 사실에 더 부합한 것으로 느껴진다. 왜 그런 것일까?

Q4 오늘날 우리는 '주권국가' 속에서 '국제적'이고 '세계적'인

현상들을 매일같이 접하면서 살아간다. 하지만 지금 우리에게 너무도 익숙한, 그래서 '상식'이 되어 버린 '주권국가', '국제관계'와 같은 현상이나 표현이 사실 동아시아 한자문명권에서 사용되기 시작한 것은 오래전의 일이 아니다. 실제로 조선왕조실록을 살펴보더라도, 우리가 아는 '주권 主權'과 '국제 國際'라는 용어는 각각 19세기가 끝나 가던 청일전쟁의 와중에서야 비로소 처음 등장한다. 왜 그런 것일까? 현재 우리가 살아가는 세계의 핵심적 구성요소 중 하나인 '주권 sovereignty'과 '국제 international'라는 용어는 언제 어디에서 어떤 경위를 거쳐 생겨난 개념일까?

Q5 국제정치학을 비롯한 사회과학서적, 법학 관련 서적들은 국가의 3요소를 '주권, 국민, 영토'라고 가르친다. 그런데 주권의 역사가 얼마 되지 않았다면 '국가의 3요소' 운운한 설명은 맞지 않을 수 있다. 인류 역사에서 국가의 역사는 오래된 반면 주권국가의 역사는 상대적으로 매우 짧기 때문이다. 이처럼 일반화된 설명방식의 오류는 어디서 기인한 것이며, 어떻게 보완되어야 할까?

제2기 20세기 전반, 양차 세계대전과 '제국 일본의 동아시아 50년 전쟁'

Q6 청일전쟁과 러일전쟁은 동아시아적 차원에서 어떠한 의미가 있을까? 이 두 전쟁은 근대 동아시아 문명사적 측면에서 왜 중요할까?

Q7 제국주의와 주권국가에서 작동하는 논리는 매우 다른 것처럼 보인다. 왜냐하면 제국주의는 착취와 수탈의 수직적 지배구조를

가지고 있는 반면 주권국가는 국가평등의 수평적 원리를 내세우기 때문이다. 그런데 어떻게 근대 국제질서에서는 제국주의와 주권국가라는 서로 다른 원리가 동시에 작동할 수 있었을까?

Q8 일본의 제국주의와 서양의 제국주의의 가장 근본적 차이는 무엇일까?

Q9 일본 다이쇼 시기 1912~1926는 다양한 사상이 각축을 벌이던 시기여서 보통 '다이쇼 데모크라시'라고 불린다. 그런 시류에도 불구하고 이 시기에 관동대지진이 발생하자 '조선인 학살'이라는 사건이 발생한 바 있다. 어떻게 이런 일이 발생할 수 있었을까? 그리고 이런 사건이 현재의 동아시아에 시사하는 바는 무엇일까?

Q10 일본의 제국주의 전쟁에서 수많은 일본인이 전사했다. 일본인은 제국주의 전쟁의 피해자일까, 가해자일까?

제3기 20세기 후반, 전 지구적 냉전과 '동아시아 전후체제'

Q11 전후 일본 사회는 제국 일본의 전쟁과 군국주의를 어떻게 인식해 왔을까?

Q12 유럽과 달리 동아시아에는 왜 집단안보기구가 만들어지지 않았을까?

Q13 20세기 한국인의 식민지 체험이란 무엇일까? 이를 어떻게 바라봐야 할까?

Q14 21세기를 살아가는 한국인은 히로시마와 나가사키에 대한 원폭투하를 어떻게 바라보는 것이 바람직할까?

Q15 패전 이후 일본은 역사적인 문제로부터 큰 부담을 안게 된다. 일본이 현재까지 과거의 부담을 극복하지 못한 것을 어떻게 보아야 할까? 독일의 전후처리를 고려하면서 이 문제를 생각해 보자.

제4기 21세기 초반, 근대문명의 복합위기와 '지금, 여기' 동아시아의 선택

Q16 20세기를 '극단의 시대'라고 말한다. 그런데 한나 아렌트라는 사상가는 거대한 광기의 중심에 있었던 인물들이 의외로 악마도 괴물도 아니라는 이른바 '악의 평범성'에 관해 언급한 바 있다. 이런 논의가 동아시아에 시사하는 바는 무엇일까?

Q17 한국을 비롯한 동아시아 국가들이 주권국가로 진입한 것은 언제부터일까? 동아시아 주권의 역사는 어떻게 파악할 수 있을까?

Q18 20세기 동아시아를 주도한 제국 일본과 미국의 전쟁이 갖는 공통점은 무엇일까?

Q19 20세기 말 세계적 차원에서 전개되던 냉전이 끝나고 난 후, '동아시아 공동체론'에 관한 논의를 가끔씩 접한다. 여러분은 '동아시아 공동체론'이라는 말을 들으면 어떤 이미지가 떠오르는가? 그런데 이 논의는 왜 정작 동아시아인들의 피부에 와닿지 않는 것일까?

Q20 원폭 피해국이자 지진의 나라 일본이 원자력 대국이 된 것은 누구에 의해 어떻게 가능했을까? 그리고 이런 문제가 동아시아 국가들에 시사하는 바는 무엇일까?

여러분은 여기에 제시한 질문을 하나하나 음미해 나가면서 인문과학이나 사회과학에서는 암기하는 것이 아니라 배우고 생각하며 스스로 좋은 질문을 던지는 것이야말로 중요하다는 점을 상기할 필요가 있다. 인문·사회과학에는 하나의 정답이 없다. 단지 중요한 질문을 던지고 그에 대한 한결 설득력 있는 답을 찾아가는 과정만 존재할 뿐이다. 여러분은 여기 제시한 질문을 고민해 보고 이에 대한 자기 나름대로 답변을 직접 찾아보기 바란다. 필자의 답변 요지는 해당하는 각 장의 마지막 부분에 언급해 두었다.

3장

19세기 후반,
서양의 팽창과
'동아시아 문명기준의 역전'

'문명의 충돌clash of civilizations'이라는 말이 세계적으로 유행한 적이 있다. 새뮤얼 헌팅턴Samuel Huntington, 1927~2008이라는 미국 학자가 냉전이 끝나고 난 뒤 앞으로 세계질서가 어떻게 전개될 것인지를 예측하면서 사용한 용어이다. 헌팅턴은 탈냉전 이후의 21세기 세계 정세가 전개되는 과도기적 상황에서 '문명의 충돌'이 매우 중요한 변수가 될 것이라고 전망했다. 매우 논쟁적인 주제가 아닐 수 없다. 여러분은 이에 대해 어떻게 생각하는가?

19세기 서세동점의 과정은 일반적으로 전前근대 사회에서 근대 사회로의 전환이자 발전 과정으로 이해된다. 이 시대를 겪으면서 현재 우리에게 너무도 익숙한 주권국가가 비로소 세계적으로 보편적인 국가의 모습으로 자리 잡았다. 하지만 다른 각도에서 살펴보면, 서세동점은 유럽 문명이 전 세계로 팽창하는 과정이었으며, 서구 문명과 동아시아 문명이라는 상이한 문명권들이 부딪히고 갈등하는 과정이기도 했다. 더욱이 한·중·일 삼국처럼 '고유'한 문명의식이 강한 곳에 새로운 '외래' 문명이 들어오는 과정은 매우 복잡하고 혼란스러울 수밖에 없었다. 이 과정에서 도대체 무슨 일이 있었던 것일까? 당시 지도자들과 지식인들은 사태를 어떻게 파악하고 어떻게 대응하려고 했을까? 매우 복잡하고 까다로운 문제지만 진지하게 생각해 볼 가치가 있는 문제임이 틀림없다. 왜냐하면 우리가 겪어 온 20세기가 여기서 비롯되었으며, 앞으로 우리가 만들어 갈 미래도 어떤 식으로든 바로 이런 상황의 연속선상에서 존재할 것이기 때문이다.

제1기 19세기 후반, 동아시아 전체 풍경 퍼즐 맞추기

동아시아의 19세기는 거대한 변화의 계기가 당시 급격하게 팽창해 가던 서양세력에 의해 주어졌다는 관점에서 '서양의 충격'을 중시하며 흔히 '서세동점'의 시기로 지칭되어 왔다. 보다 발전한 서양의 근대적 힘에 의해 정체되어 있던 중국을 비롯하여 동아시아 지역 전체가 위기상황에 놓였고, 결국은 다양한 형태의 고난을 겪으면서 근대세계로 도약해 가는 과정을 겪게 된다는 것이다. 이런 시각의 저변에는 현대인의 상식이라고 할 수 있는 서구의 진보사관 내지 발전사관에 입각한 역사 인식이 굳건하게 자리 잡고 있다. 하지만 동아시아의 19세기는 중세나 근세로부터 근대로 전환했다는 직선적인 발전사관으로는 도저히 포착할 수 없는 거대한 사각지대가 존재할 수밖에 없다. 이런 점을 고려할 때 좀 더 복잡하고 중층적인 시각이 필요해진다. 이것은 다중거울의 관점에서 보면 서양중심주의의 거울이 아닌 다른 거울 프레임을 함께 활용해서 동아시아의 19세기를 볼 필요가 있다는 것을 의미한다.

당시 동아시아 세계는 중화질서[1]라는 독자적인 문명권에 속해 있었다. 그리고 중화질서 고유의 문명의식과 자부심을 견지하고 있었다. 이런 상황에서 동아시아 삼국은 압도적인 물리력을 앞세운 구미제국의 압력과 근대 유럽의 '문명기준'에 입각한 상이한 가치체계와 마주하게 된 것이다. 이 과정에서 유럽 열강과 동아시아 국가들은 '서로를 야만으로 간주'하며 충돌한다. 그래서 이 시대를 보다 다양한 시야를 통해 살펴보면, 동아시아의 19세기는 서양의 월등히 발전한 근대가 무기력하고 정체되어 있던 국가들을 압도했다는 시점만으로는 입체적으로 포착하기 어렵다는 것, 따라서 이 시기 동아시아에서는 '서로 다른 문명', 곧 '동·서 문명'의 충돌이 이루어진 거대한 전환기라는 관점이 동시에 필요하다는 것, 그리고 '서세동점'의 과정을 통해 '외부'로부터 도래한 새로운 '패러다임'[2]이 기왕에 존재하고 있던 '고유'한 패러다임을 밀어냈음을 확인할 수 있다.

---

1 (용어설명) 중화질서 中華秩序 : 중화를 문명의 중심으로 간주하고 유교적 예의 禮義 관념을 규범으로 구성된 동아시아의 전통적 위계질서를 말한다. 천하질서, 중국적 세계질서, 화이질서 등으로 부르기도 한다. 중화질서 내 국가 간의 관계는 사대자소 事大字小를 외교이념으로 하고 조공책봉체제로 영위되었다.

2 (용어설명) 패러다임 paradigm : 어떤 분야에 대한 사람들의 견해나 사고를 규정하고 지배하는 인식이나 이론체계의 전체 틀을 말한다. 미국의 토마스 쿤이 『과학혁명의 구조』라는 책에서 처음 제시한 개념으로서 과학 분야에 한정되어 사용되었으나 지금은 거의 모든 분야로 확대되어 사용되고 있다.

1840년의 아편전쟁은 서세동점으로 대표되는 서구 제국주의의 물리적 공세가 동아시아에서 시작되는 신호탄이었다. 장구한 역사 위에 구축된 중화질서 혹은 천하질서의 관점에서 보면 아편전쟁은 그 이후에 나타나는 '동아시아의 패러다임 변동'이 비윤리적이고 대규모의 물리적 폭력을 수반하며 진행될 것임을 예고하는 획기적인 사건이었다. 그것은 서구문명권의 입장에서 보면, 스스로를 '보편'이자 '문명기준'으로 인식해 가는 과정인 동시에 그것을 비서구권에게 인식시켜 가는 과정이었다고 할 수 있다.

반면 중화문명권 혹은 동아시아 세계의 관점에서 보면, 2500년 이상 지속되어 오던 기존의 확고한 문명기준이 새로운 기준에 따라 뒤집히는 사태라고 할 수 있으며, 그런 점에서 동아시아의 문명기준이 완전히 '역전'되는 상황이 발생했음을 의미하는 것이기도 하다.

이처럼 동아시아 삼국에 19세기는 상이한 패러다임의 만남과 충돌 속에서 빚어지는 고민과 혼돈, 모색과 좌절이 뒤섞인 '위기의 시대'였다. 당시 일본을 대표하는 사상가 후쿠자와 유키치福澤諭吉의 표현으로 말하자면, 동아시아 삼국에게 19세기는 '마치 뜨거운 불과 차디찬 물이 만나는 것과 같고', '하나의 몸으로 두 개의 인생을 겪는 것과 같은' 충격과 위기, 거대한 변동의 시대라고 할 수 있다. 이 시기 조선에서 흔히 사용되던 표현에 따르면 양자관계는 '숯불과 얼음'처럼 이질적이고 상극적인 세계로 받아들여졌다. 근대화의 세례를 받은 현대인이 19세기 후반의 심층으로 다가가기 어려운 이유는 전통적인 고유의 패러다임 차가운물과 새로운 서양의 패러다임 뜨거운불이 격렬하게 부딪혔던 구체적인 역사적 현장이 짙은 안개로 뒤덮여 좀처럼 시야를 확보할 수 없기 때문이다.

19세기 한·중·일 동아시아 삼국은, 국가의 존재 방식이라는 측면에서 보면, 이 과정에서 이른바 '예의禮義 관념'에 기반한 중화질서로부터 '국가 평등관념'을 표방한 유럽발 근대 국제질서로 동아시아 세계를 구성하는 패러다임의 변동을 겪는다. 이런 측면에서 볼 때, 19세기 동아시아 삼국은 동일한 사태에 직면했다고 할 수 있다. 이것은 동아시아 국가들 간의 관계가 중화질서 아래 '조공 책봉관계'에서 근대 국제질서의 수평적이고 독립적이며 그런 만큼 '무정부적인 국가 간 관계'로 바뀌었다는 것을 의미한다. 이는 바꿔 말하면, 만국대치萬國對峙와 적자생존適者生存으로 채워진 새로운 현실 공간 위에 '제국주의'와 주권국가에 의한 '국제주의'라는 서로 상이한 두 개의 얼굴을 가진 이율배반적인 논리가 뫼비우스의 띠처럼 이어지고 있음을 의미한다. 세계정부가 존재하지 않는다는 의미에서 무정부적 속성을 지닌 새로운 '무대'환경, 곧 근대 국제질서에서는 덕치나 예치, 왕도정치와 같은 기존의 '연기'내용과는 달리 부국강병, 세력균형의 능력이 보다 중시되었고 이에 적응하지 못한 '배우'들은 무대 밖으로 밀려났다.

동아시아 어느 나라에서도 이처럼 기존 질서의 전복이라고 부를 만한 사태가 순조롭게 이루어질 수는 없었다. 동아시아의 문명사적 전환기라고 불러야 할 당시의 거대한 변화의 내용을 제대로 파악하거나 예측하는 것 자체가 어려운 문제였다. 더욱이 현실정치 공간에서 새로운 비전을 제시하면서 국내외의 다양한 압력과 심리적 저항, 정치적 저항을 극복한다는 것은 실로 지난한 과제가 아닐 수 없었다.

하지만 한·중·일 동아시아 삼국에 나타난 '서양의 충격'이란 실제로 각국이 처한 각각의 외압의 성격이나 강도, 타이밍의 차이, 지정학적 위치, 기존 정치질서의 안정성 등의 여부에 따라 그 충격의 객관적 여파, 곧 '위기상황'의 내용이 다르게 나타난 것도 사실이었다. 이와 더불어 주목해야 할 사실은 각국의 중화문명 내에서의 위상과 중화문명의 수용 혹은 체감의 양상, 국가 내부의 구조와 정치적 풍토와 정체성, 고유하면서도 주요한 사유방식 등의 차이에 따라 주관적 '위기의식'의 성격에도 적지 않은 편차가 존재했으며 이에 따라 대응방식도 달리 나타났다.

19세기 후반 동아시아 삼국에 핵심 화두로 등장한 '문명개화'와 '자주 독립국가'는 이처럼 구미의 근대 국제질서와 충돌하는 과정에서 새롭게 부상한 일종의 '시대정신'이었다. 이런 시대적 흐름을 일찍이 간파한 일본의 후쿠자와 유키치는 그의 저작에서 "문명을 아무리 고차원적인 것으로 발전시킨다고 하더라도 전국의 국민에게 한 조각의 독립심이 없다면 문명 역시 일본에는 소용이 없으며 그것을 일본의 문명이라고 이름 지을 수 없다"라고 설파하고 나선다. 그러나 이처럼 예리한 후쿠자와의 통찰력은 이후 '부국富國'과 '강병强兵'으로 점차 지나치게 편향되어 가면서 일본을 침략적인 '제국帝國'으로 질주하게 만든 사상적 기반을 제공하기도 했다.

아편전쟁 이후 구미제국들의 침탈이 진행되는 가운데 해양국가인 일본의 정책결정자들은 구미의 근대 국제질서가 평등하다는 것은 명분에 불과하며, '열국평등列國平等'보다는 '약육강식弱肉强食', '만국대치萬國對峙'야말로 실제 상황에 가깝다는 인식을 갖게 된다. 결국 문명개화, 부국강병, 식산흥업殖産興業 등으로 상징되는 새로운 문명기준을 따라잡기에 매진하는 일본은 국내적으로는 서양문명을 적극 수용하고 애국심을 배양함으로써 국력을 진흥시켜 나가는 한편, 대외적으로는 수세적인 입장보다는 공세적인 입장으로 정책방향을 전환하고 실력으로서 국권을 보전하고 확장하는 데 바르게 몰입하게 된다.

📚 NOTE 5　　　정치문화의 자기장

　독자 여러분도 어린 시절 자석을 가지고 놀아 본 경험이 있을 것이다. 하얀 종이 위에 모래를 올려놓고 종이 밑에 자석을 갖다 대고 움직여 보면, 모래 속의철분 성분들이 자석의 자기장의 강력한 힘에 끌려서 움직이면서 일련의 곡선의 형태를 띠면서 재배치되는 현상을 볼 수 있었다. 어린 시절에 자석놀이를 하면서 신비감에 숨을 죽이며 설렘으로 관찰하던 기억이 생생하다.

　서로 다른 문명이나 문화들이 접촉하는 과정을 살펴보면, 눈에는 잘 보이지 않지만 매우 강력하면서도 독특하게 작용하는 어떤 고유한 문화나 전통의 힘 같은 것이 느껴진다. 가령 A라는 현상이나 제도가 본래 자신이 탄생하여 형성된 곳에서 다른 문화적·문명적 경험을 가지고 있는 지역이나 국가로 전파될 경우, 그곳의 독특한 제도적 관성, 사회적 관습, 심리적 습관 등의 영향을 받아 A′ 혹은 A″로 상당히 변형, 변용되는 광경을 자주 목격하게 된다는 것이다. 이것은 마치 이탈리아의 피자가 한국 땅에 건너오면, 어떤 식으로든 한국인 입맛에 맞게 변형되지 않고서는 한국에 뿌리를 내리지 못하는 현상과 비슷하다고 할 수 있다.

　오늘날 세계의 정치가 동일하게 민주주의 원리를 채택하고 있다고 하면서도 그 구체적인 운영방식을 살펴보면 각국의 정치문화, 역사, 정체성 등의 영향을 받아 매우 다른 양상과 특징을 보이는 것을 확인할 수 있다. 자본주의나 사회주의의 경우는 또한 어떤가? 각국의 전통과 문화, 종교, 역사, 세계관 등의 여건에 따라 각기 상당히 다른 특징을 드러내기 마련이다. 동아시아 국가들이 모두 동일하게 서양을 새로운 문명기준으로 삼더라도 동아시아 각국의 정치체제, 경제, 문화, 종교, 풍습은 매우 다른 개성을 지니고 있다. 19세기 서양의 충격 이후 발생한 동서 문명의 충돌과 문화접변 과정을 살펴보면, 육안으로는 쉽게 잘 보이지 않으면서도 강력하게 작동하는 사회적·정치적 자기장을 느끼게 된다. 여러분도 전환기의 역사 속에서 각국에서 어떤 독특한 자기장이 어떻게 작동하는지를 면밀히 관찰해 보라.

📚 NOTE 6 위기와 위기의식의 정치학적 의미

19세기는 동아시아에 있어 '위기 crisis'의 시대라고 할 수 있다. 그런데 정치학에서 말하는 위기란 대체 무엇을 말하는 것일까? 위기란 개념을 어떻게 정의할 수 있을까? 이에 관해 생각해 보기로 하자.

정치학에서 위기란 시간과 중요성, 그리고 예측성 돌발성이라고 정의된다. 즉 예측하지 않은 일이 돌발적으로 발생하여 짧은 시간 내에 이에 대한 적절한 대응책을 세우지 않으면 중대한 결과가 발생하는 상황이 위기라고 할 수 있다. 아무리 중요한 결과가 예상되는 일이라고 하더라도 그 발생을 사전에 예견하고 미리 대응책을 세워 두고 있다면 특별히 이를 위기라고 할 수 없을 것이다. 마찬가지로 중요한 결과를 갖는 사건이 돌발적으로 발생했다고 하더라도 시간 여유를 가지고 장기간에 걸쳐 대응책을 세워 갈 수 있는 경우라면 이 또한 위기라고 할 수 없다.

그런데 위기는 정책결정 과정에서 매우 특수한 문제를 제기한다. 돌발적이고도 중요한 결과를 초래할 수 있는 사건이 생겨 이에 대한 적절한 대응을 짧은 시간 내에 수립하지 않으면 안 되는 절박한 상황에서의 정책결정은 평소의 정책결정과는 다른 양상을 보일 수밖에 없기 때문이다. 심리학적으로 보면 위기상황에서는 불안과 스트레스가 고조되며 이런 상태에서는 가능한 정책 대안을 모두 면밀하게 분석, 검토하여 최소의 비용으로 최대의 효과를 낼 수 있는 최선의 방안을 골라내는 합리적 선택이 불가능해진다. 특히 불안과 긴장 상태에서는 대체로 자신의 능력을 과소평가하고 그 대신 상대방의 능력을 과대평가하며 상대방의 의도도 부정적 측면에서 해석하려는 충동이 강해진다. 그뿐만 아니라 빠른 시간 안에 결정을 내려야 하기 때문에 정책결정자는 새로운 정보를 평가할 때 관념이나 신념, 그리고 유사한 사건에 대해 이미 가지고 있는 이미지에 의거하려는 충동을 강하게 받게 된다. 인간은 누구나 선입견을 갖고 있게 마련이고 선입견과 상치하는 새로운 정보가 들어오는 경우 가능하면 새로운 정보를 기존의 견해에 따라 해석하려는 심리적인 경향을 갖게 되며 위기상황에서는 이런 심리적 특징은 더욱 현저하게 드러난다.

그러면 위기상황과 위기의식은 어떻게 다른 것인가? 그리고 그것이 예컨대 19세기를 이해하는 데 던져 주는 함의는 무엇일까? 위기와 위기의식 혹은 위기담론은 서로 긴밀히 연결되어 있음에도 불구하고 다른 차원의 논의라고 할 수 있다. 위기가 절대온도라고 하면, 위기의식은 체감온도에 가깝다. 세계관과 사유방식, 관념, 신념의 차이는 어떠한 위기상황에 직면했을 때 무엇을 지킬 것이며 무엇을 양보할 것인가의 우선순위를 결정하는 데 매우 결정적인 영향을 미칠 수 있다.

예컨대 골목에서 누군가가 강도와 만났을 때, 그 사람의 상황과 사고방식에 따라 위기의식의 내용이 다르며 대응방식 또한 다르게 나타날 소지가 존재할 수밖에 없다. 만일 강도와 만난 사람이 임산부이거나 아이를 데리고 있거나 목돈을 지니고 있는 상황이라면, 혹은 건장한 남성이라면 강도로부터 자기가 지켜야 할 우선순위와 대응전략에서 어떤 차이가 생기게 될까? 이런 상황에 상관없이 사람들이 지키고 싶어 하는 가치 있는 그무엇이 누구에게나 동일하다고 가정해도 되는 것일까? 여러분이라면 어떻게 할 것인가? 추체험을 해 볼 필요가 있을 것이다. 이런 사실은 동아시아 삼국이 서세동점이라는 위기상황에서 각자 다른 대응을 하게 된 이유를 이해하는 데도 시사하는 바가 크다.

1. 전통적인 동아시아 질서로서 중화질서

근대 이전의 인류 역사에서 보편적인 정치질서는 문명권을 단위로 하는 제국帝國과 제국 내에 존재하는 여러 가지 형태의 정치체제들이었다. 그리고 이때 개인의 윤리에서부터 사회조직의 운영, 정치적 권위, 우주관까지를 규율한 것은 유교, 이슬람교, 힌두교, 기독교, 불교 등 종교적 가르침이었다. 제국의 중심을 지배하는 정치세력은 어느 한 문명의 중심으로서 주변의 정치세력들을 위계적으로 복속시켰다. 제국 내에서 여러 개의 평등한 정치적 권위는 대체로 인정되지 않았으며, 제국의 정치적 경계는 '문명'의 주변으로 그리고 그 밖은 '야만'의 세계로 간주되고 있었다. 한편 세계사에서 등장하는 '제국'들은 시공간의 차이에 따라 매우 다양한 편차가 존재하며, 그 의미 또한 대단히 상이할 수밖에 없었다. 이 책에서는 제국이라는 용어를 기본적으로 "제국 본국이 주변부 국가들과의 관계에서 어떤 위계질서를 창출하여 제국의 권역 안에 존재하는 국가들의 대내외적 정책을 독점적이고 광범위하게 규제하는 권력"[3]이라는 정도의 의미에서 사용하기로 하겠다.

중화질서의 인식론적인 기반: 유교적 사유체계

전통적 중화질서는 유교적 사유체계 위에 성립되었다. 유교적 사유체계는 기본적으로 현세 지향적이다. 그리고 인간이 만들어 가는 현실세계의 여러 '관계'와 그 관계 속에서의 '인간'에 주로 관심

---

3 백영서, 『동아시아 지역질서: 제국을 넘어 공동체로』(창비, 2005), p.11.

을 갖는다. 유학의 가장 기본이 되는 문제의식은 수기치인[4]이라는 말에 함축되어 있다고 할 수 있다. 유학은 안으로는 자기완성을 지향하는 수기지학 修己之學 이라는 점에서 윤리학이고, 밖으로는 타인과의 관계에서 질서를 도모하려는 치인지학 治人之學 이라는 점에서 정치학적 성격을 갖는다. 따라서 어떤 식으로든 수기와 치인 양자 간의 조화로운 통일을 현실세계에 구현하는 것이야말로 유학적 사유체계의 가장 근본적 문제의식이라고 할 수 있다. 그러므로 유학적 사유체계에 따르면, 모든 학문은 궁극적으로 윤리학과 정치학적 문맥으로 귀결되는 경향을 보인다. 다만 수기와 치인 어디에 우선순위를 두며, 양자 간의 긴장을 어떻게 조화시키려 하는가에 대해서는 구체적인 역사적 상황과 사상가들의 개인적 문제의식의 차이에 따라 다양한 색채를 가질 수 있다.

이런 유교적 사유체계에 따르면 '국가'란 개인의 정체성을 형성하는 과정에서 절대적인 의미를 갖기 어렵다. 바꿔 말하면 국가중심적 사유체계란 생성되기 어렵다. 왜냐하면 유교는 기본적으로 개인과 다양한 공동체 간의 상호 균형적이고 순환적인 조화를 강조하기 때문이다. 또 극단적인 형태의 개인주의나 가족주의, 국가주의나 세계주의가 용납되기 어려운 사유체계를 보여 주기 때문이다. 따라서 천하질서에서 국가라고 하는 것은 현실적으로는 중요한 행위자 actor 로 용인되면서도 '이념적'으로는 뒤에서 다루는 근대 국제질서의 행위 주체인 주권국가처럼 강고한 배타적 실재로서 인식될 수 없었다.

---

4 (용어설명) 수기치인 修己治人: 자신을 닦고 타인 혹은 타인과의 관계를 다스리고 조정하는 것을 말한다. 수기가 윤리의 영역이라면 치인은 정치의 영역이라고 할 수 있다.

■ NOTE 7　　정치학의 주제와 접근방법

　　우리의 삶이 정치로부터 자유롭지 못한 것은 무슨 이유 때문일까? 그것은 무엇보다도 인간이 사회적 동물이기 때문이다. 인간이 사회 속에서 살아가는 한 개인과 개인, 개인과 사회, 개인과 전체 간의 긴장은 불가피해진다. 그러면 개인의 자유와 만인의 자유는 어떻게 공존할 수 있는가. 정치학은 이런 문제를 다루는 학문이라고 할 수 있다.

　　윤리학과 정치학의 차이는 무엇일까? 윤리학은 기본적으로 나로부터 출발한다. 내 행위의 도덕적 결과는 나의 의지로 통제할 수 있으며, 나는 궁극적으로 나 자신을 설득하고 절제하면 된다. 반면 정치학은 타인과의 협력, 조화와 타협, 갈등의 해결 등 다른 사람과의 관계에 관심이 있다.

　　그러면 정치란 무엇인가? 이에 대해서는 크게 두 가지 접근 경향이 존재한다. 우선 첫 번째는 국가와의 관계 속에서 정치를 이해하려는 입장이다. 이런 정치관에 따르면 국가로부터 개인의 자유를 확보하는 것이야말로 정치학의 주제라고 할 수 있다. 이렇게 보면 모든 정치 문제는 국가와 개인 간의 갈등 문제로 귀결되며, 정치적 자유란 국가로부터의 자유를 의미한다. 이런 입장이 국가라는 거대권력에 주목하고 있다면, 이와는 달리 일상적이고 일반적이며 미시적인 권력관계 속에서 정치를 이해하려는 입장이 존재한다. 이런 정치관에 따르면, 정치는 권력의 획득과 유지와 관계 있는 모든 인간 활동을 전부 포괄한다.

　　그러면 정치를 어떻게 정의할 수 있을까? 정치를 정의하는 방식은 헤아릴 수 없이 많다. 여기서는 데이비드 이스턴 David Easton 이 내린 정치에 대한 정의를 살펴보기로 하겠다. 이스턴은 정치를 "한 사회의 가치를 권위적으로 배분하는 것 the authoritative allocation of value for a society"이라고 정의했다. 이렇게 정의하면, 사람들의 정치적 활동은 우선 사회의 '가치 있는 것'들을 둘러싸고 전개되는 것으로 한정된다. 여기서 가치란 인간의 욕구를 충족해 주는 자원을 말한다. 만일 가치 있는 것들이 얼마든지 주어져 있다면, 이를 분배하는 과정에서 갈등이 일어날 이유가 그다지 없을 것이다.

그런데 문제는 가치 있는 것은 매우 귀하고 희소하다는 점이다. 따라서 가치의 희소성으로 인해 이를 획득하기 위한 개인 및 집단들 간에 경쟁과 갈등이 발생하기 마련이다. 그러면 질서 유지를 위해 어떻게든 갈등과 경쟁, 대립을 조정하고 통제할 필요가 대두된다. 이런 조정과 통제행위는 가치를 배분하는 정책의 결정과 행동으로 구체화되기 마련이다. 이때 '권위적으로'라는 말의 의미는 사람들이 그 결정에 구속되고 이를 존중한다는 것을 의미한다. 왜냐하면 권위란 사회적으로 내면화된 규범 또는 합법적 절차를 통해 획득되는 것이기 때문이다.

데이비드 이스턴의 정치에 관한 정의를 곰곰이 생각해 보면, 다음과 같은 질문이 발생한다. 그러면 가치의 배분 혹은 박탈을 결정하는 것은 누구인가? 그리고 누가 가치를 배분할 것인가? 이것은 환원하면 정치권력의 주체가 누구인지를 묻는 문제라고 할 수 있다. 아울러 정치적 권위를 부여받으려면 대체 어떤 과정과 절차를 거쳐야만 하는 것인가? 정치적 정당성은 어디에서 발생하는 것인가 하는 문제도 중요하다. 우리가 정치에 관심을 가져야만 하는 이유가 여기에 있다. 정치에 대해 무관심하면 이토록 중요한 결정이 타인에 의해 일방적으로 이루어지고 가치의 배분 과정에서 자기 스스로가 소외되고 배제당하는 결과로 이어질 것이기 때문이다.

중화질서의 특성: 강렬한 문화주의적 성향

한반도가 속해 있는 동아시아 지역은 오랜 세월에 걸쳐 역사적으로 고유한 정치적·사회적 경험과 문명의식, 가치관 등의 많은 부분을 공유해 왔다. 흔히 중화질서 혹은 천하질서 등으로 지칭되는 동아시아 지역을 구성해 온 문명질서는 서양의 근대 국제질서와는 대단히 다른 성격을 견지하고 있었다. 그 내용을 간략히 살펴보자.

중화질서는 개인 간의 관계를 규율하는 '예의'에 기반한 위계적 원리를 '천하天下'를 구성하는 복합적 행위주체 간의 관계로까지 확대하여 적용한다. 여기에는 예치나 덕치라고 부르는 보편적인 통치 이념이 추구되고 있었고, 이런 통치 이념에 기초한 천하 관념이 중화 이외 세계의 이질적 요소를 포섭한다. 중화주의는 춘추전국시대에 성립한 이래, 1368년 한족漢族에 의해 명明이 건국된 이후 한층 체계적으로 확립된다. 중화질서의 이념은 현실정치 공간에서는 군사적 기반 위에서 지탱될 수 있었으나 기본적으로 문화주의적 성격이 강하다고 평가할 수 있다. 전통적인 중화질서에서 사대事大나 사대자소事大字小: 큰 것을 섬기고 작은 것을 품어 준다, 혹은 일시동인一視同仁: 편벽되지 않게 모든 일을 한결같이 어진 마음으로 돌본다의 원리가 강조되었던 것도 이처럼 예의를 중시하는 중화질서의 성격에서 비롯된 것이었다. 한반도의 대외관계의 원리가 흔히 '사대교린5'으로 표현되었던 것이나, 중화질서 내부에 근대 국제질서에서처럼 외교를 전담하는 부서가 없고 중국의 예부禮部나 조선의 예조禮曹가 사실상의 외교업무를 담당한 것도 이런 이유에서였다.

한편 중국의 화이 관념6은 주위를 압도하는 거대한 문명의 구축에 의해 형성 발전한 것으로서, 중국이 문화적 우월감을 갖고 있었고, 자신들의 나라가 문명세계와 천하의 중심이라는 의식이 중국 사대부에게 존재하고 있었던 데서 나온 것이라고 할 수 있다. 여기에는

---

5 (용어설명) 사대교린事大交隣: 중화질서 내에서 조선이 취했던 외교방침을 나타내는 이념을 말한다. 사대는 중국을 대상으로, 교린은 일본과 여진족 등을 대상으로 하며, 강하고 큰 나라를 받들고 이웃나라와는 대등한 입장에서 지내면서 국가의 안정을 도모했다.

6 (용어설명) 화이華夷 관념: 원래 주변세력에 대해 한족이 전통적으로 가장 우세하다고 여기던 관념에서 비롯되었다. 화이 관념은 중화질서에서 문명과 야만을 구별하는 의식이라고 할 수 있다.

자기중심적인 매우 배타적인 사고가 배어 있는 동시에 천하일가天下
－家주의와 포용주의가 미묘한 긴장관계를 유지하고 있었다.

중화질서의 주요 제도: 조공과 책봉

중화질서를 현실적으로 지속시켜 온 주요한 장치로 기능한 것이
조공책봉[7]이라는 제도였다. 주변국은 정해진 때에 문명과 문화의
중심으로 간주되는 중국에 '조공'을 바쳤으며, 이에 대해 중국은 우
수한 문물과 아울러 문명기준을 제공하며 주변국의 군주를 '책봉'
하는 예를 갖추었다. 이런 제도는 대체로 중국과 주변국 양측 모두
에게 정치적 권위와 체제의 정당성을 강화해 주는 효과를 갖는 것이
었을 뿐만 아니라, 일정한 한계 내에서 국가 간의 교역관계를 가능
하게 했다. 중화세계를 지탱하는 위계제도와 격식을 존중하는 한,
중국으로서도 사소한 문제는 현실적으로 크게 문제 삼으려 하지 않
았다. 물론 그런 만큼 중화질서 내부에는 주변부에 대한 인식과 현
실 간의 불가피한 괴리가 발생할 소지가 늘 존재했다. 그런 긴장요
소가 실제로 수차례에 걸쳐 물리적인 충돌로 표출되기도 했지만, 장
기적으로는 예의 관념에 입각한 질서 이념 아래 끊임없이 해소될 수
있었다.

---

7 (용어설명) 조공책봉朝貢冊封 체제: 중화질서 내 국가 간의 관계에서 형성된 외교양
식을 말한다. 중화질서에 속한 나라들은 중국으로부터 왕의 작호를 받음으로
써 명목상 군신관계로 책봉되었으며, 책봉된 나라에서는 정기적으로 예물을
바쳐 은사를 받는 조공의 의무가 부과되었다.

조선의 경우도 화이사상에 입각하여 중화질서에 적극적으로 참여하고 있었다. 이것은 대외관계라는 측면에서는 사대교린 事大交隣이라는 형태를 띠었으며, 대내적으로는 중화질서를 '문명기준'으로 삼아 정치의 윤리적 승화를 구현함으로써 보편적인 문명국가, 문화국가를 실현하겠다는 정치적 의지와 자부심으로 나타났다. 조선 사대부가 갖고 있던 문명국가로서의 자존의식과 자부심은 흔히 소중화 小中華의식으로 표현되었다. 소중화의식은 조선을 지탱한 선비정신과 왕도정치의 근간이 되었으나, 17세기의 명·청 교체 이후 지나치게 정신주의적 경향으로 경도됨으로써 점차 사상적 유연성을 잃어 갔다.

2. 16~17세기 유럽의 융성과 대항해시대 그리고 중화질서의 변동

1492년 크리스토퍼 콜럼버스 Christopher Columbus, 1450~1506는 아시아에 도달하기를 희망하며 대서양을 건너 서쪽으로 항해하다 '신대륙' 아메리카에 우연히 도착했다. 그로부터 6년 후 바스쿠 다 가마 Vasco da Gama, 1469~1524의 포르투갈 함대가 아프리카 최남단 희망봉을 돌아 동쪽으로 항해해서 도착한 곳은 인도였다. 그리고 스페인의 항해가인 페르디난드 마젤란 Ferdinand Magellan, 1480~1521이 이끄는 원정대가 사실상 최초의 세계 일주에 성공한 것이 1521년의 일이다. 3년에 걸친 마젤란의 세계 일주 항해는 지구가 둥글다는 것을 실증했다.

이 무렵 유럽인들은 유럽에 적대적이었던 오스만 제국이 아시아로 가는 육로를 차단한 상황을 돌파하기 위하여 배와 항법 장치, 지도 등의 첨단 기술을 개발하여 향신료와 비단을 들여오는 방법을 찾아 나섰고, 포르투갈, 스페인에 이어 1560년대에는 네덜란드와 프랑스, 영국도 장거리 항해에 차례로 뛰어들었다. 대서양과 맞닿아 있는 서북부 유럽 국가들은 지중해를 비롯한 다른 지역의 국가보다 여러모로 탐험에 유리한 조건을 갖추고 있었다. 15세기 말부터 유럽의 선박이 대양을 가로지르고 전 세계 해상 무역체계가 서서히 자리 잡아 가기 시작했고 역사상 최초로 전 지구가 서로 연결되는 상황이 벌어졌다. 유라시아와 아메리카 대륙의 연결이 가장 중요한 변화였지만, 세계화의 영향은 이제 지구 어디로든 나타날 조짐을 보이고 있었다.

16세기 초를 '서구의 융성'이라고 일컬어지는 시대의 시작이라고 부르는 것은 이런 변화와 맞물려 있었다. 이것은 16세기를 전후

대항해시대가 열리다 (지도: 하늬누리 디자인 김승한)

해서부터 근대 유럽의 핵심적 제도들이 탄생, 발전하고 유럽인의 기술 및 권력이 다른 모든 문명의 기술과 권력을 능가하는 현상이 나타나고, 이에 이어서 유럽의 여러 제국이 탄생하게 되었다는 점에서 그렇다. 르네상스의 기운이 확산되고, 마틴 루터 Martin Luther, 1483~1546 에서 시작된 '종교개혁'이 유럽의 정치지형을 변환시켜 나가는가 하면 천동설을 대신하여 코페르니쿠스 Nicolaus Copernicus, 1473~1543 의 지동설이 등장하며 이후 이른바 과학혁명의 선구가 되기도 했다. 이 시기의 유럽의 혁신과 팽창은 아직 충분히 지구적이라고 부르기는 어렵겠지만, 이른바 '지리상의 발견'과 함께 '대항해시대'가 열리고 유럽의 해상 팽창과 함께 그 영향이 점차 아시아의 도처로 밀려들고 있었다.

이처럼 지구적 차원의 변화가 진행되고 있던 16세기 아시아대륙에서 이른바 '천하질서'라고 부르는 중화문명을 이끌어 가던 패권국은 명 제국 1368~1644 이었다. 15세기 유럽인구가 5000만 명에서 5500만 명이었음에 비해 이미 1억 명에서 1억 3000만 명에 이르는 인구를 가지고 있었던 명은 15세기 초반까지만 해도 패권국으로서의 면모를 유감없이 발휘하고 있었다. 1405년에서 1433년까지 일곱 차례에 걸쳐 대함대를 인도양과 아프리카의 마다가스카르까지 파견한 이른바 '정화의 대원정'을 실시한 것은 홍무제 洪武帝, 재위: 1368~1398, 영락제 永樂帝, 재위: 1402~1424 로 명 제국의 위용을 상징적으로 보여 준다. 당시 정화 鄭和, 1371~1434 가 이끄는 원양함대는 거함 62척과 2만 7000여 명의 병력으로 구성되어 있었으니 1498년 리스본을 출발한 4척의 포르투갈의 바스쿠 다 가마 함대와 비교할 수 있는 수준이 아니었다. 그러나 정화의 원정 이후 명은 확연하게 쇠퇴하고 있었다. 원양선박을 건조해서는 안 된다는 황제의 칙령이 내려지면서, 온갖 가능성을 갖고 있던 해외에 등을 돌렸다. 동서양 제국들의 흥망성쇠가 갈리는 상징적인 장면이 아닐 수 없다.

16세기 동아시아에는 인구와 규모 면에서는 명 제국에 비해 아주 미비해 보였지만, 정치적 통합과 경제적 성장의 조짐을 보이며 일본이라는 해양세력이 부상하고 있었다. 포르투갈인들이 일본 열도에 처음 들어온 것은 1543년, 시암현재 타이을 출발한 중국 선박이 일본 열도의 남단 큐슈九州의 다네가시마種子島에 표착해 들어왔다. 여기에 타고 있던 포르투갈 상인은 다네가시마 영주에게 총포를 비롯한 여러 서구 문물을 선사하고, 새로운 무기는 일본 각지로 퍼져나가 기존의 전투 양상을 바꾸었다. 또한 1549년에는 예수회 선교사 프란시스코 자비에르Francisco Xavier, 1506~1552가 가고시마鹿児島에 도착하여 큐슈지역을 중심으로 일본에 천주교 신자가 급증하는 계기가 마련되기도 했다. 이후 조총의 위력을 절감한 오다 노부나가織田信長, 1534~1582는 조총수 양성에 진력했고 그의 후계자로 등장한 도요토미 히데요시豊臣秀吉, 1537~1598가 일본의 센고쿠戦国시대를 마감하고 전국통일을 완성한 것이 1590년의 일이었다.

이처럼 세계사적 변화와 맞물려 변동해 가던 동아시아의 정세는 마침내 16세기말부터 17세기 중엽에 걸쳐 거대한 전환기로 접어든다. 16세기말 부상하던 해양세력 일본이 '천하질서'의 중심에 있던 패권세력인 명 제국을 정복하겠다는 기치를 내걸고 한반도를 공격하는 왜란을 일으키면서 길고 긴 7년간의 전란임진왜란과 정유재란이 발생한 것이다. 한편 조선과 명 제국이 해양세력인 일본에 대응하느라 경황이 없는 사이에 만주 지역에서 누르하치淸太祖=天命帝, 재위:

가츠시카 호쿠사이(葛飾北齋, 1760~1849), 『후가쿠36경(富嶽三十六景)』 중에서 〈가나가와 오키나미 우라(神奈川沖浪裏)〉(연도 미상)

1616~1626가 이끄는 여진세력이 새로이 흥기하면서 1616년에는 후금後金을 건국한다.

　누르하치를 계승한 홍타이지 淸太宗=崇德帝, 재위: 1626~1643는 여세를 몰아 명에 대한 대대적인 도전을 시도하면서 1627년에 조선을 공격하는 정묘호란을 일으키는가 하면, 1636년에는 국호를 청淸으로 바꾸고 제국을 선포한 후에 병자호란을 일으킨다. 그 후 내우외환에 시달리던 명 제국이 이자성 李自成, 1606~1645의 난으로 무너지면서 명의 마지막 황제인 숭정제 崇禎帝, 재위: 1627~1644가 자살하자 청 제국이 베이징 北京을 접수한 것이 1644년의 일이다.

　요컨대 16세기와 17세기에 걸친 지리상의 발견과 대항해시대로 시작된 거대하고 장기적인 시간에 걸친 지각변동은 동아시아 해양세력의 부상과 대륙 내부의 패권변동을 추동해 내는 계기로 작용했다. 16~17세기 동아시아의 전환기 상황에서 주목해야 할 사항은 우선 일본이 대륙을 흔들만한 도전적이고 위협적인 해양세력으로 본격적으로 부상했다는 점일 것이다. 이렇게 보면 '임진왜란은 해양세력인 일본이 동아시아 질서 판도를 재편할 가능성을 보여 주었을 뿐만 아니라 한반도를 동아시아에서 대륙세력과 해양세력 간의 지정학적 요충지로 등장시킨 최초의 역사적 사건'이라는 해석 또한 가능해진다. 아울러 일본의 침략이라는 해양세력 충격의 파장으로 연쇄적으로 대륙 내부의 구제국과 신흥제국이 경합하는 상황이 발생하고 결국 도전세력인 청제국이 기존의 패권국인 명을 밀어내고 패권을 장악하는 상황으로 내달리게 되었다는 것을 알 수 있다. 요컨대 1592년에 임진왜란에서 시작된 '동아시아 세계질서의 변동'은 반세기가 지나 1644년 명청교체로 이어졌던 것이다.

📚 NOTE 9   주권국가와 근대 국제질서의 등장

서구의 근대 국제질서는 유럽이라는 특정한 사회에서 형성된 질서체계로서 기존의 다른 질서와는 구별되는 역사적 기원을 갖고 있다. 근대 국제질서는 정치권력들이 이슬람 문명권을 타자화하고 중세유럽의 교황과 같은 보편화된 권위에 대항하는 과정에서 생겨났다고 할 수 있다. 즉 국가보다 상위에 권위체가 존재할 수 있음을 부정하고 다수의 국가들이 독립적이고 경쟁적으로 싸우고 공존하는 가운데 가시화되어 나타나기 시작한 것이다. 요컨대 서구의 근대 국제질서는 몇 개의 강국과 다수의 약소국가들 간의 '경쟁적 공존'이라는 역사적 배경 위에서 성립되었던 것이다.

근대 국제질서의 주요한 특성은 이런 역사적 맥락에서 형성되었다고 할 수 있다. 즉 서구에 나타난 국가들이 경쟁적으로 공존하는 상황에서 이들 국가들은 과거의 중세국가와는 달리 선線 개념으로 명확하게 표현되는 '영토' 내에서 단일하고 배타적인 권력을 행사하려는 경향을 띠었다. 그리고 대외적으로는 비교적 협소한 유럽권역 내부에서 서로 국경을 접하며 대치하면서 무력으로 우열을 가리지 않으면 안 될 상황이 항시적으로 지속됨에 따라, 국가의 안전과 독립, 자국의 국가이익을 모든 것에 우선시하는 의식이 당연한 것으로 받아들여졌다.

무정부상태에 가까운 이탈리아의 정치적 상황에서 니콜로 마키아벨리 Niccolo Machiavelli, 1469~1527 가 군주에게 강력한 통일국가를 이룩하는 방법과 정당성을 역설하는 그 유명한 『군주론』1513 을 저술한 것도 이처럼 유럽에서 근대국가가 태동하던 맥락에서 이루어졌다. 그리고 이런 역사적 배경 위에서 대내적으로는 최고성, 대외적으로는 배타적 독립성을 특징으로 하는 주권 sovereignty 이라는 새로운 개념이 국가의 일반적인 '기준'으로 등장하여 서서히 정착되는데, 이 용어를 처음으로 사용하며 국가에 관한 논의를 펼친 책은 16세기말 프랑스의 장 보댕 Jean Bodin, 1530~1596 의 『국가론』1576 이었다.

영토주권에 바탕을 둔 국제질서의 기원은 일반적으로 서구의 30년 종교전쟁 1618~1648 을 매듭지은 웨스트팔리아, 즉 베스트팔렌 조약이라고 일컬어진다. 웨스트팔리아 체제의 성립으로 유럽의 국가 간 질서가 로마교황이나 신성로마제국의 황제로 대표되던 중세적 권위로부터 해방되어 주권국가 간의 근대 국제체제로 넘어간다. 그리고 단순히 영토 내의 거주민이었던 인민이 민족주의와 민주주의를 통해 '국민'으로 통합되는 것은 프랑스 대혁명 이후의 일이다.

아울러 주권국가들의 탄생과 근대 국제질서가 형성되어 가는 과정에서 간과해서 안 될 사실 중 하나는 서구 근대국가들이 대내적으로는 군주의 위신과 국력을 과시하여 국내의 모든 계급과 모든 계층의 '강렬한 충성심'을 환기하고 대외적으로는 국부國富의 원천이라 할 수 있는 영토의 확장과 식민지 정책을 추구하면서 가장 선호했던 정책이 다름 아닌 바로 전쟁이었다는 사실이다.

NOTE 10   주권국가와 계속되는 전쟁들

계속되는 유럽의 전쟁은 주권국가를 주요 행위자로 하는 국제체제가 본질적으로 얼마나 무질서한지를 명백히 드러내 주는 것이기 때문이다. 근대국가와 전쟁의 관계에 관해서는 다음 설명을 들어 보자.

> "전쟁이 기존 질서를 변화시키는 데 결정적 역할을 했다는 사실은 국내정치에 국한된 것이 아니라 국제적 수준에서도 동일하게 나타났다. 예컨대 지난 4~5세기 간에 있어서 대규모의 전쟁과 그 전쟁을 마무리하는 국제적 협약들이 유럽식 근대국가체제—국제정치적 의미와 국내체제 양면 모두에 걸쳐—의 모습을 결정짓는 결정적 요인이었음은 우리가 익히 알고 있는 사실이다. 즉 30년 전쟁과 웨스트팔리아 조약Treaty of Westphalia, 스페인 왕위계승전쟁과 유트레히트 조약Treaty of Utrecht, 나폴레옹 전쟁과 비엔나 회의The Congress of Vienna, 제1차 세계대전과 베르사이유 조약the Treaty of Versailles, 제2차 세계대전과 얄타협정 등이 가장 대표적인 예로 지적될 수 있을 것이다. 이런 점에서 국가들이 전쟁을 만들어 냈지만 동시에 바로 그 전쟁이 오늘날과 같은 모습의 국가를 만들어 냈다고 하는 말은 단순히 인상주의적 표현 이상의 의미로 이해해야 할 것이다."
>
> – 박상섭, 『근대국가와 전쟁』(나남, 2004)

요컨대 대내적으로는 근대국가를 합리적으로 운영하는 핵심 장치라고 할 수 있는 관료제도가 전쟁과의 관련 속에서 성립했으며, 대외적으로는 전쟁과 이후의 전후처리 과정을 통해 근대 국제질서가 형성 전개되었다는 것이다.

한편 대내적으로는 최고성을 지니고 대외적으로는 배타적이고 독립적인 존재인 주권이라는 개념에 입각해 보면 주권국가들로 이루어진 국제관계는 필연적으로 무정부상태 아래 놓이게 된다. 왜냐하면 주권국가 위에 보다 상위의 권위체가 원리적으로 존재할 수 없기 때문이다. 근대 국제질서에서 주권국가를 넘어서는 세계 정부가 존재할 수 없는 것도 이런 이유에서 비롯된다. 따라서 어떤 식으로든 전시나 평시에 이들 국가 간의 관계에 규칙과 질서를 부여하려는 모색들이 이루어질 수밖에 없었다. 그로티우스Hugo Grotius, 1583~1645 등을 필두로 하여 근대적 의미의 국제법 law of nations의 윤곽이 점차 명료하게 나타나는 것은 이런 맥락에서였다.

이런 이유로 인해 근대 국제질서에서는 무정부상태하에서의 생존원리로서 세력균형[8]의 원리가 무엇보다 중시될 수밖에 없다. 여기에서 근대 국제질서라는 무정부적 질서체제 아래에서 이른바 '안보 딜레마security dilemma'적 속성이 발생한다는 것도 간과해서는 안 될 것이다. 안보 딜레마란 무정부적 질서체계인 근대 국제질서 아래에서 어떤 나라가 자국의 안보를 확보하기 위해 수행하지 않을 수 없는 자조自助, self-help적 움직임이나 노력이 그 의도와는 상관없이 타국의 불안을 증대시키고, 스스로는 방어적이라고 여기는 조치들이 타국에는 잠재적 위협으로 인식되는 구조적인 개념을 말한다.

3. 중화질서와 일본

일본 전통적 대외 관념의 특징과 중화질서의 주변으로서 일본

에도 시대1603~1867 일본의 대외 관념 역시 기본적으로 유교의 화이사상에 근거하고 있었다고 할 수 있다. 당시 유교가 지배적인 사상체계로서 널리 보급되어 신봉되었다고 말하기 어려움에도 불구하고 '대외관계'라는 측면에서는 유교적인 화이사상의 틀에 입각한 이해가 일반적인 것이어서, 중국 중심의 사고에 가장 비판적이었

---

8 (용어설명) 세력균형balance of power : 국제관계에서 특정한 국가가 다른 국가를 압도할 만큼 강대해지지 않도록 여러 국가가 연합을 이루거나 군사력을 증강함으로써 서로를 견제하여 균형을 유지하는 현상 및 그런 상태를 말한다.

던 국학자들까지도 이런 화이사상의 영향 아래 놓여 있었다.

하지만 일본 열도에서 유교적 화이 관념의 구체적 내용이 중국대륙과 동일한 양상으로 전개되었던 것은 아니었다. 에도 시대의 대외 관념으로서 유교적 화이사상은 중국의 경우가 상대적으로 문화적 경향을 지녔던 것과는 대조적으로 정치적·군사적 경향성이 현저했다. 이런 사실은 당시 일본의 특수한 사정, 요컨대 에도 시대의 일본 지배층이 사무라이 집단이라는 점, 화이사상을 지탱한 문화적 기반이 중국에 비해 상대적으로 매우 약했다는 점, 그리고 일본 열도의 각 지역에 기반을 둔 각각의 정치세력이 정착되어 있어 독립적인 권력으로 대두될 소지가 상존하고 있었다는 사실 등에서 비롯된 것이었다.

일본은 명나라 중기 이후 조공국에서 떨어져 나와 중국과 제한적으로 교역을 하는 호시국互市國으로 변화했다. 즉 중화질서의 주변부로서의 성격이 보다 강화되었고, 중화질서와 느슨하게 이어져 있었던 것이다. 이런 중화문명 혹은 유교문명권에서 소외된 이질성이 새로운 변화 시점에서 적응할 수 있는 유연성의 모태가 되었다는 역설에 주목할 필요가 있다. 실제로 일본은 서양에 대한 관심을 완전히 봉쇄하지 않았는데, 일본에서는 나가사키長崎 그리고 일본에 들어온 네덜란드 학문9 등을 통해 서양에 대한 창구를 제한적으로나마 지속적으로 열어 두고 있었다.

9　(용어설명) 네덜란드 학문蘭学: 일본의 에도 중기 이후, 네덜란드어로 서양의 학술을 연구하려고 했던 학문으로 보통 란가쿠蘭学라고 부른다. 그 범위는 의학에서 수학, 병학, 천문학, 화학 등의 분야까지 걸쳐 있었다.

일본의 전통 정치권력구조의 핵심: 천황과 쇼군의 이중적 권력 구조, 무사지배 사회

가마쿠라 막부가 등장하기 이전의 천황[10]은 일본의 최고신으로 여겨지던 아마테라스 오미카미 天照大神 의 자손으로, 제사장으로서의 성격이 강했다. 가마쿠라 막부가 등장한 이후 일본정치는 정신적 군주인 천황을 중심으로 한 '조정 朝廷'과 세속적 군주인 쇼군을 중심으로 한 이른바 '막부'[11]에 의한 이중적 권력구조를 갖게 되었다. 이런 천황과 쇼군의 이중적 권력구조 아래에서는 정치적 책임의 소재 여부가 불분명하기 때문에 천황은 정치책임론에서 상대적으로 자유로울 수 있었다.

이처럼 상징권력과 실질권력의 이중적인 권력구조로 말미암아 일본정치에는 실질권력이 바뀔지라도 상징권력은 유지될 수 있었고, 그런 이유 때문에 상징권력의 교체까지를 포괄하는 의미의 '혁명'이 존재하지 않았으며 '만세일계 萬世一系'의 천황신화가 가능할 수 있었다. 하지만 에도 시대의 천황은 쇼군에 의해 권위가 유지되고 쇼군의 필요에 따라 수시로 행위에 제약을 받는 '소극적인 권위'에 지나지 않았다는 사실도 기억해 둘 필요가 있다.

일본의 사농공상 士農工商 이라는 신분질서에서 사士는 선비가 아

---

10 (용어설명) 천황 天皇 : 고대로부터 세습적으로 이어져 온 일본의 군주를 가리키지만, 일본정치사에서 천황의 의미는 전통적 이중구조에서 파악되어야 한다. 일본 역사, 특히 에도 시대에 천황은 실질적인 권력보다는 정신적 권위를 갖는 존재로서 존속되었다.

11 (용어설명) 막부 幕府 : 일본의 전통적인 이중구조에서 실질적 권력자 역할을 했던 정치기구를 말한다. 쇼군 將軍 을 최상위로 두고 하위에는 당시 지배층이었던 무사들이 위계질서를 구성했다.

닌 사무라이, 곧 무사였다. 무사가 지배하는 사회인 일본은 효孝의 원리보다 충忠의 원리가 강조되는 경향을 보였다. 무사 사회는 칼을 다루는 사무라이들이 지배하는 사회였기에 진검승부眞劍勝負 상황에서 발생하는 특유의 위기의식과 긴장감이 늘 존재하고 있었다.

에도 시대가 태평기로 들어가면서 무사들은 사회조직의 긴밀한 통합성을 제고하고 치안과 생산력 향상에 눈을 돌리게 된다. 아울러 보다 상위의 전체자에게 순종하고 헌신하는 봉공奉公의 도덕이 강조되었다.

무사 사회는 실력상응주의와 실용주의적 성향을 띠기 마련이며, 원칙적인 것보다 구체적인 것에 흥미를 보이는 경향이 있다. 무사 사회에서 나타나는 대세 존중의 경향성은 고도로 주체적인 것 같으면서도 대단히 타율적일 가능성이 있다.

📚 NOTE 11   동양 삼국의 왕권 비교

왕조국가에서 왕은 정치적 질서의 상징이자 구심축이라는 위상을 지니고 있었다. 다만 왕은 스스로의 신성함으로 인해 역설적으로 일상적인 현실정치의 공간과 어떤 식으로든 일정한 '거리'를 두게 마련이었다. 왕권이 일상적인 현실정치에서 거리를 두지 않으면, 사소한 정치책임론의 시비에 걸려 그 상징성과 신성성이 쉽게 훼손되기 때문이다.

동양 삼국에서의 왕권은 정치구조의 핵심 요소이면서도, 실질적으로 권력을 소지한 정도는 정치적 전통이나 시대적 여건에 따라 달랐다. 송대 이후 중국의 황제나 유럽 절대왕정기의 군주는 '실질적 권력'과 '상징적 권력 혹은 권위'가 현실적으로 일치하는 경향으로 나타났지만, 조선의 경우는 시대에 따라 차이가 있었으나 대체로 상징권력은 국왕에게 있는 반면,

실질권력은 군신 간에 공유되고 있었다. 반면 막부정권하의 일본은 실질권력과 상징권력이 비교적 명확하게 이원화되어 공존했다는 점에서 큰 차이가 있다.

📚 NOTE 12　47인의 사무라이 스토리와
『주신구라』: 일본 무사 사회의 정서

　여러분은 한국의 대표적인 고전작품을 꼽으라면 무엇을 꼽을까? 『춘향전』이나 『심청전』혹은 『흥부전』등이 가장 우선 떠오르지 않을까? 그러면 일본 국민에게 가장 널리 사랑받는 고전에는 어떤 작품이 있을까? 여러 작품이 거론될 수 있겠지만, 그중에서 47인의 사무라이의 복수를 다룬 『주신구라 忠臣蔵 』를 주목할 필요가 있다.

　『주신구라』는 순수한 창작물이 아니라, 에도 시대에 실제로 발생했던 이른바 '겐로쿠 아코 元禄赤穂 사건'을 소재로 만들어진 작품이다. 즉 현재의 효고현 兵庫県 에 해당하는 아코 赤穂 번의 번주가 억울하게 죽임을 당하자, 그를 모시던 47인의 사무라이들이 절치부심하면서 주도면밀하게 기회를 노리다 결국 주군의 복수를 감행하여 주군의 원수를 갚았다는, 역사상 실재했던 일련의 사건을 각색한 것이다. 우선 이 사건의 전체적인 내용을 살펴보기로 하자.

　때는 겐로쿠 14년, 즉 1701년이었다. 쇼군은 매년 정월을 맞이하여 천황이 거주하는 교토에 사절을 보냈고 교토의 조정에서는 칙사를 파견함으로써 이에 화답했다. 그러자 막부는 칙사에 대한 접대 역을 담당할 다이묘 大名 로 아코번의 젊은 영주 아사노 浅野 를 선발하는데, 아사노는 조정의 격식에 정통하면서 쇼군의 총애를 받던 거물급 영주인 기라 吉良 에게 칙사의 접대의례에 관한 지시를 받도록 되어 있었다. 그런데 무슨 이유에서였는지 칙사를 접대하러 가던 아사노가 쇼군이 거처하는 에도 江戸 성 내에서 차고 있던 칼을 뽑아 기라를 내리치는 사건이 발생한다. 기라는 이로 인해 이마에 상처를 입지만 목숨은 건진다.

하지만 이 사실을 알게 된 쇼군은 칙사 접대를 담당한 자가 에도성 내에서 칼을 빼서는 안 되는 금기를 어겼다는 사실에 격노한다. 그래서 사건 당일에 아사노에게 할복으로 죗값을 치르고 그의 영지를 몰수하라는 지시를 내린 반면 기라에게는 장소를 고려하여 대항하지 않았다는 이유로 어떤 처벌도 내리지 않는다. 이에 따라 아사노는 할복을 하게 되고 아코번의 가신들은 하루아침에 갈 곳 없는 낭인의 신세로 전락하고 만다. 이 모든 일이 벌어진 날이 1701년 3월 14일이었다.

에도성의 칼부림 사건과 이에 따른 주군의 할복이라는 비보를 접한 아사노의 일등 가신 오이시 구라노스케 大石內蔵助 는 긴급회의를 개최하고 대책을 논의한다. 하지만 영지를 몰수하려는 막부의 조치에 응하지 말고 반란을 일으키자는 등 의견이 분분하자, 그는 지금 당장 봉기하면 목숨을 잃을 뿐이라면서 후일을 도모하자고 동료들을 설득한다. 이로써 아코번의 가신들은 주군 없는 낭인이 되어 전국 각지로 흩어졌다.

이후 오이시는 기라 측의 경계와 감시의 눈초리를 의식하여 주색에 빠진 난봉꾼 행세 등을 해 가며 집단적인 복수의 계획을 신중하게 진행시켜 나간다. 1702년 12월 14일 기라가 주재하는 송년모임 정보를 입수한 최후의 동지 47인은 오이시의 지휘 아래 15일 새벽 기라의 대저택을 습격하여 주군의 원수를 갚는다. 복수가 끝난 뒤 막부에 자신들의 행동을 보고한 오이시를 비롯한 아코 낭인들은, 천으로 싼 기라의 목을 창에 매달고 주군의 무덤이 있는 현재 도쿄 미나토구에 있는 센카쿠지 泉岳寺 로 행진하여 주군의 무덤 앞에 기라의 목을 바친다.

센카쿠지는 아코 낭인들의 위패가 모셔져 있어 현재까지도 참배객의 발길이 끊이지 않는다. 매년 4월 초와 12월 14일에는 이곳에서 의사축제 義士祭 가 열리는데, 일본인들 사이에서 이곳은 아코 사건으로 인해 막부로부터 할복 명령을 받고 억울하게 죽은 주군 아사노의 일등 가신 오이시의 지휘하에 그를 포함한 47인의 사무라이들이 주군의 원수를 갚고, 복수가 끝난 뒤 기라의 목을 창에 매달아 주군의 무덤이 있는 이 사찰로 행진하여 주군의 무덤 앞에 기라의 목을 바쳤다는 이야기로 유명한 곳이기도 하다.

사건이 벌어진 후 막부는 오이시 일행에 대한 처분을 고심하지 않을 수 없었다. 사적인 복수를 금지하고 있던 막부의 지시를 어겼음에도 불구하고 아코 낭인을 동정하는 의견이 많았기 때문이다. 아코 낭인을 옹호하는 근거는 대체로 '이들이 도당을 결성한 것은 막부에 저항하기 위해서가 아니라 주군의 원수를 갚기 위한 것이라는 점', 그리고 '이들은 주군에 대해 충성해야 한다는 무사의 원칙에 충실했다는 점'으로 요약할 수 있다. 이에 반해 이들을 어디까지나 법에 입각하여 냉정하게 처리해야 한다는 의견을 내놓은 측에서는, 아코 낭인의 충의는 인정할 수 있지만 복수 그 자체를 막부의 입장에서 인정하는 것은 질서를 문란하게 만드는 것으로 대의에 어긋난다는 논리를 앞세우고 있었다.

결국 아코 낭인들에 대한 처벌은 논쟁을 거듭한 끝에 전원 할복하는 것으로 최종 결정된다. 최종 결정에 따라 아코 낭인들은 순순히 할복을 받아들였고 이들은 센카쿠지에 묻힌 주군의 옆에 정중히 매장되었다. 현실정치의 권력자의 입장에서 보면 이들은 국법을 어긴 죄인들이었으나, 사람들의 정서 속에서 이들은 의사義士로 받아들여지면서 전설로 자리 잡은 것이다.

에도성에서의 칼부림 사건과 그에 이은 아사노의 할복, 그리고 아코 낭인들의 와신상담, 주군의 복수 감행, 이후의 절제된 행위로 이어지는 일련의 극적인 사건 전개는 이후 다양한 방식으로 각색되어 수많은 사람에게 회자되고 선풍적인 인기를 끈다. 그러다 1748년에 47인의 사무라이의 복수극을 각색한 기존의 일련의 작품을 집대성하여 나온 작품이 『가나데혼仮名手本 주신구라』(『주신구라』로 약칭함)였다. 이 제목에는 '귀감이 될 만한 충신들의 이야기가 풍부하게 담겨 있는 책'이라는 의미가 있으며, 이 책이 나온 것이 아코 사건의 발단이 된 칼부림 사건이 발생한 지 47년 만의 일인 것도 흥미롭다.

이후 『주신구라』는 가부키歌舞伎, 인형극 조루리浄瑠璃, 우키요에浮世絵의 단골 소재가 되었으며, 무사들의 귀감을 보여 주는 하나의 전설이 되어

에도 시대 중기 이후 일본인에게 가장 사랑받는 작품으로 자리 잡았다. 이 책은 다음과 같이 의미심장한 말로 시작된다.

"산해진미가 있어도 먹어 보지 않으면 그 맛을 모른다는 말이 있다. 나라가 평온하여 훌륭한 무사의 충성이나 무용이 드러나지 않는 것은, 별이 낮에는 보이지 않다가 밤이 되면 흐드러지게 나타나는 것에 비유된다. 그런 이야기를 여기에 알기 쉽게 써 보고자 한다."

『주신구라』는 47인의 사무라이 이야기를 모태로 하되, 그 내용이 정치적으로 민감한 부분을 담고 있어 시대배경을 14세기 무로마치 시대로 바꾸어 놓고 가공된 인물을 등장시킨 작품이다. 『주신구라』는 대중의 흥미와 공감을 자아내기 위한 다양한 갈등구조와 긴장관계, 흥미로운 에피소드가 책의 각장마다 극적으로 배치되어 전체적으로 탄탄한 서사구조를 보여 준다. 지금도 연극과 소설, 영화, 드라마로 끊임없이 제작되고 있고 여전히 사람들의 호응이 이어지고 있는 것을 보면, 일본에서 『주신구라』 열기는 아직도 식지 않고 계속되고 있다고 해야 할 것 같다. 가히 '일본의 국민서사시'라고 할 수 있을 것이다.

여기서 문득 한국과 일본의 정서가 얼마나 서로 다른 곳을 향하고 있는지를 생각해 보게 된다. 한국의 『춘향전』, 『심청전』, 『흥부전』과 같은 고전에는 절개, 효성, 우애 등과 같은 윤리적 주제를 바탕으로, 착하게 살면 복을 받는다는 소박하고도 긍정적인 정서가 담겨 있다. 반면 『주신구라』는 그 극적인 전개에도 불구하고, 그 근간은 주군을 위한 집단적 복수와 충성심, 의리, 할복과 같은 매우 극단적인 내용으로 채워져 있다. 이런 점을 고려하면서, 이제 여러분의 눈으로 직접 이 고전을 접해 보고 일본 무사 사회 정서의 심연으로 통하는 문을 두드려 보기 바란다.

일본 중심적 사고의 등장: 고쿠가쿠国学와 후기 미토가쿠水戸学

일본에는 고대부터 중국문명을 섭취해 왔던 역사적 배경으로 인해 중국에 대한 경외감이 전통적으로 뿌리 깊게 존재했다. 그런 만큼 '문명으로서 중화'를 부정하기 어려웠고, 중국은 문명국, 일본은 소국이라는 인식이 지배적인 정서였다. 하지만 일부 지식인층에서는 '문명으로서의 중화'와 당시 구체적으로 존재하던 '제국으로서의 청'을 구별해서 파악하려는 경향이 나타나기 시작했고, 그중 비록 소수이긴 하지만 일본이야말로 '중화'라는 일본 중심적 사고도 등장했다.

일본을 문명의 중심으로 설정하는 고쿠가쿠와 미토가쿠는 존황尊皇 내지 국체国体 관념으로 나아가는 경향이 있었다. 양자 간에 차이가 있다면 고쿠가쿠는 『고지키古事記』, 『니혼쇼키日本書紀』 등 일본 고전의 문헌학적 연구에 근거하여 유교와 불교가 도래하기 이전 일본 고유의 문화와 정신세계를 밝힘으로써 일본이 세계의 중심이라고 주장한 반면, 후기 미토가쿠는 기본적으로 유교적 명분론의 관점에 서서, 고쿠가쿠론자国学論者들의 입장을 수용해 만세일계의 천황이 존속한다는 사실을 중심으로 일본의 우수성을 강조했다는 점일 것이다.

📚 NOTE 13　　메이지 일본의 열쇠가 된
나가사키와 데지마 그리고 네덜란드 학문

나가사키는 일본 열도의 남단 규슈九州 지방에 위치한 도시이다. 나가사키는 일본 열도가 외부세계와 접촉한 창구로서 중요한 역할을 했다. 예컨대 조선 통신사가 일본 열도에 들어올 때 나가사키를 통해 들어왔으며, 고려 시대 왜구들이 한반도로 떠나는 출발점이 되기도 했다. 16세기에는 포르투갈의 조총이나 가톨릭이 나가사키를 통해 들어왔고, 이어서 스페인, 네덜란드, 영국 등이 일본에 들어왔다. 바야흐로 해양의 시대가 열리면서 유럽 열강의 입김이 일본에까지 미치기 시작한 것이다.

하지만 가톨릭의 확산과 규슈에서의 반란 등을 이유로 에도 막부는 외부세계와의 접촉을 엄격하게 통제하는데, 이때 네덜란드는 예외였다. 네덜란드는 기독교를 배제하고 장사에 집중하고 있었던 이유 등으로 인해 서구 국가 중에서 유일하게 나가사키의 데지마出島라는 제한된 지역을 통해 일본과 교역할 수 있는 권리를 부여받았던 것이다.

일본 나가사키의 인공섬 데지마

이후 나가사키, 그중에서도 데지마라는 인공섬은 유럽의 근대과학이 일본 열도로 스며드는 일종의 젖줄 역할을 했는데, 이런 이유로 일본에서는 데지마를 '에도 시대 서구에 열려 있던 유일한 창구'라고 부른다. 그리고 이런 배경 속에서 네덜란드어로 유럽의 근대 과학을 연구하는 이른바 '란가쿠蘭学'가 일본에서 성립할 수 있었던 것이다. 의학, 수학, 천문학, 화학, 약학, 군사학 등에 이르는 네덜란드 학문의 발전이 이후 일본의 메이지 시대를 가능하게 한 소중한 자양분이 되었다는 것은 일본 역사의 상식이라고 할 수 있다. 이런 연유에서인지 나가사키는 다채로운 무늬가 공존하는 여러 문화가 섞여 있는 곳이다. 짬뽕과 아울러 포르투갈에서 전래된 카스텔라castella가 유명하고, 푸치니의 오페라 〈나비부인Madam Butterfly〉의 무대가 되기도 했다. 제2차 세계대전의 막바지에는 히로시마広島와 함께 원자폭탄을 맞는 아픔을 겪었다.

4. 아편전쟁과 만국공법

1000년 남짓 상대적으로 정체되어 있었던 유럽이 15세기 르네상스 시대를 겪고 16세기 종교개혁을 거치는 동안, 서유럽의 해양 강국들이 세계 곳곳으로 탐험대를 보내고 식민주의자들을 보내 아메리카와 아프리카 대륙의 원주민들을 정복해 들어가고 있었음은 앞서 간략히 서술한 바 있다. 하지만 이 시기에는 중국의 명이나 청 제국, 인도의 무굴제국, 터키의 오스만 제국과 같은 유럽 밖의 문명들을 힘으로 제압하지 못했다. 하지만 이후 과학의 비약적 발전과 산업혁명, 정치혁명 등을 겪으면서 유럽과 아메리카 대륙은 여타 문명권과의 격차를 크게 벌리면서 접근하기 시작한다.

1840년의 아편전쟁은 서세동점으로 일컬어지는 서구 제국주의의 물리적 공세가 동아시아에서 시작되는 신호탄이라고 할 수 있다. 장구한 역사 위에 구축된 중화질서 혹은 천하질서의 관점에서 보면 아편전쟁은 이후 나타나는 '동아시아의 패러다임 변동'이 비윤리적이고 대규모의 물리적 폭력을 수반하며 진행될 것임을 예고하는 사건이었다.

아편전쟁과 조약체제의 등장

19세기 중화질서는 근대 국제질서라는 상이한 대외질서 관념과 마주한다. 전통적 중화질서는 전 세계로 팽창하기 시작한 유럽 열강에 의해 동요하기 시작하여 서서히 무너져 내렸다. 중화질서 와해의 본격적인 신호탄이 된 것은 아편전쟁[12]이다. 아편전쟁은 서세동점

---

12 (용어설명) 아편전쟁: 19세기 중반에 청국과 영국 사이에서 벌어진 전쟁을 말한다.

으로 일컬어지는 서구제국주의의 물리적 공세가 시작되는 신호탄이 되었다는 점에서 세계사적 의미를 지닌 사건이었다. 그리고 장구한 역사 위에 구축된 중화질서의 관점에서 보더라도 아편전쟁은 금후 나타나는 거대한 변환의 양상을 예고하는 사건이 아닐 수 없었다.

아편전쟁으로 인해 체결한 난징조약南京條約, 1842은 서구제국과의 불평등조약의 원형이 되었고, 이후 거듭되는 전쟁에 따라 톈진조약天津條約, 1858과 베이징조약北京條約, 1860 등으로 이어졌다. 이로써 중국은 '조약' 체제[13]라는 '새로운 국가 간의 교제 및 교섭방식'에 따라 서양제국과 본격적으로 접하게 된다. 19세기 동서 문명이 대면하는 현장은 물리적 폭력과 갈등이 따라다니기 십상이었고 그 어지러운 현장의 한복판에는 서양국가와의 '조약' 체결이라는 문제가 얽혀 있었다.

중국은 외국과의 문제에 대한 책임 소재를 분명히 하기 위해 대외관계를 관장하는 기구의 필요성을 절감했고, 그렇게 해서 1861년 1월에 탄생한 것이 중국 최초의 외교전담기구인 총리아문이었다. 그런데 이렇게 탄생된 총리아문이 관할하게 된 분야가 이른바 '조약' 관계를 맺은 국가들과의 관계였으며, 기존 조공국 등과의 관계는 여전히 예부의 관할하에 놓여 있었다는 사실에 주목할 필요가 있다. 즉 총리아문의 발족은 기존 중화질서 권역 내에 '조약' 관계가 명실공히 등장하는 것을 의미하는 동시에 중화질서와 근대 국제질

특히 1840~1842년의 1차 전쟁과 청국의 패배는 그동안 전통질서 속에 있던 일본에 큰 충격을 주었으며, 막말 위기의식의 조성에 지대한 영향을 미쳤다.

13 용어설명 조약체제 treaty system : 서양의 근대 질서에서 국가 간 관계를 형성하는 기본양식을 말한다. 조약을 통해 해당 체결국가들 사이에서 상호 승인 recognition이 이루어지며 국가 행위자로서의 자격을 얻는다.

서라는 두 개의 상이한 패러다임과 이를 구성하는 관념이 동아시아 지역에서 앞으로 서로 어떤 식으로든 경쟁하게 될 것임을 시사해 주는 의미심장한 변화였기 때문이다.

한편 아편전쟁은 의외로 중국 정부에 강한 위기감을 주지 못했다. 왜냐하면 아편전쟁이 영국에는 국가 차원의 전쟁이었으나 중국은 아편전쟁을 지방 차원의 사건으로 간주하는 경향이 있었기 때문이다. 대신 중국은 태평천국의 난1850~1864이나 염군捻軍의 난1853~1868 등 중국 내부 문제의 심각성이 외부 문제를 현실적으로 압도하는 상황이라고 느끼고 있었다. 그뿐만 아니라 불평등조약에서 발생하는 현실적인 불이익을 중화질서의 논리 안에서 전통적 회유책 내지 시혜의 관점으로 이해하고 있었다. 요컨대 당시의 위기상황을 중국 측이 자가당착적으로 안이하게 해석할 여지가 존재하고 있었던 것이다.

반면 일본은 아편전쟁에서 매우 강한 위기의식을 가졌다. 아편전쟁은 서양 국가들의 침략성과 잔인하기 이를 데 없는 본성을 서양에 대한 일본의 전통적인 관념에 비추어 실질적으로 확인시켜 준 계기가 되었다. 이에 따라 오랑캐를 배척한다는 양이攘夷론이 일본 열도의 구석구석까지 침투해 들어갔다. 더욱이 일본에는 무사사회 특유의 긴장감이 존재하고 있었고 대외 관념 역시 정치적·군사적 경향성이 현저하고 강했기 때문에 당시 사태의 전개를 화이라는 명분보다는 이기느냐 지느냐, 죽느냐 사느냐라는 관점에서 바라보는 긴박한 위기의식이 대두된다.

서구의 문명기준이 국제질서의 문명기준으로

서구의 국제질서와 전통적 중화질서의 만남은 동아시아 지역에서 '문명기준의 역전' 현상을 가져왔다. 서구 근대 국제질서 원리가 적용되는 지리적 공간은 원래 유럽에 국한되어 있었다. 유럽 기독교 문명의 소산으로서 기독교 문명권 내의 국제관계를 규율하려는 의도에서 형성되어 가던 국제법이 다른 문명권의 국가와 접촉하는 과정에서 처음에 유럽 문명국만을 국제법의 주체로서 상정하고 있었던 것은 '유럽 문명의 세계 지배'라는 역사적 상황에서 빚어진 것이었다.

기독교 문명국 간의 논리가 형식적으로 상호 간의 권리의무관계 이행이라는 이른바 '상호주의'에 입각하여 이루어지는 것인 만큼, 유럽 문명국과 이질적인 문명국가의 관계는 흔히 법적 무질서의 상태로 인식되곤 했다. 왜냐하면 이질적인 문명이란 다른 문명기준 standard of civilization에 의거해서 보면 대개 '야만'으로 간주되는 경향을 보이기 때문이다. 예컨대 '미개인'에 대해 전쟁법의 효력이 발생할 수 없다는 것도 이런 상호주의 논리에 근거한 것이라고 할 수 있다. 유럽의 국제법이 비유럽 문명권으로 확대되는 과정에서 미합중국의 탄생은 유럽 기독교 문명의 계승자로서 특별히 유럽 국가의 지리적 확대로 간주되었다. 형식적으로는 기독교라는 종교적인 요소가 분리되어 나가고 대신 국제사회 Family of Nations의 일원, 즉 국제법적으로는 국제법적 주체가 될 수 있는 요건으로서 '문명 civilization'이라는 자격요건이 요구되었던 것이다.

이 과정에서 구미열강으로부터 문명기준에 미치지 못한다고 판단된 국가는 국제법을 준수할 능력이 없다고 하여 주권국가로서의

'승인recognition'이 불가하다고 간주되었다. 비서구권 국가들은 서구의 문명기준에서 요구하는 여러 조건을 갖추었다고 판단되기 전에는 국제법의 영역 '밖'에 놓이게 되며, '문명의 신성한 의무'라는 미명하에 서구 문명 국가의 '보호' 대상으로 전락하기 십상이었다. 동아시아 국가들이 서양 국가와 맺은 조약이 하나같이 일방적인 불평등조약이었던 것은 이처럼 문명적 요소의 미비라는 명분에 따른 것이었다.

🔖 NOTE 14　　만국공법과 국제법

'만국공법'이란 중국에 와 있던 선교사 마틴William Alexander Parsons Martin, 丁韙良, 1827~1916이 미국의 국제법학자 헨리 휘튼Henry Wheaton, 1785~1848의 국제법 서적 *The Elements of International Law*을 번역하여 『만국공법』1864이라는 제목으로 출간하는 과정에서 한자문명권에 처음 등장한 용어이다. 이후 이 용어는 동아시아 지역에서 반세기 남짓 생명력을 유지하고 사용되었다.

한편 만국공법이라는 용어 대신에 국제법이라는 용어를 가장 먼저 사용한 사람은 1873년 일본의 미쓰쿠리 린쇼箕作麟祥, 1846~1897였다. 국제법이라는 용어는 1881년 도쿄대학에서 국제법학과를 설치한 후 서서히 정착되는 과정을 밟아 갔다.

대외적인 '독립independence'을 가장 중요한 특징의 하나로 간주하는 근대적 의미의 '주권sovereignty'이라는 개념은 유럽이라는 기독교 문명권에서 중세질서가 해체되는 과정에서 생겨나기 시작한 독특한 국가 간 관계를 배경으로 17세기를 전후해서 비로소 발명된 개념이었다. 그런데 한자 문명권에서 오늘날 사용되는 '주권'이라는 새로운 개념이 처음 등장한 것이 바로 휘튼의 『만국공법』이었음을 기억해 둘 필요가 있다. 이 점은

『만국공법』이 근대적인 서양 국제질서의 행위주체인 주권국가의 권리와 규범 등을 다루는 국제법 서적이었다는 사실을 상기해 보면 분명히 이해될 수 있다. 이처럼 만국공법은 주권국가라는 '새로운 국가형식'과 함께 조약체제라는 '새로운 국가 간의 교제 및 교섭방식' 등을 다루고 있다는 점에서 동아시아에 대두되고 있는 국가 간 관계의 새로운 패러다임이자 새로운 문명의 문법을 표상하는 것이었다.

만국공법의 출판과 중국의 대응

19세기 동서 문명이 대면하는 현장은 물리적 폭력과 갈등이 늘 따라다녔고, 그 어지러운 현장에는 서양국가와의 '조약' 체결 문제가 얽혀 있었다. 이런 상황에서 1864년에 중국 총리總理 아문의 부설기관인 동문관同文館에서 헨리 휘튼의 국제법 서적이『만국공법 萬國公法』이라는 제목으로 한자문명권에 번역되어 출간된 것은 특별히 중요한 의미를 지니고 있었다.

하지만 이처럼 만국공법이 서구 국제사회에서 등장한 주권과 국가평등 관념, 국가 간 관계에 대한 새로운 패러다임을 담고 있었음에도 불구하고 중국은 만국공법을 잘 수용하려고 하지 않았다. 무엇 때문일까? 거기에는 간과해서는 안 될 몇 가지 중요한 이유가 존재하

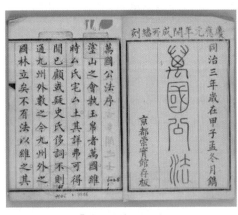

『만국공법』(1864)

고 있었다. 왜냐하면 대내적인 최고성과 배타적인 독립성을 기본 특징으로 하는 '주권'이라는 개념과 이른바 '국가평등 관념'에 근거한 '주권국가'라는 행위자를 전제로 한 새로운 패러다임을 중국이 그대로 수용한다는 것은 정치적 관점에서 보면 기왕의 중화질서의 해체를 의미한다는 데 근본적인 딜레마가 놓여 있었기 때문이다.

그뿐만 아니라 만국공법으로 상징되는 서구의 문명기준을 전면적으로 수용한다는 것은 중국이 지금까지 중화 문명권에서 문명기준을 제공하던 입장에서 유럽 문명권의 문명기준에 따라 스스로를 재편해야만 하는 입장으로 전락하는 것을 의미하는 것이었다. 이는 중화 문명권의 문명기준이 완전히 '역전'되었음을 스스로 인정하는 것이나 다름없었다. 이런 사태는 이민족들에 의해 수차례 힘으로 정복당하는 와중에도 수천 년간 문명의 중심을 견지해 왔다고 믿어 왔던 중국인들에게는 그 유례를 찾아볼 수 없는 역사적 단절이자 스스로의 정체성의 근간을 뒤흔드는 사태가 아닐 수 없었다. 따라서 중국 스스로가 세계의 중심이라는 의식을 버리고 수많은 나라 중의 한 나라라는 인식으로 전환하기 전에는, 중국이 만국공법으로 대변되는 근대 국제질서에 본격적으로 동참하기는 어려웠던 것이다.

일본의 개국과 만국공법 수용

1853년 페리 Matthew Perry, 1794~1858 의 내항[14] 이후 막부는 고민을 거듭하다 결국 1854년 미국과 화친 和親 조약[15]을 맺는다. 이후 같은

---

14 (용어설명) 페리 내항: 1853년 페리 제독이 4척의 구로후네 黑船 를 이끌고 들어온 사건으로, 이후 일본 개국의 시발점이 된다.
15 (용어설명) 미일화친조약: 페리 내항 이듬해인 1854년 미국과 일본 사이에 체결된

해 영국, 러시아와 조약을 맺었고 1858년에는 미국을 비롯한 5개국과 수호통상조약[16]을 체결한다. 이후 일본의 국내정국은 국가적 위기에 대한 해법을 둘러싸고 치열한 대립이 전개된다.

그러면 서양 국가들과의 조약관계 체결이 일본의 외교에서 갖는 의미는 무엇일까? 그것은 중화질서의 주변국으로 존재하던 일본의 대외관계가 기존의 방식과는 완전히 다르게 진행된다는 것을 의미한다. 이것이 중요한 이유는 일본이 중화질서의 룰에 따라서가 아니라, 조약체제 treaty system 라는 새로운 국가 간의 교제 및 교섭방식에 따라 서양 국가들과 본격적으로 접하게 되었음을 의미하기 때문이다. 이것은 향후 기존의 중국과 조선에 대한 외교적 관계를 전면적으로 재편하게 되리라는 것을 암시하는 것이기도 하다.

서양의 근대 국제법이 일본에 알려지기 시작한 것은 바로 이런 상황에서였다. 일본이 서양의 근대 국제법을 처음 접한 것은 조약교섭 당사자들의 교섭 과정에서 비롯된 것으로 알려져 있다. 국제법에 관한 지식이라고는 전혀 없었던 막부 측에서는 일본에 영사로 처음 부임한 미국의 해리스 Townsend Harris, 1804~1878 가 국서를 봉정하러 1857년에 에도 江戸, 현재 도쿄 에 왔을 당시에는, 국가 간의 관계를 규율하는 법이란 어떤 것이며 외교사절을 외국에 주재시키는 목적과 외

일본 최초의 근대적 조약으로, 요코하마의 가나가와 神奈川 에서 체결되어 가나가와조약이라고도 부른다. 이로 인해 시모다 下田 와 하코다테 箱館 의 개항을 약속하면서 에도 江戸 막부의 쇄국체제가 사실상 붕괴되었다.

16 (용어설명) 미일수호통상조약: 미일화친조약에 이어 1858년에 일본이 미국과 맺은 조약으로, 치외법권의 인정과 관세자주권의 포기를 포함한 이른바 불평등조약이었다. 이후 일본은 영국, 프랑스, 네덜란드, 러시아와도 같은 조건으로 수호통상조약을 맺었다. 안세이 安政 의 5개국 조약이라고도 한다.

교사절의 특권 등에 관해 질문을 던지는 수준이었다. 막부는 당시 서양 국가와의 교제에 필요한 지식이나 서양 선진국가들의 문물을 빨리 배울 필요가 있음을 통감한다. 이후 막부는 서양에 사절단을 수차례 파견했고 이들은 향후 일본에 막대한 영향을 끼친다.

막부가 서양 사회에서 통용되는 '국가 간의 관계를 규율하는 법'에 대한 관심이 얼마나 진지한 것이었는가는 이후 유학생의 파견이나 이에 관련된 문헌의 도입과 번역 등의 방식에서 확연히 드러난다. 막부는 1862년에 네덜란드에 군함을 주문했는데, 이를 계기로 최초의 유학생을 유럽에 파견했다. 특히 니시 아마네 西周, 1829~1897와 쓰다 마미치 津田眞道, 1829~1903, 에노모토 다케아키 榎本

일본의 에도막부가 서양에 파견한 사절단 일람

시기	사절단의 명칭	규모	사절단의 목적	방문국가
1860년	견미사절단 (遣美使節團)	77명	미·일 수호통상조약의 비준서 교환	미국, 하와이
		96명	간린마루(咸臨丸)에 의한 항해술훈련	미국, 하와이
1862년	견구사절단 (遣歐使節團)	38명	에도(江戶), 오사카(大坂), 효고(兵庫), 니가타(新潟)의 개시(開市) 및 개항(開港) 연기, 런던각서 조인, 가라후토(樺太)의 러·일 국경선 문제 등	프랑스, 영국, 네덜란드, 프로이센, 러시아, 포르투갈
1864년	견불사절단 (遣佛使節團)	33명	요코하마 쇄항담판(横浜鎖港談判), 파리약정 조인	프랑스
1865년	견구사절단 (遣歐使節團)	10명	제철소 건설을 위한 준비	프랑스, 영국
1867년	견러사절단 (遣露使節團)	16명	가라후토의 러·일 국경선 문제	러시아
1867년	견불사절단 (遣佛使節團)	30명	파리박람회 참가, 조약체결국 방문	프랑스, 스위스, 네덜란드, 벨기에, 이탈리아, 영국

武揚, 1836~1908 등은 국정운영에 필요한 학문을 배우도록 지시를 받고 네덜란드 레이든Leyden 대학의 비세링Simon Vissering, 1818~1888으로부터 국제법을 포함한 사회과학 일반에 관해 배웠다. 이들은 귀국 후 주목할 만한 역할을 했다.

앞서 언급한 바와 같이, 마틴에 의해 휘튼의 국제법 저서가 『만국공법』이라는 제목으로 번역되어 300부가 나온 것이 1864년의 일이다. 그런데 이것이 일본에 수입되어 막부에 의해 『만국공법』이라는 번각본飜刻本으로 출간되어 나온 것은 그 이듬해였다. 하지만 이 한역서漢譯書의 내용은 너무도 생소하여 난해하기 이를 데 없는 것이었다. 이후 이 책에 대한 주석을 붙이거나 이를 다시 일본어 특히 일상의 구어체로 번역한 것, 혹은 직접 휘튼의 저작을 번역한 작품이 속속 출간되어, 이 책이 당대에 얼마나 주목받고 있었는지를 방증하고 있다. 더욱이 만국공법류 서적은 휘튼의 저작 이외에도 다수가 번역 소개되고 있었다. 여기서 특히 눈에 띄는 것은 무엇보다 그 신속성인데, 청에서 만국공법 관련 서적이 번역되어 나오기가 무섭게 일본에 소개되었음은 물론이고, 오히려 청보다 더 빨리 번역되어 소개되었다는 점이다.

이 무렵 마틴의 『만국공법』이 중국에서 출간되어 일본으로 들어온다. 이 책은 후쿠자와 유키치福沢諭吉의 『서양사정西洋事情』과 함께 막부말기 일본 최고의 베스트셀러가 된다. 『만국공법』이 매우 난해한 책이었음에도 이런 상황이 가능할 수 있었던 주요한 이유는 이 시기의 외압과 일본 열도 내부의 위기감의 접점에 서양과의 조약이 존재하고 있었고, 거기에는 만국공법이 얽혀 있다는 것을 간파했기 때문이다. 일본의 사무라이와 지식인들은 중화제국을 유린할 힘을 가진 서구 국가 간에 통용되는 국가 간 관계란 대체 어떤 것이며, 기존의 중화질서와는 어떻게 다른 것인가 하는 문제에 대해 관심을 집중시키게 되었던 것이다. 이처럼 현실적인 사고가 가능할 수 있었던 이유는 일본식 화이사상에 내재되어 있는 정치적 군사적 경향성과 아울러 무사사회 특유의 긴장감, 그리고 네덜란드 학문의 전통 등이 존재하고 있었기 때문이다.

그러면 막부 말기 외압에 대한 막부의 대응논리를 어떻게 정리할 수 있을까? 다나카 아키라田中彰의 설명에 따르면, 첫째, 조상들의 방식祖法을 지킨다는 것이 기본방침이었다고 할 수 있다. 이는 막번幕藩체제가 조상들의 방식을 근간으로 250여 년 지속되어 온 사실에서 비롯되는 것이다. 둘째, 현실의 외압은 조상들의 방식을 넘어선 국가의 존망이 걸린 문제라는 것이다. 이 논리는 막부 말기에 가장 기본이 되었던 논리이다. 따라서 막부는 유례없이 조정과 다이묘大名이하의 무사들에게도 의견을 구했던 것이며, 이것이 일본 열도에 '일체감'이 형성되는 배경이 될 수 있었다는 것이다. 셋째, 시세의 변화에 주목한다는 상황주의적 태도이다. 이는 세계적 상황의 변화에 따라 당연히 규칙도 변하고 법도 변한다는 것이었다.[17]

만국공법의 조선 전래

만국공법은 주권국가라는 새로운 국가형식과 함께 조약체제라는 새로운 국가 간의 교제 및 교섭방식 등을 다루고 있다는 점에서, 동아시아에 대두되고 있는 국가 간 관계의 새로운 패러다임이자 새

---

17 田中彰, "黑船から岩倉使節團へ", 『日本近代思想大系1卷: 開國』(東京: 岩波書店, 1990), pp. 440-441.

로운 문명의 문법을 상징한다고 할 수 있다. 이런 만국공법이 조선에 언제 전래되었는지에 관해서는 명확한 정설이 없다. 공문서에 나타난 것으로는 1877년 12월 일본의 대리공사 하나부사 요시모토花房義質가 당시 조선의 예조판서 조영하에게 기증해 주었다는 기록이 있다. 최근 연구성과에 따르면, 1876년 강화도조약이 체결될 때 조선 측 대표가 『만국공법』을 이미 가지고 있었다는 기록이 보인다. 일본 히가시 혼간지東本願寺의 부산별원 원주院主인 오쿠무라 엔신奧村圓心이 남긴 『조선국포교일지朝鮮國布教日誌』를 보면, 조선의 개화승 이동인李東仁이 개화파인 김옥균, 박영효 등의 경제적 후원을 받으면서 자신의 도움으로 1879년 9월 일본에 밀입국하는 경위가 기록되어 있다. 그런데 이에 따르면 일본에 건너가는 첫 번째 이유가 "만국공법을 배우기 위해서"라고 되어 있다. 이를 통해 일본과의 조약을 전후하여 세계의 변화에 주목한 소수의 개혁지향 세력들이 기존의 중화질서와는 구별되는 새로운 세계질서를 다루는 만국공법에 대해 특별히 주목하고 있었음을 알 수 있다. 유구병합을 전후해서부터 조선의 국왕 고종을 비롯한 지식인들에게 만국공법은 점차 초미의 관심사로 부상하게 되었음을 여러 자료를 통해 확인이 가능하다.

5. 메이지유신과 동아시아 질서의 동요

메이지유신과 동아시아 삼국관계의 동요

중화질서의 변동이 아편전쟁이라는 외부로부터의 충격에서 시작되었다면, 동아시아 삼국 간의 관계 변동은 메이지유신이라는 일본 국내의 정치변동을 기점으로 본격화되었다. 조 · 일 양국 간의 갈등의 조짐은 메이지 정부가 조선과의 양국관계를 개편하려는 방침을 결정하고 이를 조선 측에 전달하는 과정에서부터 드러났다. 일본 측이 지참한 국서에는 기존의 교린交隣 관계에서 엄격하게 통용되던 방식을 크게 수정하는 내용이 담겨 있었다.

조선 측에서는 이런 변경이 지금까지 방식과는 다른 것인 만큼 수용할 수 없다고 하여 이를 거부했다. 조선은 교린관계가 작동하기 어려워진 시대적 맥락을 제대로 인식하지 못한 채 기존의 중화질서의 패러다임하에서 상황에 대처했던 것이었고, 일본은 새로운 패러다임을 임의로 해석하여 자국의 논리를 과도하게 밀어붙였다고 할 수 있다.

결국 양국의 입장은 합일점을 찾지 못하고 조 · 일 간의 교섭은 교착상태에 빠지게 된다. 이 사건은 얼마 후 일본에서 정한론이 비등하게 되는 하나의 중요한 구실이 되었다. 또한 조선에서는 일본과 서양 오랑캐가 한통속이라는 '왜양일체론'[18]의 이미지가 생기는 중요한 계기로 작용하게 된다.

반면 중 · 일 양국관계는 1871년 9월의 청 · 일 수호조약의 체결로 새로운 국면에 진입한다. 이것은 중화 문명권 내부의 국가 간 관계가 기존의 패러다임과는 분명히 다른 형식으로 전개될 것임을 가시적으로 드러내 준 사건이었다. 하지만 양국 간의 조약 체결은 별다른 문제를 야기하지 않고 대체로 원만히 진행되었다. 청淸 대 이후

---

18 (용어설명) 왜양일체론倭洋一體論 : 일본이나 서양이나 오랑캐이며 야만적이라는 점에서 동일하다는 의미를 담고 있으며, 19세기 후반 조선에서 나타난 논의이다.

동아시아 질서에서 조선은 중국과 사대관계, 일본과 교린관계로 이어져 있었던 반면, 중국은 일본과 공식적인 관계를 맺지 않고 있었으며 양국 간에는 일본의 나가사키長崎에 체류하던 중국 상인을 통한 개별적인 통상관계만이 존재하고 있었다. 즉 일본은 교린관계에 있던 조선, 그리고 중국 및 일본 양국에 조공을 드리는 유구왕국현재 일본 오키나와현을 매개로 하여 중화질서의 주변부에 존재하고 있었던 것이다. 따라서 조·일 양국 간에는 교린관계의 제도나 관례가 엄격히 확립되어 있어 이를 해체하는 것이 어려웠던 반면, 일·중 양국 간에는 기존의 심리적이고 문화적인 틀 외에는 어떤 제도적인 구속도 존재하지 않았다. 아울러 양국 모두 서구 열강들과 이미 조약관계를 맺고 있었으므로 조약관계라는 새로운 방식의 교섭이 비교적 커다란 저항감 없이 가능했던 것이다.

한편 일본은 1873년 정한론 논쟁을 치른 후 1875년에는 운요호雲揚號를 보내 이른바 '강화도 사건'을 초래했으며, 이를 빌미로 조선과의 조약 체결을 위협적으로 추진하게 된다. 1876년 2월 조선과 일본 양국 간의 조약 체결은 1873년 11월 대원군이 권력에서 물러나고 조선 국왕 고종의 실질적인 친정이 시작된 지 대략 2년 후에 이루어진 일이었다. 양국의 조약 체결은 조선 내부의 정치적, 외교적 태도 변화와 맞물려 이루어진 것이었다.

> "작년 겨울 이후 대원군이 퇴진하고 국왕이 직접 일본관계를 관장하고 있다. 조선은 일본의 정한론을 잘 알고 있으며 일본을 예의주시하고 있다."
>
> — 모리야마 시게루(森山茂, 1842~1919)의 1874년 6월 21일 자 보고

그럼에도 불구하고 양국의 조약 체결은 대포를 앞세운 서양의 포함외교 砲艦外交, Gunboat Diplomacy 를 모방한 일본 측의 강제를 계기로 성립함으로써 향후 양국관계가 순탄치 못할 것임을 예고하고 있었다. 왜냐하면 무력을 앞세운 일본의 강압적 태도는 조선의 위정자와 지식인에게 강한 거부감을 불러일으켜서 일본과의 조약을 추진한 국왕 고종을 비롯한 소수의 정치세력에 대한 비판을 고조시켰고, 조약 추진의 정치적 명분을 찾기 어렵게 만들었기 때문이다.

양국 간 수호조약에서 일본 측은 제1조에 "조선은 자주국가 自主之邦 로서 일본과 평등한 권리를 보유한다"라는 내용을 삽입하여 조선과 서양의 조약관계에 기초한 양국관계를 수립할 토대를 놓음으로써 조선에 대한 중국 측의 종주권 주장을 사전에 봉쇄하려 했다. 반면 조선 정부는 강화도조약을 통해 조선이 국제적으로 고립되는 정국을 타개하는 한편, 이를 '구교 舊交 회복론'이라고 하여, 기존에 존재하던 일본과의 우의를 다시 회복하고 돈독하게 한다는 우호적 차원에서 받아들이고 있었다.

강화도조약은 그동안 '사대교린 事大交隣'의 외교를 펼치던 조선이 외국과 맺은 최초의 근대적 조약인 동시에 불평등조약이었으며, 그것의 체결은 좋든 싫든 조선이 새로운 패러다임에 입각한 국제관계에 비로소 한쪽 발을 들여놓게 되었음을 의미하는 역사적 사건이었다.

일본 에도 막부의 붕괴

막부가 흑선 黑船 으로 상징되는 '외압'에 굴복하는 형태로 1854년에 개국을 단행한 후 일본 열도의 대외적인 위기감은 한층 고조되었다. 국가적 차원의 위기에 대한 해법을 둘러싸고 치열한 의견대립이 이루어진 것이다. 당시 정세는 서양 국가들과의 조약체결을 반대하는 불만과 함께 외세배격의 기운이 고조되고 있었고 그 해법으로 '존황양이[19]론 尊皇攘夷論'이 부상하면서, 사쓰마 薩摩와 조슈 長州 같은 강력한 번들의 연합을 통한 막부타도의 여건이 조성되어 갔다.

막부 말기의 위기상황에서 발생한 정치적 투쟁 과정에서 핵심적 문제는 두 가지로 압축될 수 있다. 첫 번째 문제는 외세와 싸울 것인가 화친할 것인가라는 문제로서, 양이론 攘夷論이라는 외세배척론과 개국화친론의 대립으로 나타났다. 이것은 외압의 현실 속에서 일본의 정국운영과 비전을 어떻게 설정할 것인지의 문제로 환언할 수 있다. 또 하나의 문제는 일본의 위기상황에서 일본의 정치적 중심, 즉 구심축을 어디에다 둘 것인지의 문제였다. 다시 말해 기존의 막부 지도부를 도와서 정국을 풀어 갈 것인가, 아니면 새로운 정치적 중심으로서 상징적이고 권위적인 존재에 머물러 있던 천황을 세우고 실질적인 정치의 중심인 막부세력을 타도, 해체시킬 것인가 하는 문제였던 것이다.

막부 말기 천황이 정치의 중심으로 부상하게 되는 경위는 바로 이런 맥락과 관련되어 있었다. 요컨대, 일본이 외압에 굴복하는 형태로 개국이 진행되는 위기상황에서 강력한 지도력을 갖는 쇼군의 출현과 국가적 자각을 요구하는 소리가 높아지고 있었다. 그러나 현실은 병약한 쇼군의 후계자 문제를 둘러싸고 오히려 첨예한 의견대

---

19 (용어설명) 존황양이 尊皇攘夷 : 막말 유신기에 일어난 반막부·반외세적 정치운동을 나타내는 이념이자 슬로건이다. 쇼군 將軍 대신에 천황을 받들어 섬기면서 외세를 물리친다는 의미를 담고 있다.

립으로 치닫고 있었다. 서양 국가들과의 조약 자체를 반대하는 배외적 기운이 고조되어 있던 상황에서 조약 체결과 관련된 불만은 막부로 향할 수밖에 없었다. 따라서 서양세력을 몰아내려는 양이운동, 막부를 타도하려는 토막 討幕 운동, 외국과 수호통상을 하려는 개국 開國 운동이 어지럽게 전개되면서, 이들이 제각기 교토의 구중궁궐에서 칩거하던 텐노를 자기편에 끌어들이려는 암투를 벌이게 되었다. 이런 와중에 지금까지는 정치적 견해를 표명하는 것조차 어려웠던 천황이 점차 정치권력의 전면에 부상했다.

이처럼 막부 말기에 천황이 정치권력의 중심으로 부상할 수 있었던 데는 에도 사상계에 존재하던 고쿠가쿠와 후기 미토가쿠 계통에서 제시해 온 존황양이론이 당시 일본이 겪는 위기에 대한 해법으로서 당대 지사 志士 들의 마음을 사로잡았던 것이 주효했다고 할 수 있다.

🕮 NOTE 15   요시다 쇼인의 빛과 그림자

요시다 쇼인 吉田松陰, 1830~1859 은 아편전쟁을 기점으로 한 서세동점의 격동기를 격렬하게 살았던 주목할 만한 인물이다. 여러분은 요시다 쇼인에 관해 들어 본 적이 있는가? 그는 일본의 남단 조슈 長州, 현재 야마구치현에서 태어나 어려서부터 군사학을 몸에 익힌 인물이다. 나가사키에 가서 서양을 접하고 나서 자신이 알고 있는 군사학으로 일본을 지킬 수 있을지에 회의를 품은 쇼인은 페리가 일본에 내항했다는 소식을 듣고 해외 시찰을 위해 밀항을 모색하다 실패하여 감옥 생활을 하기도 한다.

옥중에서 그리고 출옥하여 칩거하는 동안 그는 많은 독서를 통해 일본이 처한 위기를 극복할 방안으로 일군만민 一君萬民 사상에 입각하여 존황양이론을 주창했다. 그리고 하급 무사와 서민의 교육기관인 쇼카손주쿠 松下村塾를 열어 이후 일본을 이끌어 갈 인재들을 키웠다. 이토 히로부미 伊藤博文, 1841~1909 나 야마가타 아리토모 山県有朋, 1838~1922, 기도 다카요시 木戸孝允, 1833~1877 등도 모두 쇼카손주쿠를 거친 인물들이었다. 막부는 요시다 쇼인을 불온한 인물로 지목하고 처형하는데, 그때 그의 나이 불과 30세였다. 『강맹여화 講孟餘話』, 『유수록 幽囚錄』 등의 저술을 남겼다.

요시다 쇼인의 생애는 한편으로는 거대한 전환기의 시대상황에서 호기심과 상상력, 모험정신이 중요하다는 것을 온몸으로 보여 준 인물이라고 일단 평가할 수 있다. 하지만 강한 국가를 꿈꾸고 그 중심에 천황을 설정한 것이나, 혹은 조선을 비롯한 주변국에 대한 침략 구상을 제시함으로써 후일 등장하는 일본의 행로는 물론이고 동아시아 전체에 어두운 그림자를 짙게 드리우기도 했다. 근대 일본이 탄생하여 제국을 건설하는 과정에서 빈번하게 나타나는 이런 이중성은 일본과 동아시아의 근대를 함께 시야에 넣고 바라볼 때 특히 주목해야 할 대목이다.

'문명기준의 역전'과 막부 말기 사상사의 풍경

일본 열도에서 위기의식이 고조되는 것과 병행하여 한편으로는 서양에 대한 관심이 증가하기 시작했다. '오랑캐를 알지 못하면서 어떻게 오랑캐를 물리칠 수 있겠는가'라는 의식이 작동했는데, 이 과정에서 서양 국가들과 일본의 군사력에서 나타나는 압도적 차이에 주목하게 된다. 여기에서는 나가사키와 네덜란드 학문의 전통이 서양에 대한 객관적인 접근을 보다 용이하게 했던 측면을 주목할 필요가 있다. 다른 한편 서양에 대한 발견은 중국에 대한 인식의 전환으로 이어졌다. 중국과 서양의 압도적인 격차를 확인하면서, 중국을 멸시하는 의식이 자리를 잡아 갔다. '문명기준의 역전'을 민감하게 반영한 세태라고 해야 할 것이다.

아울러 에도 시대에는 번이라는 틀 속에서 시야가 고정되어 살아가던 일본 열도 내 사람들의 의식이 바뀌었다. 일종의 막연한 공간으로서 일본이라는 의식 대신에 막번幕藩의 경계를 넘어선 하나 된 일본이라는 의식이 생겨났다. 서양의 출현이라는 새로운 위기상황에 직면하여 일본은 하나라는 의식이 그들을 묶어 놓은 것이다. 막부 말기의 시기가 이처럼 하나 된 일본을 발견하고 자각해 가는 과정인 만큼 일본이라는 공간 내부에서 신분제의 벽을 넘어서야 한다는 신분제 타파의식 혹은 공동체 의식이 모습을 드러냈다. 요컨대 막부 말기는 서양에 대한 위기의식 속에서 서양에 대한 관심이 고조되고 이 과정은 하나 된 일본을 발견하고 자각해 가는 과정이었다. 하지만 중국과 조선에 대한 멸시로 이어진다는 점에서 동아시아의 비극으로 이어질 잠재적 요소를 안고 있는 것이기도 했다.

메이지유신과 일본개혁

일본은 서세동점이 진행되는 와중에 나타난 강렬한 외세배척의 기운과 강력한 리더십에 대한 열망에 힘입어 천황을 구심점으로 메이지 정부를 탄생시켰다. 메이지 정부가 성립할 무렵, 정부 내에는 서로 다른 세 개의 정치세력이 그 안에 존재하고 있었다. 첫째 그룹은 사쓰마와 조슈 등 웅번雄藩의 개명파 제후들로서, 천황을 정점으로 제후들의 합의체를 구성하여 정무를 담당하도록 하고 외압에 대응하기 위해 일정한 범위 내에서 소규모의 국내개혁을 단행하고자 했다. 둘째 그룹은 '유신관료'라고 부르는 막부 타도의 주축세력들과 조정의 후원자 그룹으로 사쓰마번의 오쿠보 도시미치大久保利通,

조슈번의 기도 다카요시 木戸孝允, 이토 히로부미 伊藤博文, 이노우에 가오루 井上馨, 야마가타 아리토모 山県有朋 등이 이에 속한다고 할 수 있다. 이들은 강력한 중앙정부를 확립하여 위로부터 근대화를 실현하고자 했다. 셋째 그룹은 막부 타도의 주력을 이룬 토막파 討幕派 번사 그룹으로서, 존황양이를 주장하며 일본의 위세를 해외에 떨치고 싶어 하는 무리였다. 왕정복고[20] 이후 일본에서는 곧바로 보신 戊辰 전쟁 1868. 1~1869. 5이 발생했다. 이로써 첫째 번주 그룹이 주도권을 상실하고 유신관료 그룹과 번사 그룹의 협력과 갈등 아래 정국이 운영되었다.

이후 메이지 정부는 여러 저항에도 불구하고 판적봉환 1869,[21] 관제개혁 1869, 폐번치현 1871,[22] 중앙정부의 개편 1871, 학제발표 1872, 징병령 1873, 지조개정 1873을 비롯한 일련의 개혁조치를 단행함으로써, 일본 열도에 분산되어 있던 기존의 정치권력을 해체하고 명실공히 중앙집권적인 국가체제를 형성해 갔다. 메이지 정부가 내세운 국가 목표는 부국강병[23]과 문명개화[24]였다.

---

20 (용어설명) 왕정복고 王政復古 : 1868년 사쓰마번을 중심으로 한 토막파들에 의해 천황친정이 선언된 사건을 말한다. 이때 천황은 에도 막부의 폐지를 공식적으로 발령했다.

21 (용어설명) 판적봉환 版籍奉還 : 메이지 정부는 지방의 번주들이 토지와 백성을 조정 朝廷에 반납하는 형태를 통해 번 藩에 대한 실질적인 통제력을 강화했는데, 이를 지칭하는 말이다. 중앙집권화의 한 과정으로 1869년에 실시되었다.

22 (용어설명) 폐번치현 廢藩置縣 : 메이지 정부가 1871년 전국의 번 藩을 폐하고 중앙의 통제를 받는 현 縣을 설치한 정치제도 개혁을 일컫는다. 판적봉환과 함께 일본의 중앙집권화 정책을 상징한다.

23 (용어설명) 부국강병 富國强兵 : 서세동점이 진행되는 위기상황에서 일본의 양이파·개화파를 막론하고 나타났던 슬로건이자 메이지 정부의 기본적 정책 이념이다. 나라의 경제력을 부유하게 하고 군사력을 강화한다는 뜻이다.

🔖 NOTE 16 근대국가의 의미를 지닌 일본의 성립과 사카모토 료마

일본이라는 국호는 7세기 후반 천황의 칭호와 함께 나타난 것으로 알려져 있다. 하지만 오늘날과 같은 하나의 실질적인 단위로서의 '일본' 의식이 사람들에게 널리 성립한 것은 의외로 그것보다 훨씬 후의 일이라고 할 수 있다.

대체로 18세기 후반에 이르기까지 일반적으로 일본 열도에 사는 사람들이 국가 혹은 구니國라고 부르는 말은 통상적으로 번藩을 가리키는 말이었다. 무사층에게 충성의 대상은 자신이 속한 번의 번주藩主였으며, 다른 한편으로 일반인은 대개 촌민村民으로 자리매김되어 있었다. 더욱이 신분제에 따라 일반인은 정치에 관여하는 길이 차단되어 있었다. 따라서 번을 넘어선 '일본'은 막연해서 좀처럼 인식되기 어려웠던 것이다. 반면 일본 열도를 지칭하는 용어로서 '천하天下'라는 개념이 사용되기도 했다. 하지만 이 호칭은 훨씬 더 막연한 공간의식을 담고 있었기에 근대적 의미의 명확한 경계를 갖는 배타적 존재로서의 일본이라는 의식이 약할 수밖에 없었다.

그런데 서양의 함대가 빈번하게 나타나는 18세기 후반 이후로 고쿠가쿠나 후기 미토가쿠에서 일본을 하나의 단위로 의식하면서 일본정신을 강조하고 일본 역사를 천황을 중심축으로 하여 사유하려는 사고가 나타나기 시작한다. 이런 사유방식은 결국 아편전쟁을 기점으로 서세동점의 흐름이 본격화되고 페리의 내항으로 일본 열도의 위기의식이 급격히 고조되면서 급기야 천황을 중심으로 오랑캐를 물리치자는 '존황양이'라는 의식으로 이어지는 근거가 되었다.

---

24 (용어설명) 문명개화文明開化 : 양이론攘夷論을 대신하여 메이지 일본의 기본적 정책 방침이자 사회현상이 된 이념이다. 양이론에서 문명개화로의 변화는 전환기의 패러다임 전환을 여실히 보여 주는 사례라고 할 수 있다.

일본인에게 가장 존경받는 인물로 거론되는 사카모토 료마 坂本竜馬, 1835~1867가 역사적으로 중요한 의미를 갖는 것은 이런 역사적 배경과 관련이 있다. 도사번 土佐藩, 현재 고치현(高知県) 출신인 료마는 막부 말기의 정국에서 서로 반목하고 대립하던 사쓰마번 薩摩藩, 현재 가고시마현(鹿児島県)과 조슈번 長州藩, 현재 야마구치현(山口県)이, 기존의 공간 관념이자 의식 단위라고 할 수 있는 '번'이라는 경계를 뛰어넘어 하나 된 일본을 의식하고 서로 손을 잡게 만든 이른바 사쓰마와 죠슈 간의 연합 1866을 성립시킴으로써 막부 타도의 실질적인 주역으로 활동한 인물이다. 그뿐만 아니라 항해술을 습득하여 자신의 사업으로 활동 자금을 확보해 가면서, 누구보다 먼저 대정봉환 大政奉還: 막부의 정권을 원래대로 천황에게 돌려준다는 의미을 제창하고 일명 선중팔책 船中八策이라는 일본 위기극복의 비전을 제시하기도 했다. 그는 비록 왕정복고 직전 막부 측에 의해 살해되고 말지만, 거대한 전환기를 왕성한 상상력과 도전정신으로 살았던 료마의 열정은 주목할 가치가 있다.

📚 NOTE 17   후쿠자와 유키치와 그의 시대

후쿠자와 유키치 福沢諭吉, 1835~1901는 근대 일본을 대표하는 계몽사상가이다. 게이오 기주쿠 慶応義塾를 창설하고 「시사신보 時事新報」를 창간했으며, 메이지 정부의 초청에 응하지 않고 재야 사상가로 살았다. '근대 일본의 정신적인 아버지'로 불리며, 2021년 현재 일본 1만 엔권 지폐의 주인공이기도 하다.

1835년 오사카 도지마 堂島에 있던 나카쓰 中津번의 구라야시키 蔵屋敷에서 하급무사의 아들로 태어난 후쿠자와는 나가사키에 가서 네덜란드 학문을 배웠으며, 1860년, 1862년, 1867년에 세 번의 서양체험을 하게 된다. 이후에 내놓은 『서양사정 西洋事情』1866~1870, 『학문의 권유 学問のすすめ』1872~1876, 『문명론의 개략 文明論之概略』1875은 그의 문명개화 3부작으로 불린다.

우선 『서양사정』은 간행 전부터 복사본으로 읽혔으며, 간행 후에는 해적판도 나올 만큼 큰 인기를 끌었다. 이 책은 당대 최고의 베스트셀러로, 서양 사회를 성립시킨 제도와 이념에 대해 소개했다. 여기서 후쿠자와는 '문명 정치'의 요건으로 자주임의, 종교의 자유, 기술과 문학의 장려, 교육의 보급, 법에 의한 지배, 병원이나 빈민원과 같은 사회시설 등 여섯 가지를 들고 있다.

그리고 『학문의 권유』의 경우는 "하늘은 사람 위에 사람을 만들지 않고, 사람 밑에 사람을 만들지 않았다는 말이 있다"라는 유명한 문장으로 시작한다. 이어서 후쿠자와는 다음과 같이 말한다. "사람은 태어나면서부터 빈부귀천의 차이는 없다. 단, 노력하고 공부해서 사물을 잘 아는 자는 귀인이 되거나 부자가 된다. 배우지 못한 자는 가난한 사람이 되거나 비천한 사람이 되는 것이다. 따라서 배워야 한다." 아울러 다음과 같이 지적하기도 한다. "이 나라의 국민은 주인과 손님, 이렇게 둘로 나뉘어 주인이 되는 사람은 1000명의 지혜로운 사람으로서 나라를 지배하며, 그 밖의 사람들은 아무것도 모르는 손님에 불과하다. 국내 문제라면 이것만으로도 별 걱정이 없겠지만, 일단 외국과 전쟁이 벌어지면 그 불편함을 뼈저리게 느낄 것이다." 후쿠자와가 보기에 조슈번에서 유럽 4개국 연합함대와 전쟁할 때 맞서 싸웠던 자는 조슈의 무사들뿐이었고 백성은 이를 외면했다. 이런 상태를 개선하기 위해서는 신분제도를 폐지하고 백성에게도 교육을 시켜 그들 자신도 일본이라는 나라의 운명을 짊어지는 지위로 출세할 가능성이 있음을 자각하도록 해야 한다는 것이 후쿠자와의 생각이었다.

아울러 후쿠자와는 『문명론의 개략』에서 "일본에는 정부가 있을 뿐 국민 네이션이 없다"라고 지적하기도 했다. 그것은 "일본의 인민이 국사國事에 관여하지 않기" 때문이라는 것이다. 이와 같은 '편중의 화禍'는 "국민이 그 지위를 중시하지 않는" 현상을 초래했으며, 후쿠자와는 유교가 이런 현상을 조장했다고 비판했다. 일본에서는 '권력이 편중'되어 있기 때문에 난세이건 치세이건 간에 문명이 진보하지 않는다는 통렬한 비판이었다. 후쿠자와는 여기서 일본의 목표는 서양 문명을 따라잡는 것이며, 문명의 성취는 일본의 독립을 달성하는 수단이어야 한다고 강조했다. 후쿠자와의 책들이 베스트셀러가 된 이유는 그의 책이 미로에서 헤매던 일본인들에게 새로운 시대의 원리와 비전을 쉽고 명쾌하게 제시했기 때문이었다.

메이지 정부의 외교와 이와쿠라 사절단의 해외견문

메이지 정부는 「대외화친, 국위선양의 포고」1868. 1. 15, 「개국화친의 방침」1868. 2. 17과 「5개조 서문」1868. 3. 14 등을 통해 막부 말기에 체결된 조약의 준수를 선언하고 새로운 국제질서를 본격적으로 수용하겠다는 입장을 천명했다. 또한 만국이 대치하는 상황에서 불평등조약을 타파하고 서양 열강과 대등한 지위를 누리겠다는 목표를 설정했다. 이로써 열강과의 불평등조약을 개정하는 문제는 메이지 정부 외교의 최대 과제로 자연스럽게 부상하게 되었다.

하지만 만국공법 국제법에 근거한 국가 간의 신의와 평등 관념에 입각해서 불평등조약의 개정을 추진하던 일본 정부는 이와쿠라 사절단의 서양 시찰 등을 통해 조약개정운동의 한계를 절감했다. 여기서 말하는 이와쿠라 사절단이란 이와쿠라 도모미 岩倉具視, 1825~1883를 특명전권대사로 한 서양 파견 사절단을 지칭한다. 이들 사절단은 1871년 후반부터 거의 2년간에 걸쳐 서양의 근대적 산업시설과 금융제도, 정치제도, 군대, 교육 등을 시찰하고 돌아왔다. 사절단에는 이와쿠라 도모미를 비롯하여, 오쿠보 도시미치 大久保利通, 기도 다카요시 木戸孝允, 이토 히로부미 등 메이지 시대의 주요 인사들이 대거 참여하고 있었다.

이와쿠라 사절단의 목적은 크게 불평등조약의 개정 교섭, 서양의 제도와 문물 시찰 두 가지로 요약될 수 있다. 사절단은 최초로 방문한 미국에서 조약개정 교섭이 현실적으로 불가능하다는 것을 깨닫고, 오로지 서양 여러 나라의 시찰에만 전념했다. 사절단은 제국주의 전야의 유럽 국제정치를 견문하고 근대 국제질서와 문명의 양면성에 대해 확고하게 인식하게 되었다.

사례 1 "오늘날 세계 각국은 모두 친목과 예의로써 서로 사귄다고 하지만, 이는 완전히 표면상의 명분이며 은밀한 곳에서는 강약이 서로 업신여기고 대소가 서로 경시하는 실정이다. (중략) 소위 만국공법이라는 것이 열국의 권리를 보전하는 법이라지만, 대국이 이익을 다투는 데 있어 이미 이로움이 있으면 만국공법을 붙들어 움직이지 못하게 하고, 만일 불리할 경우에는 군대로써 이를 뒤집는다."
    – 비스마르크(Otto von Bismarck, 1815~1898)의 언급, 久米邦武 編, 『特命全權大使 米歐回覽實記』

사례 2 "법률, 정의, 자유의 이치는 국내를 보호할 수는 있지만, 영토를 보호하는 것은 병력이 아니면 불가하다. 만국공법이란 단지 국력의 강약에 관련될 뿐으로, 국외중립해서 공법만을 의지하는 것은 소국이 하는 바이고, 대국은 국력으로써 그 권리를 충족시켜야 한다"
    – 프러시아의 몰트케 장군(Helmuth Moltke, 1800~1891)의 언급,
    久米邦武 編, 『特命全權大使 米歐回覽實記』

이와쿠라 사절단의 눈에 비친 근대 서양의 국제질서란 '열국평등 列國平等'은 명부에 불과한 것이며, 사실상 '약육강식 弱肉强食' '만국대치 萬國對峙' 상황에 보다 가까운 것으로 이는 일본 무사 사회의 전통적 관념인 '실력상응 원리'로서 해석되었다. 이와쿠라 사절단은

만국공법이 약소국에는 어떤 역할도 하기 어려우며, 국가의 자주적 권리를 잃지 않으려면 애국심을 고양하고 국력을 진흥시켜 실력으로서 국권을 보전하지 않으면 안 된다는 인식을 가졌다. 이후 이들

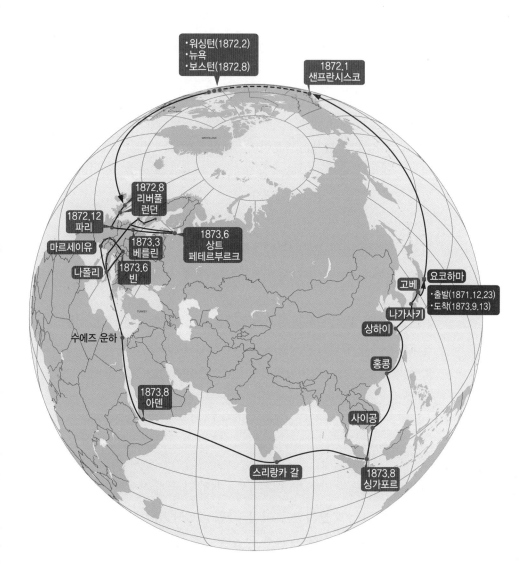

이와쿠라 사절단의 해외견문 (지도: 하니누리 디자인 김승한)

은 근대 일본의 비전을 '소국이라는 관념에서 대국 지향으로' 바꾸어 설정했다.

NOTE 18　　정한론 논쟁과 일본 지폐

일본 정계는 1873년 '정한론 征韓論' 논쟁에 휩싸였다. 정한론이란 군대를 파병하여 조선을 정복하거나 조선에 정치체제 변혁을 압박한다는 주장을 일컫는다. 이는 메이지 정부의 일련의 중앙집권화 조치로 인해 실직당한 수많은 무사계급의 불만을 외부로 돌리기 위한 성격이 강했다. 이후 '정한론'을 둘러싸고 메이지 정부 내에 갈등이 비등해질 때 귀국한 이와쿠라 도모미는 천황 앞으로 보낸 의견서1873년 10월를 통해, "조약개정이야말로 국권을 회복하기 위한 메이지유신 이래의 기본 과제이며, 이를 달성하려면 국정의 정비에 힘쓰고 문명진보의 길에 매진하는 것이 가장 시급하며, 조선 문제는 국력을 충실히 한 후에 해결해도 늦지 않다"라고 주장했다.

이와쿠라를 중심으로 한 내치파 內治派 와 사이고 타카모리 西鄕隆盛 등의 정한파 간에 대립에서 주목할 점은, 당시의 쟁점이 조선을 치는 시기를 언제로 할 것인가 하는 문제였으며 조선 침략 자체에 대해서는 대체로 일치된 견해를 보이고 있었다는 사실이다. 이후 사절단에 참여한 세력들은 내정 문제에 우선순위를 두고 반대파를 축출해 나간다. 이런 정치적 갈등은 1877년 세이난 西南 전쟁으로 종지부를 찍었다.

이런 과정 등을 겪으면서 일본의 위정자들은 일본이 만국공법으로 상징되는 새로운 국제질서의 명실상부한 행위 주체가 되는 것을 확고한 국가 목표로 인식해 갔고, 문명을 오로지 힘과 관련지어 이해했다. 한편 서구의 문명기준에 눈뜨지 못한 아시아의 일원이라는 일본인들의 '열등의식'은 개화에 무관심한 조선이나 중국에 대한 멸시와 혐오의 감정으로 이어졌다. 바야흐로 동아시아 문명권의 '문명기준이 역전'되면서 서로를 바라보

일본 지폐에 그려진 진구 초상화(1881)　　　우표 속 진구 초상화

는 시선도 전복되는 현상이 드러나기 시작한 것이다.

이런 시선이 일본인들에게 확산되는 데는 메이지 정부가 새로 발행한 지폐도 큰 역할을 했다. 1881년에 일본에서 발행된 지폐 1엔 권, 5엔 권, 10엔 권에는 일본신화 속에 존재하는 진구황후神功皇后의 초상화가 그려져 있다. 진구황후는『고사기古事記』『일본서기日本書紀』에서 삼한마한, 진한, 변한을 정벌하는 존재로 묘사되는 신화 속의 인물이다. 진구황후의 초상은 1908년에 발행한 우표에도 등장했다. 정한론의 그림자가 메이지 일본에 얼마나 짙게 드리워져 있는지를 보여 주는 사례이다.

유구병합과 동아시아 질서의 변동

아편전쟁을 전후하여 유구왕국에 접근하는 구미열강의 함선도 나날이 증가하고 있었다. 1854년 미·일 화친조약체결에 성공한 미국의 페리 제독은 유구와도 교섭을 진행하여 같은 해 7월에 유구왕국과 수호조약을 체결했다. 이후 유구왕국은 프랑스1855, 네덜란드1859와도 차례로 조약을 체결하여 구미 근대 국제질서 체제와도 인연을 맺었다.

이런 와중에 일본과 중국 간의 근대적 의미의 수호조약이 체결된 것은 메이지 정부가 들어선 지 얼마 후인 1871년 9월이었다. 이는 전통적인 중화질서 아래에서 중·일 양국에 대하여 양속체제[25]를 견지하던 유구왕국의 위상 설정이 변동할 수밖에 없음을 의미하는 것이었다.

동아시아 국제관계에서 새로운 갈등의 조짐은 기존 중화질서 아래에서 중·일 양국에 조공을 드리고 있던 유구왕국의 위상 설정에서부터 불거졌다. 1871년 11월 대만臺灣에 표류한 유구인 54명이 대만 현지인에게 살해되는 이른바 대만사건이 발생한 것이다. 일본 정부는 이 사건을 빌미로 삼아 유구왕국을 일본에 전적으로 귀속시키려는 결정을 내리고 이를 실행에 옮겼다.

이후 메이지 정부는 유구 정부에 유신을 축하하는 사절단 파견을 요구했고, 유구왕국의 유신 경하사慶賀使가 1872년 9월 도쿄에 도착하자, 곧장 유구'국國'을 폐지하고 그 대신에 유구'번藩'을 설치하고, 유구국왕이던 쇼타이尚泰, 1843~1901, 재위: 1848~1879를 유구'번'의 왕으로 삼으면서 일본의 화족華族으로 임명하는 조치를 취했다. 또한 유구왕국의 주요 관직에 대한 임명권도 메이지 정부가 장악했다. 사실상 메이지 정부의 직할령이 되었음을 의미하는 것이었다. 이후 메이지 정부는 1850년대에 유구왕국이 구미제국미국, 프랑스, 네덜란드과 체결한 조약을 인계했다.

일본 정부는 유구국을 일본의 영토로 삼기 위해 강제력을 동원하여 유구를 압박하는 일련의 조치를 취한 후에 청국 측에 대만사건의 책임을 추궁한다. 청은 이에 대한 책임을 회피하려는 의도에서 '대만은 중국의 정령政令과 교화教化가 미치지 않는 화외化外의 지역'이

---

25 용어설명 양속체제兩屬體制: 중국과 일본 양쪽에 조공을 바치는 유구왕국의 특수한 상황을 지칭하는 표현이다.

라는 모호하고 무책임한 답변을 내놓았는데, 일본 정부는 이를 근거로 삼아 1874년 5월 대만에 사이고 쓰구미치西鄉從道, 1843~1902가 이끄는 5000명의 일본군을 출병시켰다. 메이지 정부 최초의 해외파병이었다. 여기에는 대외적으로 청에 대한 외교적 주도권을 확보하면서 유구국의 귀속 문제를 해결하려는 의도와 함께, 대내적으로 메이지 정부의 탄생 이래 일본 정부에 심각한 위협요인이던 불평사족不平士族의 관심을 해외로 돌리려는 정치적 의도가 담겨 있었다. 이는 바꿔 말하면 일본의 대만 출병은 유구 귀속 문제에 대한 외교적 주도권을 선점하려는 시도인 동시에 일 년 전인 1873년 일본 정계를 팽팽한 대립국면으로 몰고 갔던 '정한론' 논쟁의 연장선상에 위치하는 사건으로서 메이지 정부가 국내외의 중첩된 문제를 동시에 해결하려는 전략적 의도로 이루어진 사건이었던 것이다.

그 후 대만 출병에 대해 청이 항의하자 일본 정부는 "대만은 중국의 정령과 교화가 미치지 않는 지역"이라고 했던 답변을 상기시키며 강경한 입장을 견지했다. 결국 영국의 조정 아래 청 측은 막대한 배상금과 함께 "대만의 선주민들이 일본국의 속민屬民을 살해했으므로 일본국 정부는 이 죄를 묻기 위해 이들을 정벌했으며, 이는 인민을 보호하기 위한 정당한 행위였다"라는 조문條文을 교환했다. 이로써 일본 정부는 유구인이 일본인이며, 유구가 일본 영토임을 청제국이 인정한 근거를 마련했다고 해석했다. 이후 메이지 정부는 유구국에 대해 중국과의 조공, 책봉관계의 정지와 일본연호의 사용 등 일본의 제도 도입을 실시하는 조치를 취했고, 재판권과 경찰권을 차례로 접수하면서 1879년에는 강제적으로 유구'번'을 폐하고 '오키나와현'을 세웠다.

메이지 정부는 국제적 분쟁으로 비화할 수밖에 없는 유구 문제를 교묘하게 내정개혁의 문제 혹은 지방제도의 개혁 문제로 환원시켜 분쟁의 여지를 모호하게 흐리는 방식으로 유구를 병합했다. 이런 일본의 의도는 오늘날까지 사용되고 있는 '유구처분琉球處分'이라는 용어 안에 그대로 남아 있다. 이로써 450여 년간 계속된 유구왕국은 역사 속으로 사라졌다.

한편 서세동점의 상황에서 국내외의 위기에 몰려 있던 중국은 1860년대 이래 양무洋務운동을 추진하고 있었다. 그리고 조선의 내정과 외교 문제에 대한 불간섭의 입장을 견지했다. 하지만 1870년대 이래 중국은 러시아와 이리伊犁 문제, 프랑스와 월남 문제, 일본과 유구국 및 조선 문제로 긴장관계에 놓이게 되었다. 이런 와중에서 일본 측이 유구국을 사실상 병합하면서 나타난 중국의 위기감의 심화는 조선에 대한 간섭과 압박의 심화, 즉 기존의 전통적인 조·중 관계의 변질로 나타날 조짐을 보이고 있었다.

1879년 4월 일본의 유구병합[26] 직후 중국의 실력자인 북양대신 리홍장李鴻章, 1823~1901은 조선 왕실 측의 고위관리에게 보내온 서신을 통해 조선이 취해야 할 방책을 제시했다. 리홍장의 서한은 기존에 존재하던 러시아의 영토침탈 위험뿐만 아니라, 이제 일본이 강력한 위협적 존재로 부상했다고 하면서, 다음과 같은 취지의 말을 전했다.

"일본은 근래 서양을 숭상하여 부강해질 방도를 얻었다고 믿고 있다.

---

26 (용어설명) 유구병합: 일본의 메이지 정부가 유구 왕국을 강제로 병합한 사실을 지칭한다. 일본에서는 이를 '류큐琉球 처분'이라고 부른다.

일본 강토가 바라보는 북쪽이 조선이고 남쪽으로는 중국의 대만이다. 일본이 얼마나 위험한지는 유구왕국이 수백 년이 되었으나 올봄에 갑자기 먹힌 것을 보면 알 수 있다. 조선이 오늘과 같은 역사상 초유의 위기상황에서 살아남으려면 부국강병을 추구할 필요가 있다. 그런데 문화를 숭상해 온 반면 재력財力이 부족한 조선으로서는 갑자기 부국강병을 추구하기가 어려울 수밖에 없다. 따라서 우선 조선은 황급히 구미제국과 조약을 맺어 만국공법과 외세를 활용해야만 한다. 조선은 정사를 스스로 주관하는 나라이므로 중국이 이처럼 중대한 문제에 관여할 수 있는 입장은 아니지만, 조선의 안전은 곧 중국의 안전에 직결되므로 이렇게 권유하는 바이다."

-『승정원일기』 고종 16년(1879) 7월 9일

일본의 유구병합 이후 나타난 중국의 권고들은 중화질서의 중심에 있던 중국이 기존의 사대교린의 방식에 입각한 처방을 제시하는 것이 아니라 '만국공법'과 '부강'에 기초한 해법을 조선에 제안하고 있다는 점에서 기존의 중화질서 패러다임이 근간에서부터 동요되고 있음을 역설적으로 드러내는 것이었다. 그리고 조선이야말로 동아시아 국가 간 패러다임 변환의 바로미터가 될 것임을 암시하고 있었다.

이처럼 1870년대에 나타난 청·일 수호조규, 일본 내부의 정한론 논쟁, 조·일 수호조규, 유구 문제의 대두와 일본의 일방적인 병합 등의 일련의 사건은 동아시아의 정치변동이 본격적으로 시작되었으며, 중화질서의 주변부에 위치하던 일본이 이런 정치변동을 주도할 것임을 시사하는 것이었다.

전통적으로 중국과 일본 양국에 조공을 바쳐온 유구왕국을 일본

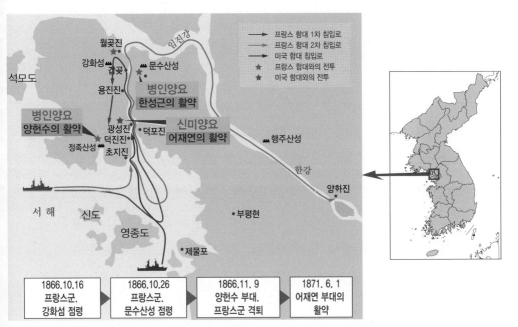

병인양요(1866)와 신미양요(1871) (지도: 하니누리 디자인 김승한)

이 강제로 병합해 가는 과정은 일본이 중화질서에서 가장 약한 지점에 해당하는 유구왕국을 시작으로 하여 거대한 전환기 동아시아 질서의 재편을 주도하기 시작했다는 것을 의미한다. 그리고 그것은 일본의 근대국가 형성과정이 단순히 하나의 독립된 주권국가의 탄생을 의미하는 데 머무르는 것이 아니라 제국건설의 형태를 띠고 배타적이고 팽창적으로 진행될 수 있음을 예고하는 것이기도 했다.

정한론 논쟁, 대만출병과 운요호 사건, 유구병합 등을 겪으면서 동아시아 지역에는 점차 국제적 긴장이 고조되어 갔다. 이때 동아시아 갈등의 핵심 축으로 부상한 것이 바로 조선이었다. 조선에서는 일본의 유구병합을 기점으로 제국주의 시대의 구미 열강-중국-일본으로 이어지는 삼중의 압박에 놓이며, 조선 국내적으로는 위기의

식이 고조되면서 이에 대한 대응방안을 놓고 정치적 모색과 갈등이
연쇄적으로 상호 상승하는 상황이 나타난 것이다.

조선의 천주교 금지와 이양선 출몰

19세기 벽두에 정조가 승하한 직후 조선에서는 천주교에 대한
탄압은 물론 모든 서양 서적의 도입이 금지되었다. 그리고 이후 조
선은 사상적으로 점차 외부 세계로부터 고립되어 가는 양상을 보였
다. 한편 아편전쟁 이전부터 조선의 해안에도 이양선異樣船이라 불
리는 서양 선박들이 나타나기 시작했고, 시간이 갈수록 그 출현 빈
도수가 늘어나고 있었다.

> "금년 여름 가을 이래로 이양선이 경상도, 전라도, 황해도, 강원도, 함
> 경도의 바다 가운데에 출몰하는데, 널리 퍼져서 추적할 수 없을 지경이
> 었다. 혹 뭍에 내려 물을 긷기도 하고 고래를 잡아 양식으로 삼기도 하
> 는데 거의 그 수를 헤아릴 수 없을 만큼 많았다."
>
> – 『헌종실록(憲宗實錄)』14년 12월 29일

천주교가 서구의 이념적 도전을 상징한다면, 포경선과 군함을
포함한 이양선은 서구제국주의의 경제적, 군사적 도전을 상징하는
것이었다. 이런 사태는 조선의 위정자나 지식인을 불안하게 하는 새
로운 위기상황이 아닐 수 없었다. 더욱이 매년 수차례에 걸쳐 중국
을 다녀오는 연행사절燕行使節을 통해 중국이 인도로부터 흘러 들어
오는 아편 문제로 인해 얼마나 부심하고 있는지 그리고 아편전쟁과
태평천국의 난, 영불연합군의 북경점령 등으로 이어지는 중국의 내
우외환의 상황에 관해 보고받던 조선 조정으로서는 중화 질서가 동

요하는 것을 그저 불안한 눈으로 지켜보며 집안 단속에 박차를 가할 뿐이었다.

19세기 중반 병인양요1866와 신미양요1871를 통해 조선은 서구의 군사력과 직접 충돌한다. 서로가 상대를 야만으로 규정한 이 두 차례의 충돌에서 조선은 승리한 듯 보였다. 대원군의 리더십과 독려 속에 치러진 서양 열강과의 싸움에서 패배하지 않고 조선을 방어할 수 있었다는 사실은, 국가적 차원의 자신감과 일체감을 불러일으켰고 나라 전체가 오랑캐를 격퇴시켰다는 승리감에 들뜨게 했다. 이는 당시 서양 열강과의 모든 전투에서 패배한 중국이나 일본의 상황과 비교할 때 매우 특기할 만한 사태라고 할 수 있다.

하지만 이 승리로 조선이 서세동점의 대세를 거스르지는 못했다. 오히려 이로 인해 외세를 배격하는 조선의 태도는 한층 확고한 원칙이 되어 좀처럼 바꾸기 힘들어졌다. 그리고 서양 열강과 주변국과의 긴장관계를 극도로 고조시킴으로써 조선의 대외적인 입지를 위태롭게 했고, 아울러 조선의 위정자와 지식인들이 세계 정세와 시대적 변화를 객관적으로 파악하기 더욱 어렵게 만들었다는 것은 패러다임 전환기 조선에서 나타난 거대한 역설이라고 해야 할 것이다. 조선의 지정학적 외벽인 중국과 일본이 이미 지구적 규모에서 구미 열강의 세력균형 구도 속으로 들어가고 있었고, 조선은 세계의 대세를 외면함으로써 오히려 소중한 변화의 기회를 놓치고 있었다.

흥선대원군의 왕권 강화와 정치개혁의 역설

19세기에 들어서면서 조선의 정치공간은 왕실의 외척세력을 중심으로 한 소수의 세도가문에 의해 실질적으로 장악된다. 이 과정에서 왕권은 전례 없이 위축되었다. 이 시기의 국왕들은 모두 어린 나이에 등극하여 대왕대비의 수렴청정을 예외 없이 겪었을 뿐만 아니라, 대왕대비가 후임 국왕을 선택하는 상황마저 반복되었다. 이처럼 국왕의 정통성이 약해지는 가운데 왕실의 외척세력이 정치권력을 장악해 가고, 권력행사, 권력배분, 엘리트의 충원 등 정치의 가장 기본적 기능이 폐쇄적으로 운영되면서 권력이 자의적으로 사유화되는 양상을 보이고 있었다.

이런 국내 상황에서 정계에 등장한 존재가 바로 흥선대원군이다. 원래 대원군이란 '직계가 아닌 방계傍系로서 왕위를 이은 임금의 아버지에게 주어지는 봉작封爵'을 의미하는 것으로서, 조선 정치사에서 대원군의 칭호를 얻은 사람은 흥선 대원군 이하응李昰應 이외에도 세 사람이 더 있었다. 그런데 이들의 경우는 모두 죽은 뒤에 아들이 왕이 된 경우라서, 조선에서 살아서 대원군의 칭호를 받은 인물은 흥선대원군이 유일했다. 따라서 이하응은 '살아 있는 대원군'이라는 점만으로도 조선정치사에서 매우 독특한 존재라고 할 수 있다.

대원군은 1863년 겨울 자신의 아들이 왕이 되면서 서서히 정치권력을 장악해 갔다. 하지만 그것이 그의 공식적인 직위나 제도적 보장을 통해 가능한 것은 아니었다. 즉 대원군은 국가권력의 실질적인 중심으로 부상하지만, 그의 정치권력은 어떤 '제도적 합법성'도 갖추고 있지 않았던 것이다. 일종의 비정상적 권력이라는 점을 간과해서는 안 된다.

이처럼 국가권력의 공식적인 주관자일 수 없는 대원군이 국왕이 아닌 몸으로 정치권력의 실질적인 핵심이 되었다는 사실은, 역설적이지만 전통적인 조선의 유교적 정치지형에서 국왕이라면 어느 누구도 직면하지 않을 수 없었던 여러 가지 이념적·제도적 틀에 상대적으로 구애받지 않고서 그만큼 자신의 정치력을 강력하게 발휘할 여지가 발생하고 있었음을 의미한다는 점에서 중요하다. 대원군이 과감하고 결단력 있는 개혁정책을 추진할 수 있었던 것도 바로 이런 독특한 비정상적인 정치적 위상으로 인해 현실적으로 가능한 것이었다.

대원군이 추진한 정치개혁의 핵심은 '왕권 강화'로 십약할 수 있다. 그리고 그가 추진한 국내개혁은 대체로 그 자체만 놓고 보면 적절한 것이라고 평가할 만하다. 그런데 합법적인 권력자가 아닌 사적私的 권력자에 불과한 대원군이 현실정치의 실세가 되어 왕권 강화를 추진하는 것은 그 자체로 매우 모순된 측면을 가질 수밖에 없었다. 왜냐하면 국가 권력이 역학적으로 이원화될 소지가 대단히 크기 때문이다. 실제로 대원군이 왕권 강화를 추진하면 할수록 현실권력은 역설적으로 국왕이 아니라 국왕의 생부인 대원군에게 집중되는 양상을 보였다.

아울러 이 시기가 중국에서는 동치중흥同治中興, 일본에서는 메이지유신이 이제 막 추진되기 시작하던 시기였을 뿐만 아니라, 이후에 나타나는 것처럼 외국의 간섭으로 인하여 아직 정치적 선택 범위를 크게 제한당하지 않았던 시기였다는 점에 주목해야 한다. 이 시기는 국제정치적인 측면에서 보았을 때, 조선이 주체적으로 자강自强 정책을 펼쳤을 경우 성공 가능성이 상대적으로 매우 높았다. 하지만 대원군이 추진한 천주교 박해, 척화비 건립 등과 같은 외세를 배척한 일련의 배외排外주의 정책은 향후 조선이 취할 수 있는 정치적 선택의 폭을 크게 축소시켜 놓고 말았다.

현실정치의 공간에서 외부세계와 정치적 사상적으로 유연하게 타협하고 조정해 나갈 여지가 거의 봉쇄된 가운데, 대다수 조선의 위정자와 지식인들은 기존의 화이 관념의 연장선상에서 눈앞에서 전개되는 대외정세를 해석하는 데 급급해졌다. 이들은 당시 상황을 서양 오랑캐라는 새로운 위협적 요소의 증가라는 양적 차원의 변화로만 해석하려 했다. 그럼으로써 조선이 속해 있는 동아시아 질서 자체가 근저에서부터 질적으로 변화하고 있음을 예측하고 대응하지 못했다.

조선의 대다수의 위정자와 지식인들은 신중론이라는 명목하에 구태의연하고 소극적인 대응으로 일관했으며, 중국의 보호우산 속에서 위기가 사라질 때까지 최대한 피해 있겠다는 의식에 사로잡혀 자강할 수 있는 귀중한 타이밍을 놓치고 있었다.

📚 NOTE 19 정치에서 구조와 개인의 관계

정치에서 어떤 구조로부터 발생하는 힘은 매우 크다. 그러나 만약 구조로부터 모든 것이 결정되고 만다면, 그 구조 속에서 고뇌하면서 인간이 내린 결정과 선택들은 아무런 의미가 없을 것이다. 실제로 역사에서 위기란 불가항력적인 힘에 의해서만 발생하는 것은 아니다. 상황이 어려운 시점에서 주요한 정책결정자가 설상가상의 선택을 함으로써 돌이킬 수 없는 상황으로 곤두박질치게 되는 경우가 많기 때문이다.

사람이 살아가는 세계에서 사건들이 터지고 다양한 위기가 발생하는 것은 자연스러운 일이다. 이 과정에서 선택의 폭이 제한되는 경우가 많으며, 지도자의 선택의 적절성 여하에 따라 위기는 훨씬 고조될 수도 있고 그렇지 않을 수도 있다. 지도자들에 의해 '선택의 깔때기'는 다시 열릴 수도 있으며 급격하게 봉쇄될 수도 있는 것이다.

전환기 조선의 개혁 개방과 정치적 엇박자: 임오군란과 갑신정변

대원군이 강력한 정치권력을 발휘하던 시기의 조선 정계와 지성계는 외부세계와 정치적, 사상적으로 유연하게 타협하고 조정해 나갈 여지를 거의 봉쇄하고 있는 상황이었다. 하지만 조선 정계 내부에서도 밖에서 일어나는 새로운 패러다임에 관심을 기울이는 정치세력이 서서히 등장하고 있었다. 그리고 그 중심에는 청년국왕 고종 1852~1919, 재위: 1863. 12~1907. 7이 존재하고 있었다. 어떻게 이런 일이 가능할 수 있었을까? 여기서는 국왕의 대외 인식의 변화가 이루어지는 경위와 함께 그가 추진한 개혁개방정책을 간략히 살펴보고 이것이 사실상 좌절하게 되는 과정을 살펴보기로 하겠다.

어린 소년으로 국왕이 된 고종은 그 누구보다 더 취약했던 왕위 계승의 정통성 문제, 그리고 대왕대비 조씨 조대비, 1808~1890의 수렴청정과 생부인 흥선대원군의 실질적인 권력 장악으로 초기에는 정치적 역할이 매우 미약했다. 왕자 수업을 전혀 받지 않은 채 왕위를 계승했으나 어린 국왕은 유교군주로서 내적 역량을 다질 수 있도록 즉위 초기부터 많은 경연 經筵 수업 등을 받았다. 그리고 즉위 후 10여 년간 1300여 회에 걸친 경연 과정을 거치면서 젊은 국왕은 당시 조선의 기강이 매우 쇠약할 뿐만 아니라 그동안 조선의 정치권력이 자의적으로 남용되어 국가의 근본인 백성의 생활이 매우 불안한 상태임을 인식하게 되었다.

한편 즉위 초기 고종 역시 전통적인 세계관이라고 할 수 있는 화이 관념에 근거해 서양세계를 야만의 세계로 간주하고 있었다. 이것은 어린 국왕에 국한된 것이 아니라 동시대 조선지식인 거의 대다수가 공통적으로 가지고 있던 세계관이기도 했다. 그런데 동아시아 질서의 거대한 전환을 경험하는 과정에서 국내외의 각종 사건과 정보에 접하면서 고종은 보다 적극적이고 구체적으로 대외상황을 이해하려는 태도를 보이기 시작했다. 그중에서도 청국 사절단을 통한 정보 획득과 아울러 박규수 朴珪壽, 1807~1876와 같은 인물 등에게서 받은 영향이 매우 중요한 것이었다.

청년이 된 고종은 연행사절단의 보고를 수차례 거치는 동안 다양하고 적극적인 질문을 통해 세계가 변화하고 있음을 인식했다. 그리고 서양의 제국들과 서양화한 일본이 세력을 확산시켜 가고 있으며, 중국이 조선에게 여전히 가장 중요한 나라이기는 하지만 이미 현실적으로 세계의 중심이 되지 못하는 상황임을 알게 되었다.

이런 사고의 변화로 인해 국왕 고종은 조선이 외세를 배척하는 정책이 시대적인 대세를 무시한 것으로서 현실적으로 조선이 점점 고립되는 방향으로 상황이 전개되고 있다는 위기의식과 불만을 동시에 갖게 된다. 국왕의 이런 상황판단은 국정을 직접 주도하겠다는 친정 親政 선언과 함께 대외정책의 새로운 방향전환을 모색하는 중요한 계기가 되었다.

1880년대 들어서면서 조선 조정은 국왕을 중심으로 외국과의 교섭과 통상, 군사력의 강구 등 국정 전반에 걸친 새로운 정부기구로서 통리기무아문을 설치 1881. 1 했다. 그리고 일본과 중국에 대규모의 일본시찰단 1881. 4 과 영선사 1881. 9 를 비밀리에 파견하는가 하면, 미국을 비롯한 서양 열강들과의 조약체결을 추진해 나간다. 미국 1882. 5 을 시작으로 영국, 독일, 러시아, 이탈리아 등과의 근대적 조약관계의 체결은 조선이 기존의 중화질서의 패러다임에서 의식적으로 벗어나 만국공법으로 표상되는 새로운 패러다임에 의식적으로 들어가려는 노력이 일단 소기의 성과를 거둔 것이라고 할 수 있다. 구미 국가들과의 조약 관계의 수립은 그 자체로 전통적인 사대교린 관계에 실질적으로 종지부를 찍는다는 의미를 갖는 것이었다. 1881년 일본시찰단에 참여했던 인물들의 당시 귀국 보고 내용을 통해 이런 변화된 분위기를 살펴보기로 하자.

사례 1

고종: 우리나라와 수호관계를 맺은 뒤 대개 일본의 겉모습과 속마음이 과연 어떤 것 같던가?

조준영 1833~1886, 일본문부성 시찰 책임자: 신臣들을 대하는 예절은 매우 융숭하고 간곡했지만 저희들을 대하는 것만으로 어찌 그 나라의 속마음을 알 수 있겠습니까? 대체로 요사이 각국은 오직 강약强弱으로만 서로 겨눌 뿐 인의仁義로서 문제를 보지 않습니다. 설령 선의善意의 마음이 있다 하더라도 약함을 보면 도리어 나쁜 뜻을 품으며, 비록 악의惡意를 품었다 하더라도 강함을 보면 반드시 수호하려 합니다. 현재의 상황에서는 우선 자수자강自修自强에 힘써야 할 것입니다.

– 『승정원일기』 고종 18년(1881) 8월 30일

사례 2

고종: 일본의 제도가 장대하고 정치가 부강하다고 하는데 살펴보니 실제로 그렇던가?

홍영식 1855~1884, 일본육군성 시찰책임자: 일본의 제도가 비록 장대하오나 모두 모이고 쌓여서 이루어진 것입니다. 재력에 있어서는 여러 가지 사업을 추진하는 것이 매우 많으므로 항상 부족함을 근심합니다. 그 군정軍政은 강하다고 하지 않을 수 없습니다. 그러나 이는 모두 밤낮을 가리지 않고 부지런히 마음과 힘을 하나로 모아 이룩한 것입니다. 일

본의 노력과 현재 이룩한 것을 참고로 삼으면 반드시 어려운 일은 아
닙니다.

－『승정원일기』 고종 18년 9월 1일

사례 3

고종: 오로지 부강富强을 도모하려는 모습이 전국戰國 시대와 동일하다
고 할 만하던가?

어윤중 1848~1896, 일본대장성 시찰책임자 : 진실로 그러하옵니다. 춘추전국은
바로 소전국小戰國이며 오늘날은 바로 대전국大戰國이라고 할 만해서
모든 나라가 오직 지식과 힘으로 경쟁할 뿐입니다. (중략) 현재 형세
를 돌아보건대 부강하지 않으면 국가를 지키지 못하므로 모두가 한
뜻으로 바로 이 한 가지 일에 매달려야 할 것입니다.

－『승정원일기』 고종 18년 12월 14일

각각의 귀국 보고 내용에서 나타나듯이 일본시찰단에 참여한 인
물들은 일본에 대해 갖는 견해에 조금씩 차이가 있음에도 불구하고,
세계의 대세가 힘을 통한 경쟁의 국면으로 변화하고 있으며 일본 등
의 경험을 타산지석으로 삼아 조선도 자수자강自修自强과 부강富强을
추구하는 데 매진하지 않으면 안 된다는 점에 관해서 거의 일치된
모습을 보여 주고 있었다.

1882년 8월 국왕 고종이 내린 교서는 세계의 달라진 변화상에 주
목하고 달라진 무대에 새롭게 적응하겠다는 조선 정부의 국정운영
의 청사진을 명확하게 밝히고 있다는 점에서 주목할 필요가 있다.
여기에는 국내의 전반적인 반대 여론을 설득하여 돌파해 가려는 의
지도 분명히 드러난다. 그 요지는 다음과 같은 것이었다.

"조선은 외국과 교섭을 하지 않아 해외사정에 어두운데, 작금의 세계의 대세는 춘추열국 시대를 방불케 하는 만국병립 萬國竝立 의 시대로서, 일본은 물론 중국까지도 만국공법 질서에 따라 평등한 입장에서 조약을 맺고 있다. 이번에 조선이 영국, 미국, 독일 등과 평등의 원리하에 조약을 맺은 것은 이런 대세에 따른 것으로 걱정할 문제가 아니다. 그런데 이를 반대하는 세력들은 오로지 척화론 斥和論 으로 일관함으로써 조선이 고립무원의 지경에 빠지고 있는 현실을 외면하고 있다. 또한 서양과 만국공법에 입각해 조약을 맺는 것과 사교 邪教=천주교 의 확산은 별개의 문제로 조선이 이룩한 문명의 성취는 앞으로도 지켜갈 예정이다. 사교 邪教 는 배척하되 서양의 발달된 기 器 는 이용후생 利用厚生 의 차원에서 받아들여야 하며, 그렇지 않고 서양의 기 器 까지 배척하게 되면 외국에 비해 현저하게 약한 조선이 살아남을 방법이 없다. 얼마 전의 양이 攘夷 사건 壬午軍亂 으로 인해 나라는 위기에 노출되고, 막대한 배상금을 지불하는 등 우리만 더욱 어려운 형국에 놓이게 되었음을 직시해야 한다. 최근에 맺은 외국과의 조약은 세계의 대세에 동참하는 것이니 외국인에게 친절할 것이며, 만일 외국 측이 문제를 일으키면 조약에 근거하여 내가 문제를 풀어 갈 것이다. 이제 외국과 선린관계에 들어감으로 전국의 모든 척화비를 없애니, 이런 의도를 깊이 헤아리고 협력해 달라."

–『고종실록』19년(1882) 8월 5일

이것은 바꿔 말하면 만국병립의 상황이 바로 세계적 대세이며, 종래의 외세를 배격하는 정책이나 관념은 조선을 세계 속에서 고립시켜 위태롭게 할 뿐이기 때문에 조선의 '문명국가로서의 자부심'과 '이용후생의 원칙에 입각한 부강책'을 절충하여 개혁해 나가겠으며, 또한 '국가평등' 관념에 입각한 새로운 만국공법적 질서에 근거하여 조선의 대외관계를 전면적으로 재정립해 나갈 것임을 공개적으로 천명한 것이라고 할 수 있다.

하지만 세계의 변화상에 주목하고 달라진 무대에 새롭게 적응하려는 모습은 국내외의 다양한 비판과 견제에 부딪쳤다. 공론公論의 이름으로 이루어진 당시의 비판 여론은 국왕과 그를 보좌하는 세력이 추진하는 정책을 "문명인을 야만인으로 만들고 500년 된 국가를 뒤엎는 행위"라고 비판했다. 그 와중에서 나타난 임오군란1882. 6[27]이 주로 외래와 고유의 제요소, 새로운 것과 낡은 것을 둘러싼 갈등 속에서 전통주의자들이 주도하여 일으킨 사건이었다고 한다면, 갑신정변1884. 10[28]은 당시 조선의 협소한 정치공간에서 보다 급진적인 방식으로 철저하게 개혁을 추진하고 싶어 하는 진보주의자들이 주도한 사건이었다.

앞에서 조선 문제가 동아시아의 핵심적인 이슈로 부상한 경위를 언급한 바 있다. 그런데 이 과정에서 조선의 국내정세가 중요한 계기가 되었음을 함께 주목해야 한다. 그중에서도 특히 중요한 사건이 바로 구식군인에 대한 차별을 계기로 발생한 임오군란과 이른바 급

---

27 (용어설명) 임오군란 壬午軍亂 : 고종과 명성왕후를 중심으로 조선 내에서 개혁정책이 추진되는 가운데, 1882년 구식 군대의 군인들이 신식 군대와의 차별 대우와 밀린 급료에 불만을 품고 일으킨 무력사건이다. 이를 계기로 대원군이 일시 정권을 되잡았지만 결국 실패하여 청에 압송되었으며, 조선은 피해보상을 구실로 영향력 강화를 도모하는 일본과 제물포 조약을 맺게 되었으며, 중국의 군사적 압박하에 놓이게 된다.

28 (용어설명) 갑신정변 甲申政變 : 임오군란 후 청의 영향력이 강화된 상황에 불만을 가진 개화파 인사들이 1884년 10월에 일본과 제휴하여 일으킨 정변을 말한다. 이들은 왕궁을 일시 점령했지만 청의 반격으로 3일 만에 실패했고, 이로 인해 청·일 간에 톈진 조약이 체결되었다. 이에 정변세력의 의도와는 달리 조선의 개혁 움직임은 사실상 벽에 부딪혔으며, 조선에 대한 중국의 압박은 배가된다.

진개화파가 주도한 갑신정변이었다. 임오군란이 일어나자 청국은 조선에 군대를 파병하여 이를 진압하고 대원군을 청국으로 압송해 갔다. 청국은 이를 계기로 조선에 군대를 주둔시키고 조청상민수륙무역장정 1882. 10이라는 이름의 협정을 강요함으로써 조선에 대한 압박을 강화하려 했다. 전통적으로 이어져 오던 조선과 중국관계에서 이탈한 조치였다.

이런 중국의 조선에 대한 지배책동에 대항하여 김옥균 1851~1894, 박영효 1861~1939 등이 일으킨 사건이 갑신정변이었다. 이들은 마침 발발한 청·불 전쟁의 와중에서 청국이 조선 문제에 전념할 수 없는 대외 정세의 호기를 이용하려고 했다. 그리고 일본의 조선정책이 적극적으로 되어 가던 추세를 활용하여 거사를 성공시키고 개혁을 보다 본격적으로 추진하려는 의도를 갖고 있었다. 갑신정변은 국내적으로는 조정 내부의 온건개화 세력을 공격하는 방식으로 진행되었으며, 대외적으로는 중국과 일본의 분쟁 형태로 확대되어 나타났다. 결국 반청反淸과 자주, 개혁의 이름으로 추진된 갑신정변의 실패는 이른바 급진 개화파의 정치적 퇴장이라는 의미를 넘어 조선의 새로운 질서 모색과 개혁 노력이 대내외적인 역풍을 맞아 사실상 수포로 돌아가게 하는 돌이킬 수 없는 결과로 이어지고 말았다.

여기에 언급한 두 가지 사건은 동아시아의 패러다임이 전환하는 시점에서 국왕이 주도하던 개화 자강정책의 속도와 변화의 폭을 너무도 과격한 것으로 받아들이는 층과 너무도 온건한 것으로 받아들이는 층이 동시에 존재하고 있었음을 극명하게 보여 주는 것이었다. 이 두 가지 사건은 서로 정반대되는 방향을 지향하는 세력들이 주도한 사건이었지만, 타협과 조정 능력을 보여 주지 못한 채 급격한 방식으로 일어났다는 그 과정상의 특징이나, 동아시아 질서가 변동하면서 조선 문제가 첨예한 국제정치적 이슈로 부상하던 와중에서 발생함으로써 주도세력의 주관적인 의도와는 달리 결과적으로 외세의 간섭을 불러들이고 그 간섭 정도를 질적으로 심화시켜 놓았다는 점에서 역설적으로 매우 닮아 있었다.

두 가지 사건의 규모는 의외로 경미한 것이었다고 할 수 있다. 그럼에도 불구하고 이들 사건은 매우 극적인 타이밍에 발생함으로써 조선의 운명을 급격하게 기울어지게 만들었다. 정치에서 타이밍의 중요성을 다시 한 번 생각하는 대목이 아닐 수 없다.

미국 외교관의 통역관으로 조선왕실의 근황을 가장 가까이서 지켜보며 문명개화의 꿈을 키워 가던 청년 윤치호 1865~1945는 갑신정변 전후의 정황을 자신의 일기에 남기고 있다. 갑신정변이 발생하기 직전에 『윤치호 일기』는 정변을 주도하는 홍영식과 미국 외교관 푸트 Lucius H. Foote, 福德, 1826~1913의 밀담을 적어 두고 있는데, 당시의 정황을 다음과 같이 흥미롭게 기록하고 있다.

"홍영식이 또 말하기를 '지금 여기에 한 기름등이 있어 불빛이 매우 밝으나 밖의 물건에 가려져 안의 빛이 능히 밖을 비추지 못하고 밖의 물건은 능히 밝은 것을 받지 못하고 있다. 어떤 사람이 그 가린 것을 걷어서 그 빛을 내보내려 하나 가린 물건이 너무 뜨겁고 단단하여 순하게 걷을 수 없어서 부득이 가린 것을 깨뜨려 빛을 사방으로 전하려 하고 있다. 옆에서 보건대 이것이 잘한 일이라 하겠는가, 망령된 일이라 하겠는가?'라고 했다.

푸트가 대답하여 말하기를, '귀공의 물음은 큰 뜻을 포함하고 있어 가볍게 대답하기 어렵다. 다만 어리석은 견해를 말한다면 지금 이 등은 사면으로 바람 부는 곳에 놓여 있어서 가리고 있는 물건은 바람이 불어 깨뜨릴 수도 있고 불이 붙어 스스로 깨질 수도 있고 열이 심해 깨질 수도 있어서 반드시 깨어질 것임을 기대할 수 있는 터인데, 왜 손을 써서 두드려 깨뜨리려 하는가. 요행이 손으로 깨뜨리는 것이 순조롭게 이루어진다면 그만이지만, 만약 일이 이루어지지 않는다면 손을 델 수도 옷을 태울 수도 있어서 그 위태함을 측량할 수 없고, 역적의 이름으로 돌아갈 수 있으니 어찌 위태롭지 않으며 어찌 삼가지 않겠는가. 이런 까닭으로 나는 조용히 기회를 보아 그 스스로 깨어짐을 기다리는 것이 옳은 계책으로 생각한다'라고 대답하고 있다."

- 『윤치호 일기 1』(2001), 1884년 10월 2일

한편 갑신정변이 실패한 직후에는 당시의 상황을 다음과 같이 기록하고 있다. 그 내용을 요약하면, "조선의 조정에는 나라를 지탱할 만한 신하가 없고 백성에게는 떨쳐 일어서려는 기상이 보이지 않았다. 그런데 밝은 지혜를 가진 군주가 여러 나라의 문명과 기술을 살피려 노력함으로써 여러 방면에서 바라는 바를 조금씩 이루게 되었고 희망을 가질 수 있었다. 이런 와중에서 김옥균 등의 과격한 행위는 나라를 위태롭게 했고 청국의 억압은 과거의 배가 되었다. 개화를 일컫는 자는 나라의 적으로 간주되며 개화에 관한 논의는 흔적 없이 사라지고 말았다. 이제 간신배들이 밖으로 청의 세력을 끼고 군주를 위협하며 나랏일을 그르치고 있으니 실로 통탄스럽다"는 것이었다.[29]

여기 소개한 조선 정치의 전개 양상은 조선이 주권국가 간의 근대 국제질서라는 새로운 패러다임에 적극적으로 참여할 수 있는 선

---

29 『윤치호 일기 1』(2001), 1884년 12월 30일.

택의 여지가 어떻게 급격하게 봉쇄되어 갔는지를 잘 보여 준다. 이후 갑신정변의 여파로 인한 강렬한 보수회귀의 분위기 속에서 친중 세력이 득세하고 중국은 조선의 왕권에 대한 견제를 강화하면서 조선을 중국의 영향권 아래 두려는 입장을 다져 나간다. 조선은 이로 인해 정치적 구심축이 더욱 심각하게 균열될 수밖에 없는 상황에 이르렀다. 거대한 전환기 조선의 개혁개방 노력과 저항의 불협화음과 엇박자 속에 조선이 취할 수 있는 선택의 폭은 급격하게 막혀 버린 것이었다.

📚 NOTE 20　속도와 정치: 정치개혁의 속도와 속도감

달리는 차 안에서 사물을 보면, 가끔 착시현상을 경험하는 경우가 있다. 예컨대, 저쪽에서 차가 달리고 있는데도 마치 그 차가 멈춰 있거나 정지해 있는 것처럼 보이는 것이다. 사람의 의식은 대체로 상대적이어서 내가 상대보다 빨리 달리는 차에 타고 있으면, 마치 상대방의 차가 멈춰 있는 것 같거나, 어떤 경우는 다른 차가 뒤로 가는 것 같은 느낌을 받을 수도 있다.

또한 시속 50킬로미터로 달리는 차를 타고 가면서 어떤 때는 내가 탄 차가 매우 빠르게 가고 있다고 느낄 수도 하지만, 어떤 경우에는 내 차가 마치 기어가는 것 같은 느낌을 받기도 한다. 분명히 여러분도 이런 경험을 한 적이 있을 것이다. 여기서 알 수 있는 사실은 어떤 객관적인 속도와 사람들이 주관적으로 느끼는 속도감이 매우 다른 차원의 성격을 지니고 있다는 점이다. 즉 상당한 속력으로 달려도 그 안에 있는 사람들이 느리다고 느낄 수 있으며, 비교적 안정된 속력으로 달려도 매우 빠르다고 느낄 수 있는 것이다.

그렇다면 어떤 정치개혁을 추진한다고 할 때 과연 적절한 속도를 낸다는 것은 무슨 의미이며 어떻게 가능할까? 정치개혁이 성공적으로 이루어지려면 우선 객관적인 상황분석에 따른 개혁추진의 방향, 범위와 정도 등에 관해 면밀한 검토가 필요하다. 하지만 이런 통계만으로 개혁의 속도를 결정해서는 곤란할 수 있다. 특히 사람들의 협력과 동의 위에서 개혁을 추진하는 힘을 얻으려고 한다면 더욱 그러하다.

여기서 지적해 두고 싶은 점은 사람들이 주관적으로 느끼는 속도감이 반드시 함께 고려되어야 한다는 것이다. 사람들의 일반적인 정서와 개혁에 대한 의지나 간절함의 정도에 따라 개혁에 대해 사람들이 느끼는 속도감은 아주 다르게 나타날 수 있으며, 이에 따라 개혁에 대한 반응 역시 극단적으로 갈릴 수 있다. 하지만 사람들의 정서만을 고려하다가 적절한 개혁의 추진 시기를 놓치면 더 큰 위기로 빠질 수도 있다. 자고로 개혁이 어려운 것은 이런 이유에서이다. 그리고 훌륭한 정치 지도자에게 강인한 추진력이라고 하는 요소와 신중함이라는 덕목이 함께 필요한 것도 이런 이유 때문이라고 할 수 있다.

예컨대 1880년대 전반기 조선 정계에서는 전통적 사고를 하는 사람들과 개혁을 추진하고 싶어 하는 세력이 격렬하게 부딪힌 바 있다. 조선의 정치개혁에 대한 당시 조선 정계에 나타난 반응과 전개 과정을 실감나게 이해하려면, 이런 속도와 속도감의 차이를 이해할 필요가 있다. 당시 조선에는 개화·개방 정책의 속도와 변화의 폭이 너무도 과격하다고 받아들이는 사람이 대다수였지만, 그와는 반대로 개혁의 속도가 너무나 느리고 온건하다고 생각하는 사람도 소수이기는 하나 공존하고 있었다. 이런 문제는 '지금, 여기'에서도 다양한 방식으로 나타날 수 있다.

그러면 사람들의 의식수준에 한정해서 생각해 본다면, 이런 상황에서 중요한 것은 무엇일까? 아울러 여러분이 당시의 시대로 걸어 들어가 정책을 결정하고 추진해야 하는 입장에 놓인다면, 이런 상황에서 어떻게 할 것인가? 이런 질문을 염두에 두면서, 특히 전환기적 정치상황에 대한 추체험의 시간을 가져볼 필요가 있다.

NOTE 21 고종과 대원군 그리고 명성왕후: 전환기 조선왕실의 정치적 역학관계

　조선의 건국 이래 형성된 조선의 정치지형에서는 왕권에 대한 여러 가지 견제장치가 작동하고 있었다. 보편화된 이념과 각종 제도를 통해 실질적으로 왕권을 견제했으며, 이에 따라 군신 간의 권력 균형이 이루어지고 있었다. 물론 시대에 따라 이런 조선 정치의 '견제와 균형'의 구체적인 양상은 그 내용을 달리하게 되지만 전체적인 틀은 지속되고 있었다고 할 수 있다. 조선의 정치는 '공론公論'에 입각해서 이루어졌으며, 이런 견해를 국왕이 무시하면 거대한 반대 여론에 부딪히기 일쑤였다. 조선의 정치가 오랜 세월 동안 지속될 수 있었던 데는 조선 정치의 고유한 '견제와 균형'의 장치들이 기능하고 있었기 때문이다.

　유교적 예법에 근거해서 보면 부자관계는 하늘이 맺어 준 관계인 반면, 군신관계는 기본적으로 의리관계에 해당하는 것이었다. 따라서 효의 원리가 절대적인 것임에 비해 충의 원리는 보다 상대적인 가치로 간주되었다. 대원군과 고종은 '효'의 원리와 '충'의 원리가 부딪치는 미묘하고 불편한 정치적 관계에 놓여 있었고, 조선의 유교적 정치지형에서 이런 상황은 현실정치의 장에서 국왕 고종이 정치력을 발휘하는 데 심각한 제한요소로 작용하게 된다.

　국정의 최고 책임자로서 조선의 국왕은 유교적 지식인이나 백성의 정서와 예법을 존중해야 하는 입장에 처해 있었다. 유생이나 신하들의 상소가 철저히 유교적 논리에 입각하여 이루어져 있었던 만큼, 이들의 논의를 무시하는 것은 나라의 공론을 무시하는 행위로 간주되는 것임은 물론이고 조선왕조의 정치적, 사상적 존립 근거를 국가의 중심인 국왕이 부인하는 것 같은 인상을 줄 수 있었다. 따라서 고종은 대원군에 대한 불편한 관계가 공개적으로 드러나는 것 자체를 대단히 부담스럽게 여겨 가능한 회피하려 했고, 대원군 역시 국왕에 대한 공개적 비판이나 대립이 자신의 정치적 존립 근거를 무너뜨릴 수 있다는 점에서 가급적이면 자제하는 태도를 보이지 않을 수 없었다.

고종의 부인인 민왕후, 곧 명성왕후의 정치적 역할이 점차 부상하게 되는 것이나, 혹은 이후 본질적으로 국왕 고종과 대원군간의 정치적 갈등이 지속되는 과정이었음에도 불구하고 이들 간의 정치적 대립이 겉으로는 명성왕후와 대원군 간의 대결 양상을 띠고 나타나게 된 배경에는 이런 미묘한 사정이 복잡하게 얽혀 있었음을 이해할 필요가 있다.

더욱이 간과되어서는 안 될 사실은 공론의 중시라는 정치적 전통 위에서, 서세동점의 상황에서 나타나는 거대한 변화에 걸맞은 광범위한 정치적 변화를 적절한 타이밍과 속도로 추진하는 것이 얼마나 어려운 사실인지를 이해할 필요가 있다는 것이다. 기존의 문명기준에서 야만으로 간주되던 존재들을 새로운 문명의 주체로 인정하는 상황은 당시의 지식인이나 위정자들에게 그야말로 '천지가 뒤집히는 혼돈의 상황'이자 '더할 나위 없는 난세亂世'로 인식될 수밖에 없었다. 이런 상황에서 얼마나 많은 말이 무성하게 피어오를지 상상하면서, 당시의 위기상황 속으로 접근해 들어가 보자.

일본, 제국헌법과 제국의회 그리고 교육칙어의 성립

1880년대 강력한 중앙집권국가를 만들어 가려는 메이지 정부가 사활을 걸고 추진한 작업은 다름 아닌 일본의 실정에 부합하는 헌법을 제정하는 것이었다. 일본은 영국식 의회정치 모델이 아닌 프로이센식의 군권주의적 입헌정치를 모델로 삼았는데, 1882년 4월부터 1년 3개월 동안 유럽의 헌법을 조사하기 위해 이토 히로부미 伊藤博文를 책임자로 한 조사팀을 유럽에 파견했다. 다른 한편으로는 1882년에 「군인칙유」[30]를 발표함으로써 앞으로 진행될 의회정치의 활성

---

30 (용어설명) 군인칙유 軍人勅諭 : 교육칙어와 더불어 근대 일본인들에게 막강한 영향

화에 앞서 천황을 중심으로 하는 군부의 독자성을 확보하면서 천황제적 군대의 기초를 확정해 나간 것도 주목할 만하다. 이후 1886년부터 헌법 초안 작업을 시작하여, 1889년에는 소위 「대일본제국헌법」[31]을 제정 발포했다.

메이지 일본을 이끌고 가던 이토 히로부미를 비롯한 당대의 핵심 인물들이 메이지 헌법을 제정하는 과정에서 가장 고민한 문제는 어떻게 새로운 헌법의 틀 위에서 천황제와 근대적 정치제도인 의원내각제를 결합할 것인가 하는 것이었다. 유럽의 입헌군주제는 역사적으로 절대왕권을 제한하는 과정에서 성립한 것이었던 반면, 일본의 경우는 천황제를 정치의 중심으로 설정하면서도 천황을 세속적인 정치적 책임에서 어떻게 자유롭게 할 것인가라는 문제와 아울러 의회가 효율적으로 작동하면서도 동시에 현실정치의 중심으로 지나치게 부상하는 것은 견제해야 한다는 점을 염두에 두고 있었다. 이런 심사숙고 끝에 제정된 제국헌법 제1조는 다름 아닌 "대일본제국은 만세일계 萬世一系 의 천황이 통치한다"라는 것이었다.

「대일본제국헌법」 제정과 함께 「중의원 의원 선거법」이 성립했다. 중의원 의원 선거의 유권자 자격은 국세 15엔 이상을 납입하는 25세 이상의 남자로 한정되었다. 이는 전체 인구의 약 1.1%에 해당

력을 발휘했던 천황의 칙유이다. 1882년에 내려졌으며, 군인은 대원수인 자신의 손발이라는 점, 의리는 산보다 무겁고 죽음은 새털보다 가볍다는 점, 상관의 명은 자신의 명과 같다는 점 등이 강조되었다.

31 (용어설명) 대일본제국헌법: 1889년 2월에 공포되어 1890년 11월에 시행된 근대 입헌주의에 기초한 일본의 헌법이다. 공식 명칭은 「대일본제국헌법」이며, 제국헌법 또는 메이지 헌법으로 약칭되는 경우가 많다. '평화헌법'이라고 불리는 전후 戰後 일본국 헌법과 대비시켜 구 舊 헌법이라고도 한다. 1947년 '평화헌법'으로 개정될 때까지 한 번도 수정이나 개정되지 않았다.

하는 매우 제한된 인원에 불과한 것이었다. 제국헌법 제정과 함께 메이지 정부 측에서는 '정부정책이 정당의 의향에 따라 좌우되어서는 안 된다'는 초연 超然 주의 입장을 표명한다. 그리고 1890년 7월, 제1회 중의원 총선거가 실시되었고, 민권파가 대승을 거두게 된다. 따라서 부국강병을 추진하는 메이지 정부와 민생을 보호하자는 민권파 세력 간의 팽팽한 긴장구도가 형성된 것은 불가피한 상황이었다. 그리고 얼마 후 1890년 11월 제1회 제국의회가 소집되었는데, 제1회 제국의회에서 당시 일본의 총리대신이었던 야마가타 아리토모 山県有朋 는 시정 방침에 관한 연설을 하게 된다. 야마가타 총리는 여기에서 '국가독립의 지위를 유지하는 길에는 두 가지가 있는데, 그것은 주권선을 수호하는 것과 이익선[32]을 보호하는 것'이라는 입장을 천명한다. 그런데 야마가타는 동년 3월에 집필한 『외교정략론』을 통해 이미 "우리나라 이익선의 초점은 실은 조선에 있다"라는 입장을 밝힌 바 있다. 따라서 야마가타 총리의 논의는 결국 조선이 일본의 이익선의 핵심이며, 일본의 독립을 보존하기 위해서는 언제든지 조선에 개입할 수 있다고 간주하고 있었음을 의미하는 것이었다.

　한편 1890년 10월 천황의 이름으로 발포된 「교육칙어」[33]는 메이지 정부가 들어선 이후 칙어의 형식으로 발포된 가장 중요한 문헌

---

32 (용어설명) 주권선 主權線 과 이익선 利益線 : 1890년 당시 총리대신이었던 야마가타 아리토모가 제창한 개념으로, 국가독립을 위해서는 주권선과 이익선을 지킬 필요가 있다며, 일본의 이익선을 조선이라 했다. 이는 일본 정치가의 팽창주의적 사고방식을 보여 준다.

33 (용어설명) 교육칙어 教育勅語 : 1890년 일본 메이지 천황의 이름으로 발포한 일종의 교육헌장이다. 천황 중심의 교육을 통해 천황에 충성하는 '충량한' 신민을 기르는 것을 주요 내용으로 한다.

「교육칙어」(1890)

이라고 할 수 있다. 메이지를 주도한 인물들의 사고가 집약되어 있는 교육칙어의 요지는 "후덕한 황조께서 나라를 세우셨으므로 나라에 충성하고 부모에 효도하라. 이것이 일본 국체 國體 의 정화이니 이를 교육의 연원 淵源 으로 삼는다. 따라서 신민은 유교적인 여러 가치를 체현하는 데 힘쓰며 국헌을 중시하고 나라 사랑하기에 전력을 다하여 영원무궁한 황실과 조상의 뜻을 빛나게 하라"는 내용을 담고 있었다. 일본의 고유 신도 神道 위에 유교적 윤리가 결합하고 그 위에 근대 국민국가의 외피가 씌워져 있다고 해야 할 것이다.

「교육칙어」의 역할에 대해 시카고 대학의 노마필드 교수는 다음과 같이 표현한 바 있다.

"일본의 어린이들은 귀와 부동의 자세를 통해서 저기 멀리 존재하는 신비로운 존재에 대한 외경심을 빨아들였다. 직립부동의 자세로 무슨 소리인지 알아듣지도 못할 말을 끝까지 들어야 하는 학습은, 고통스러울 정도로 급격했던 일본의 공업화와 군국주의적 동원에 필수불가결한 규율의 형식이었던 것이다."

– 노마 필드, 박이엽 역, 『죽어가는 천황의 나라에서』(창작과 비평사, 1995), pp. 84-85

한편 전후 일본의 대표적 사상가인 쓰루미 슌스케 鶴見俊輔, 1922~2015 는 「교육칙어」에서 사용되는 핵심어를 활용하는 데 익숙해지는 것은 천황에 대해 충성을 지키는 신민의 패스포트와 같은 역할을 했다고 지적하기도 했다. 당시 중앙단체 내지 그 말단의 분회에서도 명예직을 맡은 사람들의 연설은 대부분 이들 핵심어의 조립과 변형이나 다름없었다는 것이다.

일본 국민은 메이지 헌법이 선포되고 교육칙어가 발포될 무렵부터 무의식중에 천황의 권위와 가치체계가 가장 소중한 것이라는 사고방식을 주입받았다. 국민의 입장에서 보면 외면적인 행위는 법률을 통해 규제받고, 내면적인 의식에서는 칙어에 따를 것이 요구되던 것이다. 교육칙어의 정신에 입각한 초중등 교육제도와 군인칙유에 입각한 징용제도는 일본 국민을 이런 사고방식으로 유도, 교화시켜 나간다. 그리고 만일 여기에서 이탈하는 조짐이 보이는 개인이 나타나면 불경죄, 대역죄, 치안경찰법 후일 생겨나는 치안유지법의 전신 과 같은 이름의 '감시와 처벌' 체계를 적용했다.

> **📚 NOTE 22**   메이지 시대 일본지성계의 대외 인식:
> 후쿠자와 유키치의 사례
>
> 일본의 계몽사상가 후쿠자와 유키치의 만국공법관의 변화는 근대 일본의 대외 관념의 변화를 가장 전형적으로 보여 준다고 생각된다. 우선 그가 만국공법에 관해 어떻게 언급하는지 살펴보기로 하자. 후쿠자와는 최초의 저작인 『당인왕래 唐人往來 』1865 에서 "유일의 도리를 지켜서 행동하면, 적이 대국이라도 무서울 것이 없고 병력이 약하더라도 타인의 모멸을 받지 않으리라"라고 말한다. 비슷한 시기인 1866년 11월 7일 자 서신에서도

"오늘날 한나라의 문명개화를 방해하는 자는 세계의 죄인이어서 만국공법이 용서하지 않을 것"이라고 언급한다.

하지만 10여 년이 지난 뒤 쓴 『통속국권론通俗國權論』1878에서는 다음과 같이 매우 달라진 인식을 보여 준다.

> "결국 지금의 금수와 같은 세계에서 최후에 호소해야 할 길은 오로지 힘일 뿐이다. 말하자면 두 가지 길이 있는데, 죽이는 것과 죽음을 당하는 것이다. 한 몸 처세하는 방법 역시 이와 같다. 만국교제의 길도 또한 이와 다르지 않다. 화친조약이나 만국공법은 대단히 우아하게 보이지만 그것은 오직 명목상 그런 것이며, 교제의 실질은 권위를 다투고 이익을 탐하는 것에 불과한 것이다. (중략) 백 권의 만국공법은 여러 대의 대포만 못한 것이며, 여러 화친조약은 한 상자의 탄약만 못한 것이다. 대포와 탄약은 있을 수 있는 도리를 주장하는 준비가 아니라 없는 도리를 만드는 기계이다. 각국교제의 도道는 죽느냐 죽이느냐에 있을 뿐이다."

그리고 말년인 1897년에 쓴 「대외의 진퇴對外の進退」에서는 "오늘날 세계에 만국공법이라고도 국제의 예의라고도 하는 법례法禮는, 오로지 표면을 가꾸는 허례허문에 불과하다. 실제 있는 그대로를 살펴보면 이른바 약육강식, 이것이야말로 국제관계의 진면목이며 기댈 수 있는 것은 오로지 무력뿐이다"라고 말한다. 후쿠자와의 통찰력이 어느 순간 균형감을 잃으면서 힘에 대한 숭배와 약육강식, 우승열패적 세계관으로 이어지고 있음을 확인할 수 있다.

이처럼 후쿠자와의 낙차가 큰 변화를 접하면서 주목해야 할 글이 또 하나 있다. 그것은 조선에서 발생한 갑신정변의 실패 이후 후쿠자와 유키치가 신문사설을 통해 중국과 조선에 대해 일종의 절교선언을 발표한 '탈아론脫亞論'이라는 글이다.

> "우리 일본의 국토는 아시아 동쪽에 있다 하더라도 그 국민정신은 이미 아시아의 고루함을 벗고 서양문명을 따르고 있다. 그런데 여기에 불행한 일은 이웃에 있는 나라이다. 하나는 중국이고 또 하나는 조선이다.

(중략) 수레와 수레바퀴, 입술과 이빨 관계인 이웃나라는 서로 도움이 되는 것이 보통이다. 그렇지만 지금의 중국, 조선은 일본에 조금도 도움이 되지 않는다. 더욱이 서양문명인의 눈에는 세 나라가 지리적으로 가까이 있어 동일하게 보고 중국과 조선을 평가하는 데도 일본과 같이한다. (중략) 중국인이 비굴하고 수치를 모르므로 일본인의 의협심도 함께 매도당하고, 조선의 형벌이 참혹하면 일본인도 무정하다고 단정해 버린다. (중략) 오늘의 꿈을 펴기 위해 이웃나라의 개명을 기다려 함께 아시아를 일으킬 시간이 없다. 오히려 그 대열에서 벗어나 서양의 문명국과 진퇴를 같이하며 중국, 조선을 접하는 방법도 이웃나라라는 이유로 특별해서는 안 되며 실로 서양인이 하는 방식으로 처분해야 할 뿐이다. 나쁜 친구와 친하게 지내는 자는 악명을 함께 할 수밖에 없다. 우리가 마음속에서부터 아시아 동방의 나쁜 친구를 사절해야 하는 이유가 바로 여기에 있다."

후쿠자와의 이 글은 당시에 큰 반향을 불러일으킨 글은 아니었다. 하지만 후쿠자와의 아시아에 대한 멸시 관념은 일본 사회 내부에 확산되는 상황이었다. 이런 아시아에 대한 견해를 설파한 후쿠자와가 일본을 대표하는 1만 엔짜리 지폐의 주인공으로 인식되고 있다는 사실만으로 앞으로 한·중·일 동아시아 국가들이 함께 만들어 가야 할 화해와 상생의 길이 얼마나 많은 어려움을 겪게 될 것인지를 예감할 수 있다.

📚 NOTE 23 동도서기, 중체서용, 화혼양재의 닮은 점과 다른 점

19세기라는 문명사적 전환기의 시대상황 속에서 한·중·일 삼국에서는 '무엇을 바꾸고, 무엇을 지켜 나갈 것인가' 하는 문제의식을 가지지 않을 수 없었다. 흥미롭게도 동아시아 삼국은 '자기다움'을 지켜 나가면서 서양의 새로운 기준을 받아들이겠다는 점에서 기본적으로 유사한 절충적 사고방식을 가지고 이 문제에 대처하는 모습을 보여 주었다. 조선의 경우는 동도서기 東道西器 혹은 동교서법 東敎西法, 중국의 경우는 중체서용 中體西用, 일본에서는 화혼양재 和魂洋才 라는 방식이 등장하는 것이다. 앞서 언급한 조선의 국왕 고종의 경우는 개화 자강 정책을 추진하던 때부터 '동도서기'나 '동교서법'과 같이 절충적이면서 실용적인 태도를 중시했다. 동도서기론은 문명사적 전환기 조선의 협소한 정치공간에서 정치적 마찰을 줄이고 실용적이고 절충적으로 개화 자강정책을 추진하려는 의도에서 비롯되었다고 할 수 있다. 중체서용이나 화혼양재와 같은 경우도 유사한 절충적 사유 패턴이 드러남은 두말할 필요가 없을 것이다.

하지만 여기에는 매우 중요한 차이가 존재한다는 점도 간과되어서는 안 된다. 왜냐하면 그래야 19세기라는 위기상황에서 서로 다른 위기의식을 가지고 다른 대응을 하는 각국의 인식과 실천의 모습들이 포착될 수 있기 때문이다. 이른바 동도서기론은 중국의 중체서용이나 일본의 화혼양재의 경우와 유사한 사유방식을 보이고 있었음에도 불구하고, 이런 사유방식은 배타적인 내셔널리즘으로 이어지는 데 상대적으로 취약한 사유구조를 가지고 있었다고 할 수 있다.

왜냐하면 중체서용이나 화혼양재의 사유방식은 각각 '중체 中體' 및 '화혼 和魂'이라는 독자적인 국가의 이미지를 중심으로 하여, '중화문명 vs. 서양' 혹은 '대화혼 大和魂, 일본정신 vs. 서양'이라는 이분법적이고 배타적인 의식을 자연스럽게 고취하고 있다. 따라서 새롭게 전개되는 국제관계에서 스스로를 배타적인 권리를 갖는 독자적 주체로서 인식하기 쉬운 반면, 동도서기론은 조선이라는 일국적 범위를 넘어선 동 vs. 서, 혹은 동양 vs. 서양이라는 대비 위에서 사유방식이 전개되고 있는바 조선이라는 존재의 근대적 주권국가로서의 배타적이고 독자적인 성격을 드러내기 어려운 사상적 딜레마를 내포하고 있기 때문이다.

물론 중화질서 내에서 조선이 흔히 동국 東國으로 불려 온 사실, 그리고 중국에서 명청교체가 이루어진 17세기 후반 이래로 중화문명의 정수를 오로지 조선이 제대로 계승하고 있다는 자부심이 19세기 후반까지도 이어지고 있었음을 고려하면 당시 조선의 유학적 마인드를 가진 지식인들에게 동도東道란 사실상 중화문명을 정통으로 계승하고 있는 조선의 문명을 의미하는 것으로 인식될 수도 있었을 것이다.

하지만 동도서기론의 경우에서 동도라고 하는 것은 어떤 식으로든 중화문명 혹은 동양문명으로 동일시될 수 있다는 점에서 기존의 중화제국에 친화적인 감정을 부여하고 현실적으로 이에 편승하려는 의식으로 이어지기 쉬웠으며, 후일 중화제국이 해체한 이후에는 동아東亞연대론 혹은 아시아주의로 휩쓸리기 쉬운 사상적 취약성을 안고 있을 수밖에 없었다.

그뿐만 아니라 당시 조선의 개화세력, 즉 문명개화론자들의 경우에 일반적으로 '서양'을 새로운 문명기준으로 인정하고 있었음을 고려할 때, 동도서기론의 심층에 놓여 있는 동양과 서양이라는 이원론 혹은 이분법적 사유방식은 당시 자기비하와 무기력감에 빠져들게 되는 지식인들을 일종의 '서도서기西道西器', 곧 스스로를 완전히 부정하고 새로운 문명개화론으로 전향하기 쉽게 만드는 사상적 연결고리로서 역할을 담당하게 되었다는 점도 함께 생각해 볼 필요가 있다.

Q1 19세기는 서세동점의 시기로서 흔히 '서양의 충격'이라고 일컬어진다. 서양의 충격은 대체 왜 중요한 것일까? 그리고 서양의 '충격'이란 어떤 내용을 말하는 것일까?

Tip1 서양의 충격은 기존에 동아시아에 존재하던 질서체계를 뒤흔들어 놓았다. 오랜 역사적 전통을 간직한 동아시아 질서에는 고유한 '문명기준'이 오래도록 존재하고 있었다. 그런데 서양의 '문명기준'에 의해 기존의 '문명기준'이 뒤집어졌다는 점에서 충격의 여파는 매우 크고 심대한 차원에 이르는 것이 아닐 수 없었다. 이처럼 고유한 문명기준이 뒤집어졌다는 사실은 사람들의 일상을 구성하는 틀이 미시적 차원에서부터 거시적 차원에 이르기까지 변화하는 계기로 작용한다. 이런 문명질서의 변화는 우리가 쉽게 상상하기 어려울 만큼 거대한 파장을 일으키게 되었다. 당시에 동아시아 한자문명권에 새로이 등장한 서양의 번역어들이 얼마나 다양한 차원에 걸쳐 이루어졌는지를 곰곰이 살펴보면 이 시기를 '문명사적 전환기'라고 부르는 이유를 납득할 수 있을 것이다.

- - - - - - - - -

Q2 '서양의 충격'이라는 관점은 19세기 동아시아를 이해하는 데 꼭 필요한 안목을 제공한다고 할 수 있다. 그러면 이런 시각으로 19세기 동아시아를 바라볼 때 현실적으로 빠지기 쉬운 함정이나 오해는 없을까?

Tip2 이에 관해서는 하버드대학의 벤저민 슈워츠 Benjamin I. Schwartz 교수가 『부와 권력을 찾아서』1964 라는 책에서 매우 의미심장한 언급을 한 바 있다. 그 내용을 잠깐 소개하고 넘어가자.

"'서양의 충격'이라는 표현은 무력한 어떤 명확한 객체가 충격을 가하는 이미지를 떠올리게 한다. 그런 충격을 받은 대상의 실체는 무형이고 모호할지도 모르지만 충격을 가한 물체는 잘 알려져 있다. (중략) 18, 19세기에 걸쳐 부상한 서양이 정치, 사회, 사상의 어느 분야에서고 쉽사리 파악할 수 있는 하나의 통합체를 형성하고 있다고 주장할 사람은 거의 없다. 그런데 비非서양 세계를 중심으로 해서 바깥쪽으로 시각을 돌리면 그 이전까지 애매하게 보이던 서양이 돌연 선명하게 들어온다. 서양은 고정되고 알려진 실체라는 외양이 갑자기 설정되는 것이다.

물론 우리는 비서양 세계 역시 아직 완전하게 알려져 있지 않다는 사실, 즉 비서양 사회 자체에 관한 연구와, 서양과 조우하던 시대에 비서양 사회가 처한 구체적인 역사적 상황에 관한 연구가 아직도 초보단계에 머물러 있다는 점을 잘 알고 있다. 그런데 서양 쪽에서도 비서양 세계를 알 만큼 알고 있다고 확신하는 사람들이 있다. 그들은 '전 산업화 사회', '토착 사회', '전통 사회', '산업화 과정' 따위의 몇몇 유행하는 범주를 비서양 사회에 적용하여 그와 같은 사이비 명료성을 띤 개념에 포함할 수 없는 것은 모두 중요하지 않은 것이므로 쓰레기통에 던져도 상관없다고 믿고 있다.

내가 말하고자 하는 바는 서양과 비서양 사회, 문화의 조우라는 문제를 다룰 때는 두 세계의 특성에 동시에 깊이 몰입하는 것 외에 달리 방법이 없다는 사실이다. 우리가 다루려 하는 문제는 끊임없이 변화하며 극히 문제가 많은 인간 경험의 거대한 두 영역이다."
— 벤저민 슈워츠, 최효선 역, 『부와 권력을 찾아서』(한길사, 2006), pp. 47-48

벤저민 슈워츠가 적절하게 지적하는 것처럼, 동서문명의 차이에서 비롯되는 갈등과 긴장을 이른바 [동양='전근대' 혹은 '중세'] vs. [서양='근대']라는 대비되는 개념으로 단순화하여 치환시켜 이해하게 된다는 것을 주목할 필요가 있다. 따라서 서양을 기준으로 삼아 서양은 발전을 거듭하는 보편의 세계이고 동양은 주변이자 예외적으로 정체되어 있는 특수한 사회라고 간주하게 될 위험성을 갖고 있다고 할 수 있다. 따라서 다중거울의 시각으로 보면, '서양의 충격'은 19세기 동아시아에 관한 중요한 통찰력을 제공할 수 있음에도 불구하고 여기에 지나치게 의존하는 것은 상황을 매우 왜곡시켜 보여 주며, 전형적인

'서양중심주의'에서 벗어날 수 없다는 점에서 경계할 필요가 있다.

....

Q3 근대를 흔히 서양/서구중심주의, 유럽중심주의의 관점에서 비판적으로 이해하는 경우가 많다. 그런데 동아시아에서 살아가는 현대인에게는 근대가 유럽중심주의라고 하는 것이 그다지 피부에 와닿지 않는 측면이 있다. 오히려 미국중심주의라고 하는 것이 사실에 더 부합한 것으로 느껴진다. 왜 그런 것일까?

Tip3 산업혁명과 제국주의 등을 통해 근대세계를 주도하던 유럽 문명은 20세기에 절정기를 거치며 세계대전으로 몰입해 들어갔다. 20세기 전반기에 20년 간격으로 벌어진 양차 세계대전으로 유럽 열강들은 결국 파국적 상황에 이른다. 유럽 열강이 사실상 몰락한 후 그 뒤를 이어받아 세계질서를 주도하게 된 것은 전쟁에서 세력을 키운 미국과 소련이라는 신흥 제국이었다. 따라서 20세기 후반 이후 세계는 유럽중심주의라기보다는 팍스 아메리카나 Pax Americana 를 실감하는 것이 당연하다고 할 수 있다. 하지만 유럽중심주의의 영향력은 그 이후로도 여전히 강력한 힘을 발휘하고 있다. 이른바 근대적 질서와 지식체계가 유럽에 그 기원을 두고 있기 때문이며, 미국과 소련 역시 유럽 문명의 지속적 영향 속에서 탄생한 국가들이라는 점을 간과해서는 안 될 것이다.

....

Q4 오늘날 우리는 '주권국가' 속에서 '국제적'이고 '세계적'인 현상들을 매일같이 접하면서 살아간다. 하지만 지금 우리에게 너무도 익숙해서 '상식'이 되어 버린 '주권국가', '국제관계'와 같은 현상이나 표현이 사실 동아시아 한자문명권에서 사용되기 시작한 것은 오래전의 일이 아니다. 실제로 조선왕조실록을 살펴보더라도 우리가 아는 '주권 主權'과 '국제 國際'라는 용어는 각각 19세기가 끝나 가던 청일전쟁의 와중에서야 비로소 처음 등장한다. 왜 그런 것일까?

현재 우리가 살아가는 세계의 핵심적 구성요소 중 하나인 '주권 sovereignty'과 '국제 international'라는 용어는 언제 어디에서 어떤 경위를 거쳐 생겨난 개념일까?

Tip4 이 질문은 바꿔 말하면 '주권국가'라는 국가형태와 근대 '국제'질서는 언제 어디서 시작되었으며 어떻게 동아시아에 들어와 정착된 것인가? 라는 방식으로 요약할 수 있다. 여기서는 최대한 간략하게 답변을 생각해 보기로 하자.

근대 국제질서는 유럽이라는 특정한 사회에서 형성된 질서체계이다. 당시 비유럽 문명권에서 나타났던 국가 간의 정치질서와는 구별되는 특징을 가지고 있었다. 유럽의 근대 국제질서는 중세 유럽의 보편화된 권위가 흔들리고 유럽의 기독교 공동체적 질서가 동요하면서 생겨났다.

교황으로 상징되는 유럽공동체의 보편화된 권위를 부정하고 여러 개의 국가가 경쟁적이고 독립적으로 공존하는 구체적인 역사적 상황에서 근대 국제질서의 형태가 가시화되어 나타난 것이다. 중세 유럽의 기독교 공동체가 일종의 세포분열을 시작한 것인데, 이 과정에서 처음으로 주권 sovereignty 이라는 용어가 탄생하여 사용되었다. 주권이라는 용어가 처음 역사 속에서 사용된 것은 장 보댕 Jean Bodin 의 『국가론』 1576 에서부터였다.

아울러 '영토'주권에 바탕을 둔 국제질서의 기원은 일반적으로 유럽의 30년 종교전쟁 1618~1648 을 매듭지은 베스트팔렌 조약이 맺어진 1648년이라고 일컬어진다. 그리고 단순히 영토 내의 거주민이었던 구성원들이 민족주의와 민주주의를 통해 '국민'으로 통합되는 것은 유럽에서 프랑스 대혁명 이후의 일이었다.

이런 역사적 배경하에서 대내적으로는 최고성, 대외적으로 배타적 독립성을 특징으로 하는 주권 개념이 국가의 속성으로 등장하여 정착해 나간다. 즉 유럽에 나타난 국가들이 경쟁적으로 공존하는 상황에서 등장한 주권국가 sovereign state 들은 과거의 중세국가와는 달리 선

線 개념으로 명확하게 표현되는 영토 내에서 단일하고 배타적인 권력을 행사하는 영토국가territorial state 로서의 성격을 띠고 있었다. 그리고 협소한 유럽권역 내부에서 서로 국경을 접하고 대치하면서 무력으로 우열을 가리지 않으면 안 될 상황이 늘 지속됨에 따라, 국가의 안전과 독립, 자국의 국가이익을 모든 것에 우선시하는 의식을 당연한 것으로 받아들이게 된 것이다.

한편 국제라는 용어에 해당하는 international이라는 단어가 생겨난 것은 오늘날 영어로 국제법을 의미하는 international law라는 용어를 사용하면서 처음 등장했다는 것이 정설이다. 국제법이라는 용어를 처음 사용한 것은 제러미 벤담Jeremy Bentham 인 것으로 알려져 있다. 벤담은 당시 국제법의 의미로 사용되던 law of nations라는 용어가 국내법과 분명히 구별되지 않는 등 적절하게 국제법이 담고 있는 특징을 전달하지 못하고 있다고 보았다. 이에 주권국가 상호 간의 법으로서의 국제법을 지칭하기 위하여 international law라는 용어를 1789년에 출간된 자신의 저서 『도덕과 입법의 원리서설 Introduction to the Principles of Morals and Legislation 』에서 처음 언급했다. 이 과정에서 기존에 사용하던 internal이라는 단어에 대비되는 의미에서 '국제'에 해당하는 international이라는 형용사를 영어권에서 처음으로 새로 창안하여 사용하게 되었던 것이다. 따라서 '국가들 간의' 라는 의미로 오늘날 사용되는 국제international 라는 용어는 그 기원을 엄밀하게 따지면 '주권국가들 간의'라는 의미를 담고 있다고 할 수 있다.[34]

이처럼 근대 유럽에서 탄생한 sovereignty나 international과 같은 새로운 용어가 한자문명권에서 번역되어 최초로 소개된 것은 19세기 '서양의 충격'이 진행되던 이른바 서세동점의 상황에서였다. 이제 동아시아 문명권에 국가라는 제도적 형태의 기준으로 '국가평등 관념'을 표방한 '주권국가'가 등장하는 새로운 국면이 전개된 것이다.

---

34 누스바움, 김영석 역, 『국제법의 역사』(한길사, 2013), pp. 246-247.

Q5 국제정치학을 비롯한 사회과학서적, 법학 관련 서적들은 국가의 3요소를 '주권, 국민, 영토'라고 가르친다. 그런데 주권의 역사가 얼마 되지 않았다면 '국가의 3요소' 운운한 설명은 맞지 않을 수 있다. 인류 역사에서 국가의 역사는 오래된 반면 주권국가의 역사는 상대적으로 매우 짧기 때문이다. 그러면 이처럼 일반화된 설명방식의 오류는 어디서 기인한 것이며, 어떻게 보완되어야 할까?

Tip5 '국가의 3요소'를 주권, 국민, 영토라고 가르치는 것은 독일의 공법학자 옐리네크Georg Jellinek, 1851~1911의 견해에서 따온 것으로서 오늘날 세계적으로 광범위하게 받아들여지는 상식이라고 할 수 있다. 하지만 이런 견해는 '오늘날의 국가를 구성하는 요소를 지적하는 점에서는 맞는 말이겠지만, 매우 중요한 오해와 사각지대를 초래할 수 있다. 요컨대 이런 이해방식은 주권, 국민, 영토를 근간으로 하는 근대국가의 '구조'를 설명하는 데는 유용하지만, 주권국가가 마치 인류의 역사에서 변화하지 않고 지속되는 초역사적인 실체라는 오해로 이어질 수밖에 없기 때문이다.

하지만 '주권'이란 용어는 16세기 후반 유럽의 역사에서 생겨난 매우 독특한 개념으로서, 한자문명권/동아시아 지역에 사는 사람들의 인식의 지평에 주권 개념이 등장한 것은 19세기 후반에서 20세기에 접어들면서부터였다. 그리고 '주권'이나 '국제'와 같은 용어가 동아시아 한자문명권에 등장하여 수용되어 간다는 것은 단순히 새로운 용어가 등장한 것을 의미하는 데 그치는 문제가 아니었다. 이것은 '주권'과 '국제'로 상징되는 서양의 대외질서 관념 자체를 받아들이고 이를 새로운 '기준' 내지 '표준'으로 삼아 기존 국가들 간의 질서가 재구성된다는 것을 의미하는 것이었다.

그렇게 보면, 국가의 3요소에 관한 옐리네크의 설명은 20세기 이후 오늘날의 국가를 이해하는 데 유용한 '구조적 설명'은 될 수 있지만, 한자문명권 국가들의 '역사적 경험'과는 전혀 별개의 문제라는 것을 알 수 있다. 따라서 '동아시아 근대사'나 한·중·일과 같은 '동아시아 국가들의 근대 국제정치사'의 주요한 현장을 설명하는 데는 결정적 한계를 지닐 수밖에 없다. 국가의 3요소와 같은 구조적 설명방식은 당연히 한자문명권 국가들의 '역사적 경험'이나 '동아시아 근대사', '한반도의 근대 국제정치사'의 주요한 현장이 갖는 의미를 세계사적인 맥락에서 섬세하게 파악하기 어렵게 만든다는 사실을 인식할 필요가 있다. 게다가 이렇게 일반화된 비역사적인 설명과 도식적인 이해로는 과거를 구체적으로 바라보는 시각과 아울러 미래를 유연하게 구상하는 힘과 상상력도 근원적으로 생겨나기 어렵게 된다.

주권이라는 개념은 근대 국제관계와 근대 정치의 근간을 구성하는 핵심 개념이다. 주권국가의 배타적이고 독립적 성격이 갖는 정치적 의미는 단지 대외적 차원에 머무른 것이 아니라 국민국가, 영토국가, 내셔널리즘, 민주주의와 같은 근대정치의 거의 모든 주요한 개념과 밀접하게 연관되어 있다는 사실을 주목할 필요가 있다. 여기에 관해서는 뒤에서 다시 다룰 것이다.

정리하면, '국가의 3요소'와 같은 설명방식은 유럽에서 생겨난 근대국가를 지역이나 역사를 초월한 국가의 표준형태로 간주하면서 발생하는 문제이며 이런 시각을 계속 확대 재생산해 내고 있다고 할 수 있다. 그렇게 되면 주권의 속성에서 발생하는 근대국가의 특성이 사각지대로 들어감으로써 섬세하게 포착되기 어려운 상황으로 이어질 수밖에 없다. 서구의 주권에 관한 저작들은 자기의 경험에 관한 서술을 통해 주권국가의 특성과 역사를 논의하기 때문에 비서양권의 경험을 모두 고려하면서 주권에 관해 논의하지 않는다. 따라서 주권에 관한 깊은 이해 위에서 동아시아와 한반도의 역사적 경험을 새롭게 천착해 들어갈 필요가 있다. 여러분은 여기에서 다시금 국가를 역사적 맥락에서 비춰 보는 '다중거울'의 시각이 왜 필요한지를 실감할 수 있을 것이다.

📚 NOTE 24   사물이나 사건, 상황을 이해하는 방식: 구조적 접근과 역사적 접근

어떤 사물이나 사건, 혹은 상황을 이해하는 데는 무수히 많은 접근방식이 있을 수 있다. 하지만 그 많은 접근방식을 간략하게 분류해 보면 대체로 구조적 접근과 역사적 접근, 이 두 가지 차원으로 나누어진다. 왜 그럴까? 우리는 세계를 흔히 시공간, 즉 시간과 공간이라는 차원으로 나누어 바라보는 데 익숙하다. 시간의 축에서 보면 나는 바로 '지금', 즉 현재를 살고 있고, 공간의 축에서 보면 나는 거기나 저기가 아닌 바로 '여기'에서 살아간다. 시간의 속성은 변화한다는 점이고, 시간의 흐름을 따라 접근해 가는 것을 역사적 접근 혹은 과정적 접근이라고 할 수 있다. 반면 공간은 구조적 측면을 지닌다. 어떤 구조든지 일단 만들어지면 변화하지 않으려는 속성, 즉 지속하려는 속성을 갖기 마련인데 이처럼 지속되는 시스템을 포착하려는 것을 구조적 접근이라고 부를 수 있다. 그렇게 보면 시공간으로 이루어진 세계는 변화하려는 힘과 지속하려는 힘이 서로 씨줄과 날줄처럼 얽혀서 상호작용을 하며 구성되어 있다고 할 수 있다.

그러면 구조적 접근과 역사적 접근이 서로 어떻게 다른 것인지를 이해하기 위해 다음과 같은 예를 생각해 보자. 여러분은 아마도 "사람 나고 돈 났지, 돈 나고 사람 났냐?"라는 말을 들어 본 적이 있을 것이다. 대개 사람들은 이 말에 동의한다. 반박의 여지가 없어 보이기 때문이다.

하지만 이 말에 대한 반박이 불가능한 것은 아니다. 만약 이 말을 구조적 관점에서 반박한다면, 어떤 비판이 가능할까? "어느 날 아무개라는 아이가 태어났다. 그런데 이 아이가 태어나기 전에 세상에는 이미 돈이 넘쳐나고 있었다. 그렇다면 사람 나고 돈 났다고 하는 말은 현실과는 전혀 동떨어진 것이 아닌가!" 그러고 보니 이 말도 일리가 있다. 이처럼 구조적 시야를 확보하는 것은 어떤 상황이나 사태를 통찰하는 데 매우 유용할 수 있다.

반면 이런 구조적 관점에 대해 역사적 관점에서 재반박 또한 가능하다. "그렇다. 현재의 구조만을 가지고 보면 당신의 지적은 타당하다. 하지만 당장 눈에 보이는 현상이 사실의 전부는 아니다. 시간의 축을 거꾸로 거슬러 올라가 보면 사람들이 자신의 편의를 위해 돈_{화폐}을 만들었다는 것은 틀림없는 역사적 사실이기 때문이다."

　　구조적 접근이나 역사적 접근이라는 서로 다른 관점에서 제기하는 문제가 각각 매우 중요한 측면을 지적하고 있다는 것을 이해할 수 있을 것이다. 이제부터 독자 여러분도 어떤 사례를 접할 때마다, 구조적 접근과 역사적 접근이라는 서로 다른 관점에서 생각하는 훈련을 해 보길 권한다.

4장

20세기 전반, 양차 세계대전과
'제국 일본의 동아시아 50년 전쟁'

20세기는 혁신의 시대였다. 거대한 공장에서 컨베이어 시스템이 쉴 새 없이 돌아가고 상품이 대량으로 쏟아져 나온다. 백화점에는 온갖 상품이 산더미처럼 쌓여 가고, 사람들은 욕망을 소비한다. 근대 문명이 안고 있는 문제의 중심에는 끊임없이 앞으로 나아가려는 인간의 욕망과 그 욕망을 부추기는 세계관이 자리 잡고 있다. 세계는 점점 더 발전을 거듭하고 인류의 미래는 오늘보다 더 나은 장밋빛으로 인식된다. 18세기 계몽주의 이후 서구의 지성들이 '세계사의 발전법칙'을 근대인의 상식으로 심어 놓았기 때문이다. '역사의 발전단계' 운운하는 모든 논의는 기본적으로 이런 직선적 역사 인식에 근거한다. 따라서 인류는 다소 불안하더라도 직선으로 치달리는 역사의 기관차 안에서 심리적 위안을 얻는다.

인류의 20세기는 에릭 홉스봄 Eric John Ernest Hobsbawm, 1917~2012

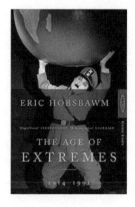

에릭 홉스봄의『극단의 시대』(1994)

에릭 홉스봄은 영국의 역사학자로 진보사관에 충실한 마르크스주의 학자이며, 이념대립과 전쟁 등 20세기의 비극적 측면을 다룬 일련의 근세 역사서를 발표했으며, 근대사와 경제사 분야에서 가장 중요한 학자 중 한 사람으로 꼽힌다. 1994년에는『극단의 시대: 20세기 역사(1914~1991)』라는 저서를 출판했는데, 이 책은 20세기의 세계사를 총망라하고 있으며, 정치사가 중심이 되었던 기존 저작들과 달리 경제·사회·문화를 폭넓게 다루고 있다. 2011년에 발표한『세상을 어떻게 바꿀 것인가』는 그의 마지막 저작이 되었다.

의 표현을 빌리면 '극단의 시대'라고 할 수 있을 것이다. 한편으로는 인류가 과학기술혁명 등에 힘입어 전에 없는 풍요로움을 구가했으며, 다른 한편으로는 역사에서 전례를 찾아볼 수 없을 정도의 대규모 전쟁과 핵무기의 등장, 군비경쟁의 악순환, 내란, 이념대결, 집단적 광기와 학살, 혁명과 파괴와 같은 상처로 얼룩진 시대였기 때문이다. '극단의 시대'인 20세기에 동아시아의 한·중·일 삼국은 어느 나라를 막론하고 필설로 옮기기 어려운 깊은 상흔을 얻었다. 그런 가운데 이제는 세계에서 가장 역동적인 지역으로 부상하고 있다.

동아시아의 19세기가 문명사적 전환기로서 외래의 문명기준에 따라 고유의 문명기준이 뒤집히는 '문명기준의 역전'의 시기였다면, 동아시아의 20세기는 '근대 따라잡기'의 세기라고 해야 할 것이다. 동아시아 국가들이 20세기에 구체적으로는 서로 매우 다른 궤적을 밟은 듯 보였지만, 각국의 위기의식과 대응방식이 겨누었던 창끝은 결국 '근대 따라잡기'라는 동일한 하나의 과녁으로 모아지고 있다고 생각되기 때문이다. 동아시아에서 나타난 근대 따라잡기의 과정은 곧 '서구화'의 진행과 다름없었으며, 서양의 근대라고 하는 구체적이고 역사적인 시기를 절대화하고 미화하는 경향을 띠게 된다.

20세기 상반기의 역사를 세계사와 일국사의 차원이 아니라 동아시아의 맥락에서 이해하려면 어떤 렌즈와 거울이 필요할까? 그러려면 시대를 조금 더 거슬러 가서 상황을 살펴야 할 필요가 있다.

🧩 제2기, 20세기 전반 동아시아 전체 풍경 퍼즐 맞추기

20세기 전반 인류의 역사는 양차 세계대전으로 얼룩졌다. 인류사에서 가장 비극적이었던 이 시기에 세계는 그동안 경험한 적 없는 진정한 의미의 세계대전과 처절한 형태의 총력전으로 전쟁에 몰입해 들어갔다. 인류는 모두 각자의 자리에서 애국심과 증오로 들끓었으며 600만 명의 유대인 학살과 원자폭탄의 비극을 체험했는가 하면, 세계사의 새로운 실험으로 사회주의 혁명에 매진하기도 했다. 하지만 이처럼 양차 세계대전이라는 프레임으로만 20세기 전반부의 아시아를 조명하면 동아시아의 실상은 사각지대에 들어감으로써 좀처럼 시야에 들어오지 않는다. 요컨대 다분히 서양 중심적인 맥락에서 이루어진 내러티브에 묻혀 동아시아의 실태는 양차 세계대전의 포성과 짙은 포연으로 가려지고, 동아시아는 타자화되고 허구적으로 추상화되면서 '스스로의 체험과 시선으로 역사를 서술하거나 기억하지 못하는' 상황이 벌어지고 만다.

좀처럼 제대로 포착되지 않는 20세기 전반 동아시아 상황을 드러내려면, 제국 일본의 행보에 주목할 필요가 있다. 실제 일본은 1889년에 「대일본제국헌법」을 확정하고 1890년에 천황의 이름으로 교육칙어를 반포한다. 그리고 1894년에 기존 중화질서의 패권국이면서 차츰 몰락하고 있던 청제국에 도전하면서 청일전쟁을 일으켰다. 청일전쟁은 제국 일본에 저항하는 조선의 왕실을 제압하고 거국적으로 봉기한 동학농민군을 궤멸시키면서 진행되었다는 점에서 한·청·일 삼국전쟁의 성격을 띤 것이었다. 청일전쟁에서 일본의 승리는 동아시아의 중심을 중국에서 일본으로 극적으로 이동하게 만든다. 따라서 청일전쟁은 부국강병을 앞세운 일본의 제국주의적 군사주의가 동아시아 국제관계를 주도하고, 동시에 중국이 해외 열강들에 의해 본격적으로 분할될 운명으로 접어들게 만들었다. 또한 조선은 이제 사실상 일본의 수중에 들어갈 위기에 직면하게 되었다. 그뿐만 아니라 시모노세키下關 조약1895. 4. 17으로 대만과 펑후澎湖 열도를 일본에 할양하기로 결정되면서 대만은 반세기에 이르는 식민지시대로 들어가게 된다.

그런데 강화조약이 체결된 후 승리감에 도취한 일본을 경악케 한 사건이 발생한다. 러시아가 프랑스, 독일과 함께 일본 측에 랴오둥遼東 반도의 반환을 요구하고 나서는 이른바 삼국간섭 사건1895. 4. 23이 발생했기 때문이다. 일본은 외압에 밀려 삼국의 권고를 받아들이는데, 이후 일본 정부는 와신상담의 슬로건 아래 군비 확장에 박차를 가한다. 대륙으로부터의 새로운 도전세력이라고 할 수 있는 러시아는 당시 범세계적 차원에서 영국과 대치하며 부동항의 확보를 위해 남하정책을 추진하고 있었고, 일본은 러시아를 견제하려는 영국과 1902년 1월 영일동맹을 체결함으로써 러시아와의 일전을 준비했다. 그리고 1904년 2월 일본은 동아시아에서의 주도권을 장악하는 데 걸림돌이 되는 러시아를 상대로 전쟁을 일으켜 승리한다.

일본은 러일전쟁에서 승리하면서 러시아의 랴오둥 반도 조차권을 계승하여 오랜 숙원이던 대륙 침략의 확고한 기반을 획득하고, 동아시아 패권국가로서 국제적 지위를 인정받는다.

새로이 동아시아의 패권을 잡은 일본은 청일전쟁을 문명화된 일본과 야만의 상태에 있는 중국의 전쟁이라는 논리로 정당화해 나갔다. 이것은 '서양의 충격' 이후 유럽제국주의가 펼치던 논리를 완전히 뒤집어서 아시아권에 적용한 것이었다. 일본은 문명화되고 진보적인 속성을 지니고 있는 반면, 중국은 고루하고 정체되어 있기에 청일전쟁은 문명과 야만의 전쟁으로서, '동양 진보주의의 역사에 획을 긋는 사건'으로 선전되었다.

다른 한편 러일전쟁을 개시하는 상황이 되자 제국 일본은 이번 전쟁이 백인종과 황인종이라는 서로 다른 인종 간의 전쟁이라는 점을 강조하면서, 동양의 문명을 지키고 동양의 평화를 수호하기 위해서 일본이 앞장선 것이라고 선전했다. '서양의 백인종이 동양을 침략할 때 동문동종同文同種인 동양의 국가들이 마음과 힘을 모아야만 한다'고 강조한 것은 이런 맥락에서 이루어진 것이었다. 러일전쟁에서 일본의 승리는 서양제국주의 국가들에게 핍박받던 아시아인들을 열광시켰고, 제국 일본의 팽창 의도는 은폐되고 오히려 동양 혹은 아시아의 지도국가로서 한동안 일본의 이미지가 부상하는 계기가 되었다. 청일전쟁과 러일전쟁의 승리를 통해 일본은 메이지유신 이래 40여 년간 숙원사업이었던 불평등조약의 개정과 함께 조선/대한제국을 병합하는 구체적인 계기를 마련하고 1910년에는 강제병합을 단행했다.

19세기 후반 '서양의 팽창'과 그로 인한 '서양의 충격' 이래 '문명기준의 역전' 사태가 벌어지고 동아시아 패권을 둘러싼 경합에서 제국으로 급격히 부상한 해양세력 일본은, 기존의 중화질서의 패권국이던 대륙의 청 제국과 새로이 도전해 오는 러시아를 차례로 제압하면서 부국강병 정책의 유효성을 확인하고 전쟁에 열광해 들어갔다. 이 과정에서 유구왕국과 대만, 조선/대한제국을 차례로 병합했다. 유구국은 오키나와현으로 편입되면서 내부 식민지가 되었고, 대만과 한반도는 제국 일본의 외부 식민지가 되어 나락으로 떨어진 것이다.

20세기 전반부 동아시아의 전체상을 보다 입체적이면서도 섬세하게 포착하려면 흔히 간과되어 온 것과는 달리 다음의 사실에 주목하지 않으면 안 된다. 우선 동아시아의 관점에서는 제국 일본이 1894년 청일전쟁 이후부터 1945년 종전에 이르는 50년의 시간 동안 전쟁 중이었거나 혹은 사실상 준전시체제라고 부를 만한 상황이었다는 사실에 주목해야 한다. 이런 상황을 이 책에서는 '제국 일본의 동아시아 50년 전쟁'이라고 칭한다. 1889년 일본제국헌법의 선포와 제국의회의 설립 이후 체제를 정비한 제국 일본은 청일전쟁 1894~1895과 러일전쟁 1904~1905을 일으키며 본격적인 제국주의로 나선다. 그리고 제1차 세계대전 1914~1918, 시베리아 출병 1918~1922, 1931년 만주사변부터 1937년 중일전면전쟁, 나아가 아시아·태평양전쟁 1941~1945에 이르기까지 기나긴 전쟁으로 돌진해 들어갔기 때문이다.

이처럼 동아시아에서 반세기에 걸쳐 진행된 전쟁을 '제국 일본의 동아시아 50년 전쟁'이라는 거시적인 시각에서 일련의 덩어리로 파악하면 그동안 안개에 가려져 보이지 않던 동아시아의 전체 상황이 훨씬 명료하게 시야에 들어온다. 왜냐하면 청일전쟁 이후 일본제국이 패망할 때까지 50년간의 궤적을 기존 방식과 같은 파편화된 조각난 프레임으로 바라보는 한계를 극복하면서 일관된 시야로 일본제국주의의 전체상을 직시할 수 있을 뿐만 아니라 제국 일본의 억압 아래 놓인 동아시아의 전체 상황을 동시에 조명할 수 있기 때문이다.

또한 일본제국주의는 서양제국주의의 연장선상에 있으면서 동시에 서양제국주의에 대한 대항논리적 성격을 지닌 것이기도 했다. 이처럼 일본제국주의가 서양제국주의에 저항하면서 아시아를 해방시킨다는 논리로 전쟁을 수행해 나갔다는 사정을 고려하면, '제국 일본의 동아시아 50년 전쟁'이라는 시각은 제국 일본의 전쟁을 서양제국주의의 행보와 별개의 것, 혹은 관련 없는 것처럼 이해하는 오류를 넘어서 일본제국주의와 서양제국주의 상호 간의 영향관계를 동시에 포착하는 시야를 확보할 수 있는 장점이 있다.

'제국 일본의 동아시아 50년 전쟁'이라는 시각이 제공해 주는 간과해서는 안 되는 또 하나의 장점은 전쟁이 끝난 뒤의 앞뒤 맥락을 단기적 차원에서뿐만 아니라 장기적 차원으로까지 연결해서 파악할 수 있게 해 준다는 점이다. 그동안 기나긴 전쟁으로 동아시아 전체를 파국으로 몰아가던 일본제국은 미국의 원자폭탄 폭격과 소련의 대일전 참전으로 예기치 못한 상황에 봉착하면서 항복을 결정한다. 그리고 기나긴 전쟁을 통해 동아시아를 압박하던 제국 일본이 마치 증발하듯 갑자기 사라지면서 그 자리에 형성된 권력 진공상태를 전후 동아시아 냉전질서가 빠르게 채워 나가는 상황이 발생한다. 그동안 기나긴 세월을 총력전으로 돌진하던 제국 일본이 점령군의 지휘하에 이제는 '평화헌법'을 가진 '전쟁하지 않는 국가/전쟁할 수 없는 국가'로 완전히 다른 옷으로 갈아입고 변신하는 상황이 발생한 것이다.

따라서 그렇게 오랜 세월 동안 동아시아를 파국으로 몰아갔던 격렬했던 전쟁은 갑자기 신기루처럼 사라져 망각되고 전전과 전후 세계는 완전히 단절되어 버린 것처럼 말이 바뀌게 된다. 그리고 이런 와중에 빠르게 확산되는 '냉전'의 압박 속에서 긴박하게 새로운 '동아시아 전후체제'가 만들어져 갔다. 동아시아에 속하는 여러 나라 사람들의 기억의 강물이 급하게 봉쇄되면서 단기적이고 칸막이에 갇혀 버린 일국사적 입장에서 '독백의 역사'가 만들어지는 배경이 대체로 여기에서 비롯된다고 해야 할 것이다. 하지만 '제국 일본의 동아시아 50년 전쟁'이라는 프레임, 즉 또 다른 새로운 거울을 적절하게 활용하면 반세기 동안 지속되던 제국 일본이라는 동아시아 권력의 구심축이 무너진 자리에서 연쇄적으로 펼쳐지는 전후 동아시아 냉전질서가 이전의 시기와 단절된 방식으로 이해되는 것이 아니라 연속적이면서 보다 입체적이고 계기적으로 포착하는 것이 가능해진다.

한편 '제국 일본의 동아시아 50년 전쟁'이라는 시각과 함께 20세기 전반의 동아시아를 파악하는 데 간과해서는 안 될 사실은 일본제국주의가 다른 서양제국주의 열강의 식민지배와 결정적으로 다른 차이가 존재하고 있었다는 점일 것이다. 당시 진행되던 제국주의는 어떤 식으로든 착취와 수탈이라는 방식을 취하고 있었고, 여기에 물리적 강제력과 군사력이 동원되었다는 점에서 기본적으로 유사한 측면을 가질 수밖에 없다. 하지만 동시에 일본제국주의는 서양제국주의와는 역사적으로나 구조적으로나 차이를 보이고 있었다. 왜냐 하면 서양제국주의의 경우 유럽의 기독교 문명권 국가들이 다른 비 기독교 문명권 국가들을 무력으로 제압하면서 진행되었던 반면, 제 국 일본은 오랜 세월에 걸쳐 동일한 문명적 기반을 갖는 국가들을 억압하면서 이른바 '근린近隣 제국주의', 즉 가까운 이웃 나라를 상 대로 제국주의를 펼쳐 나갔기 때문이다. 그런 만큼 근린 제국주의의 행태는 훨씬 더 교묘하게 꼬여 있을 수밖에 없었다.

일본제국주의는 동일한 문명권에 있던 이웃나라들을 무력으로 굴복시킨 상황이었기에 지배당하는 국가로서는 훨씬 강렬한 배신 감과 분노를 느낄 수밖에 없었고, 그 트라우마가 좀처럼 지워지기 어려웠다. 그런데 이런 근린 제국주의가 남긴 상처는 후일 냉전체제 의 형성으로 인한 강렬한 이데올로기 대립과 진영논리의 전개로 인 해 전후 일본과 동아시아에서 과거사 정리가 제대로 진행되지 못한 채 미봉적이고 임시적으로 봉합되고 말았다. 하지만 이렇게 급하게 밀봉된 진실은 어느 순간 다시 새어 나오기 마련이었다. 이처럼 소 통하지 못하고 뒤틀려 버린 불편한 진실은 20세기 후반 냉전이 끝나 면서 '역사 다시 쓰기 rewriting history' 분위기가 형성되어 다시 수면 위 로 머리를 내밀게 된다.

1. 청일전쟁과 전통적 동아시아질서의 해체

전쟁의 개요

제국 일본의 이토 내각은 1893년 7월부터 불평등조약 개정 교섭을 진행하고 있었다. 그런데 대외강경파의 반대의견이 비등해지면서 점차 일본정계 내부의 갈등은 고조되어 갔다. 그런데 1894년 조선에 동학세력의 봉기가 일어나자 청이 조선에 군대를 파견할 것이라는 정보를 입수하고 내각회의에서는 즉시 일본군의 파병을 결정했다. 조선과 청에 대해 강경외교를 펼침으로써 대외강경파 세력의 공세를 회피할 수 있는 좋은 구실이 마련되었기 때문이었다. 제국 일본은 6월 2일 전쟁 지도부인 대본영大本營을 참모본부 내에 설치하고 메이지 천황과 이토 히로부미 내각은 전쟁 준비에 착수했다. 전쟁 도발을 결정한 것이다. 일본은 청에 조선 출병을 통보하고 대규모 부대를 파견하여 일본군이 인천에 상륙하게 된다. 6월 15일에는 조선의 사태가 비록 평화적으로 타결된다 하더라도 근본적으로 문제를 해결해야 한다는 명분으로 조선의 내정개혁을 강요한다는 것이 결정되었다.

참고로 언급하자면, 대외전쟁을 수행하기 위해 일본 육해군의 수뇌가 모여 천황의 막료로서 전쟁을 지도하는 최고 통수기관인 대본영이 제국 일본에서 설치된 것은 총 세 차례였다. 첫 번째는 청일전쟁 선전포고 직전인 1894년 6월부터 전쟁 종료 후인 1896년 4월까지, 두 번째는 러일전쟁 선전포고 직후인 1904년 2월부터 전쟁 종료 후 1905년 12월까지, 세 번째는 중일전쟁 중인 1937년 11월부터 아시아·태평양전쟁이 종료된 1945년 9월까지였다. 일본은 청일전쟁의 전쟁터가 조선에서 중국 영토로 확대되자 1894년 9월 대본영을 히로시마広島로 옮겼다.

한편 조선의 동학세력을 이끌던 전봉준全琫準, 1855~1895은 자신의 거사가 청·일 양군에게 출병의 빌미가 될 것을 우려하여 조선 정

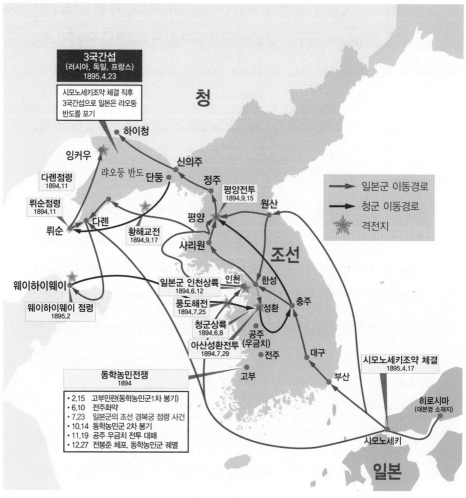

3국간섭
(러시아, 독일, 프랑스)
1895.4.23
시모노세키조약 체결 직후
3국간섭으로 일본은 랴오둥
반도를 포기

하이청

잉커우

다롄점령
1894.11

뤼순점령
1894.11

뤼순   다롄

웨이하이웨이

웨이하이웨이 점령
1895.2

신의주

랴오둥 반도 단둥

정주

평양전투
1894.9.15

황해교전
1894.9.17

평양

사리원

원산

청

조선

일본군 이동경로

청군 이동경로

격전지

일본군 인천상륙
1894.6.12

인천 한성

충주

풍도해전
1894.7.25

청군상륙
1894.6.8

성환

아산성환전투
1894.7.29

공주
(우금치)

전주

대구

시모노세키조약 체결
1895.4.17

동학농민전쟁
1894

• 2.15 고부민란(동학농민군1차 봉기)
• 6.10 전주화약
• 7.23 일본군의 조선 경복궁 점령 사건
• 10.14 동학농민군 2차 봉기
• 11.19 공주 우금치 전투 대패
• 12.27 전봉준 체포, 동학농민군 궤멸

고부

부산

시모노세키

일본

히로시마
(대본영 소재지)

1894~1895년 청일전쟁과 한반도 (지도: 하니누리 디자인 김승한)

부와 전주화약全州和約을 맺고 휴전하고 농민군은 퇴각한 상황이었
다. 이렇게 하여 개전의 빌미가 없어지자, 일본 측은 개전을 위한 구
실로서 청국에 "일본과 청이 공동으로 내란을 진압하고, 양국이 조
선의 내정개혁을 실시하며, 개혁의 결과가 있을 때까지 주둔하자"
라고 제안한다. 이에 대해 청국은 내정개혁은 조선 정부에 전적으로

맡길 일이라며 동시 철병을 요구했고 일본은 단독으로 조선의 내정개혁을 추진할 것을 결의했다. 여기서 내정개혁이라는 명분은 조선에 대한 제국 일본의 배타적 독점권을 확립하기 위한 구실이었음은 두말할 나위가 없다. 일본은 우선 '일·영 통상조약' 조인 1894. 7 으로 영국과의 조약개정을 성사시켜 일본은 영국과의 우호적인 외교관계를 돈독히 함으로써 영국과 러시아의 개입을 우려하지 않고 전쟁을 개시할 준비를 했다. 그런데 일본군이 가장 먼저 싸움을 개시한 것은 청일양국의 철군을 요구하는 조선 정부에 대해서였다. 7월 23일 새벽 일본군은 '국왕생포작전'이라는 이름으로 조선의 경복궁을 공격했다. 그리고 선전포고 없이 7월 25일 인천 근처의 풍도 앞바다에서 청과의 교전交戰에 들어갔으며, 29일에는 충남 천안 성환읍에서 청군을 공격했다.

여기서 다음과 같은 문제를 생각해 보자. 일본군에 의한 조선왕궁 점령은 청일전쟁의 기점으로 매우 중요한 의미를 갖는다. 하지만 선전포고도 하지 않은 조선에 대해 왕궁을 공격하여 점령하는 행위가 정당성을 결여한 행위임은 두말할 나위도 없다. 그러면 일본은 왜 조선왕궁을 점령한 것일까?

이에 대해 일본에서 1904년에 공식적으로 간행한『메이지 이십칠팔년 일청전사日淸戰史』에서는 일본이 조선왕궁을 공격한 사실에 대해 "일본군이 왕궁 옆을 통과하고 있었는데, 왕궁을 지키던 조선 병사의 공격을 받았기 때문에 일본군은 어쩔 수 없이 응전하여 왕궁에 들어갔고 국왕을 보호했던 것"이라고 기술하고 있다. 그리고 일본 측은 일본을 적대시하는 청국에 대하여 청국의 야망으로부터 조선의 독립을 지키기 위해 어쩔 수 없이 전쟁을 했다고 적고 있다. 일

조선경성도전도(朝鮮京城挑戰圖)(梅堂,1894년 발행)

일본에서 간행된 그림책『일청한전쟁기』표지(금주당판, 1894년 8월 19일 발행)

본 정부의 이런 견해는 지금까지도 공식적으로 바뀌지 않고 있다.

조선왕궁 강제점령은 이후 다시 거병한 동학군에 대한 일본군의 전면전으로 이어졌다. 청일전쟁 개시 직전에 사실상 양국 간의 전쟁이 시작된 것이었다. 당시 일본은 이를 주로 '경성 京城 전쟁'으로 칭하고 있었다. 이에 대해 전자를 '제1차 한일전쟁', 동학농민군과의 전쟁을 '제2차 한일전쟁'으로 불러야 한다는 문제제기[1]가 나오는 것은 그동안 청일전쟁이라는 이름으로 정작 최대의 피해를 본 대상이 조선과 조선인이라고 하는 것이 망각되어 온 사실을 상기시켜 준다는 점에서 주목할 필요가 있다.

청국에 대한 일본 측의 선전포고는 개전한 지 일주일가량 지난 1894년 8월 1일에야 비로소 이루어졌다. 그런데 선전포고의 조칙이 만들어지는 과정에도 중요한 내용이 담겨 있었다. 선전포고 조칙 입

---

1   강덕상 편저, 김광열·박순애 역, 『우키요에 속의 조선과 중국: 다색판화에 투영된 근대 일본의 시선』(일조각, 2009), pp. 86-95.

안을 검토하는 과정에서 총 6개의 문건이 제출되었는데, 그중 3안과 4안은 청국뿐만 아니라 조선도 선전포고의 대상으로 삼는 내용으로 되어 있었다. 이런 사실은 청일전쟁이 실제로는 한·중·일 삼국의 전쟁이었으나 일본의 필요에 따라 이미지가 조작되었음을 의미하는 것이라고 할 수 있다.[2] 이후 일본은 평양전투, 황해해전, 뤼순旅順, 웨이하이웨이 威海衛 등지에서 연전연승을 거둔다.

청일전쟁을 종결짓는 전후처리 교섭은 1895년 3월부터 일본의 시모노세키下関에서 진행되었다. 일본 측의 이토 히로부미와 무쓰 무네미쓰陸奧宗光 외상, 그리고 청국의 이홍장이 전권대신으로 참여했다. 청일전쟁은 한반도에서 팽창하려는 일본 세력과 이를 저지하고 조선을 실질적인 종속국으로 삼으려는 중국의 대립이 전쟁으로 비화된 사건이었다. 청일전쟁의 성격은 체결된 강화조약 내용에서 명확하게 드러난다. 시모노세키 조약의 제1조에서 당사국 간의 문제를 언급하지 않고 "중국은 조선의 독립을 확인하고 조공 전례를 폐지한다"라고 규정하고 있다. 이것은 제국 일본이 청일전쟁에 부여한 가장 주요한 목적이 한반도에 대한 자국의 영향력을 확고하게 한다는 것을 의미한다. 일본은 한반도를 중국 중심의 중화질서에서 분리해 내고 자국의 영향권 아래 두려는 의도가 있었다.

제2조에서는 랴오둥 반도 및 대만, 펑후제도 등의 영토를 일본에 할양하고, 제4조에서는 배상금 2억 냥을 지불하도록 결정했다. 2억 냥은 당시 일본 돈으로 환산하면 약 3억 엔에 달하는 액수로서 일본의 4년분 이상의 재정수입에 상당하는 금액이었다.

2 하라 아키라, 김연옥 역, 『청일·러일전쟁 어떻게 볼 것인가: 동아시아 50년전쟁 다시 보기』(살림, 2015), pp. 68-69, 76-77.

전쟁의 원인

청일전쟁의 발발에 대하여 1890년대의 국제정세 혹은 당시 일본의 국내 정치상황에서 그 원인을 찾는 견해가 있다. 이런 견해는 전쟁의 원인을 단기적인 특정한 정치현실에서 찾는다는 특징이 있다. 즉 메이지유신 이후 일본의 대외팽창과 해외침략의 역사적 흐름과 청일전쟁의 상관관계를 무시하는 것이다. 예컨대 조선의 방곡령 사건에서 원인을 찾는다든지, 혹은 전쟁의 원인을 일본 국내의 단기적인 정치적 경제적 관계로 전쟁을 설명한다든지, 혹은 김옥균 암살사건이나 동학란의 발생에서 원인을 찾는다든지 하는 경우가 모두 이런 경향을 가질 수 있다.

반면 청일전쟁을 메이지유신 이후 일본의 일관된 대외팽창의 역사적인 경향으로 설명하려는 견해가 있다. 이런 견해는 청국과의 전쟁이 일본의 역사상 필연적인 성격을 지닌 것으로서 1894년이라는 특정한 시기에 전쟁이 발생한 것은 개전할 수 있는 여건이 무르익었고 일본이 거기에서 구실을 발견했기 때문이라는 점을 강조하는 것이다.

또한 전쟁의 원인과 관련하여 일본의 민간 정치인은 전쟁을 원하지 않았으나 군부의 주장에 따라 전쟁 개시를 결정했다는 견해도 있다. 하지만 이런 견해는 사실과 부합하지 않는다. 예컨대 1890년 12월 제1회 제국의회에서 내각 총리대신 야마가타 아리토모山県有朋는 시정방침에 관한 유명한 연설을 한 바 있다. 여기서 그 단서를 찾아보자. "대저, 국가독립지위의 길에는 두 가지가 있는데, 주권선을 수호하는 것과 이익선을 보호하는 것이 그것이다." 그러면 야마가타가 언급한 일본의 이익선은 어디를 지칭한 것일까? 야마가타는 동년 3월에 집필한 〈외교정략론外交政略論〉에서 "우리나라 이익선의 초점은 실은 조선에 있다"라고 명백히 밝히고 있다. 그리고 예컨대 1887년 1월 〈지지時事신보〉에 나오는 후쿠자와 유키치의 사설에서도 "지금 일본을 지키는 데 최근의 방어선으로 확정해야 할 곳이 조선지역임은 의심할 나위가 없다"라고 밝힌 바 있다. 이런 사실에 비춰 볼 때 군부의 주장으로 전쟁을 결정했다는 것은 당시의 정치지도자들을 변호하고 군부에게 전쟁책임을 떠넘기는 느낌을 지우기 어렵다.

한편 청일전쟁의 발발원인을 조선의 시장市場이 갖는 중요성에서 찾는 견해가 있다. 이것은 조선이라는 시장이 일본의 산업자본에는 공황 타개를 위한 사활적 문제였기에 전쟁을 도발했다는 견해이다. 하지만 당시 조선에 수출하던 주요 일본제품은 면사와 면포였으며, 조선의 시장 규모는 홍콩이나 상하이上海보다 크지 않았던 것으로 전해지는바 사실상 설득력을 얻기 어렵다. 반면 일본 입장에서 볼 때 조선의 경제적 가치는 수출보다는 원료공급지로서 가치가 큰 것이라는 견해가 있다. 그중에서도 특히 조선으로부터 미곡과 금의 수입이 안정적으로 이루어지는 것이 중요했다는 지적이 한층 설득력이 있어 보인다.

따라서 청일전쟁의 원인을 이해하려면 지금까지 지적한 논의를 구조와 과정이라는 관점에서 여러 맥락과의 관련 위에서 종합할 수 있어야 할 것이다.

동아시아적 맥락에서 본 청일전쟁의 의의

청일전쟁은 여러 가지 의미에서 동아시아 역사의 흐름을 완전히 바꾸어 놓은 사건이었다. 우선 문명사적 관점에서 보면, 청일전쟁은 중화문명권의 문명기준이 명실상부하게 역전되었으며, 동아시아에서 중화질서가 사실상 완전히 붕괴되었음을 분명히 드러낸 사건이었다. 이것은 동아시아 국가들 간의 관계가 기존의 문화주의적 경향을 지니고 예의를 중시하던 '사대교린' 질서 혹은 중화질서로부터, 근대 주권 국가 개념을 바탕으로 하며 세계적 차원에서 무정부적인 속성을 지닌 근대 국제질서로 매우 폭력적인 방식을 통해 변화되고 있음을 의미하는 것이었다.

한편 현실 국제정치라는 관점에서 보면, 주권 개념이 국가의 자주와 평등을 강조하는 만큼 역설적으로 제국주의적 군사주의가 팽배하여 약육강식의 정글의 법칙, 힘의 원리가 지배하는 세계로 전환되는 사태로 이어질 소지가 컸다. 이것은 앞서 언급한 이른바 근대 국제질서의 이중성과 연결되는 문제이다. 청일전쟁에서 일본의 승리는 동아시아의 중심이 중국에서 일본으로 극적으로 이동했음을 의미한다. 이것은 환언하면 부국강병을 앞세운 일본의 제국주의적 군사주의가 동아시아 국제관계를 주도할 것임과 동시에 중국이 열강들에 의해 본격적으로 분할될 운명으로 접어들게 되었다는 것, 조선이 이제 사실상 일본의 수중에 들어가는 위기상황으로 몰리게 되었음을 의미하는 것이었다.

청일전쟁으로 일본은 영국과의 조약개정에 성공한다. 영사 재판권 철폐, 관세율 인상, 상호 간의 최혜국대우가 실현되었고 이후 다른 서양 국가들도 조약개정에 조인한다. 또한 시모노세키 조약의 결과 청은 조선의 독립을 인정했으며, 랴오둥 반도와 대만 등을 일본에 할양하고 배상금으로 2억 냥을 지불해야 했다. 이렇게 하여 일본은 확실하게 제국주의국가로서 위상을 확보하게 된다.

한편 개전 이후로 일본은 전쟁에 열광했고, 전쟁 반대의 목소리는 사라졌다. 민권에 관한 논의는 국권론을 주장하는 함성소리에 묻혀 버렸으며 또한 민당세력 vs. 번벌[3] 정부의 대결구도 역시 사라지고 군비 증강과 이른바 '대륙 진출'이 공통의 관심사로 대두되었다.

또한 청일전쟁은 아시아에 대한 일본인의 인식도 크게 바꾸어 놓았다. 청일전쟁은 '문명과 야만의 전쟁'으로 선전되었으며, '동양 진보주의의 역사에 획을 긋는 사건'으로 인식되었다. 이로 인해 일본 사회에 아시아에 대한 멸시의 감정은 이제 확고한 것으로 자리를 잡았다.

반면 동아시아 삼국의 국내정치라는 측면에서 보면, 청일전쟁은 중국에서는 양무운동의 한계를 확인하는 계기가 되었으며, 제국 일본은 청일전쟁의 승리를 통해 부국강병 정책의 유효성을 확인하고 전쟁에 열광적으로 빠져들게 되었다. 그리고 조선에서는 새로이 '문명개화'와 '자주독립'의 필요성을 자각하는 계기가 되었다.

그런데 시모노세키 조약이 성립할 무렵 러시아는 일본이 랴오둥 반도를 차지하면 자국의 남진정책이 장애에 부딪힌다는 고민을 하고 있었다. 이런 입장에 있던 러시아의 주도로 러시아·프랑스·독일 삼국은 일본에 랴오둥 반도를 청에 반환하라는 외교적인 압박을 가했다. 이른바 삼국간섭이었다. 일본은 외교적으로 열세에 몰려 이를 수용하지 않을 수 없었는데, 삼국간섭 이후 일본에서는 외교적

---

3 (용어설명) 번벌藩閥: 막부 타도의 주축이 되어 메이지 정부에서 요직을 차지한 사쓰마번, 조슈번, 도사번, 히젠번약칭 삿초도히(薩長土肥) 출신 무사들에 대한 비판적 호칭이다.

굴욕을 설욕하려는 의미에서 '와신상담'[4]이라는 말이 유행하게 되었다.

명성왕후의 시해사건과 대한제국의 성립

청일전쟁 이후 벌어진 삼국간섭은 한반도를 둘러싼 열강 간의 세력균형이 질적, 구조적으로 변화하는 계기가 되었다. 즉 일본 대 청국을 기본대립 축으로 하던 기존 세력균형구도가 일본 대 러시아의 대립구도로 전환된 것이다. 이에 따라 청과 러시아가 접근하게 되었으며 연쇄적으로 열강들 간의 견제구도가 변화했다. 조선의 국내정치도 이런 흐름과 연동되면서 진행되어 갔다.

삼국간섭으로 청에 랴오둥 반도를 반환하는 등 외교적 수모를 겪은 일본은 러시아와 조선의 연결고리를 끊으려는 음모를 꾸민다. 그것이 바로 조선왕후인 명성왕후 시해 사건, 곧 을미사변 1895. 10. 8[5]이다. 을미사변으로 인해 조선은 그대로 일본의 수중으로 전락하는 것 같은 위기상황에 이르기도 했으나, 러시아의 개입과 조선 근왕세

4　(용어설명) 와신상담臥薪嘗膽 : 거북한 섶에 누워 자고 쓴 쓸개를 맛본다는 뜻으로, 원수를 갚으려 하거나 실패한 일을 다시 이루고자 굳은 결심을 하고 어려움을 참고 견디는 것을 이르는 말이다. 일본이 삼국간섭으로 랴오둥 반도를 반환하는 국가적 수모를 겪은 뒤 1898년에 랴오둥 반도에 위치하는 뤼순 旅順 과 다롄 大連 이 러시아에 조차 租借 되었다. 여기서 조차라고 하는 것은 특별한 합의에 따라 어떤 나라가 다른 나라의 영토를 통치하는 것을 말한다. 이런 과정에서 와신상담은 고조된 반러감정을 나타내는 슬로건으로 쓰였으며 일본은 군비 확장에 박차를 가했다.

5　(용어설명) 을미사변乙未事變 : 조선은 삼국간섭에서 드러난 러시아의 힘을 빌려 일본을 견제하는 정책을 펴는데, 일본은 이런 제휴 관계를 단절시키기 위해 1895년 당시 주한 일본공사 미우라 고로 三浦梧樓 의 지휘하에 경복궁에 난입하여 명성왕후를 시해한다.

력의 활약 등에 의한 국왕 고종의 러시아 공사관으로 들어가는 아관망명 俄館亡命, 1896. 2 으로 상황이 극적으로 반전되면서 김홍집 친일내각은 순식간에 와해되고 말았다. 당시 김홍집 내각은 청일전쟁을 배경으로 일본이 후원하는 가운데 1894년 7월 27일부터 1896년 2월까지 이른바 '갑오경장 甲午更張'을 추진하고 있었다. 갑오개혁에 대한 역사적 평가는 긍정론에서 부정론에 이르기까지 여러 측면에서 이루어져 왔다.

하지만 제국 일본이 무력으로 압박하는 분위기에서 성립한 가운데 사실상 일본의 꼭두각시 정권이 추진한 개혁조치가 정통성과 자율성을 확보하기 어려울 뿐만 아니라 조선에 대한 지배 기반을 다지려는 일본 측의 의도로부터 자유로울 수 없었다는 것은 명백한 사실이다. 이런 점에서 당시의 갑오개혁은 기본적으로 1932년에 일본 관동군이 설립한 만주국이나 1940년 6월에 나치 독일의 점령하에서 프랑스에 성립한 비시 프랑스 Vichy France 정부와 같이 비정상의 정상화, 곧 정상의 외피를 뒤집어 쓴 비정상적 정부라는 관점에서 해석되는 것이 설득력 있어 보인다.

1895년 10월 을미사변의 소식이 알려지고 왕비의 폐위 조칙이 발표되자, 위정척사[6] 계열의 유생을 중심으로 일본의 침략세력을 토벌하여 국모의 원수를 갚자는 상소운동이 일어났다. 이와 아울러 나타난 단발령 斷髮令 의 시행은 전국 각지에서 유생들이 의병을 일으

---

6 (용어설명) 위정척사 衛正斥邪 : 서세동점이 진행되는 19세기 상황에 나타난 조선의 시대적 정치이념으로, 기존의 유교적 중화질서를 지키고 외국세력과 서양문물을 물리치자는 내용을 담고 있었다. 사필귀정 事必歸正 이라는 신념하에 만들어진 이념이라 그만큼 깨지기 어려운 견고한 성격을 지니고 있었다.

키는 계기가 되었고, 김홍집 내각의 친일적 성격에 대한 민중의 불만에 불을 붙였다. 을미의병은 19세기 조선의 위기상황에서 발생한 최초의 의병 봉기였다.

이런 상황에서 일본은 러시아가 조선을 보호국으로 두지 않도록 하기 위해 러시아와 타협을 시도하며 조선에서 세력 유지를 도모했다. 그 결과 조선과 만주를 둘러싸고 러시아와 일본 양국 간에 타협이 이루어진다. 1896년 5월의 〈고무라 小村 - 웨베르 Waeber 각서〉에서는 일본이 아관망명과 친러파 내각을 인정하고, 동년 6월의 〈야마가타 山縣 - 로바노프 Lobanov 의정서〉에서는 러시아가 일본과 동등한 권리를 인정받는다.

이처럼 러시아의 만주 진출이 가시화되자 일본은 군비 증강에 더욱 박차를 가하면서 러시아와의 개전을 준비하고, 군부 일각에서는 주전론 主戰論 이 대두되기도 한다. 그러나 이 무렵 일본은 전반적으로 아직 러시아에 대한 전쟁준비가 미흡한 상태였다. 또한 러시아로서도 아직 시베리아 횡단철도가 완성되지 않았으며, 경쟁관계에 있던 영국을 고려할 때 일본과 섣불리 전쟁을 치를 수 있는 상황이 아니었다. 이런 열강들 간의 세력관계로 인해 한반도를 둘러싼 국제관계가 일시적으로 세력균형 상태를 이루는데, 이런 국제관계를 이용하여 1897년 10월 12일 고종은 대한제국 大韓帝國 을 선포한다. 서거한 왕후를 황후로 격을 높이고 명성황후의 국장을 정식으로 치르게 했다. 대한제국은 1897년 광무 원년 10월 12일부터 1910년 융희 4년 8월 29일까지 한반도 인근의 도서와 해역을 통치하였던 제국이다. 대한 大韓 이란 한반도의 역사 속에 등장하는 삼한 三韓, 마한·진한·변한 에서 유래하는 것으로서, 삼한을 하나로 아울렀다는 의미를 지닌다.

대한제국이란 국호는 자주성과 독립성을 한층 강하게 표방하기 위해 사용된 것이었다. 역사적으로 '한국'이 한반도의 정식 국호로 등장한 것은 대한제국이 최초이다.

「대한국국제」와 근대적 조약들

대한제국을 선포하고 황제로 등극한 뒤 고종은 조칙 詔勅 을 통해 자신이 국호를 바꾸고 황제로 등극한 이유를 설명한 바 있다.

"조선은 단군과 기자 箕子 이래로 유구한 역사를 가지며 요순의 문물과 제도를 정통으로 계승한 문명국가이다. 그런데 국왕 자신의 부덕함으로 인해 난세를 만나 '위기'에 이르렀다. 이제 위기를 안정으로 돌리고 자주와 독립의 권리를 누리는 기반을 만들 수 있도록, 수많은 신민들이 상소를 통해 황제로 등극하라는 공론이 형성되었다. 이런 공론을 국왕으로서 더 이상 외면할 수 없어, 이제 천지에 제사를 올려 황제의 지위에 오르게 되었으니, 올해를 광무 光武 원년으로 삼고 국호를 과거 삼한 三韓. 마한·진한·변한 을 대통합했던 역사에 비추어 대한 大韓 이라 정한다."

– 『高宗實錄』 34년 10월 13일

위의 조칙은 새롭게 탄생한 대한제국이 자주독립국이며 고종 자신이 대한제국의 정치적 구심점이라는 점을 천명하는 것이다. 2년 후인 1899년에 고종황제가 대한제국의 헌법적 성격을 갖는 「대한국국제」를 반포하면서 제1조에서 "대한국 大韓國 은 세계 만방에 공인 公認 되어 온바 자주독립 自主獨立 ㅎ온 제국 帝國 이다"라고 강조한 것은 이런 의지를 명백히 성문화하여 표명하기 위해서였다. 고종황제는 「대한국국제」를 통해 새로 성립한 대한제국이 '새로운 문명기준'인 만국공법서적인『공법회통公法會通』에 나오는 '국가의 기본적 권리 다섯 가지'에 의거한 자주독립국가, 곧 주권국가라고 하는 점을 밝힌다. 이는 대한제국이 '중화질서 내부에 존재하던 조선'과는 확연히 성격이 다른 국가임을 세계에 천명한 것이었다. 대한제국의 선포와「대한국국제」의 제정은 강력한 군주권을 바탕으로 만국공법에 입각한 근대 국제질서에 참여하겠다는 의지를 대내외적으로 구체화한 상징적 행위였던 것이다.

이런 사실과 아울러「대한국국제」를 제정한 직후인 1899년 9월 11일에 대한제국이 청국과 한청통상조약을 체결한 것은 주목할 가치가 있다. 우선 조약의 전문에는 한국과 중국, 양국의 황제가 대등한 입장에서 조약체결권자로 규정되어 있다. 그리고 제1조에서 "앞으로 대한국과 대청국은 영원히 우호를 다지며 양국 상인과 인민이 거류하는 경우 모두 온전히 보호와 우대의 이익을 얻는다. 상대국이 공평치 못하게 경멸을 당하는 일이 있을 경우에 통지하면 서로 도와야 하며 중간에서 잘 조처해 두터운 우의를 보인다"라고 함으로써, 양국의 우호관계를 분명히 하고 있다.[7] 이는 한국과 중국이 체결한 최초의 근대적 조약으로 조공 책봉의 유산을 공식적으로 청산하고 독립국이자 주권국가로서 상호 승인이 이루어졌다는 의미를 지닌다. 대한제국은 이후 벨기에, 덴마크 등과도 조약을 맺으면서 주요 열강들의 승인을 얻었다.

조선/대한제국 정부가 체결한 각각의 근대적인 의미의 '조약'은 하나같이 국내외의 다양한 압력하에서 맺어진 것이었다. 다음은 조

---

7 최덕수 외,『조약으로 본 한국근대사』(열린책들, 2010), p. 354.

선/대한제국이 안과 밖의 다양한 압력 아래 체결한 외국과의 수호통상조약을 간략히 표로 정리한 내용이다. 조선/대한제국이 수교한 11개국의 존재감이 21세기의 그것과는 상당히 다르다는 점도 간과되어서는 안 될 것이다. 이런 사항은 뒤에서 다루는 '제국주의의 활극장'이었던 1900년대 지도를 통해서도 확인할 수 있다.

이런 수교의 역사가 근대 국제질서에서 가지는 의미는 매우 크다. 그럼에도 불구하고 그 당시에 동아시아에서 주권국가 체제가 실질적으로 오래 지속되지 못한 배경에는 주권국가와 제국주의라는 서로 다른 원리가 동시에 작동하고 있었던 근대 국제질서의 이중성과 함께 당시 일본을 비롯한 제국들의 횡포가 존재하고 있었기 때문이다.

조선(대한제국을 포함)이 체결한 근대적 조약(날짜는 양력)

조약 체결국	조약 체결일	비준 교환일	전권대신	
			조선	상대국
일본(日)	1876. 2. 26	1876. 2. 26	신헌(申櫶)	黑田淸隆
미국(美)	1882. 5. 22	1883. 5. 19	신헌	R. W. Shufeldt
영국(英)	1882. 6. 6	비준 보류	조영하(趙寧夏)	G. Willes
	1883. 11. 26	1884. 4. 28	민영목(閔泳穆)	Harry Parkes
독일(獨)	1882. 6. 30	비준 보류	조영하	M. von Brandt
	1883. 11. 26	1884. 11. 18	민영목	Ed. Zappe
러시아(露)	1884. 7. 7	1885. 10. 4	김병시(金炳始)	Cod. Waeber
이탈리아(伊)	1884. 6. 26	1886. 7. 24	김병시	Ferd de Luca
프랑스(佛)	1886. 6. 4	1887. 5. 31	김만식(金晚植)	F. G. Cogordan
오스트리아(奧)	1892. 6. 23	1893. 10. 5	권재형(權在衡)	Roger de Biegeleben
청(淸)	1899. 9. 11	1899. 12. 14	박제순(朴齊純)	徐壽朋
벨기에(白)	1901. 3. 23	1901. 10. 17	박제순	Leon Vincart
덴마크(丁)	1902. 7. 15	–	유기환(兪箕煥)	A. Pavlow

　대한제국 앞에 놓인 두 가지 과제:
독립과 문명의 딜레마

서세동점이라는 거대한 전환기적 상황에서 제국주의의 압박하에 놓여 있던 대한제국이 풀어야 할 가장 주요한 과제는 '문명'과 '독립'으로 요약할 수 있다. 이것은 '문명개화'와 '자주독립'이라는 말로 바꿔 말할 수도 있다. 이를 다시 오늘날에 익숙한 용어로 바꾼다면, 전자는 이른바 반봉건의 과제에 가까우며, 후자는 반외세/반제국주의에 가깝다. 전자가 이른바 계급모순과 이어지고 있다면, 후자는 민족모순과 이어진다. 이 두 가지 과제는 서로 이어지고 있으면서도 또한 다른 측면을 가지고 있었다.

그런데 당시 이른바 문명화에 더욱 높은 의미를 부여하는 사람은 경우에 따라서는 자주독립을 뒤로 제쳐 놓았으며, 반대로 자주와 독립을 더욱 중시하는 쪽은 이른바 '문명화의 과정'으로 일컬어지는 방향과는 상반되는 모습을 보여 주기도 했다. 어느 쪽이 더욱 중요한 문제인가 하는 우선순위의 설정은 매우 중요한 문제가 아닐 수 없었을 것이다. 그러나 '제국주의의 활극장'이 되어 있던 국제정세 속에서 한국은 이미 주어진 시간이 얼마 남아 있지 않았고, 결국 내부역량을 결집시키지 못한 채 망국의 길로 접어들게 된다.

2. 러일전쟁과 동아시아

의화단 사건과 영일동맹

청일전쟁 후 열강의 중국 진출로 중국 국내에서는 외세배척운동이 일어난다. 이른바 의화단 사건[8]이다. 의화단이란 백련교 계통에

8 　(용어설명) 의화단 사건: 청국에서 오랫동안 외세배척운동을 전개해 온 의화단이

속하는 무예자집단으로 농민들의 자위조직으로서 상당히 오랜 전통을 지닌 조직이다. 그런데 이들이 1900년 6월 베이징에 있는 외국 공사관을 포위하여 중국은 삽시간에 혼란에 빠진다. 열강은 중국 정부에 진상조사를 요청했으나 받아들여지지 않자 8개국 연합군을 결성했다. 이 과정에서 일본은 구미 열강의 군대와 함께 의화단 운동을 진압하는 진압전쟁에 참여한다.

그런데 러시아는 의화단 사건이 진압된 후에도 만주에서 철수하지 않고 계속 주둔했다. 따라서 러시아의 만주 주둔군 철병 문제가 주요한 이슈로 떠올랐다. 일본은 러시아의 만주침략에 대응하기 위한 대책을 강구했다. 이 과정에서 만한교환론[9]과 영일동맹론이 함께 거론된다. 전자가 러시아와 교섭하여 조선에서 일본의 우월권을 확보하고 그 대가로 러시아에게 만주경영의 자유를 인정하는 것이라면, 후자는 사태의 근본적 해결을 위해서는 러시아 세력을 만주에서 축출해야 하고, 이를 위해 일본과 이해를 같이하는 영국과 협력해서 대응한다는 것이었다.

한편 미국은 1898년 미국·스페인전쟁의 결과 필리핀을 식민지로 획득하자 의화단 사건을 계기로 하여 1900년 7월 중국을 상대로 문호개방정책[10]을 천명함으로써 러시아의 적극적인 만주정책에 대

1900년에 베이징에 있는 외국 공사관을 포위함으로써 시작된 사건이다. 청국 정부는 당초 이를 지지하여 선전포고를 했기 때문에 8개국 연합군이 베이징을 점령하는 사태로까지 확대되었다. 이 과정에서 일본은 구미 열강과 함께 의화단운동을 진압했고, 러시아 또한 진압을 구실로 만주에 주둔하게 되었다.

9 (용어설명) 만한滿韓교환론: 일본과 러시아가 각축을 벌이던 과정에서 일본 측에서 나온 주장이다. 만주를 러시아에 양보하고, 일본은 한국에 대한 독점적인 지위를 확보하겠다는 논의이다.

10 (용어설명) 문호개방정책 Open Door Policy : 1890년대 이후 미국의 대중방침을 상징

해 부정적 입장을 취한다. 이것은 결과적으로 일본을 간접적으로 지원하는 역할을 했다.

반면 영국과 일본은 러시아의 영향력 팽창을 자국의 이해관계에 대한 직접적인 위협으로 간주했다. 그리고 공통된 이해관계를 바탕으로 실질적인 협력관계를 발전시켜 가다 결국 영일동맹[11]을 체결했다. 영일동맹은 한반도를 둘러싼 일본과 러시아의 대립이 삼국간섭과 같은 사태를 또다시 일본에 초래하지 않을까 하는 두려움에서 벗어나게 해 주었다. 그리고 영국의 자본 유치가 가능해져 일본의 재정난을 구해 주는 역할을 했다.

🏛 **NOTE 26　19세기 영국의 힘은 과연 어느 정도였을까?**

영국과 유럽대륙 강대국들의 힘의 격차는 19세기 중반까지 압도적이었다. 유럽대륙이 민족주의와 민주주의, 그리고 계급혁명의 실험장이 되어 있는 동안에, 영국에서는 산업혁명이 가속화되고 점진적인 정치개혁이 진행되었다. 1760년에서 1830년 사이에 영국은 유럽의 생산량 증가의 3분의 2를 견인했고, 세계 제조업 생산에서 영국이 차지하는 비율은 1.9%에

하는 정책이다. 미국은 전통적으로 고립주의를 고수해 왔지만, 서부 개척을 마친 시점에서 식민지 획득 경쟁에 눈을 돌리게 된다. 1898년 미국·스페인전쟁 결과 필리핀을 획득하자 중국에 대한 문호개방정책을 천명하여 러시아의 만주정책에 대한 부정적 입장을 취한다. 이는 중국 진출에 대한 후발국의 입장에서 선발국의 독점상황을 저지하려는 의도를 담고 있었다.

11 용어설명 영일동맹: 1902년 1월 30일 러시아의 남하에 대비하여 이해관계를 함께하는 영국과 일본 양국이 체결한 동맹이다. 이 조약은 런던에서 조인되었으며, 일본이 러일전쟁으로 가는 길을 예비해 주었다. 1905년 8월 12일 개정·조인 제2차 영일동맹 되었으며, 다시 1911년 7월 개정조인 제3차 영일동맹 되었다.

서 9.5%로, 1860년에는 19.9%로 증가했다. 1860년의 에너지 소비량을 지표로 영국의 경제적 우세를 보면 영국은 미국과 프로이센의 5배, 프랑스의 6배, 그리고 러시아의 155배의 경제력을 보유하고 있었다.

영국은 산업혁명의 진전에 따른 노동계급의 정치적 도전을 점진적인 선거권 확대로 안정화하고, 국내 시장을 개방하는 자유무역 정책을 통해 세계무역과 금융의 중심이 되었다. 19세기 중반 영국은 세계무역의 5분의 1, 제품무역의 5분의 2를 차지했고, 세계 상선의 3분의 1이 영국 국적의 선박이었다. 19세기 중반 이후 산업혁명은 유럽대륙과 미국으로 확산된다. 이들의 산업혁명의 주요한 원동력은 영국의 자본과 시장이었다. 후발 산업화 국가들은 영국 중심의 자본주의 세계경제 질서에 편입되었으며, 영국의 해군력은 영국의 안보를 넘어 자본주의 세계경제 전체의 안정을 담당하는 힘이었다.

이런 이해 위에서 세계적 차원에서 나타난 영국과 러시아의 대결구도의 연장선상에서 영국의 거문도 점령 사건1885~1887, 그리고 청일전쟁 이후 1902년에 성립되는 영일동맹 등의 중요성을 이해해야 한다.[12]

러일전쟁의 발발, 경과, 종결

이런 정세의 진전 과정에서 러시아에서는 얼마 동안 온건파세력이 대두하여 만주철병이 추진되기도 하지만 이후 강경세력이 실권을 잡아 모험주의적인 노선을 추진함으로써 러·일 양국 간에 팽팽한 긴장감이 돌았다. 일본 국내에서도 이번 기회에 조선 문제를 해결하겠다는 요지의 기본정책 구상이 결정되었고 러시아에 대해 강경한 입장을 견지하는 호전적인 집단이 속출한다. 이에 따라 일본에

---

12 강상규·이혜정, "근대 국제정치질서와 한국의 만남", 하영선·남궁곤, 『변환의 세계정치』(을유문화사, 2012), p. 50.

서도 전쟁을 주장하는 세력들이 실권을 잡는 형국으로 나아갔다.

일본은 러시아와 몇 차례의 최종교섭을 진행하다 1904년 2월 4일 러시아에 대한 개전을 결정하고 2월 8일 랴오둥 반도의 뤼순항에 정박 중이던 러시아 군함들을 기습한 뒤 연이어 인천 앞바다에서 러시아 군함을 격침시키면서 러일전쟁을 시작했다.

전세는 일본에 유리하게 진행되었다. 하지만 뤼순旅順 전투와 펑톈奉天 회전을 거치면서 전쟁이 장기화되자 재정 문제에 부딪힌다. 결국 일본은 결정적 승기를 잡은 후에 미국의 시어도어 루스벨트 Theodore Roosevelt, 1858~1919, 재임: 1901~1909 대통령에게 중재를 부탁하기로 결정한다. 바로 그 결정적인 전투가 1905년 5월 27일에 벌어진 러시아 발틱함대와의 해전이었다. 일본은 여기서 승리한 직후 러시아 정부와 협상 테이블로 나가게 된다.

1905년 일본은 동해해전의 승리를 계기로 미국의 루스벨트 대통령에게 강화 주선을 의뢰했다. 양국 사이에는 강화조약이 이루어질 가망이 없어 보였으나, 일본은 사할린 북부 절반을 러시아에 반환하고 배상금을 요구하지 않는다는 양보를 하면서 포츠머스 강화조약이 성립되었다. 포츠머스 강화회담은 전쟁의 추이와 함께 일본의 재정 악화, 동아시아 세력균형 유지를 위한 열강들의 정책 등의 요인들이 상당하게 작용한 것이었다. 러시아와의 강화조약의 내용이 알려지면서 격분한 일본인들은 강화반대운동을 전개하기도 했다. 이른바 히비야 소요 사건[13]이 그것이었다.

---

13 (용어설명) 히비야日比谷 소요 사건 : 러일전쟁 이후 도쿄의 히비야 공원에서 개최될 예정이었던 전승 축하연은 포츠머스 강화조약 내용이 알려지면서 배반감을 느낀 민중에 의해 오히려 급격한 폭동으로 번진다. 히비야 소요 사건은 도시 민

러일전쟁과 한반도

러일전쟁을 치르면서 일본은 한반도 지배에 대한 국제적 분위기를 조성하기 위한 다양한 외교적 조치를 취하고 있었다. 대한제국에 배타적인 지배체제를 수립하려면 이에 대한 국제적 공인을 받을 필요가 있었기 때문이다. 미국과의 가스라桂-테프트Taft 밀약 1905. 7. 29, 영국과의 제2차 영일동맹 1905. 8. 12, 러시아와 포츠머스 조약 1905. 9. 5 등이 그것이다. 일본은 이를 통하여 러시아를 만주와 대한제국으로부터 축출하고, 대한제국에 대한 독점적 지배권을 열강으로부터 공인받았다. 이런 일본의 외교는 대한제국의 외교권을 강제적으로 박탈하는 이른바 을사조약[14]의 국제적 기반을 다지는 작업이었던 것이다.

일본은 러일전쟁의 승리를 통해 러시아의 랴오둥 반도 조차권을 계승하여 오랜 숙원이던 대륙 침략의 확고한 기반을 획득했고, 지역 강대국으로서 국제적 지위를 인정받는다. 그리고 관계 열강들이 관여하여 체결한 조약이라는 점에서 일본의 대한제국에 대한 이른바 보호권이 국제적으로 승인되었다.

한편 1904년 러 · 일 개전이 임박하자 고종황제는 국제 열강들을 조선 정세에 개입시킴으로써 일본의 예속에서 벗어나고자 전시국

중이 일본정치에서 무시할 수 없는 행위자로 들어섰음을 상징적으로 보여 주는 사건이었다.

14 (용어설명) 을사조약 : 러일전쟁에서 승리한 일본이 1905년 11월 7일 열강과의 합의하에 단행한 조약이다. 이로 인해 외교권 상실, 통감부의 설치 등이 결정되어 한국은 사실상 일본의 보호국이 되었다. 조약체결 과정상에서 나타난 강제성과 불법성으로 인해 조약의 요건이 성립될 수 없다는 점을 감안하여 을사늑약 乙巳勒約이라는 이름으로 비판적으로 부르기도 있다.

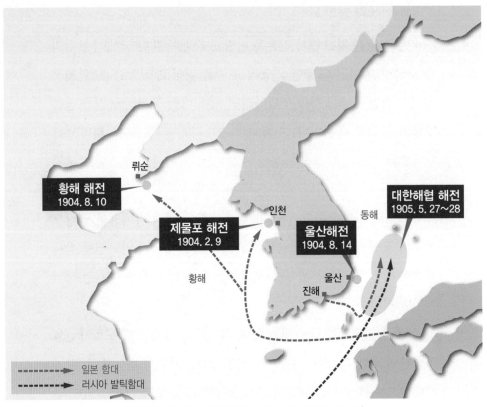

러일전쟁의 주요 해전 (지도: 하니누리 디자인 김승한)

외중립 戰時國外中立 을 선언했다. 그러나 제국 일본은 이를 무시하면서 전쟁을 도발했고, 대한제국을 무력 점령한다. 그리고 1904년 2월 23일 대한제국의 외부대신 이지용 李址鎔 과 일본 측 하야시 곤스케 林權助 공사 사이에 한일의정서 韓日議定書 를 체결한다. 제국 일본은 이를 통해 대한제국 정부를 일본의 지도하에 두고 내정을 간섭할 권리를 확보한다. 일본의 주된 관심은 정치·군사적 침략의 확고한 발판을 마련하는 것이었다. 제국 일본은 대한제국 정부와 조약을 체결함으로써 형식적 합법성을 부여하고 구미열강의 간섭을 가급적 배제하려고 했다. 군사적 점령과 동시에 한일의정서 체결을 서둘렀던 것은 이 같은 침략정책을 합리화하기 위해서였다.

제국 일본은 국제적 여건이 이른바 '보호조약'을 체결하는 데 문제가 없다는 생각을 하고 1905년 10월 27일 각의에서 대한제국에 대한 보호권 확립의 실행 계획을 결정한다. 보호권 설정의 총책임을 맡은 이토 히로부미는 을사조약의 초안을 제시하면서 고종황제에게 수락을 강제했다. 을사조약은 무력적인 강제와 협박, 국가 최고 주권자의 승인·서명·국쇄 날인을 받지 않은 점에서 조약이 갖춰야 할 최소한의 형식도 갖추지 못한 것이었다. 그러나 제국 일본은 '을사늑약'을 계기로 조선의 외교권을 전부 찬탈하고, 조선을 관리하기 위한 통감부[15]를 설치했으며, 대한제국을 보호국으로 삼았다.

이런 일본의 만행을 접하고 다시 의병이 봉기하는데 이를 을사의병이라고 한다. 을사의병은 양반유생이 의병장이었지만 최익현, 민종식 등 관료출신 인사가 많았고 농민의병이 출현하면서 선명한 구국노선을 지향했다. 이 시기의 의병은 일제에 비하면 화력 면에서 절대적인 열세에 놓여 있어 큰 전과를 올릴 수 없었으나 1907년 군대해산 이후 전력을 한층 강화하여 활동의 폭을 넓히고 전국적으로 확대 발전해 갔다.

러일전쟁과 제국 일본

일본은 러일전쟁의 승리로 메이지유신 이래 40여 년간 구체적인

---

15 용어설명 통감부 統監府 : 을사조약에 따라 1905~1910년까지 서울에 설치된 일본의 관청이다. 초대 통감으로 이토 히로부미를 두고 경찰력을 강화, 이완용파와 일진회를 이용하는 등 조선 식민지화의 발판을 다지는 기관으로 기능했다.

현안이 되어 왔던 불평등조약의 개정과 한국에 대한 지배권의 확립이라는 문제가 해결되었고, 만주지역에서 영토와 이권을 획득하는 성과를 거둠으로써 명실상부한 세계 열강 대열에 들어섰다.

하지만 이렇듯 일본이 강국으로 부상하는 과정은 일본을 과거 고질적인 문제에서 해방시키는 과정이었음과 동시에 새로운 차원의 복잡한 문제들을 잉태해 가는 과정이기도 했다. 당시 일본의 정치적 독립은 육해군과 여러 열강과의 동맹을 통해 유지되고 국가의 경제력이 아시아 국가들의 자연 자원에 의존하는 상황이었다. 더욱이 러일전쟁을 치르는 동안 일본은 중국과 일본의 협력을 구하기 위하여 아시아주의의 한 형태인 '동양평화론'을 들먹이며 인종 간의 전쟁임을 강조했기 때문에 일본의 승리는 유색인종에게 자신감을 주기도 했다.

하지만 그것은 동시에 백인종의 경계심을 불러일으키기에도 충분한 것이어서 황색인종의 위협을 경계하는 이른바 '황화론黃禍論'이 등장하는 계기가 되기도 했다. 전후일본의 국민작가로 불리는 시바 료타로司馬遼太郎, 1923~1996는 『언덕 위의 구름』의 후기에 다음과 같이 적고 있다. "승리를 절대화하고 일본군의 신비한 강력함을 신격화함에 따라 그 부분에서 일본은 민족적 치매에 걸렸다. 러일전쟁을 경계로 일본인의 국민적 이성이 크게 후퇴하여 광란의 쇼와昭和시대에 돌입하게 된 것이다."

시바 료타로의 지적대로라면 메이지 일본의 행보에 문제가 생긴 것은 러일전쟁을 경계로 시작한다고 해야 할 것이다. 이것은 바꿔 말하면 메이지유신 이후 일본은 영광스러운 길을 잘 찾아갔지만 이후 이런 길에서 크게 일탈하면서 어두운 쇼와 시대로 가게 되었다는 논리구조를 가지고 있다. 하지만 과연 그렇게 보아도 문제가 없는 것일까?

메이지 일본은 양면의 얼굴을 가지고 있었다. 하나가 중앙집권국가를 수립하면서 새로운 산업을 육성하는 국내개혁의 측면이라고 한다면, 다른 하나는 약육강식의 세계관에 입각하여 이후 주변국을 침략하고 제국주의로 치달리는 대외적 측면이다. 거대한 전환기 상황에서 탄생한 메이지 정부는 변화하는 새로운 국제질서의 명실상부한 행위주체인 독립국가가 되는 것을 확고한 국가목표로 인식한다. 하지만 청일전쟁과 러일전쟁이라는 두 차례의 전쟁을 겪고 승승장구하면서 일본은 전쟁의 매력에 심취하고 있었다.

그리고 대만과 대한제국을 식민지로 만들어 가면서 '독립국'의 경계를 넘어 '제국주의'로 빠져들었다. 이처럼 전쟁에 열광하는 동안 일본 내부에서는 '국가'의 권리를 위해서는 '개인'의 권리를 희생하는 것이 정당하다는 의식이 자연스럽게 자리 잡아 갔다. 청일전쟁과 러일전쟁에서의 승리는 제국 일본에 강렬한 자부심을 가져다주었으나 그것은 일본에 불행한 결과를 잉태하고 있었다. 그뿐만 아니라 그것은 한국과 중국을 비롯한 주변국의 불행과 고통으로 이어지고 있었다. 하지만 이에 아랑곳하지 않고 러일전쟁 이후 제국 일본에는 이제 영국이나 미국과 비견되는 세계강국으로 성장했다는 의식이 만연해졌으며, 일본인들은 그만큼 과장된 허위의식 속에 빠져들었다.

📖 NOTE 27   『주신구라』와 일본정신의 '근대'적 발견

앞서 〈NOTE 12〉에서 살펴본 바 있는 47인의 사무라이 이야기와 『주신구라 忠臣蔵』는 일본 열도가 메이지유신 이래 강력한 근대국가를 형성 구축해 가는 과정에서 매우 특별한 의미를 가진다. 예컨대 1868년 메이지 천황이 47인의 사무라이들이 잠들어 있는 센카쿠지에 칙사를 보내 아코 낭인들의 행동을 칭송한 행위는 이 이야기가 일본 대중이 애호하는 문예물의 범위를 넘어 이른바 '일본적인 것', 더 나아가 '일본정신'의 핵심으로 새롭게 재해석될 것임을 예고하는 것이었다.

여기서 47인의 사무라이 스토리와 『주신구라』의 근대적 가치를 이해하려면 또 다른 책을 함께 살펴볼 필요가 있다. 서세동점의 상황이 한창 진행 중이던 1900년 뉴욕에서 출간된 니토베 이나조 新渡戸稲造, 1862~1933 의 『무사도 武士道 Bushido: The Soul of Japan』라는 책이다. 그는 상이한 동서문명의 대립과 갈등이 진행되는 위기와 혼돈의 와중에서 일본정신 혹은 일본인의 정체성에 대한 고민을 거듭하면서 이 책을 영어로 출간했다. 이 책은 지금까지 영어로 출간된 일본인 작가 저서 중에서 가장 많은 독자를 확보하고 있으며, 이후 20세기에 쏟아져 나온 수많은 일본인론, 일본문화론의 원형이 되었다.

그는 서문에서 이 책을 쓰게 된 동기가 '종교가 없는 일본에서 어떻게 사회질서를 유지하는 것이 가능한가'라는 서양학자의 질문에 대한 답변을 찾아가는 과정에서 '무사도'야말로 일본을 지탱하는 도덕적 기반이 된다는 것을 밝히기 위한 것이었다고 설명한다. 여기서 니토베는 "자신이 논증하려는 것들에 대해 유럽의 역사, 문화에서 다양한 사례를 끌어와 설명하고자 했다"라고 말한다. 이 책이 서양학문을 공부한 지식인의 가공물임을 엿보게 해 주는 대목이다.

그리고 "봉건시대 말기의 일본은 태평세월이 이어져 무사들의 생활에 여유가 생기고 갖가지 취미활동이 가능했다. 하지만 그 시절에도 '의사義士'라는 칭호는 학문과 예술 분야의 명인에게 주어지는 그 어떤 칭호보다

자랑스러운 것이었다. 일본의 국민교육에 가장 많이 등장하는 인물도 유명한 의사이며 충신인 아코의 낭인 47인이다. 음모가 전술로 통하고 기만이 전략으로 통하던 시대에 의사의 칭호를 얻은 정직하고 솔직한 사나이들의 덕성은 보석처럼 찬란히 빛나며 모두의 아낌없는 칭찬을 얻었다"라고 하면서 47인의 사무라이에 대해 언급하고 있다. 이 책의 1장은 다음과 같이 시작한다.

> "무사도는 일본을 상징하는 벚꽃과 함께 일본을 대표하는 고유의 정신이다. 그것은 일본 역사 속에 보존되어 있는 바싹 말라 버린 낡은 도덕의 표본이 아니다. 오늘날에도 변함없이 아름다움과 힘을 간직한 채 일본 국민의 가슴속에 살아 숨 쉬고 있다. 무사도는 분명하지 않은 형태에도 불구하고 도덕적 분위기의 향기로 여전히 일본인들을 크게 감화시키고 있다. 무사도가 탄생하고 성장한 시대는 이미 사라졌다. 그러나 먼 과거에 존재했지만 지금은 본체를 상실한 별이 아직 일본인들의 머리 위에서 빛나고 있듯이, 봉건제의 자식으로 태어난 무사도는 그 모태인 봉건제가 이미 붕괴되었음에도 여전히 살아남아 일본인들의 도덕성을 비추어 주고 있다."

그렇게 보면, "꽃은 사쿠라, 사람은 사무라이"라는 식의 일본식 미학과 가치기준을 명확히 제시한 『주신구라』를 근거로 하여, 니토베 이나조는 '일본정신의 정수精髓'를 서양의 기사도에 대비되는 '무사도'에서 새롭게 추출해 내고 있음을 알 수 있다. 즉 『주신구라』라는 작품이 없었다면 『무사도』 역시 탄생하기 어려웠다고 해도 과언이 아니다. 『주신구라』가 역사적 사실을 바탕으로 가공된 무사들의 정서를 함축하고 있는 하나의 이야기라고 한다면, 『무사도』는 여기에 녹아 있는 구체적인 덕목을 추출하여 이를 씨줄과 날줄로 삼아 일본의 보편적 정신세계를 가공해 놓았다고 할 수 있다. 이 책을 읽다 보면 동양도 아니고 서양도 아니면서 동서문명의 정수를 구현해 온 존재로서 일본의 근대적 이미지가 새롭게 가공되어 만들어지고 있음을 어렵지 않게 확인할 수 있다. 역사학자인 에릭 홉스봄의 표현을 빌리면, 근대국가의 필요에 따라 '전통이 새롭게 발명 invention of tradition'되고 있는 것이다. 이후『주신구라』는 '충군애국'이라는 근대적 이데올로기를 강화하는 자료로 평가받으면서 일본의 교육현장에서『수신』, 『국어』교재 등에 인용되며 다양하게 활용되었다.

후일 루스 베네딕트 Ruth Fulton Benedict, 1887~1948 는 전후에 출간된『국화와 칼』1946 에서『주신구라』의 소재가 된 47인 사무라이의 복수극에 관해 다음과 같이 소개한 바 있다.

"『주신구라』는 일본의 참다운 국민적 서사시라고 할 수 있다. 이것은 세계의 문학 속에서 높은 지위를 차지하는 이야기는 아니지만, 이만큼 일본인의 마음을 강하게 사로잡은 이야기는 없다. 일본의 소년이라면 누구나 이 이야기의 본 줄거리뿐 아니라 곁들여지는 줄거리까지 잘 알고 있다. 그 이야기는 끊임없이 전해져서 문자로 인쇄되고 현대의 통속 영화로 되풀이해서 다루어진다. 47인의 낭인의 묘소는 예부터 지금에 이르기까지 명소가 되었고, 몇 천만 명의 사람들이 참배했다. 이 참배객들이 놓고 간 명함으로 무덤 주위가 하얗게 되는 일도 자주 있었다.『주신구라』의 주제는 주군에 대한 의리를 중심으로 하고 있다. 47인의 낭인은 명성도, 아버지도, 아내도, 누이도, 정의도 의리를 위해 모두 희생시켰다."

이어서 루스 베네딕트는 다음과 같이 분석한다.

"메이지유신 이후 일본인은 충성을 지상 최고의 덕으로 가르쳐 왔다. 마치 정치가가 천황을 정점에 두고, 쇼군과 봉건 제후를 배제함으로써 계층제도를 단순화했던 것과 마찬가지로, 그들은 또 도덕의 영역에서도 하위의 덕을 모두 충성의 범주 아래에 둠으로써, 의무의 체계를 단순화하려는 노력을 한 것이다. 그들은 충성을 다하는 것이 곧 다른 모든 의무를 수행하는 것과 같다고 가르치려 했다."

이런 베네딕트의 지적을 통해 근현대 일본정치외교사를 생각해 보면, 보다 상위의 전체자에게 순종하고 헌신하는 봉공奉公의 도덕정신을 강조하는 일본식 사유방식이 현실정치 공간에서 맹목적으로 강조되면 어느 순간 전체주의적 논리로 둔갑하여 얼마나 무섭게 개인을 구속할 수 있는지를 보여 준다고 할 수 있다.

📚 NOTE 28　　21세기 동아시아에서 벌어지는 영토분쟁 이해하기

현재 일본은 동아시아 주변국들과 영토분쟁을 겪고 있다. 한국과의 독도 문제, 중국·대만과의 센카쿠열도 尖閣列島 문제, 러시아와의 북방 4개 섬 문제 등이다. 한국의 독도를 일본에서는 다케시마 竹島 라고 부르는데, 러일전쟁 와중에 일본은 독도를 시마네현 島根県 에 편입시킨 바 있다.

러시아와는 지시마 千島 열도의 일부인 하보마이제도, 시코단, 구나시리, 에도로후 등 북방 4개섬 일본은 이를 북방영토라고 부름 을 놓고 대립 중이다. 이 섬들은 1855년 러일화친조약에 따라 일본의 땅으로 인정되고 러시아는 그 이북을 차지했으나, 제2차 세계대전 이후 일본이 지시마 열도의 영유권을 방기함으로 소련이 점령했다.

센카쿠 열도는 중국에서는 댜오위다오 鳥魚島 라고 부르는데, 청일전쟁이 끝난 1895년에 일본이 오키나와현에 편입시켰다. 따라서 태평양전쟁이후 미국의 통치하에 놓였다가 1972년 오키나와가 일본으로 반환됨에따라 다시 일본이 이를 지배하고 있다.

그러면 일본은 왜 주변국들과 이런 문제를 겪고 있는 것일까? 이와 관련해서는 세 가지 사실을 우선적으로 염두에 둘 필요가 있다.

첫째로 일본이 주변국들과 영토분쟁을 겪는 곳이 모두 19세기의 상황과 관련되어 있음을 주목해야 한다. 19세기와 관련되어 있는 것은 그것이 기존 국가들과의 전통적인 경계 개념에서 근대적인 경계, 즉 영토 개념으로 바뀌었다는 사실과 이어진다. 앞서 근대 국제질서에 관해 설명한 바와 같이 근대국가는 주권국가이며 영토국가이다. 주권국가는 영토 내에서 배타적 지배권을 행사한다. 그런데 근대국가에서 영토는 명확하게 선으로 표시된다. 그러나 이런 영토 개념이 과거에도 동일하게 존재했던 것은 아니다. 역사부도 등에서 편의상 선 개념을 통해 영토를 그어 놓은 것은 사실과는 적지 않은 차이가 존재한다.

근대적 영토와 국경 개념이 들어오기 이전에는 국가들 간의 경계란 선 개념보다는 일종의 공간 개념에 가까운 것이었다. 그래서 역사부도에서 경계를 표시할 때는 국가권력의 영향력이 미치는 정도를 점묘도 혹은 일기예보 등에서 사용하는 그러데이션gradation과 같은 방식으로 표시하는 것이 더욱 역사적 사실에 부합할 수 있다. 과거에 변방지역을 철저히 관리하는 것이 불가능한 상황에서 국가들이 오늘날과 같은 명확한 경계를 갖는다는 것이 현실적으로 불가능할 뿐만 아니라 그럴 필요성도 강하게 느끼지 않았다.

둘째로 19세기 동아시아 국가들이 주권 국가체계 간의 근대 국제질서 체제에 들어서는 과정에서 일본은 주변 국가를 침략하며 그 영향권을 확대해 나갔고 이 과정에서 국경을 둘러싼 혼선이 빚어진 것이다.

셋째로 20세기 제2차 세계대전을 치르고 일본은 패망한다. 세계는 바야흐로 이념의 시대인 냉전의 시대로 접어들었고, 세계는 미·소 간의 대립을 축으로 자유주의진영과 사회주의진영으로 양분되기 시작한다. 이때 미국이 일본을 이른바 '동아시아 냉전의 전초기지'로 활용할 필요성을 강하게 인식하면서 전후청산은 임기응변적이고 미봉적으로 정리되고 말았다. 이제 영토 문제는 다른 안건에 우선순위가 밀려 현실국제정치의 수면 밑으로 잠복해 들어간다. 이후 동서 간의 냉전이 끝나자 잠복해 있던 영토 문제가 보다 본격적으로 수면 위로 떠오른 것이다.

3. 제국 일본의 한국 병합

러일전쟁 후의 국제정세와 통감정치

일본은 러일전쟁 후 러시아가 만주에서 후퇴하자 영국과 미국을 비롯한 여러 나라에 문호 개방을 약속했지만 이를 지키지 않았다. 1906년 6월 남만주철도주식회사를 설립해서 적극적인 만주경영을 목표로 하고, 8월에는 랴오둥 반도에 관둥 關東 도독부를 두고 그 지역을 통치했다. 이것은 일본이 열강에 거듭 약속해 온 '문호개방'과 '기회균등' 원칙을 전면 위배하는 행동이었다.

통감부의 이토 히로부미 초대통감 初代統監 은 조선 병합에 관한 러시아의 양해를 얻기 위해 러시아와 협약을 성립시키려고 했다. 1907년 7월 러시아와 일본은 전후 제1차 러일협약을 맺게 된다. 이 협약은 러·일 양국의 상호 영토 보전과 포츠머스 강화조약의 규정 준수, 청의 독립과 영토 보전, 기회균등을 약속했다. 일본 외교는 종래 영일동맹을 축으로 전개되었는데, 새로 체결된 러일협약으로 동아시아에서 일본의 입지는 더욱 강화되었다.

러일전쟁 후 미국과 일본 간에는 포츠머스 강화회의를 전후해서 발생한 캘리포니아의 일본 이민 배척 문제를 두고 대립이 표면화되었다. 하지만 다카히라 高平小五郎 -루트 E. Root 협정이 맺어지면서 미·일 간의 긴장은 다시 완화되는 조짐을 보인다.

한편 초대통감 이토 히로부미는 통감정치의 최우선 정책으로 차관 도입, 교육 진흥, 경찰력의 강화를 내걸었다. 치안 유지를 위해 새로운 군율을 시행하고, 이와 병행하여 지방 경찰력의 강화를 추진했다. 이토가 반일운동에 대한 대책으로 이용한 것은 일진회 一進會

였다. 이토는 이완용파와 일진회를 기둥으로 이완용 내각을 조직하여 황제의 권한을 축소하고 내각이 국정의 책임을 지게 했다.

다른 한편 네덜란드 주재 공사로부터 고종황제가 헤이그에 밀사를 파견한 사건의 전말을 보고받은 일본 정부는 대한제국에 대한 근본적인 문제해결 방안을 꾸미게 된다. 사이온지 긴모치 西園寺公望 총리가 이토 통감에게 보낸 1907년 7월 12일 자 극비문서에는 "통감은 한국 내정에 관하여 전권을 장악할 것, 군부와 탁지부 대신에 일본인을 임명할 것, 고종황제는 황태자에게 양위토록 할 것, 장차 대한제국의 황제와 정부는 통감의 결재 없이는 정무를 수행치 못하게 할 것"과 같은 내용을 담고 있다.

1907년 7월 고종황제의 강제퇴위 직후 정미 丁未 7조약 제3차 한일협약이 조인되었다. 실질적인 병합의 달성이라고 할 수 있다. 이 조약이 노린 가장 중요한 목적은 군대를 해산하는 것이었고 그렇게 함으로써 대한제국의 군사권을 빼앗아 갔다. 이처럼 군사권 탈취와 피침략국의 국민의 신뢰가 두터운 국왕을 제거하는 일은 제국주의 열강이 약소국을 식민지화하는 데 반드시 거쳐야 할 절차의 하나라고 할 수 있다. 군대는 그 존재 자체가 주권국가를 상징하는 것이기 때문이다. 군대해산은 거센 반발과 저항을 불러일으켰고 항일투쟁은 새로운 국면으로 접어든다.

아시아주의의 맥락: 동양평화론과 동문동종

동양평화론은 기본적으로 만주와 한반도를 둘러싸고 이루어지던 러시아와 일본의 각축이 치열하게 진전되는 가운데 일본이 한반도와 만주, 그리고 중국대륙에 대한 그들의 침략의지를 합리화하기 위한 근거로 제시한 논리이다. 이른바 '아시아주의'의 한 형태로서 러일전쟁을 치르면서부터 빈번하게 사용되었다. 동양평화론, 동문동종 등의 논의는 아시아인들에게 한동안 매우 고무적인 것으로 받아들여지기도 했다. 여기 동문동종이란 용어에서 '동문同文'이란 동일한 한자문화권임을, '동종同種'이란 동일한 황색인종이라는 의미를 담고 있다. 즉 서로 나라는 다르지만 동일한 문자를 사용하고 인종도 같다는 공통점을 부각하기 위해 사용한 용어이다. 그러나 이런 동양평화론은 매우 기만적인 것이라고 할 수 있다.

　동양평화론이 한국에서 허구적이고 기만적으로 사용된 구체적인 사례를 몇 가지만 소개한다. 러일전쟁 개시 직후에《황성신문》에 실린「일본황제천황의 선전조칙宣戰詔勅」을 보면, 다음과 같이 나온다.

"짐朕, 일본천황이 생각하건대 평화롭게 문명을 나아가게 하고 열국과 교의를 돈독하게 하여 **동양의 치안**을 영원히 유지하며 또한 각국의 권리와 이익을 손상치 않게 하고 제국 일본의 안전을 영구히 보증하기를 바랐는데 이제 불행하게 러시아와 개전하기에 이르렀으니 이것이 어찌 짐의 본래 뜻이겠는가. 제국 일본이 한국의 보전에 치중함이 오늘만의 일이 아니라 양국의 오랜 관계에 근거할 뿐만 아니라 한국의 존망이 실로 제국의 안위에 관계되는 바이거늘 러시아가 청에 맹약하고 여러 나라들에 누차 선언하였음에도 불구하고 의연히 만주를 점거하고 이를 점차 공고히 하여 마침내 병탄하려 하니 만약 만주가 러시아 영토에 들어가면 한국보전을 유지하기 곤란하고 **극동의 평화**도 역시 희망하지 못할지라."
　　　　　　　　　　　　　　　　　　　　　－〈황성신문〉 1904년 2월 20일

　한편 러일전쟁 발발 보름 후인 1904년 2월 23일에 체결된, 앞서 언급한 바 있는 〈한일의정서〉의 내용도 다음과 같이 되어 있다.

제1조 한일 양국 사이의 항구적이고 변함없는 친교를 유지하고 **동양의 평화**를 확립하기 위해 대한제국 정부는 대일본 제국 정부를 확신하고 시정개선에 관한 충고를 받아들인다.

제2조 대일본 제국정부는 대한제국 황실을 확실한 친의親誼로서 안전 강령하게 한다.

제3조 대일본 제국정부는 대한제국의 독립과 영토 보전을 확실하게 보증한다.

- 『일본외교문서』 37-1, pp. 345-346

마침내 일본이 1910년 8월 22일 한국을 강제병합하면서 작성한 병합조약의 전문前文의 경우는 다음과 같이 시작한다.

"일본국 황제폐하 및 한국 황제폐하는 양국 간의 특수하고 친밀한 관계를 고려하여 상호의 행복을 증진하고 **동양의 평화**를 영구히 확보하고자 하는바, 이 목적을 달성하기 위해 양국 간에 병합조약을 체결하기로 결정했다."

- 『일본외교문서』 42-1, pp. 679-682

한국에서 나타난 저항들

대한제국의 고종황제는 을사조약을 '죽을지언정' 거부하겠다는 의지를 분명히 했고 수차례의 국서를 서구열강에 은밀히 전달하게 한다. 을사조약의 체결 및 승인에 대하여, 황제는 밀서密書를 통해 을사조약이 일본의 '강압'과 '강제'로 체결된 것에 불과하며 자신은 이를 '승인'하지 않았다는 점을 여러 차례 밝혔다. 그리고 이런 사실에 입각하여, 조약이 강압으로 성립된 것이므로 만국공법, 곧 국제법에 따라 사실상 무효라고 천명하게 된다.

한편 헤이그에서 열린 제2회 만국평화회의에 고종황제는 밀사를 파견하여 한국의 주권회복을 호소한다. 하지만 일본 정부와 연대한 열강들에 의해 한국의 제소는 거절당한다. 이에 밀사로 파견된 이준李儁은 강대국의 이해관계만을 반영하는 평화회의의 기만성에 분노하며 자결했다. 일본은 헤이그 밀사 파견을 빌미로 삼아 고종황제를 퇴위시켰으며, 정미 7조약을 체결하여 통감의 한국 내정에 대한 감독권을 강화했다. 게다가 한국 군대를 해산시키고 한국의 사법권 경찰권도 장악했다.

또한 해산된 군인들의 의병가담은 새로운 무기의 제공과 전술의 확충을 가져왔고 이를 계기로 보다 적극적인 의병투쟁이 전개되면서 의병항쟁은 전국적으로 확대되어 갔다. 군대 해산 이후 군인, 포수, 광부, 철도노동자 등이 의병으로 합세하여 의병장의 신분도 다양해졌다. 그러나 1909년 하반기에 일본군의 대대적인 '남한대토벌 작전'으로 궤멸적 타격을 입은 의병들은 만주 등지로 이전하여 독립군으로 전환되었다. 이런 와중에 1909년 10월 26일 안중근 1879~1910은 만주의 하얼빈 역에서 이토 히로부미를 저격했다. 안중근은 뤼순 법정에서 이토 히로부미의 죄상을 열다섯 가지로 나누어 고발하고 자신의 의병투쟁은 독립전쟁이라고 대답하면서 자신의 행위는 기만적으로 동양평화를 이야기하는 이토를 처단함으로써 동양평화가 이웃 국가의 독립을 존중하는 것일 때만 가치 있는 것이라는 입장을 밝히기도 했다.

여기에 언급한 이런 저항들은 즉각적으로는 실패한 것처럼 보였다. 하지만 역사는 매우 중층적이고 모순적이며, 역설적이면서도 계기적인 것이다. 이런 저항의 노력들은 당시의 신문을 통해 퍼져 나갔으며, 이후 나타나는 독립운동의 정당성과 명분을 마련해 주었다. 그리고 이 과정에서 저항적 성격을 띤 강렬한 한국민족주의의 성격이 다져졌던 것이다.

📚 NOTE 29   주권국가와 국제질서, 국민국가와 내셔널리즘의 관련성

세계사는 19세기 후반부터 새로운 국면에 접어들었다고 할 수 있다. 왜냐하면 그동안 대체로 몇 개의 문명권 단위 내부에서 개별적으로 이루어지거나 혹은 서로 영향을 주고받던 역사들이 이제 하나의 시야 속에 들어와 지구적 차원에서 의식되고 유기적으로 움직이는 하나의 세계가 비로소 열리게 되었기 때문이다. 이것은 서양의 전 지구적 팽창과 관련된 것으로서 우리가 흔히 '서양의 충격'이라고 부르는 사태와 이어지는 것이기도 하다. 따라서 국제정치를 보는 시야를 확보하려면 어떤 식으로든 구미세계, 그중에서도 특히 유럽 정치의 핵심인 근대국가와 그들 간에 생겨난 이른바 국제정치 관념을 이해하는 작업이 이루어져야 한다.

오늘날 국제정치의 틀을 이루는 질서체계를 우리는 '근대 국제질서'라고 한다. 그런데 이 새로운 질서를 구성하는 중심에 부국강병과 식민지를 추구하는 '근대국가'라는 새로운 정치적 실체가 나타났다. 그것은 지역적으로 유럽에서 탄생했지만 과거의 중세 유럽에 존재하던 질서와는 판이하게 성격이 다른 것이었으며, 그 주인공으로 등장한 근대국가 역시 기존 국가와는 다른 특성을 갖는 것이었다. 근대 국제질서는 곁에 있는 이슬람 문명권을 타자他者로 의식하고 중세 유럽 사회에 보편화되어 있던 기존 권위에 대항하는 과정, 즉 정치권력이 종교적 권력으로부터의 종속에서 탈피하는 과정을 통해 여러 개의 국가가 '독립적이고 배타적으로 경합'하면서 가시화되기 시작했다.

이렇게 유럽에 처음 등장한 근대국가는 과거 유럽의 중세 국가와는 달리 영토 내에서 단일하고 배타적인 권력을 행사하고 독점적 관할권이 유지되는 영토국가territorial state였으며, 서로 국경을 접하고 대치하면서 무력으로 우열을 가려야 하는 상황에서 자국의 안전과 독립, 그리고 국익을 모든 것에 우선시하는 의식을 가지게 된다. 근대국가의 이런 특성은 이제 영토, 곧 국경선의 '안과 밖'의 세계가 엄밀하게 구별되는 상황이 시작되었음을 의미하는 것이었다. 이런 역사적 배경 위에서 대내적으로는 지상至上, 지고至高의 최고성, 대외적으로는 불가분, 배타적 독립성을 특징으로 하는 주권이라는 새로운 관념이 16세기 후반에 처음 생겨나 근대국가의 핵심적인 속성으로 점차 정착되어 간다.

따라서 유럽에서 탄생한 주권국가는 본질적으로 타국과의 관계에서 피아彼我를 엄격히 구별한다. 그리고 영토나 국경의 안과 밖은 동질적인 연속적인 공간이 아니라 이질적이고 차별화된 세계라는 의식을 갖게 된다. 아울러 대외적으로 배타적인 독립성을 지닌 주권국가 간의 국제질서는 자연스럽게 국가 간의 대립과 전쟁을 그 본질로 삼게 된다. 그런 점에서 근대 국제질서는 형식상으로는 평등한 주권국가들 간의 공존이라는 구조를 갖고 있지만, 독립적인 다수의 국가들이 무질서하게 존재하는 사실상의 무정부적 세계인 것이며 지구상에는 주권국가를 넘어서는 권위를 갖는 일종의 '세계정부'라고 부를 만한 것은 구조적으로 존재할 수 없게 되는 것이다.

이때 간과해서 안 될 사실은 주권국가의 배타적이고 독립적 성격이 갖는 정치적 의미가 대외적 차원에 머무르는 것이 아니라는 점이다. 왜냐하면 이렇게 피아 간의 준별峻別을 바탕으로 하는 주권국가, 그리고 대립과 전쟁을 본질로 삼는 국제질서에서 살아남으려면, 각국의 군주들은 국내의 모든 계급과 계층의 강렬한 충성심과 소속감을 만들어 낼 수 있어야 했기 때문이다. 그러기 위해서는 국가 내부에 존재하는 계급이나 신분, 지역성을 뛰어넘어 이들 구성원을 하나로 포섭해 낼 수 있는 개념이 필요해진다. 요컨대 중세국가의 구성원들이 다원적 지배관계에 얽혀 단일성을 띠지 못했던 것에 비해서, 주권국가의 구성원들은 이제 기존의 신분관계를 뛰어넘은 '국민 내이션'으로서 단일한 지배관계 아래 놓이게 되고 영토 내에서는 적어도 형식상이라도 균질적인 존재로 거듭날 필요가 생긴 것이다.

이처럼 주권국가는 밖으로는 무질서한 국제질서에서 살아남으려 하면서, 안으로는 기왕에 존재하던 다양한 형태의 사회신분제를 타파할 동인을 마련하게 된다. 그런데 이런 과정은 바꿔 말하면 근대 유럽에서 탄생한 주권국가라는 '일국 단위의 정치체'가 근대 국제질서의 주요한 행위자로 확고하게 뿌리내려 가는 과정이기도 했다. 그런데 주권국가가 '안과 밖'의 세계를 엄격하게 구별하고 불가분의 존재로서 '안'의 세계를 단단히 묶어 주어서 마치 당구공과 같이 단단한 존재로서의 국가가 되기 위해서는 개인들에게 민족, 국민 혹은 국가로서의 구성원이 될 수 있도록 하는 강력한 내셔널 아이덴티티가 불가결했다. 즉 구성원들을 묶어 주는 어떤 정치적 명분이 실질적으로 필요해진 것이다. 이처럼 주권국가의 내용을 채워 주는 정치적 명분이자 행동이념이 바로 내셔널리즘이었다.

여기서 주의해야 할 문제는 내셔널리즘이라고 하는 것이 민족이나 공동체, 내 고장에 대한 단순한 애정이나 사랑, 애족심과 같은 무색무취의 소박한 의식을 의미하는 것이 아니라는 점이다. 그것은 민족이나 국민을 최고의 가치로 보고 그것에 맞춰서 정치 문화의 체계를 바로잡으려는 가치관을 의미하며 대외적으로는 자주와 독립을 요구하고 대내적으로는 국민평등의 근거가 되기도 했다. 즉 독립적이고 배타적인 주권국가가 만들어지는 과정에서 구성원들을 묶어 주는 일종의 의식의 접착제 같은 역할을 수행한 것이 다름 아닌 내셔널리즘이며, 이런 내셔널리즘의 자타구별 내지 차별의식이 바로 주권국가의 독특한 식민지 팽창을 가능하게 하는 주요한 근거로 작용한다. 이런 연유로 인해 유럽 근대국가들의 팽창주의, 제국주의의 저변에는 일종의 '우월감에 입각한 내셔널리즘'이 자리하게 되었고, 반대로 구미열강의 식민지적 착취와 억압의 대상이자 근대 국제정치의 희생양으로 전락한 비유럽권 국가들의 경우에는 자주와 독립을 요구하는 '저항적 성격을 지닌 내셔널리즘'이 솟아나게 된다고 할 수 있겠다.

이렇게 보면 근대 유럽에서 역사적으로 탄생한 주권국가와 국제질서 그리고 국민국가와 내셔널리즘이 연쇄적으로 맞물려 이어지는 메커니즘의 연결고리가 대체로 드러난다. 그것은 요컨대 국경선의 '안과 밖'의 세계에 대한 준별과 차별화를 특징으로 하는 '주권국가'와 그 이념으로서 '내셔널리즘'이 마치 뫼비우스의 띠처럼 이어져 역설적이게도 국내적으로 신분차별을 넘어서는 '국민국가'로 내밀하게 연결되는 상관관계를 보여준다고 할 수 있다.

패러다임 전환기 동아시아 국제정치: 제국帝國과 국제國際의 이중주

동아시아의 19세기는 상이한 문명, 곧 '동서문명'의 충돌이 이루어진 거대한 전환기로서, 외부로부터 새로운 패러다임이 기왕의 고유한 패러다임을 밀어내는 과정이었다. 중화문명권의 관점에서 보면, 기존의 문명기준이 새로운 문명기준에 의해 전복되는 과정이자 문명기준이 완전히 역전되는, 말 그대로 경천동지할 사태가 발생했음을 의미한다. 국가의 존재 방식이라는 측면에서 보면, 19세기 한·중·일 동아시아 삼국은 서세동점의 상황에서 이른바 예의 관념에 기반한 중화질서로부터 국가 평등 관념에 근거한 유럽발 근대 국제질서로 동아시아 세계를 구성하는 패러다임의 전면적인 변동을 겪었다고 해야 할 것이다. 이것은 동아시아 국가 간 관계의 패러다임 변동이 중화질서하의 '조공 책봉관계'에서 근대 국제질서의 수평적이고 독립적이며 그런 만큼 '무정부적 관계'로 변환하는 것을 의미하는 것이었다.

유럽 문명권의 세계분할이 종료된 1900년의 세계는 군사적으로나 경제적으로 강력한 유럽 열강의 지배하에 있었다. 이들은 유럽

제국주의 활극장이 된 1900년의 세계지도와 제국들 (지도: 하니누리 디자인 김승한)

네덜란드
노르웨이
덴마크
독일
러시아
미국
벨기에
스페인
영국
오스만
오스트리아 · 헝가리
이탈리아
일본
청
포르투갈
프랑스

내에서는 주권국가 간 관계, 곧 평등한 '국제international'의 모습을 띠고 있었지만, 유럽의 영역을 넘어서면 '제국'의 모습을 취하고 있었다. 이런 유럽산 근대 국제질서의 양면적 모습을 비유럽권에서 제대로 이해하는 것은 대단히 난해한 일이 아닐 수 없었다. 이런 상황을 우리가 추체험하려는 태도를 갖고 들여다보면 당대를 살아가던 사람들이 얼마나 많은 혼란스러움을 느꼈을지 좀 더 실감나게 이해할 수 있을 것이다.

문명사적 전환기 국내정치: 왜 조선/한국은 패러다임 전환상황에서 갈아타기에 실패했을까

패러다임의 전환을 감지하는 것은 말처럼 쉬운 것이 아니다. 19세기 대다수의 사람들은 화이 관념의 연장선상에서 눈앞에서 전개되는 대외정세를 양이, 즉 서양 오랑캐라는 새로운 위협적 요소의 양적 증가라는 일종의 현상적 차원의 변화로만 해석하려 했다. 그리하여 조선이 속해 있는 동아시아 질서 자체가 그 심연의 밑바닥에서부터 질적으로 변화하고 있다는 것, 즉 본질적 차원의 변화가 이루어지고 있다는 것을 예측하지 못하고 신중론이라는 명목하에 구태의연하고 소극적인 대응으로 일관하는 경우가 많았다. 이는 실제로 패러다임의 변환을 예측하는 것이 얼마나 어려운 일인지를 잘 보여준다고 해야 할 것이다.

19세기 전환기의 경험에서 두 번째로 생각하게 되는 중요한 교훈은, 설령 패러다임의 변환을 예측한다고 하더라도 현실정치 공간에서 새로운 비전을 만들어 내고 국가 안팎으로 광범위한 동의를 끌어낸다는 것은 훨씬 더 난해한 작업이라는 사실이다. 더욱이 19세기에 나타난 이질적인 문명 간의 만남과 문명 기준의 역전이라는 사태는 '문명의 세계가 야만으로 전락하고 금수禽獸들의 세계가 문명 세계로 둔갑하는' 것이었다는 점에서 하늘이 무너져 내리고 땅이 뒤집어지는 혼돈의 상황이었다는 점을 기억하지 않으면 안 된다. 서양의 '야만성'을 확인할수록 '예의의 나라 조선/한국'이라는 자기에 대한 확고한 믿음은 오히려 강고해졌다. 조선백자白磁의 세계에 담긴 단아하고 절제된 삶을 꿈꾸던 당시 대부분의 조선인/한국인에게는 『맹자』의 고자告子장에 나오는 "살고 싶다. 의롭고 싶다. 그러나 둘 다 가질 수 없다면 삶을 버리고 의義를 택하겠다生亦我所欲也 義亦我所欲也 二者 不可得兼 舍生而取義者也"라는 생각이 보편적인 상식이고 신념이었다.

안중근의 유묵(遺墨)

청년 안중근이 죽기 직전 뤼순 감옥에서 남긴 '견리사의 견위수명見利思義 見危授命'이라는 글귀가 증명하는 것처럼 '이로운 것을 보거든 (그것이) 의로운 것인가를 생각하고, 위태로운 것을 보거든 목숨을 내주어라'는 믿음은 그들의 의식의 나침반이 항시 흔들리면서도 가리키는 방향이 어디인가를 보여 준다. 그런 믿음을 가지고 살아가던 대다수의 조선인/한국인에게 생존을 위해 19세기 후반 세계의 대세로 떠오른 부국강병을 새로운 기준이자 지침으로 삼고 매진하라고 하는 것은 죽는 것만큼이나 수용하기 어려운 선택이 아닐 수 없었다. 그것은 마치 문명 세계에서 걸어 나와 금수들의 세계로 들어가는 것만큼 수용하기 어려운 변화였다. 19세기 문명사적 전환기에 조선/한국에서 나타난 정치적 엇박자에는 이렇듯 안타깝고도 순정한 사연이 깃들어 있었다.

4. 제1차 세계대전과 제국 일본

제1차 세계대전으로 가는 길

영국 중심의 19세기 세계질서의 출발점이 산업혁명과 프랑스 혁명이라면 그 종착점은 제1차 세계대전이었다. 19세기 중반 이후 산업혁명의 전 지구적 확산으로 영국의 힘은 상대적으로 하락하기 시작했고, 도전세력은 증가 일로에 있었다. 아울러 유럽 대륙 내부에서는 독일과 이탈리아의 통일, 동유럽의 민족주의로 기존의 '세력균형' 체제가 흔들리고 있었다. 한편 유럽 대륙의 밖에서는 남북전쟁1861~1865과 메이지유신1868 이후 강대국으로 부상한 미국과 일본, 그리고 전 지구적인 제국주의 경쟁이 대영제국을 위협했다. 유럽의 세력균형은 영국과 독일을 축으로 양극화되었고, 이는 오스트리아-헝가리 제국의 민족 문제가 발단이 되어 발생한 사라예보의 오스트리아 황태자 암살사건1914. 6. 28을 계기로 제1차 세계대전1914. 7. 28으로 비화한다.

제1차 세계대전의 기원은 보는 시각에 따라 다양한 방식으로 설명이 가능하다. 그중에서도 국제정치적 관점에서 세계대전을 이해할 때 빼놓을 수 없는 것이 제국주의와 민족주의, 유럽 세력균형의 와해와 같은 요인이었다. 이런 요인이 결합되는 양상은 1870년대 통일 독일의 탄생과 이후의 상황전개 과정에서 극명하게 드러난다. 1871년 통일 독일의 탄생은 유럽의 한복판에 강력하고 단일한 국가가 출현했음을 의미한다. 이런 상황은 다른 유럽 국가들의 관점에서 보면 유럽의 세력균형을 근본적으로 위협하는 사태였다. 하지만 통일 독일의 위대한 재상 비스마르크 Otto von Bismarck, 1815~1898 는 유연하면서도 복잡한 동맹체제를 구축함으로써 세력균형 체제의 안정을 유지해 가고 있었다.

그러나 비스마르크 시대는 영원히 지속되지 않았고 그의 미숙한 후임자들은 주변의 시선을 그다지 의식하지 않았다. 이에 따라 1890년 이후 유럽의 동맹체제는 서서히 유연성을 상실하고 독일과 오스트리아-헝가리 제국을 중심으로 한 진영과 프랑스, 러시아, 영국을 중심으로 한 양대 동맹체제로 점차 고착화된다.

이와 함께 발칸지역과 중부 유럽지역에서는 오토만 제국 Ottoman Empire 이 쇠퇴한 뒤 그 공백의 자리에 민족주의적 기운들이 끓어오르면서 유럽의 위기는 심화된다. 이후 세르비아 민족주의자에 의해 오스트리아-헝가리 제국의 페르디난트 황태자 Franz Ferdinand, 1863~1914 가 암살당하는 사라예보 사건이 발생하면서 사태는 급기야 연쇄적으로 세계대전으로 비화되었다.

제1차 세계대전은 여러 가지 구조적이고 근원적인 요인을 안고 발생했다. 그러면 이 전쟁은 불가피했던 것이라고 보아야 할까? 제1차 세계대전의 구조적이고 근원적인 이유가 존재했다는 사실은 전쟁의 가능성이 대단히 높았다는 상황을 설명해 줄 수 있다. 하지만 개연성과 필연성은 다른 것이다. 가능성이 높았다고 해서 전쟁이 필연적으로 발생하는 것은 아니기 때문이다. 전쟁을 회피할 소지 또한 존재하고 있었다. 역사에는 수많은 다른 가능성의 여지가 존재한다. 주목해야 할 점은 지도자를 비롯한 사람들의 선택이었다. 그렇다고 전쟁의 발생을 우연의 결과로만 이해하는 것도 적절한 것은 아니다. 구조적 측면과 시대정황, 그리고 그 속에서 이루어진 지도자와 대중의 선택이 결합되면서 세계대전으로 나아갔다고 봐야 할 것이다.

📚 NOTE 30　1914년 당시 전쟁에 대한 인류의 의식

이 시기에는 전쟁이 불가피하다는 생각이 강하게 퍼져 있었다. 사회진화론[16]은 전쟁이 상쾌한 폭풍처럼 공기를 맑게 해 줄 것이기 때문에 전쟁을 환영해야 한다는 주장으로 그런 숙명적인 견해를 더욱 증폭시켰다. 윈스턴 처칠 Winston Churchill, 1874~1965 은 저서 『위기 속의 세계 The World in Crisis 』에서 다음과 같이 그 분위기를 표현한다.

> "그 당시에는 분위기가 이상했다. 각국은 물질적 번영에 만족하지 못하고 국내적으로나 국제적으로 투쟁의 길로 내달렸다. 종교가 쇠퇴하는 가운데 지나친 찬양을 받은 국가적 열정이 온 대지의 아래에서부터 활활 타올랐다. 거의 온 세상이 고통받기를 원하는 것으로 보일 지경이었다. 곳곳에서 사람들은 분명 위험을 무릅쓰기를 갈망했다."

---

16 (용어설명) 사회진화론 Social Darwinism : 다윈의 진화론을 개인과 집단, 사회와 인종에 적용시킨 이론이다. 사회진화론자들은 인간 사회는 생존경쟁의 장이며, 여기서는 약육강식과 적자생존의 원칙이 지배한다고 주장했다.

제국 일본의 대중국 21개조 요구와 전쟁 특수

제1차 세계대전이 개시되자 영국의 참전요청을 받은 일본은 신속하게 이에 호응하고 독일에 선전포고를 하면서 참전했다. 그런데 일본의 의도를 의심한 영국이 일본의 참전 취소를 요구했고 이에 대해 일본이 영국에 참전을 허가해 달라는 요청을 하자, 영국은 전투지역을 제한하는 조건을 달아 일본의 참전에 동의하게 된다. 하지만 이 사항은 지켜지지 않았다.

일본은 적도 이북의 독일령 남양군도를 공략하고 독일 조차지인 산둥 반도의 칭다오青島를 공격하여 점령했다. 중국 정부는 중립을 선언하지만 일본은 이를 묵살하고, 1915년 1월 중국 측에 방대한 '대중국 21개조 요구'를 들이대며 승인을 요구했다. 일본은 세계대전으로 유럽 각국이 중국 문제에 개입할 여력이 없으며, 중국이 일본에 저항할 힘이 없다는 것을 노려 일거에 중국 내의 이권을 확보하려고 했던 것이다. 중국 측은 결국 1915년 5월 9일 일본의 압력에 굴복하게 된다.

제1차 세계대전으로 일본은 전쟁 특수를 누리게 되었다. 교전국으로부터 군수물자 주문이 쇄도하면서 일본 경제는 유례없는 호황을 맞이했다. 이에 따라 일본에 노동자 계급이 두터워지면서 노동조직도 성장했다. 공전의 호황으로 벼락부자가 탄생했는가 하면, 인플레이션으로 인한 물가폭등으로 서민생활이 피폐해져 전체적으로 빈부격차는 확대되었다. 1917년에는 러시아에서 벌어진 사회주의 혁명에 자극을 받아 사회운동이 활성화되었고, 1918년에는 일본의 시베리아 출병 1922년에 철수과 쌀 소동 등이 발발했다.

쌀 소동은 시베리아 출병으로 한몫을 챙기려는 일본인 미곡상들의 매점매석에서 비롯된 것이었다. 쌀값이 폭등하면서 이에 불만을 품은 일본 민중의 시위가 전국으로 퍼져 나갔다. 쌀 소동은 돌발적으로 발생한 만큼 조직적으로 진행된 사건이라고는 할 수 없다. 하지만 쌀 소동을 통해 일반 민중은 스스로의 정치적 역량을 확인하게 된다. 이후 자신감을 얻은 무산계급이 움직이기 시작했는가 하면, 기존의 데라우치 寺内正毅, 1852~1919 총리를 퇴진시키고 최초의 본격적인 정당내각인 하라 原敬, 1856~1921 내각을 탄생시킨 계기가 되었다.

제1차 세계대전의 종결과 국제연맹 그리고 민족자결주의

4년간 지속된 제1차 세계대전이 종결된 후 강화대표들은 1919년 베르사유에 모여 전후 처리 방식을 논의한다. 베르사유 조약[17]을 주도한 것은 전쟁의 종반에 참전한 미국 대통령 우드로 윌슨Woodrow Wilson, 1856~1924이었다. 윌슨 대통령은 주권국가 간의 세력균형에 의한 무정부적인 국제정치를 대신하여 집단안보 원칙에 기초한 국제기구를 창설함으로써 전쟁을 방지하고 국제적인 안전보장을 확보할 수 있다고 믿었다. 따라서 국제연맹[18] 구상의 핵심은 국제평화를 위협하는 침략행위를 회원국 모두에 대한 공격으로 간주하고 국

---

17 (용어설명) 베르사유 조약 : 제1차 세계대전의 결과 1919년에 연합국과 독일 사이에 체결된 강화 조약이다. 강화회의를 주도한 것은 1917년에 중도 참전한 미국의 대통령 우드로 윌슨이었으며, 독일의 영토 축소, 군비 제한, 배상의무, 해외 식민지 포기 등의 규정과 함께 국제연맹의 설립안이 포함되었다.

18 (용어설명) 국제연맹 League of Nations : 제1차 세계대전 후 1920년에 윌슨의 제창에 따라 창설되었다. 국제 평화를 위협하는 침략행위를 연맹 회원국 모두에 대한 공격으로 간주하여 집단적으로 대응함으로써 전쟁을 미리 억제한다는 집단안보 원칙에 기초한 국가연합체이다.

제연맹은 이에 대해 일제히 대응함으로써 전쟁을 미리 억제한다는 내용을 담고 있었다.

집단안보는 국내법적 차원에서 보면 경찰이나 군대와도 같은 것이었다. 다만 결정적 차이는 근대 국제질서에서 국내법과 국제법의 구속력이 전혀 다르다는 점이다. 아울러 모든 국가가 평화유지라는 포괄적 명제에는 찬성하더라도 자국의 이익이 관련된 개별적인 평화에는 서로 다른 생각을 하고 있었다는 점에 주목해야 한다. 단적으로 미국부터 국내 고립주의자들의 반대에 부딪혀 국제연맹에 참여하는 것조차 실패했다. 그뿐만 아니라 1930년대 일본, 이탈리아, 독일의 침략행위에 대해 국제연맹은 어떤 단호한 조치를 취하는 데도 성공하지 못했다.

한편 미국의 대통령 윌슨은 제국주의에 반대하고, 민족이 자신의 영토에 대한 주권을 부여받아 스스로 다스려야 한다는 이른바 '민족자결주의'[19]를 주창했다. 하지만 윌슨의 민족자결주의는 그 이상적 성격과는 달리 현실적으로 많은 문제를 안고 있었음에 주목할 필요가 있다. 우선 복잡한 인종으로 구성되어 있던 유럽의 상황을 고려해 볼 때, 무엇보다 제1차 세계대전의 진원지인 독일의 주변을 약소국가들이 에워싸게 됨으로써 잠재적 위험요소가 될 수 있었다. 하지만 러시아에서 새롭게 등장한 볼셰비즘이 서유럽으로 확산될 수 있다는 두려움으로 각국의 대표들은 민족자결의 원칙에 대해

---

19 (용어설명) 민족자결주의: 각 민족의 발전은 외부의 간섭 없이 스스로 결정한다는 사상이다. 이 개념은 프랑스 혁명과 미국 독립운동에서 표방된 민족주의 사상에서 비롯된 것으로서, 미국 대통령 윌슨이 전후 세계질서의 주요 목표로서 제안한 내용 '14개 조항' 속에 들어 있었다.

열의를 보였다. 더욱이 윌슨 자신조차도 민족자결의 원칙을 유색인종에게 적용하는 것에 대해서는 그다지 관심을 보이지 않았다. 따라서 식민지 치하에 거주하던 사람들은 윌슨의 민족자결의 원칙이 전 지구적으로 적용되지 않는 것에 점차 실망하게 된다.

제국 일본의 국제협조주의와 다이쇼 데모크라시

1919년 파리 강화회의에 참가한 일본은 영국, 프랑스, 이탈리아, 미국과 함께 5대 전승국의 하나로 인정받았다. 1921년 전후 질서유지 및 군축 문제를 논의한 워싱턴 회의에 참가했으며, 해군 군축과 중국에 대한 문호개방 원칙 논의에도 참가했다. 일본의 외상 시데하라 기주로幣原喜重郎, 1872~1951는 영미가 주도하는 국제질서 구축을 존중하는 입장을 견지했다. 이후 일본 정부는 워싱턴 체제를 존중하면서 일본 국익의 극대화를 꾀하려 하는데, 워싱턴 회의에 일본이 순응하고 나온 것은 정치·군사·경제적으로 현실적인 고려를 거듭한 뒤에 내린 결론이었다. 워싱턴 회의의 여러 조약을 통해 외교수단으로 일본의 안전과 이익을 유지하려고 한 것은 메이지 전기의 외교 관념으로 복귀하는 성격을 띤 것이기도 하다. 이런 새로운 외교정책의 채택은 국가 간의 친선과 평화증진이라는 '세계의 대세'와 보조를 맞추려 한 것이었으며, 경제력이야말로 국력의 원천이며 해외시장의 확보와 확장이 국익을 증진하는 길이라는 경제 중심적 외교사상의 수용과도 긴밀히 관련되어 있었다.

제1차 세계대전에서 미국이 주도한 연합국의 승리로 일본인들은 미국식의 풍속이나 자유주의적 사상을 '세계의 대세'로 받아들이게 되었다. 더욱이 러시아 혁명은 일본의 지식인들에게 지대한 영향을 끼쳤다. 이런 여건 속에서 일본인들은 지금의 상태를 쇄신해야 하며 무언가 변화하지 않으면 안 된다는 분위기에 휩싸이게 된다. 이런 분위기는 당시의 각종 사회운동에서 등장했던 '개조改造'라는 용어가 마치 시대정신인 것처럼 사용되었던 데서 잘 드러난다.

'신인회新人會'라는 당시 도쿄제국대학 법과대학 학생을 중심으로 활동하던 운동단체가 내세운 강령은 다음과 같은 2개 항으로 되어 있는데 당시의 시대 분위기를 엿볼 수 있게 해 준다. "하나, 우리는 세계의 문화적 대세인 인류 해방의 새 기운에 협조하여 이를 촉진하는 데 힘쓴다. 둘, 우리는 현대 일본의 합리적 개조운동을 따른다."

📚 NOTE 31 다이쇼 데모크라시의 상징적 존재, 요시노 사쿠조

일본의 정치학자로서 이른바 '다이쇼 데모크라시'의 기운을 불러일으킨 요시노 사쿠조吉野作造, 1878~1933라는 주목할 만한 인물이 있다. 요시노는 제국헌법이 제정된 이후 일본이 청일전쟁과 러일전쟁에서 승리하여 강대국으로 성장한 상황에서, 1910년 대역大逆 사건이 일어나는 등 일본에서 사상의 자유가 억압받는 상황을 접하면서 '민본주의' 기치를 내걸게 된다.

유럽 유학을 한 바 있으며, 도쿄대학의 정치학 교수였던 그는 1916년 『중앙공론』에 「헌정憲政의 본의를 설명하여 그 유종의 미를 거두는 방도를 논한다」라는 논문을 통해 일본 지성계에 샛별처럼 등장한다. 그가 내세운 민본주의는 천황제와의 명확한 대결을 피하기 위하여 법이론상의 주권의 소재는 묻지 않고 다만 주권운용의 목적과 중심을 일반 민중에 두고자 했다. 그의 작업은 요컨대 '천황주권론'에 입각한 제국헌법의 조문을 건드리지 않으면서, 그것의 운용과 해석을 달리함으로써 민의를 반영한 정치를 실현하려는 절충적이고 실용주의적인 노력이었다.

데모크라시가 '세계의 대세'라는 점을 강조하면서 보통선거제와 책임 내각의 필요성을 역설하는 등 일본에서 다이쇼 데모크라시 시대를 열었던 요시노는 다이쇼 시대를 상징하는 인물로서 지금까지 회자되고 있다. 그는 조선의 3·1운동 소식을 접하고서는 일본 국민의 대외적 양심이 완전히 마비되었다고 민심의 반성을 촉구하는가 하면, 메이지문화연구회를 만들어 근대 일본의 정치적 기원을 학문적으로 본격적으로 탐구하기도 했다.

하지만 기존 헌법의 틀 안에서 헌법 해석을 달리함으로써 정치적 의도를 구현하려는 절충적 방식이나, 혹은 '세계의 대세'라는 논의에 근거한 데모크라시의 주장을 한 요시노 사쿠조의 취지를 십분 이해하면서도 과연 그렇게 하는 것이 최선의 선택지였을까 하는 점에서는 논란의 여지가 많다. 여러분은 이에 대해 어떻게 생각하는가?

NOTE 32 미노베 다쓰키치 교수의 천황기관설

천황기관설 天皇機關說 의 요지는 천황이 국가통치의 주체가 아니며 통치권은 법인인 국가에 속하고 천황은 국가의 최고기관으로서 통치권을 행사한다는 것이다. 따라서 미노베 다쓰키치 美濃部達吉, 1873~1948 의 논리는 국가의 통치권이 천황에게만 속하는 것을 부인하며, 특히 「대일본제국헌법」하에서 입법권의 우위를 주장할 뿐 아니라 입법권의 주체인 제국의회가 천황으로부터 독립한 국민의 대표자라는 것이다. 그런데 국민의 대표자인 제국의회의 본질에 가까운 것이 중의원이고 그 주력이 정당이라는 사실을 감안하면 보통선거권에 의거한 비례대표제 실시가 마땅하다는 것이었다. 미노베의 논리는 다이쇼 후기에 이르러 학계뿐 아니라 정계·관계에서 폭넓게 수용되면서, 다이쇼 데모크라시를 헌법 해석의 측면에서 지탱해 준 헌법이론으로서 역할을 수행하게 된다.

📚 NOTE 33　　다이쇼 시대와 '세계의 대세'

　청일전쟁과 러일전쟁으로 부국강병이라는 국가적 목표가 어느 정도 달성되면서부터 메이지 일본의 지도자들에게 부과된 국민적 독립, 산업화, 대륙진출이라는 과제가 상당 부분 성취되었다. 이것은 한편으로 메이지 국가 건설을 직접 담당했던 정치지도자들의 역사적 임무가 끝났다는 것을 의미하는 것이었다. 원로元老의 위상이 정치적 지도자에서 조정자로, 권력의 주체에서 상징적인 존재로 변했고, 육체적 쇄진은 그들의 정치적 영향력을 위축시켰다.

　원로의 정치적 기능이 달라지고 그들의 영향력이 축소되면서 새로 정치권력의 주체가 될 계층은 기존 정치구조의 바탕이 되고 있던 관료, 군벌, 정당, 재벌일 수밖에 없었다. 이 집단들은 지도체제를 다원화했고 그 결과 집단과 집단 간의 경쟁을 가능하게 했다. 이런 점에서 원로의 정치적 역할의 변화와 이에 따른 메이지 일본의 지도체제의 다원화는 정치적 민주화의 길을 텄다고 할 수 있다. 이처럼 정당 내각의 확립 과정이란 관료, 군부, 정당이 서로 타협하고 경쟁하면서 정당이 정치권력의 주체로서 정통성을 세워 나가는 과정이었다.

　국내의 정치구조의 변화와 더불어 정당이 권력의 주체로 등장하게 된 또 다른 중요한 요인은 제1차 세계대전 이후 강력하게 대두한 민주주의와 군축, 국제평화로 이어지는 당시의 시대적 조류였다. 이른바 '세계의 대세'라는 말이 당시 일본 사회를 풍미하자 자유주의적, 입헌주의적인 국내 정치의 전개와 도의적이고 평화적인 국제관계가 세계사적인 현상으로 받아들여졌다.

　'세계의 대세'라는 표현은 이전에도 간혹 사용되는 경우가 있었지만, 1910년대 후반에 요시노 사쿠조를 통해 일반화된 것으로 알려져 있다. 국제관계의 측면에서는 19세기적 비밀외교나 현실외교가 아닌 '공개외교'와 '평화외교'가, 그리고 국내적인 측면에서는 미국이 '데모크라시의 옹호'를 기치로 제1차 세계대전에 참전하여 연합국 측을 이끄는 결정적인 역할을 하는 것에 영향을 받아 '데모크라시' 혹은 '자유주의'라는 표현이 '세계의 대세'를 상징하는 것으로 퍼지기 시작했다.

그러나 이런 '대세'에 발맞추어 진행된 의회정치는 민주주의에 대한 진지한 성찰에 기반한 신념이나 대중에 대한 탄탄한 기반을 토대로 이루어진 것은 아니었다. 따라서 이런 상황에서 정당운동은 대중의 정치참여가 제도적으로 확립되어 나가자 오히려 정치적 부패를 초래하기도 했다. 더욱이 세계의 대세는 바뀌기 마련이다. 실제로 1920년대 들어 점차 세계정세가 위기국면으로 접어들면서 세계의 대세는 자국 중심적 경향으로 급선회하게 된다. 이런 경향 앞에서 '세계의 대세' 논의에 입각한 정치운동은 방향을 잃을 수밖에 없는 치명적인 한계를 드러낸다.

일본의 근린 제국주의와 동화정책

일본제국주의는 한국 통치정책으로 동화주의[20]를 표방했다. 동화주의는 기본적으로 '조선인의 일본인화'를 의미하는 것이었다. 동화주의 정책의 등장과 실행 시기에 대해서는 견해가 엇갈리나 대체로 다음과 같이 설명할 수 있다. 즉 1905년의 조선보호국화 이후부터 이미 '일선동조론 日鮮同祖論' 등을 통해 동화주의가 형성되기 시작했으며, 1910년대에 들어와서는 민족문화 말살정책을 통해 동화주의가 실행에 옮겨졌다. 그리고 1920년대 이후에는 일본어 및 일본역사 교육의 본격화, 친일파 육성 등을 통해 동화주의 정책이 더

---

20 (용어설명) 동화주의同化主義 : 제국주의 국가의 식민정책의 한 형태로, 식민지의 고유한 언어, 문화, 생활양식 등을 본국의 것으로 동화시키려는 정책을 의미한다. 식민지 경영에 착수할 당시 일본에서는 영국식의 자치주의를 취할 것인지, 프랑스식의 동화주의 내지 연장주의를 취할 것인지를 둘러싸고 식민지 정책 담당자 간에 논쟁이 벌어졌다.

욱 구체적으로 진행되었다. 이어서 1930년대가 되면 이른바 '내선일체'[21]가 표방되고, '황민화 皇民化 정책'이 펼쳐지면서 동화주의 정책이 본격화되었다고 할 수 있다. 요컨대 동화주의 정책은 식민지 시기를 일관하는 일제의 지배정책이라고 할 수 있다.

그런데 서양제국주의 국가들은 19세기 말엽에는 식민지에서 나타나는 다양한 저항에 대응하여 '자치주의' 방식으로 통치방식을 전환하고 있었다. 일본은 이런 국제적 흐름에 역행하듯 동화주의 지배정책을 채택했는데, 이런 배경에는 제국 일본과 식민지 조선의 관계가, 서양제국주의 국가들과 식민지의 관계와는 달리, 언어·풍속·인종·역사 등의 측면에서 매우 닮아 있다는 사정이 자리하고 있었다.

여기서 일본제국주의와 서양제국주의의 근본적 차이를 확인할 수 있다. 즉 유럽 제국들은 유럽과 문명적인 기반을 공유하지 않는 비非유럽 지역을 식민지로 삼았다. 이런 이유로 인해 식민통치 과정에서 문명과 야만이라는 이분법적 논리에 입각하여 '문명의 사명'과 같은 논리를 동원했다. 그런데 일본은 유럽 제국들과는 달리 자신들과 동일한 문명적 기반을 갖고 있던 주변국을 식민지로 만들었다. 이런 상황의 차이로 인해 일본 제국의 식민통치와 서양제국의 식민통치에는 미묘하면서도 매우 중요한 차이가 생겨났고, 지배논리에서도 미묘하게 다른 논리가 복잡하게 굴절되어 등장했던 것이다.

---

21 (용어설명) 내선일체 內鮮一體: 중일전쟁 발발 직후에 미나미 지로 南次郞 조선총독이 제창한 통치이념으로서 여기서 내 內는 이른바 '내지'인 일본을, 선 鮮은 조선을 의미한다. '조선인의 완전한 일본인화'를 근본으로 하면서도 '일본인과 조선인의 차별철폐'라는 레토릭을 담고 있으며, 군사, 경제, 사회 등 모든 측면에 걸쳐 사용되었다.

지금까지 논의해 온 바와 같이, 제국 일본이 식민지에 대해 동일한 인종임을 강조하는 인종주의나 같은 아시아 지역의 정체성을 강조하는 아시아주의가 등장하는 맥락을 이해할 수 있을 것이다. 즉 상황이 전개되는 양상에 따라 현실적인 차별을 정당화해야 할 필요가 있을 때는 식민지와 제국 일본의 '차이'를 강조하는 문명과 야만의 논리를 사용했고, 반대로 식민지로부터 적극적인 협조가 필요할 때에는 동양평화론을 비롯한 아시아주의나 인종주의와 같은 논의를 끌어들여 내지 內地와 외지 外地의 '일체성'을 강조했던 것이다.

📚 NOTE 34　　한국 문화유산의 파괴

일본의 한국문화 파괴의 핵심은 한국인의 자기긍지를 무너뜨리고 자기부정 의식을 심는 것이라고 할 수 있다. 즉 스스로에 대한 모멸감, 부끄러움을 느끼고 자기를 멸시하는 감정을 갖게 함으로써 선진화된 문명국가인 일본에서 배워야 한다는 의식을 불러일으키는 것이야말로 일본의 한국통치에서 나타난 가장 핵심적인 원칙이었다. 1911년 한국 병합 직후부터 1945년 패망할 때까지 제국 일본이 제조하여 사용한 조선은행권의 1엔, 5엔, 10엔, 100엔 지폐에 등장한 것은 다케노우치노 스쿠네 武内宿禰라는 생경한 인물이었다. 정한론을 상징하는 진구황후가 삼한을 정벌할 때 그를 보좌했다고 알려진 가공된 인물을 조선은행권의 지폐상 인물로 사용한다는 것이 얼마나 한국인에게 씻을 수 없는 굴욕감을 주었을 것인가는 따로 부언할 필요가 없을 것이다. 추체험해 보면 그 느낌을 알 수

일본 강점기 조선은행권과 다케노우치노 스쿠네

있기 때문이다.

이처럼 한국인이 자국의 역사를 부끄러워하며 일본을 선망하도록 만들기 위해서는 역사에 대한 특정한 방식의 '기억'과 '망각'이 요구되었다. 이른바 근대적인 실증사학 형식을 통한 체계적인 역사왜곡이 이루어진 이유가 여기에 있다. 정체되고 타율적인 조선에 대한 이미지는 이렇게 확고해져 갔다. 한반도의 지배층에 대한 부정적 인식을 확고하게 만들려면 경복궁의 근정전을 가로막고 서 있는 형태로 조선총독부 건물을 세웠으며, 국왕이 살던 창경궁 자리를 동물들을 구경하는 창경원이라는 이름의 동물원으로 바꿔 놓았다. 일본이 저지른 한국 문화유산 파괴는 일일이 나열하는 것이 어려울 만큼 그 폭과 정도가 방대하고 깊다.

3·1운동과 대한민국 임시정부의 의미

제1차 세계대전의 발발은 세계 지성계에 큰 충격과 함께 각성을 가져와 힘이 지배하는 제국주의와 자본주의의 병폐에 눈을 뜨고, 정의·인도의 사회를 건설해야 한다는 주장이 제기되기 시작했다. 한국의 지식인 가운데서도 제1차 세계대전을 겪으면서 사회개조·세계개조의 사상을 수용하기 시작하여, 1917년 7월 신규식·조소앙·박은식·신채호 등이 〈대동단결선언〉을 만들었다. 이 선언은 독립과 평등을 성스러운 권리라고 함으로써 강자에 의한 약자의 지배를 부정했다. 제1차 세계대전이 종결되면서 중국의 상하이에서는 1918년 11월 신한청년당이 결성되고 공화주의 노선이 정립되었다. 이들은 세계대전의 전후처리를 위하여 파리 강화회의가 개최된다는 소식을 듣고 한국의 독립 문제를 호소하기 위해 1919년 1월 김규식을 대표로 파견했다.

미주에서는 1918년 12월 대한국민회 총회를 개최하고 이승만·민찬호·정한경 등을 파리 강화 회의에 파견하여 한국의 독립을 호소할 것을 결의했다. 도쿄에서는 1919년 1월 조선인 유학생 학우회가 도쿄 YMCA 회관에서 회합을 열고, 이어 조선청년독립당을 결성하여 민족대회소집 청원서, 독립선언서를 작성하여 발표하는데 이것이 2·8 독립 선언이었다. 이 운동은 3·1운동이라는 민족적 차원의 대규모 독립만세 사건으로 이어진다.

> "吾等 오등은 茲 자에 我 아 朝鮮 조선의 獨立國 독립국 임과 朝鮮人 조선인의 自主民 자주민 임을 宣言 선언 하노라. 此 차로써 世界萬邦 세계만방에 告 고하야 人類平等 인류평등의 大義 대의를 克明 극명하며, 此 차로써 子孫萬代 자손만대에 誥 고하야 民族自存 민족자존의 正權 정권을 永有 영유케 하노라."
>
> – 〈기미독립선언문〉중에서

3·1운동은 일본제국주의 지배 아래 한민족과 민족정신이 살아 있음을 확인시켜 주었다는 점에서 한국 역사에 큰 이정표가 되었으며, 제국 일본의 동아시아 50년 전쟁 내내 짙게 드리워진 암흑처럼 깜깜한 밤하늘에 떠 있는 은하수와 같은 가치와 의미가 있다고 해야 할 것이다. 3·1운동은 제국 일본이 식민통치의 명분으로 내세웠던 이른바 '문명의 지배', '동양평화'라는 것을 한국인이 겪어 보니 매우 굴욕적이고 수치스러운 것이라는 점을 통감하게 되었다. 그렇게 축적된 자각과 분노 위에서 '고통의 공동체'인 우리를 발견했다는 사실로 인해 제국 일본의 지배에 '저항하는 민족주의'가 탄생할 수 있었던 것이다.

아울러 '대한 독립 만세'라는 용어의 상징성과 함께 최초로 거리

1919년 3월 1일 민족대표 33인이 한국의 독립을 내외에 선언한 〈기미독립선언문〉

를 메운 '태극기'는 한국인들에게 조국을 상징하는 표상으로 자리 잡았다. 국제무대에 오르려다 무대에서 밀려난 사람들은 나라 잃은 서러움과 분노를 독립 만세의 함성과 태극기를 흔들며 표출했고, 이런 체험은 한국인들에게 '조국애'를 자각하게 만드는 특별한 기억으로 남았다.

한편 3·1운동을 겪으면서 한국에 대한 중국인들의 인식에도 중요한 변화가 나타나기 시작했다. 당시 중국의 진보 지식인 가운데 대표적인 인물인 천두슈陳獨秀, 1879~1942 같은 인물은 기존에는 한국을 '무능력하고 부패하고 단결하지 못하는 민족'으로 폄하했으나, 3·1운동 이후 한국의 독립을 적극 지지하는 데서 한 걸음 더 나아가 "조선인들을 보라, 우리는 무엇을 하고 있는가"라고 하면서 한국의 독립운동을 배우자고 할 만큼 인식과 태도가 달라졌다.

3·1운동 이전에는 중국의 캉유웨이康有爲, 1858~1927 나 천두슈 같은 사람들이 조선을 실패한 나라의 사례로 다뤄 왔다면, 3·1운동은 아시아에서 '저항의 연대'를 가능하게 만드는 중요한 계기가 되었다고 할 수 있다. 이것은 제국 일본이 기존에 논의해 왔던 '아시아주

의'와는 구별되는, '폭력과 제국주의에 저항하는 아시아의 연대감'이 형성되는 사실상 최초의 시도로 주목할 필요가 있다.

또한 다이쇼 데모크라시 시기 일본을 대표하는 정치학자인 도쿄 대학 요시노 사쿠조가 "조선인은 스스로 일본보다 문명의 선배라는 의식을 갖고 있는데, 그런 조선인에게 동화정책을 쓰는 것은 적절치 못하다"라고 주장하면서 "어떤 식으로든 조선에 자치할 수 있는 권한을 부여해야 한다"라는 의견을 제시한 것도 주목할 필요가 있다. 하지만 이런 견해는 일본 내부에서 공감을 끌어내지는 못했다.

3·1운동이 조직적인 중앙 지도부 없이 지속되고 전국적으로 확산되는 데 결정적 역할을 한 것은 교사와 학생, 청년, 지식인 등 이른바 지방 사회의 지식인층이었다. 3월 중순 이후에는 운동이 중남부 지방 일대로 확대되어 전국적 규모로 확산되었고, 도시뿐만 아니라 농촌에서도 만세 시위가 일상화되었다. 또한 지방 사회의 지식인층만이 아니라 노동자, 농민, 중소상공업자 등 대규모 군중이 광범위하게 봉기했고, 시위 횟수도 증가했다. 이를 계기로 공화주의 민족 운동이 시작되었고 동년 4월 11일 상하이에는 대한민국 임시정부가 수립되었으며, 만주 지방의 무장 독립운동으로 이어졌다.

3·1운동이 한국의 저항민족주의가 탄생한 원천이라는 의미를 갖는다면, 대한민국 임시정부는 자주독립의 과제를 지휘하는 구심축과 정통성이 마련되었다는 의미를 갖는다. 여기서 간과해서는 안 되는 것이 대한제국과 임시정부의 관계이다. 이미 언급한 것처럼 고종황제가 대한제국을 세우고 「대한국국제」 제1조에 "대한국은 세계만방에 공인되어 온바 자주독립한 제국이다"라고 천명했던 것을 우선 상기해 볼 필요가 있다. 이것은 대한제국이 국제법상의 자주독

립국가, 곧 주권국가임을 천명하는 것이었다. 그런데 1919년 새로운 국호 수립 논의 과정에서 "우리는 지금 경운궁 대한문 앞에서 시작된 만세 함성으로 새 나라를 세우려 하고 있다. 그렇다면 우리가 지금 세우려는 나라는 당연히 대한제국을 계승하는 민국民國, 백성의 나라으로서 대한민국으로 해야 할 것이다"라는 제안이 받아들여지고 절대 다수의 동의로 채택되면서 대한민국 임시정부라는 국호가 결정되었다. 이처럼 임시정부는 대한제국의 계보를 계승하는 동시에 민주공화정이라는 새로운 차원으로 도약을 꿈꾸고 있었다. 3·1운동과 대한민국 임시정부는 자주독립 국가이면서 군주제였던 대한제국이 향후 민주공화정의 대한민국으로 연결되도록 가교 역할을 했다.

이처럼 3·1운동은 우리의 목표가 완전한 자주독립이라는 것을 확인시켜 주었고, 이를 계기로 한국의 독립운동은 국내외에서 더욱 다양하게 전개될 수 있었다. 현재 한국의 헌법 전문에는 "3·1운동으로 건립된 대한민국 임시정부의 법통을 계승한다"라고 천명하고 있다.

5. 1920년대와 1930년대, 위기의 시대

베르사유 조약에서 대공황으로

1919년 6월에 체결된 베르사유 조약은 독일이 전쟁범죄war guilty를 저질렀다고 명시했다. 따라서 독일은 범죄에 대해 가혹한 배상을 치러야 했다. 베르사유 조약은 독일 민족주의를 불러일으켰다는 점에서는 너무도 가혹했으나, 독일인들이 도전할 여지를 남겨 두었다는 점에서는 충분히 가혹하지 못한 것이기도 했다. 독일은 여전히 유럽 한복판에 자리한 가장 큰 단일국가로 남아 있었다. 베르사유 조약은 유럽의 근본적인 문제를 어느 것도 해결하지 못했다. 더욱이 조약의 유지에 헌신할 어떤 강대국도 존재하시 않았다. 따라서 베르사유 조약은 구조적으로 제2차 세계대전을 잉태하고 있었다고 해도 과언이 아니다.

이후 1929년 미국에서 시작된 세계대공황[22]은 세계 정치질서를 뒤흔들어 놓았다. 당시 세계경제의 파탄은 제1차 세계대전과 전후 평화조약들에서 연유하는 것이라는 믿음이 강했던 만큼 베르사유 체제는 그 정당성을 상실하고 말았다. 아울러 주요 자본주의 국가들은 자국의 국민경제를 변덕스러운 국제시장에서 가능하면 고립시키려 했으며, 보호주의 정책과 높은 관세장벽을 추구함으로써 자유무역은 사실상 포기되었다.

대공황은 각국의 국내정치와 계급갈등에도 큰 영향을 미쳤다. 대량실업은 독일에서 나치의 정권 장악을 손쉽게 만들었으며, 유럽 민주주의 국가들을 치열한 계급갈등과 이데올로기 대립으로 몰아갔다. 대공황으로 미국의 고립주의 정책 또한 더욱 견고해져 갔다. 그런 미국의 고립주의 정책이 무너진 것은 한참의 세월이 흐르고 난 후 1941년 12월 일본의 진주만 공격과 히틀러의 선전포고라는 극약

---

22 (용어설명) 세계대공황大恐慌, the Great Depression : 1929년 뉴욕 주식시장의 대폭락으로 촉발되어 전 세계로 확대된 세계적 차원의 공황을 말한다. 이를 수습하는 과정에서 세계무역의 블록 경제화가 진행되어 제2차 세계대전으로 나아가는 상황이 만들어졌다.

조치를 겪게 되면서였다.

NOTE 35 　　1925년 봄, 제국 일본의
보통선거 실시와 치안유지법의 동시 성립

　메이지 질서는 천황제를 일본의 총체적 구심축으로 삼으면서도 실질적으로는 원로들의 과두지배와 관료엘리트에 의해 유지되는 모습을 보여주었다. 그런데 제1차 세계대전을 전후한 자유주의적·입헌주의적 국내정치, 그리고 공개외교와 평화외교를 기조로 하는 국제관계의 전개가 세계적 대세로 떠오르면서 사회 통합의 구심점으로서 천황제의 역할에 제동이 걸리는 듯했다. 1925년 봄, 다이쇼 데모크라시를 표상한다고 할 수 있는 보통선거법 제정운동이 결실을 맺어 25세 이상 남자에게 선거권이 부여되는 상황만을 보면 더욱 그렇게 보인다. 하지만 데모크라시 운동의 주요 이슈였던 보통선거법안이 채택되는 것과 동시에 역설적이게도 정치활동의 제한을 공식화하는 치안유지법안 또한 함께 채택되었다.

　여기에는 보통선거법의 성립이 선거권자의 수를 300만 명에서 약 1300만 명으로 증가시켜 놓았을 경우, 노동자와 소작인의 표가 '무산정당'으로 흘러 들어감으로써 사회운동이 더욱 가속화될 것을 우려하는 일본 정부의 고민과 보수세력의 고민이 고스란히 녹아들어 있었다고 할 수 있다. 그러면 무엇이 문제일까?

　치안유지법안은 '국체 国体를 변혁하거나 사유재산제도를 부인하는' 운동을 하면 국가가 처벌한다는 조항으로 시작된다. '국체'라는 용어는 '교육칙어' 등에도 등장한 바 있지만, 매우 불가사의한 용어라고 할 수 있다. 그런데 이처럼 애매하기 이를 데 없는 단어를 법률용어로 그대로 사용하여 치안법을 성립시키면 어떤 문제가 발생할 수 있을까? '국체를 변혁'하는 것의 의미가 매우 모호한 성격을 가질 수밖에 없기 때문에 아무래도 광범위하게 남용할 소지를 근본적으로 안고 있었다. 실제로 「치안유지법」은 이후 몇 차례의 개정을 거치는 동안 '국체의 변혁'에 관해 매우 적극적인 의미로 해석해 나가면서 이른바 '사상범'을 탄압하는 합법적 근거로서 악명을 떨친다. 다이쇼 시대가 끝나는 시점에서 일본은 자유로운 정치활동의 보장과 이에 대한 탄압을 상징하는 근본적으로 상호 모순되는 두 개의 법률안을 제정하면서 위태로운 길로 들어서고 있었던 것이다.

세계의 대세 변화와 제국 일본의 위기의식

1920년대 말에 불어닥친 대공황은 일본 국내외의 모든 분야에 지대한 영향을 미쳤다. 대공황은 우선 국제적으로 각국이 자국의 대외정책을 철저히 국익 우선의 방향으로 전환하게 함으로써 철저한 자국중심의 현실주의적 기운이 '세계의 대세'로 자리 잡게 한 반면, 공존공영이나 세계평화와 같은 이상주의적 노력을 비현실적인 것으로 간주하는 분위기를 연출시켰다.

보통선거의 성립으로 정당정치의 기반은 탄탄해진 듯 보였다. 하지만 정당정치의 정착으로 정당 간의 경쟁이 심해지면서 정계와 재계의 유착이 심해지고 '정당정치의 부패현상'이 가시화되었다. 더욱이 1920년대 말 대공황은 일본의 모든 분야에 지대한 영향을 미쳤다. 대공황은 자본주의적 기반이 약한 일본 경제, 특히 구조적으로 가장 취약한 농업부문과 중소기업에 막대한 타격을 가했으며, 당시 만성적 불황에서 헤어나지 못하고 있던 일본 경제는 공황으로 말미암은 무역부진, 긴축재정, 물가하락의 악순환으로 빠져들었고, 재벌의 산업지배 양상이 더욱 두드러졌다. 그리고 모든 농산물 가격을 대폭 떨어뜨리면서 농업공황을 유발했다.

이런 상황에서 시데하라 기주로 외상은 1930년의 런던군축회의에서 미국과의 우호관계를 유지하고 양국 간 경제관계를 더욱 긴밀히 한다는 의도에서 해군력의 감축을 약속하는 군비축소조약에 조인한다. 정부와 군부의 불협화음이 높아 가는 정치적 상황에서 일본 정부가 국제협조주의와 경제외교라는 미명하에 군비축소조약에 조인하자 군부 내의 불만은 최고조에 달한다. 여기에 어느 해군 청년 장교의 격문을 소개한다. 당시 청년 장교들을 중심으로 한 혁신 군부세력이 공유하던 위기의식의 정체와 이들이 추구하는 국가개조의 방향을 잘 보여 준다.

"일본 국민의 일어남을 촉구함: 일본 국민이여! 오늘의 조국 일본을 직시해 보자. 정치·외교·경제·사상·군사 등 그 어느 곳에 황국일본의 모습이 있는가? 정권과 당리에 눈이 먼 정당, 정당과 결탁하여 민중의 고혈을 짜내는 재벌, 또 이것을 옹호하여 압제를 더하고 있는 관헌, 연약한 외교와 타락한 교육, 부패한 군부, 악화되고 있는 사상, 도탄 속에서 고통을 겪고 있는 농민과 노동자 계급, 그리고 불만을 억누르고 있는 무리들 (중략) 일본은 지금 이와 같은 모든 것이 서로 섞이고 엉클어져 타락의 늪에서 죽어 가고 있다.

혁신의 시기! 지금 일어나지 못하면 일본은 멸망하고 말 것이다. 국민이여! 무기를 들고 일어나자. 지금 이 나라를 구제할 수 있는 유일한 길은 '직접행동' 이외에는 아무것도 없다. 천황의 이름으로 天皇の御命に於て 천황 주변의 간신을 찢어 죽이자! 국민의 적인 기성정당과 재벌을 죽이자! 말할 수 없이 횡포橫暴한 관헌을 응징하자! 간악한 도둑, 특권계급을 말살하자! 농민들이여, 노동자여, 전 국민이여, 조국을 수호하자! 그러므로 폐하의 밝은 지혜 아래 건국의 정신建國の精神으로 되돌아가 국민자치의 정신에 입각하여 인재를 등용함으로써 밝은 유신일본을 건설하자. 민중이여! 이 건설을 위하여 먼저 파괴하자! 현존하는 추악한

제도를 모두 때려 부수자! 위대한 건설 앞에는 철저한 파괴가 필요하다. 우리는 일본의 현상을 통곡하며 맨손으로 앞장서 우리 모두 함께 쇼와유신 昭和維新 의 횃불을 지피려는 것이다."

— 今井淸一, 高橋正衛 編, 『現代史資料 4: 國家主義運動 1』 (東京: みすず書房, 1982), p. 494

여기서 다음과 같은 질문을 제기해 볼 수 있다. 그러면 일본군부, 특히 청년 장교들은 쇼와 시기의 위기상황에서 왜 일본의 정치와 사회문제에 적극적으로 의견을 개진하려고 했던 것일까? 그리고 일본의 군부세력이 1930년대를 전후해서 갖고 있던 불만이란 무엇일까?

1882년 메이지 천황이 군인에게 내린 「군인칙유」는 「교육칙어」와 더불어 일본인들에게 막강한 영향력을 발휘한 것으로 평가받고 있다. 「군인칙유」에는 다음과 같은 내용이 담겨 있다.

"짐은 그대들 군인의 대원수이니라. 그런즉 짐은 그대들을 손발같이 신뢰하고 그대들은 짐을 우두머리로 우러러보아야 비로소 그 친함이 특히 깊을 수 있을 것이다. 짐이 나라를 보호하며 하늘의 은혜에 보답하고 조상의 은혜에도 보답할 수 있는지의 여부는 그대들 군인이 맡은 직분을 다하고 못하고에 달려 있다. (중략) 오로지 자기의 본분인 충절을 지키며 '의리는 산보다 무겁고 죽음은 새털보다 가볍다'고 각오하라. 아랫사람이 상관의 명을 받는 것은 곧 짐의 명을 받드는 도리로 여길지라."

이런 「군인칙유」에 따라, 국내개혁에는 군인이 앞장서야 한다는 선민의식과 아울러 유사시에는 세상의 악에 물들지 않은 자신들이 나서서 국가를 위해 생명을 바쳐야 한다는 의식이 결합되어 급진적인 방식으로 나아갈 소지를 안고 있었다.

그런데 일본 장교의 출신성분이 점차 중류계급 혹은 서민층으로 확대되면서 당시 농촌 및 서민의 생활이 날로 피폐해지는 문제의 책임이 정경유착과 금권정치 같은 재계, 정계, 군벌 권력층의 부패와 타락에 있다는 인식이 널리 공감대를 형성한다. 군부는, 일본의 안보가 겨우 자리를 잡아 가고는 있지만 많은 국가적, 문명사적 과제를 안고 있는 일본이 정당정치, 특히 당파정치를 해 간다는 것이 변명할 여지가 없는 사치이며, 국민의 소망과 필요에 대한 불감증과 다르지 않다고 간주하는 경향이 있었다.

더군다나 제1차 세계대전 이후 수차례에 걸친 군축이 정당, 재벌, 원로, 군벌 등이 경솔히 세계 풍조를 타고 군부를 희생시켜 가면서 국가를 위태롭게 만드는 경솔한 행동이라는 생각을 가졌고, 따라서 공격의 당면 목표를 이들에게 맞추는 경향이 나타나기 시작했다. 민간 국가개조론자들과 혁신계 군인이 연합하여 직접 정치적 행동을 취한 사건은 1931년 3월에서부터 시작된다. 일명 3월 사건이라고 불리는 이 사건은 기존의 정당정치인을 사퇴시키고 군부로 새로이 내각을 구성한다는 시나리오 아래 추진되다 실패한 사건이었다.

📚 NOTE 36   1920~1930년대 일본의 사상적 경향

- **자유주의적 입장:** 요시노 사쿠조의 민본주의, 미노베 다쓰키치의 천황기관설에 관해서는 앞의 〈NOTE 31〉, 〈NOTE 32〉을 참고할 것.
- **마르크스주의적 입장:** 자유주의적 입장에서 진행된 개인의 도덕적 가능성에 대한 신뢰가 실천을 위한 처방으로서는 적절하지 못하다고 생각한 일련의 지식인들은 사회의 근본적 성격과 구조를 설명할 필요를 느끼

게 된다. 이런 이론적인 탈출구로서 마르크스주의가 부상했는데, 마르크스주의자들은 도덕적 분노를 과학적 혹은 보편적 원리에 입각하여 분석, 설명하고자 했다. 마르크스 이론이 일본 역사의 체계적인 연구에 깊이 응용되면서 생산력의 증가와 사회계급 간의 상호관계, 역사 속에서 풍요와 빈곤의 대조적 모순의 현실을 변증법적으로 설명하게 되었고 일본의 근대성은 철저하게 부정적으로 인식되었다. 마르크스주의적 역사관은 1920년대 수많은 지식인에게 공유되었으나 하나의 정치적 세력으로 단결되지 못했다.

- **정부나 일본의 보수적 지식인들의 입장**: 이들은 민본주의와 마르크스주의 같은 민간에서 이루어지는 새로운 사회통합 원리의 모색 그 자체를 기왕의 일본을 지탱해 온 사상이나 도덕, 체제를 파괴하는, '국체에 대한 도전'으로 간주했다. 따라서 이런 '위험사상'을 효과적으로 억제하지 않으면 국가 장래에 큰 위험을 초래할 것으로 인식하고 있었다.

- **일본국가 개조론의 입장**: 제1차 세계대전 이후 싹트기 시작하여 1930년대 구체적 행동으로 나타난 국가개조론자들은 보다 전염성이 강하고 실천적인 관점을 견지하면서 체제를 비판하고 나왔다. 쇼와유신운동사에 걸친 주요 인물 중에서 사상적, 실천적으로 가장 중요한 인물로는 기타 잇키 北一輝, 1883~1937 와 오카와 슈메이 大川周明, 1886~1957 를 들 수 있다. 국가개조론자들의 사상은 일본주의를 그 바탕으로 하면서, '계급'을 '국가'로 치환시켜 놓은 이른바 '국가사회주의'적 성격을 품고 있었으며, 국가혁신의 원동력을 대체로 사무라이 계급의 연장선상에 있는 군인에서 구하고 있었다. 이들의 사상은 당시 일본 사회에서 힘을 가지고 있던 군부의 청년 장교와 혁신세력의 마음을 사로잡음으로써 이후 현실적인 '물리적 힘'을 획득한다.

만주사변과 제국 일본의 국가개조운동

1931년 9월에 일어난 만주사변[23]은 일본의 정당내각이 군부의 행동을 통제하기 어렵다는 사실을 구체적으로 입증함으로써 입헌 정부의 권위를 크게 손상했다. 이 사건은 시데하라로 대표되는 평화 외교·경제 중심의 외교이념을 '바보 같은 꿈에 불과'한 것으로 간주한 일본의 관동군이 몽상적으로 보이는 정책을 버리고 '현실'로 보이는 방책을 추진한 것이기도 했다. 이로 인해 일본은 이른바 '15년 전쟁'[24]이라고 부를 만한 전쟁의 늪으로 빠져들어 갔고, 이는 결국 제2차 세계대전의 신호탄이 되었다.

이 시기 이시와라 간지 石原莞爾, 1889~1949를 비롯한 관동군 참모들은 세계가 '인류 최후의 대전쟁'을 향해 움직이고 있는 것이야말로 국제정치의 현실이라고 생각했다. 만주사변은 당시 일본 국민의 '대내적인 불만'을 '대외적인 애국적 열정'으로 몰아가는 기점이 되었고, 일본 외교의 방향을 군사문제 위주로 다시 복귀시키는 역할을 했다.

결국 제국 일본은 청국의 푸이 溥儀, 1906~1967를 내세워 1932년 9월 만주국이라는 꼭두각시 정부를 만들어 만주를 중국 본토에

---

23 (용어설명) 만주사변: 관동군 주도하에 일본이 만주에서 일으킨 침략 전쟁이다. 1931년 펑톈奉天의 북부 류탸오거우柳條溝에서 남만주철도의 선로가 폭파되었는데, 이는 만주에서 무력행사를 할 수 있는 구실을 만들기 위해 관동군이 계획한 사건이었다. 관동군은 이를 중국의 소행으로 뒤집어씌우고 중국 둥베이東北 지방에 대한 침략 전쟁을 개시하고 꼭두각시 국가인 만주국을 수립했다.

24 (용어설명) 15년 전쟁: 1931년 만주사변부터 1945년 패전에 이르기까지 일본이 15년 동안에 걸쳐 수행한 일련의 전쟁을 가리킨다. 즉 만주사변, 중일전쟁, 아시아·태평양전쟁을 총칭하는 말이다.

서 분리시켰고, 서양 국가들이 이에 대해 격렬히 비난하고 나서자 1933년 3월 국제연맹 탈퇴, 1934년 12월과 1936년 1월 워싱턴과 런던 양 조약의 파기와 같은 파국적인 상황을 연출하면서 기왕의 서양 국가와의 협력체제에 종지부를 찍는다. 이 과정에서 국제연맹은 어떤 단호한 조치도 취하지 못함으로써 사실상 상황을 양해하는 결과를 낳았다.

만주에서 군부가 독자적인 행동을 취하고 있는 사이에 일본 국내에서는 1932년 2월에 들어 '일인일살주의 一人一殺主義'를 표방한 혈맹단에 의한 암살이 이어졌으며, 1932년 5월 15일에는 이누카이 쓰요시 犬養毅, 1855~1932 총리가 살해되기도 했다. 그러나 이 사건의 관련자는 대개가 가벼운 처벌을 받는 데 그쳤으며, 또한 이 사건의 관련자는 국민들에게 용감한 애국자로 추앙받고 각 신문 및 여론이 정당내각 절대 반대로 기울도록 함으로써 다이쇼 이후 계속되던 정당내각은 실질적으로 종말을 고한다.

한편 1933년 5월에는 대표적인 사회주의자들의 '전향 轉向' 성명이 이루어졌고, 이후 전향 성명은 일본의 진보 세력에 일종의 도미노 효과를 일으켜 일본 사상계의 대세를 이루면서 확산되었다. 아울러 1935년 1월 미노베의 천황기관설이 문제가 되면서 천황기관설 박멸동맹이 조직되었는가 하면, 동년 8월에는 일본 정부가 천황기관설이 국체에 반하는 것임을 천명하는 1차 국체명징성명이 있었다. 그리고 얼마 후인 1935년 10월에는 다음과 같은 내용을 담은 2차 국체명징성명이 이루어졌다.

"우리나라에서 통치권의 주체가 천황이라는 것은 우리 국체國體의 본의本義로서 제국신민의 절대 변하지 않는 신념이다. 제국헌법 각 조항의 정신 또한 여기에 있음을 알 수 있다. 그럼에도 불구하고 외국의 사례나 학설을 받아들여 이를 우리의 국체에 비교하여 통치권의 주체가 천황이 아니라 국가이며 천황은 기관이라는 소위 천황기관설을 주장하는 것은 신성한 우리의 국체를 모독하고 그 본의에 위배되는 것으로 마땅히 제거되어야 할 것이다. 정치, 교육 등 모든 사항은 어떤 나라와도 비할 수 없는 국체의 본의를 기반으로 하여 그 진수를 현양顯揚할 것을 필요로 한다. 정부는 이런 신념에서 국체의 관념을 더욱 명징하기 위하여 모든 힘을 기울일 것을 기약하는 바이다."

- 今井淸一, 高橋正衛 編, 『現代史資料 4: 國家主義運動 1』(東京:みすず書房, 1982), pp. 420-421

정부는 이와 같은 성명을 발표함과 동시에 국체명징의 구체적 실행방안으로 문부성 내에 '교육쇄신평의회'를 신설했다. 평의회는 그 취지를 진실로 국가의 기초가 되는 국민을 단련할 만한 독자의 학문과 교육의 발전을 도모하기 위하여 다년간 수입한 서양의 사상, 문화의 악습이 있는 곳을 제거하고 일본 문화의 발전에 힘쓰는 것이 오늘의 시급한 의무이므로, 국체관념과 일본정신을 근본으로 학문과 교육쇄신의 방법을 강구하고 확대하여 일본 본래의 바른 길을 천명하고 외래문화 섭취의 정신을 분명히 제거하여 교육상 필요한 방침과 중요한 사항을 결정함으로써 일본의 학문과 교육쇄신의 길을 밝혀 그 발전진흥을 도모하는 것이라고 밝혔다.

1936년 2월 26일, 청년 장교 세력과 국가사회주의 사상가였던 기타 잇키北一輝, 1883~1937 등이 총리관저, 경시청 등을 습격하여 점령하고 국가개조의 단행을 요구하는 쿠데타를 감행했으나 무력으로

싱안성

만주국

만주국 수립
1932. 3. 1

일본이
괴뢰정부인 만주국을
수립한 후 실질적 지배

헤이룽장성

치치하얼

지린성

하얼빈

류타오후 사건
1931. 9. 18

창춘

관동군의 철도 폭파사건 조작을
계기로 만주사변 발발

선양(봉천)

리허성

진저우

베이징 ★ 톈진

산하이관

다롄

조선

평양

뤼순

한성

지난

칭다오

쉬저우

일본군 이동경로

난징

상하이

만주사변과 만주국의 수립 (지도: 하니누리 디자인 김승한)

진압되는 이른바 2·26사건[25]이 발생했다. 황도파가 주도한 이 사건은 철저히 진압되어 군사정부를 요구했던 청년 장교와 민간 국가개조론자들이 희생되지만, 이 사건을 군의 상층부에 있는 반황도파 연합세력이 모두 전담하여 진압, 수사하는 과정을 통하여 실질적으로 군부가 정치적 실권을 완전히 장악하는 역설적 상황이 벌어졌다. 이렇게 하여 2·26사건은 권력기구의 개편과 함께 국가개조가 전 국가적으로 추진되는 정치적 국면을 낳았다.

일본 정부는 1931년 3월사건 이래 청년 장교와 민간인 사상가들이 중심이 된 쇼와유신운동을 다른 반체제 지식인들처럼 쉽게 제어할 수 없었다. 그것은 의식 면에서 이들 국가개조론자만큼 일본의 국체에 대해 흠잡을 데 없는 신앙을 가진 세력이 없었다는 명분상의 측면과 함께 물리적인 힘을 장악하고 있던 고위 군인들 또한 이들의 불만을 많은 부분에서 공유하고 있었기 때문이기도 했다.

얼마 후인 1937년 3월 문부성은 일본 국민의 정신무장을 위하여 『국체의 본의』라는 책을 정식으로 발간하여 배포했다. 『국체의 본의』는 일본에 수입된 서양의 이데올로기들이 합리주의와 실증주의에 근거한 계몽주의의 산물이며 개인의 자유와 평등에 최고의 가치를 부여하는 '개인주의'에 그 기원을 두고 있다고 전제하면서 시작한다. 그리고 지금 서양과 일본이 겪고 있는 이데올로기적, 사회적 혼란과 위기상황이 개인주의에서 빚어진 산물이라고 지적했다.

---

25 (용어설명) 2·26사건: 1936년 2월 26일 국가개조를 부르짖던 청년 장교들이 일으킨 쿠데타로서, 무력으로 국내개혁을 기도한 사건이다. 이 사건은 겉으로는 실패한 듯 보였으나 이를 계기로 '국가개조주의'라는 극우파의 혁신노선이 전 국가적으로 추진되었다.

반면 일본의 국체는 '신성한 기원을 지닌 만세일계의 천황제를 모태로 하는 가족국가'이기 때문에 충과 효는 완전히 일치하는 가치체계일 뿐 아니라, 이런 특징을 지닌 일본 역사의 전통에는 진정한 의미의 '조화'의 정신이 면면이 흐르고 있어 일본의 '상무정신尚武精神'에도 평화와 창조의 정신이 깃들어 있다는 것이다. 이런 의미의 연장선에서 '전쟁'도 파괴와 지배를 위해서가 아닌 대화大和와 평화, 창조를 위한 것이 되며, 이 안에서 사는 개인은 순수하고 사심 없는 마음으로 자신의 사사로움을 없애 근본적이고 참된 대아大我를 위해 스스로를 소멸시킬 수 있어야 한다는 헌신의 정신으로 요약되어 있다.

『국체의 본의』의 선포를 통해 일본에서 국가주의 교육이 공식화된 것은 물론이고 학계의 전반적인 분위기도 서양의 자유주의적, 개인주의적 학설에서 벗어나 모든 논리를 일본주의적 관점에서 해석하게 되었다. 이런 과정을 거치면서 일본은 개인이 스스로 양심을 지키고 고독한 저항을 시도하기 어렵게 되어 갔다.

6. 제국 일본의 계속되는 전쟁과 제2차 세계대전

중일전면전쟁과 태평양전쟁

국체명징운동, 2·26사건 등으로 체제 안에 흡수된 '쇼와유신'운동의 혁명적 감성은 일본 정부 주도하에 팽창주의적 '아시아 해방의 꿈'으로 흘러간다. 1937년 7월 일본이 중국과의 본격적인 전면전, 이른바 '중일전면전쟁'에 돌입한 것은 이런 변화의 구체적 표현이었다. 난징 南京 학살 사건이 벌어진 것은 이런 와중인 1937년 12월의 일이었다. 중일전쟁 발생 직전에 성립한 고노에 후미마로 近衛文麿, 1891~1945 내각은 1937년 9월에 들어서자 국가의 총력을 다진다는 기치 아래 '국민정신총동원운동'[26]에 착수했다. 그리고 1939년 4월에는 '신방침'을 채택하면서, 일본이 동아신질서[27]를 건설할 역사적 사명을 띠고 있으며 이를 방해하려는 세력은 배제하겠다는 불퇴전의 결의를 국민에게 촉구하고 나섰다.

1939년 9월 1일 독일이 폴란드를 침공하면서 본격적으로 제2차 세계대전이 발발했다. 그러자 일본은 얼마 후 대외적으로 대동아공영권[28]을 천명하는가 하면, 대내적으로는 익찬체제[29]라는 신체제 설립운동을 전개한다. 그리고 미·일관계가 극단적으로 악화되면서 1941년 12월 7일 일본이 진주만을 기습 공격했고 세계는 전 지구

---

26 (용어설명) 국민정신총동원운동: 중일전쟁 직전에 성립한 일본의 고노에 후미마로 내각에서 추진한 운동이다. 국가를 위해 희생하는 국민의 정신 滅私奉公을 촉진하려고 했다. 식민지 한국에서는 1938년 국민정신총동원연맹이 결성됨으로써 구체화되었고 인적·물적 자원동원을 목적으로 한 전쟁협력이 조직화되었다.

27 (용어설명) 동아신질서 東亞新秩序: 1938년 11월 고노에 후미마로 내각에서 발표한 동아시아 정책이념이다. 대동아공영권의 전신이라 할 수 있지만 이때 동아는 일본, 만주, 중국만을 포함했으며 이들 삼국의 제휴를 추구한다는 기만적인 내용이었다.

28 (용어설명) 대동아공영권 大東亞共榮圈: 일본을 맹주로 한 정치적, 경제적 블록화 구상이다. 아시아·태평양전쟁 당시 일본의 아시아 침략을 정당화하기 위한 명분이 되었다.

29 (용어설명) 익찬체제 翼贊體制: 태평양전쟁기에 일본이 대내적으로 추진한 신체제 설립운동의 다른 표현이다. 익찬이란 천황의 정치를 보좌한다는 뜻이 담긴 말로, 실질적으로는 1940년 10월에 대정익찬회가 만들어지면서 기존 정당단체들이 여기에 대거 합류했고 유일정당으로서 군부 주도 정책을 추인하는 역할을 했다.

적 차원의 전쟁으로 빠져들게 된다.

1940년 9월, 내무성은 공식적으로 농촌에 '부락회', 도시에 '초나이카이 町內會'를 설치하고, 그 기초로서 10개 가구 내지 20개 가구를 단위로 '도나리구미 隣組'를 설치한다. 특히 정치조직의 최하위 조직인 도나리구미는 일본의 오랜 공동체 구조를 이용한 감시체제였는데, 물자배급 단위로서의 기능도 담당했던 만큼 개인이 이 조직에 속하지 않고서는 아예 생존 자체가 불가능했다. 1940년 10월 12일, 대정익찬회 大政翼贊會 의 설립으로 모든 국민조직은 관제 기관 내부로 흡수되었다.

1941년 일본 문부성은 『신민의 길 臣民の道 』을 발표하는데, 당시의 세계정세에서 일본의 역할과 신민이 살아가는 방식에 대해 다음과 같이 밝히고 있다.

"우리나라의 결의와 무위 武威 는 주요한 국제연맹 국가로 하여금 어떤 제재도 가할 수 없게 했다. 우리나라가 탈퇴하자 연맹의 정체는 세계에 폭로되어 독일도 그해 가을에 우리의 뒤를 따라 탈퇴했고, 늦게 이탈리아 또한 에티오피아의 문제로 기회를 포착하여 탈퇴 통고를 발하니 국제연맹은 완전히 이름뿐인 껍데기가 되었다. 이렇게 하여 우리나라는 1931년 가을 이래 세계유신 世界維新 의 최고 선두에서 거대한 발걸음을 내디디고 있다."

"일상적으로 우리가 사생활이라고 부르는 것도 곧 '신민의 도'의 실천이다. (중략) 우리는 사생활에서도 천황에게 귀일하고 국가에 봉사한다는 생각을 잊어서는 안 된다. 우리나라에서는 관에 봉사하거나 실업에 종사하는 것, 부모가 자식을 키우는 것, 아이들이 학문을 하는 것 등의 모든 것이 이 본분을 다하는 것이며, 몸으로써 힘을 다하는 것이다."

당시 일본은 오직 '세계적 대세'에 걸맞은 것으로 보이는 약육강
식의 논리에 따라 어떤 행위의 '내재적 가치'를 논의하는 것을 비웃
으면서, 그 실력과 책략의 '현실성'만을 행위에 대한 도덕성의 준거
틀로 삼으려 했다. 그러면서도 '신민의 길'을 실천하는 것은 거창한
것이 아니라 오히려 미시적이고 일상적인 삶의 구체적인 현장에서
이루어질 수 있는 것이라는 사실이 강조되었다.

어떤 사회이든 질서를 유지하려면 이념이 필요하다. 하지만 『신
민의 길』에 나타나듯이, 잘못된 권력이 윤리적인 명분에 의해 덧칠
되고 도리의 이름으로 권력화가 진행되면 잘못된 정치가 가지는 악
마적 성격은 노출되지 않을 뿐 아니라 개개인에게도 윤리의 내면화
가 이루어지기 어렵다. 그뿐만 아니라 이렇게 되면 윤리는 개인 내
면의 심연으로부터 자연스럽게 샘솟는 것이 아니라, 타율적인 외부
권력에 종속되어 권력에 대한 의지를 정당화하는 구실로 변질되어
사용될 소지가 커지게 마련이다.

전쟁 중 일본 정부는 "폐하의 신민은 국체를 지키기 위해서 옥
쇄30를 각오해야 한다"라고 말하고 있었다. 일본인 전체가 죽더라
도 국체만은 지켜야 한다는 이른바 국체호지 国体護持 사상을 이해하
기 위해, 전쟁터에서 숨진 전사자들을 함께 제사 지내는 의식을 실
황 중계한 어느 아나운서의 멘트 내용을 소개한다.

"아, 환호소리, 만세소리를 뒤로하고 만주벌판을 향해 떠나가던 그 모

---

30 (용어설명) 옥쇄玉碎 : 옥처럼 아름답게 부서진다는 뜻으로, 명예나 충절을 위하여
깨끗이 죽는 것을 의미한다. 천황과 일본을 위해 죽는 것을 미화하기 위한 의도
로 빈번하게 사용되었다.

습, 용감하고 늠름한 아버지, 남편, 아들, 손자의 모습이 지금도 눈에 선한데, 여기 지금 4천여 유족들이 경건하게 합장을 하고 고개 숙이니 비오듯 내리는 눈물이 땅을 적시고, 온 나라가 한마음으로 올리는 이 놀라운 제전에서, 신이 되어 광영의 자리에 오르시는 영령들이여, 지금 여기 감격의 눈물에 젖어서 성스러운 의식을 지켜보는 그대 유족들의 심경을 어찌 말로써 표현하여 전달할 수 있으리오."

– 노마 필드, 박이엽 역, 『죽어가는 천황의 나라에서』(창작과 비평사, 1995), pp. 167–169

이처럼 전쟁에 나가 죽는 것이 종교적 순교가 되고 감격이 되는 마당에 죽음이란 더 이상 두려운 대상이 될 수 없었다. 이런 분위기는 살아서 포로의 치욕을 받느니 차라리 '옥쇄'의 길을 선택하게끔 끊임없이 유인하고 있었다.

1930~1940년대를 거치는 동안 일본인들은 '거룩한 일본국체'와 '숭고한 일본정신'이라는 '화려한' 언어의 유희와 '왜소한' 현실 속에서, 총체적 '순응'과 집단광기의 늪으로 빠져들어 간다. 그리고 젊은 이들은 독고타이 特攻隊 의 길에 내몰리면서 가미카제 神風 라는 죽음의 행렬로 나아가게 된다.

🔖 NOTE 37   일본 군국주의에 이용된 일본인의 심미적 정서

일본 군국주의는 일본인의 고유한 심미적 정서를 정치적으로 다양하게 이용했다. 그중에서도 일본인이 식물 가운데 가장 사랑하는 사쿠라를 통해 이 문제를 생각해 보자. 일본 군국주의는 사쿠라에 대한 일본인의 애정을 이용하여 사쿠라의 이미지를 일본신민의 헌신을 끌어내는 수단으로 동원했다. 즉 두려움 없이 죽음과 마주할 수 있는 고결한 정신을 야마토 다

마시大和魂라고 부르고, 사쿠라의 시각적인 미적 가치를 야마토 다마시라는 개념에 접합시킨 것이다. 환언하면 사쿠라가 한순간에 지는 모습이 얼마나 아름다운지를 상기시키면서 옥쇄, 즉 옥처럼 산산히 부서져 죽는 것이 얼마나 아름다운 죽음인지를 세뇌시켰다. 그뿐만 아니라 야스쿠니 신사에 피는 사쿠라가 전사한 병사가 환생한 것이라고 선전하기도 했다. 일본 군인들 사이에 가장 유행한 군가가 '동기의 사쿠라同期の桜'인 것은 우연이 아니었다.

"너와 나는 동기 사쿠라 / 같은 병兵학교의 뜰에 피어 /
피었다 지는 것은 각오한 바 / 기꺼이 지겠다, 나라를 위해"

제2차 세계대전에서 소련의 역할과 동아시아

제2차 세계대전 후 동아시아 상황을 보면 소련의 역할과 위상이 가히 막강하다고 할 수 있다. 어떻게 이런 일이 가능했을까? 이런 정황을 이해하려면 태평양전쟁을 포함한 제2차 세계대전에서 소련의 위상이 급부상하는 배경과 아울러 제국 일본과의 전쟁에 소련이 개입하게 된 경위를 주목해야 한다. 여기서는 이 문제를 살펴보기로 하겠다.

잘 알려진 대로 독일의 히틀러 Adolf Hitler, 1889~1945 는 1939년 9월 1일 폴란드를 침공함으로써 세계를 전쟁 속으로 끌고 들어갔다. 그런데 히틀러는 폴란드를 침공하기 직전인 1939년 8월 23일 소련과 불가침조약을 체결해 둔 바 있었다. 독일이 서부전선에 집중할 수 있는 대외 환경을 만들어 둔 것이라고 할 수 있다. 이후 승승장구하며 베네룩스 삼국을 비롯하여 프랑스를 손쉽게 제압한 독일은 처칠 총리가 이끄는 영국의 강력한 저항에 발목이 잡힌다. 이후 히틀러는 자신이 체결한 독소불가침 조약을 깨고 1941년 6월 소련에 대한 공격을 개시한다. 이른바 바르바로사 Barbarossa 작전이다. 평소에 소련을 매우 혐오하던 히틀러는 영국 측이 강렬한 저항의지를 불태울 수 있는 배경에는 소련이 버티고 있기 때문이라는 생각을 하고 있었다. 소련을 대상으로 진격진 電擊戰 을 추진하던 독일의 계획은 전선이 형성되던 초기에는 매우 순조롭게 진행되는 것처럼 보였다. 하지만 시간이 경과할수록 독일군은 진흙탕에 빠져들어 가는 형국이 되면서 독일군의 피해는 눈덩이처럼 불어나기 시작했다. 그 결정적 전환점이 된 것이 바로 스탈린그라드 전투 1942. 7~1943. 2 였다. 스탈린그라드 전투 이후 완전히 승기를 잡은 소련은 노르망디 전투 1944. 6~1944. 7 를 거쳐 결국 베를린을 함락시키고 독일을 제압하는 과정에서 결정적인 역할을 한다. 히틀러는 베를린이 함락되기 직전인 1945년 4월 30일에 자살했으며 독일이 정식으로 항복 선언을 한 것은 1945년 5월 8일이었다. 제2차 세계대전에서 소련의 희생은 다른 어느 나라와도 비교가 어려울 만큼 압도적으로 컸다. 세계대전 중 미국의 희생자 수는 42만 명이었던 반면, 소련의 희생자 수는 2700만 명 이상이었다.

한편 소련이 제국 일본과 국경을 맞대고 대치하게 된 것은 1932년 일본의 꼭두각시 국가인 만주국이 세워지고 관동군이 북만주 지역까지 이른 시점에서부터였다. 1936년 11월 독일과 일본이 소련을 경계하여 방공협정 防共協定 을 체결하면서 소련과 일본 간에 긴장이 고조된 바 있었다. 소련은 1937년 8월 중·소 불가침조약을 체결하면서 파시즘에 대항하여 중국과 연대를 모색하기도 했다. 소련과 일본은 국경지대에서 수차례의 국경분쟁을 겪었으며, 독일의 폴란드 침공이 이루어지기 직전인 1939년 5월부터 4개월에 걸쳐 만주국의 서북지역 국경지대인 노몬한 전투1939. 5. 11~1939. 9. 16에서 격전을 치르기도 했다. 이때 소련군은 일본군을 제압함으로써 러일전쟁에서 패배한 악몽에서 벗어났으며, 소련군의 기계화 부대의 위력에 눌린 일본군은 소련과 전쟁을 주장하는 북진파가 힘을 잃고 해군에 의지하는 남진파가 주도하는 변화를 겪게 되었다. 1939년 8월 독일이 독·소 불가침조약에 조인하고 난 후, 일본 역시 중국 정복을 위한 걸림돌을 제거하려는 의도에서 소련과 중립조약Soviet-Japanese Neutrality Pact, 1941. 4. 13을 체결하게 된다. 이후 일본과 소련 간에는 제2차 세계대전이 벌어지던 내내 군사적인 충돌이 이루어지지 않았다.

그런데 어떻게 소련이 대일전에 참전하게 되었을까? 여기서 소련이 제국 일본과 1941년 4월에 체결한 바 있는 중립조약을 깨고 아시아·태평양전쟁에 개입하게 된 경위를 이해하려면 1943년 12월의 테헤란회담과 1945년 2월 얄타회담의 현장으로 눈을 돌릴 필요가 있다. 독일 항복 이후 소련의 대일전 참전에 관한 논의는 미·영·소 삼국 수뇌부가 최초로 만난 1943년 12월 테헤란회담에서 이미 이루어진 바 있었다. 독일 항복이 임박한 1945년 2월의 얄타회담에서는 스탈린Joseph Stalin, 1878~1953이 동유럽을 석권하고 매우 유리한 입장에서 회담에 임하고 있었던 반면 미국은 대단히 어려운 상황에 놓여 있었다. 독일의 저항은 끝이 보이는 데 반해 일본군과의 전쟁은 아직 갈 길이 멀다고 생각하고 있던 미국의 루스벨트Franklin D. Roosevelt, 1882~1945, 재임: 1933. 3. 4~1945. 4. 12는 회담 개최 얼마 전 미국의 대통령 선거에 승리했고 4선 대통령을 시작하면서 얄타회담에 참가하고 있었다. 루스벨트는 독일이 패망한 후 2~3개월 이내에 일본과의 전쟁에 참여하기를 종용했고 그 대가에 관한 비밀 합의가 이루어졌다.

　그런데 예기치 못한 사태가 연이어 벌어졌다. 히틀러가 베를린에서 마지막 저항을 하던 1945년 4월 12일에 병약하던 루스벨트가 갑자기 사망하면서 반공 성향이 강한 당시 부통령 트루먼 Harry S. Truman, 1884~1972, 재임: 1945. 4. 12~1953. 1. 20이 미국 대통령직을 승계하는 상황이 발생했는가 하면, 1942년부터 미국이 극비리에 추진하던 핵무기 개발 계획 Manhattan Project이 마침내 성과를 내면서 인류사상 최초의 핵실험이 1945년 7월 16일 성공을 거두었다. 소련의 참전을 종용하던 미국의 입장이 사실상 완전히 달라지는 상황이 된 것이다. 1945년 7월 26일 포츠담 선언 Potsdam Declaration을 통해 연합국이 일본에 최종적으로 무조건 항복을 요구한 것은 이런 막후 상황 전개와 맞물려 있었다. 당시 제국 일본과 전시 상황이 아니었던 소련의 스탈린은 포츠담 선언에 서명할 자격이 없었다.

　일본이 포츠담 선언의 무조건 항복 제안을 완전히 거부하고 '묵살'한 뒤 8월 6일 히로시마에 미국의 원폭이 떨어지고 난 후, 8월 8일 소련은 일본에 대한 선전포고를 했고, 8월 9일 동이 트기 전 마침내 대일전 참전을 대규모로 개시하게 된다. 이른바 '8월의 폭풍'이라는 이름의 소련의 군사작전이었다. 얄타회담에서 루스벨트가 제시한 독일 패망 이후 2~3개월 이내 참전하라는 조건에 비쳐 볼 때 독일의 항복 선언 1945. 5. 8이 이루어진 지 만 3개월이 되는 시점이었다. 그리고 같은 날 나가사키에 두 번째 원폭이 떨어지고 소련이 대일 참전국의 자격으로 포츠담 선언에 동참하게 됨에 따라 일본은 포츠담

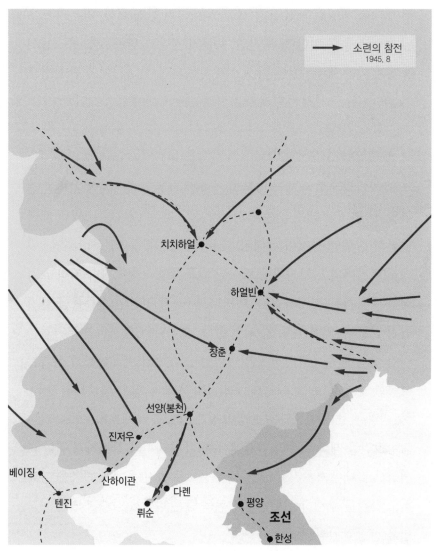

소련의 대일전 참전의 전개 양상 (지도: 하니누리 디자인 김승한)

선언을 수용하게 되었고, 8월 15일 천황의 종전終戰 선언문이 라디오를 통해 방송된다. 그리고 9월 2일 도쿄만에 정박한 미국 전함 미주리호에서 일본 측은 항복문서에 조인하게 되었던 것이다. 미국의 소련에 대한 대일전 참전 요청, 소련의 대일전 참전 실현, 일본의 포츠담 선언 묵살로 인한 항복 지연, 핵무기 개발과 원폭투하, 승자들의 흥정에 의한 세계분할 등의 요소가 맞물리면서 그 사이에 낀 한반도가 분단되는 구체적인 단서가 마련되었다고 해야 할 것이다.

세계사와 동아시아 맥락에서 바라본 오키나와전투

오키나와전투는 제국 일본의 기나긴 전쟁의 막바지에 치러진 전투였다. 하지만 태평양전쟁의 시작을 알리는 1941년 12월의 제국 일본의 진주만 공격이나 태평양전쟁의 종지부를 찍는 1945년 8월의 히로시마와 나가사키에 떨어진 원폭처럼 극적이거나 지적 호기심을 자극하는 소재가 되기 어렵다. 따라서 일반인의 주목을 끌기 쉽지 않으며 '잊힌 전투'가 되어 왔다. 오키나와 현지의 연구자들은 이런 상황에 주목하면서 오키나와전투 자체의 비극성을 구성하는 다양한 문제적 요인, 예컨대 오키나와가 제국 일본의 본토결전本土決戰이라는 향후 예상되는 전쟁의 전개 방향과 국체호지国体護持라는 협상조건을 제국 일본의 입장에서 좀 더 유리하게 끌어가기 위한 희생양으로 내팽개쳐지고, 국가의 이름으로 주민들에게 죽음을 강요하고 자결을 강제하는 불편한 진실을 담은 현장을 심층 조명하는 작업을 진행해 왔다.

이렇게 밝혀진 '불편한 진실'들은 오키나와전투가 오키나와 주민에게 왜 여전히 중요하며 현재진행형의 문제인지를 이해시켜 준다. 요컨대 개번 매코맥Gavan McCormack 교수가 "오키나와전투의 충격과 공포를 대면하지 않고 현대 오키나와를 이해하는 것은 불가능"하다고 하면서, "오늘날 오키나와 사람들이 전쟁을 증오하고, 미군이건 일본의 자위대이건 군대를 불신하며, 도쿄나 워싱턴의 '국방'이라는 의제에 동의하기를 거부하고 있다면, 그 근저에는 무엇보다도 오키나와전투의 경험과 기억이 존재"한다고 주장한 것은 이런 측면을 지적하는 것이라고 할 수 있다.[31]

여기서는 조금 다른 각도에서 오키나와전투의 세계사적 의미나 동아시아적 의미에 관해 좀 더 생각해 보자. 그러기 위해서는 무엇보다도 오키나와전투가 벌어진 시기를 면밀하게 주목할 필요가 있다. 오키나와전투가 벌어진 시기는 넓게 보면 1945년 3월 26일에서 9월 7일까지이며 좁게 보더라도 4월 1일부터 6월 23일까지이다. 그런데 이 시기는 20세기의 가장 중요하고 결정적 순간들 가운데 하나로 꼽을 만한 시기이다. 이 시기가 얼마나 중요한 시기였는가를 이해하려면 전후질서의 밑그림을 사실상 결정하는 1945년 2월의 얄타 회담과 7월의 포츠담 회담이라는 두 차례의 '세기의 정상회담'이 열린 시점을 상기해 볼 필요가 있다. 이 중요한 순간에 전후질서를 둘러싼 전승국들의 본격적인 협상과 외교적인 힘겨루기가 이루어지게 된다.

그런데 이런 과정을 더욱 극적으로 만든 것은 오키나와전투가 한창이던 4월 12일에 미국의 루스벨트 대통령이 갑자기 사망하면서 그와는 성향이 상당히 다른 트루먼 부통령이 대통령직을 계승했다는 점, 소련군에 의해 베를린이 함락되기 직전인 4월 30일에 독일의 총통 히틀러가 자살하면서 5월 8일에 독일의 항복으로 지옥 같은 유럽의 전쟁이 마침내 종식했다는 점이다. 연합군은 독일이 항복한 지

---

31 개번 매코맥 · 노리마쓰 사토코, 정영신 역, 『저항하는 섬, 오끼나와』(창비, 2014), p. 42.

15일이 지난 1945년 5월 23일, 독일 정부를 해체시켰다. 이후 독일 제국은 사실상 소멸했으며, 대신 서방 연합군과 소련이 각각의 독일 점령지를 대상으로 군정을 실시했다. 이로써 제3제국의 수도 베를린에서 만난 승전국들은 전리품을 두고 설전을 벌였고 소련의 붉은 군대는 유럽의 동부와 서부 사이에 '철의 장막'을 구축해 나가려는 조짐을 보이기 시작했다. 이런 상황은 그동안 독일이라는 막강한 공동의 적을 앞에 두고 이루어지던 미국, 영국, 소련의 동맹관계가 '불편한 동거' 혹은 '새로운 적대관계'로 빠르게 변화해 가고 있음을 의미하는 것이었다.

더욱이 1945년 5월에 유럽의 전쟁이 끝났다는 것은 동아시아의 관점에서 보면 그동안 독일과의 전쟁으로 여념이 없던 소련이 연해주 일대로 들어오는 새로운 국면이 전개되는 것을 의미한다는 점에서 중요하다. 그동안 소련은 일본과 불가침조약 중립조약, 1941. 4. 13을 체결하고 있었는데, 이제 소련이 일본에 선전포고를 하고 일본과의 전쟁에 참전하는 상황이 가시권에 들어오게 된 것이다.

그런데 이런 모든 상황을 더욱 극적으로 만드는 새로운 변수가 오키나와전투가 진행되는 시기에 발생한다. 그것은 바로 1942년 이래로 미국이 맨해튼 프로젝트라는 이름으로 추진하던 핵무기 개발이 빠르게 구체적인 진전을 보이면서 1945년 4월부터 원자폭탄의 완성이 가시권에 들어왔고, 세계대전에서 미국이 사용할 수 있는 강력한 무기이자 국제정치 무대의 새로운 주요 변수로 등장했다는 점이다. 스탈린에 대한 강경노선을 지지하던 미국의 신임 대통령 트루먼은 핵무기라는 신형 무기의 등장으로 스탈린과의 외교적 줄다리기를 손쉽게 풀어 나갈 여지를 얻었다는 생각을 품었던 것으로 보인다. 1945년 4월 25일, 트루먼은 맨해튼 프로젝트 또는 S-1이라는 암호명으로 불린 원자폭탄 계획을 보고받고 소련에 자신의 의지를 강요할 수 있으리라는 확신을 갖게 되었다.[32] 심지어 트루먼은 1945년 6월 1일에 이미 일본에 원자폭탄을 사용할 수밖에 없다는 생각을 하고 있었다는 지적도 나온다.[33]

이렇게 보면 오키나와전투는 연합국 내부에서 전후 질서를 둘러싼 구상과 실력행사가 숨가쁘게 돌아가는 와중에 진행되었던 전투였던 것이다. 이런 상황을 예리하게 포착한 존 키건 John Keegan, 1934~2012 교수는 오키나와전투가 갖는 세계사적인 의미를 다음과 같이 포괄적이면서도 의미심장하게 지적한 바 있다.

"오키나와는 태평양전쟁이 일본 본토의 외곽 방어선을 향해 다가감에 따라 무엇이 미군을 기다리고 있는지에 관한 무시무시한 경고를 남겼다. 오키나와전투는 일본제국의 심장부로 가는 접근로 상에 있는 커다란 섬 하나를 놓고 벌어진 첫 전투였으며, 그 대가와 지속시간은 미 해군이 전진해서 세토 나이카이 瀬戸内海 해안에 육군병사와 해병대원을 내려놓을 때 닥쳐올 훨씬 더 심각한 시련을 암시해 주었다. 전사자 100만 명이라는 수치가 일본을 침공할 때 예상되는 피해자 수로 미국 전략 입안자 사이에서 나돌기 시작했다. 이 때문에 태평양에서 승리를 거두고 있는 전역을 어떻게 국가적 비극 없이 마무리할지에 관한 논의에 무시무시한 그림자가 드리워졌다. (중략) 미 합동참모회의 의장 윌리엄 레이히 William Leahy 제독은 1945년 6월 18일에 열린 회의에서 트루

---

32 자크 파월, 윤태준 역, 『좋은 전쟁이라는 신화』(오월의봄, 2017), p. 273.
33 마이클 돕스, 홍희범 역, 『1945: 20세기를 뒤흔든 제2차 세계대전의 마지막 6개월』(모던 아카이브, 2018), p. 359.

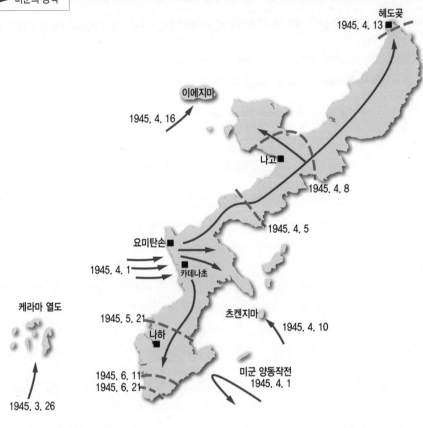

미군의 공격

헤도곶
1945. 4. 13

이에지마
1945. 4. 16

나고
1945. 4. 8

1945. 4. 5

요미탄손
1945. 4. 1
카데나초

케라마 열도

1945. 5. 21
나하

츠켄지마
1945. 4. 10

미군 양동작전
1945. 4. 1

1945. 6. 11
1945. 6. 21

1945. 3. 26

1945년 오키나와전투의 전개 (지도: 하니누리 디자인 김승한)

먼 대통령에게 육군사단과 해병대사단이 오키나와에서 35%의 사상피
해를 입었으며 일본 본토에서 첫 침공지로 선택된 큐슈를 공격할 때 비
슷한 사상자 비율을 예상할 수 있으니 그 작전에 군인 76만 7000명을 투
입하면 전 사상자 수가 지금까지 전 세계 모든 전선에서 미국이 입은 전
사자와 얼추 동일한 26만 8000명이 될 것이라고 지적했다고 한다. 이에

1945년 세계사의 결정적 순간과 맞물린 오키나와전투 일지

월일	주요 사건
2. 4~11	얄타 회담-루스벨트, 처칠, 스탈린, 패전 후의 나치 독일을 미·영·소·프가 분할 점령하는 원칙 등에 관해 합의
2. 14	고노에 후미마로, 천황에게 종전 요청 상주문 제시
3. 9~10	미군, 도쿄 대공습
3. 26	미군, 오키나와 인근 게라마제도 상륙
4. 1	미 제10군, 태평양전쟁 최후의 상륙작전인 오키나와 상륙작전 실시
4. 12	루스벨트 미국 대통령 서거, 후임자로 부통령이던 해리 S. 트루먼 임명
4. 30	베를린에서 독일군 함락 직전에 히틀러 자살
5. 7	나치 독일, 연합군에게 항복, 유럽전쟁 종결
5. 8	유럽전선 전승 기념일
5. 9	나치 독일, 소련에 항복 (연합군에는 5월 8일에 항복)
6. 23	일본군, 오키나와섬의 남쪽 마부니에서 미군에 대한 조직적 저항 끝남.
7. 16	미국, 플루토늄을 이용한 핵 실험 성공(최초의 원폭 실험 성공) 포츠담 회담 개최(~8월 2일)
7. 26	포츠담 선언-트루먼, 처칠, 장제스, 일본이 항복하지 않으면 즉각적이고 완전한 파멸에 이른다고 경고. 처칠 총리 선거에서 패배하고 사임 남태평양 티니언섬에 원자탄 리틀보이 부품 도착
8. 6	미국, 히로시마에 오전 8시 16분(현지시각) 핵폭탄 투하
8. 8	소련, 일본에 선전포고(일소중립조약 파기) 하면서 만주 공격, 북한 청진 일대에 상륙, 대일 참전국의 자격으로 포츠담선언에 동참
8. 9	미국, 나가사키에 오전 11시 2분(현지시각) 핵폭탄 투하
8. 15	천황의 라디오방송, 일본 제국의 항복, 제2차 세계대전 종전

대해 트루먼의 논평은 '일본의 한쪽 끝에서 다른 쪽 끝까지 오키나와전투 같은 경우가 일어나지 않도록 예방할 수 있기 바란다'는 것이었다. "

- 존 키건, 류한수 역, 『2차 세계대전사』(청어람미디어, 2007), pp. 851-853

이것은 오키나와전투의 경험이 미국 정책결정자들의 심리를 적지 않게 흔들어 놓았음을 지적하는 것이라고 할 수 있다. 다만 이런 논의는 핵무기를 사용한 미국의 입장을 불가피하며 합리적인 선택으로 보이게 하는 데다 소련과의 국제정치의 현실 권력관계를 은폐할 수 있는 소지가 있다는 점에서 있는 그대로 신뢰하기는 어려울 수 있다. 하지만 그럼에도 불구하고 오키나와전투가 갖는 파장이 동아시아 차원에서나 세계사적 차원에서 얼마나 중요한 것이 될 수 있는지를 단적으로 보여 주는 장면이다.

📚 NOTE 38　　식민지 백성이 걸었던 길

윤동주의 귀향길

1945년 2월 북간도의 용정 龍井에 있는 윤동주의 집에 한 장의 엽서가 날아든다. "윤동주 사망, 시체 찾아가기 요망", 비보를 안고 아버지는 길을 나선다. 북간도 만주에서 부산까지 반도를 가로질러 내려와 현해탄을 건너 시모노세키로 가서, 거기서 다시 일본 남단의 큐슈에 있는 후쿠오카 형무소에 이르는 긴 여정이었다. 장남은 이미 이국의 감옥에서 한 줌 재가 되어 있었다. 유골이 담긴 작은 항아리를 품고 돌아오며 아버지는 일부를 현해탄에 뿌려 준다.

아버지 품에 안겨 돌아온 아들은 고향의 언덕에 묻혔다. 시인 윤동주지묘 詩人尹東柱之墓, 가족들은 그의 이름에 시인의 월계관을 씌워 주었다. 참 멀고도 기막힌 귀향길이었다. 북간도에서 서울, 현해탄, 일본의 도쿄와 교토, 그리고 후쿠오카. 스물여덟 짧은 생애 동안 윤동주는 먼 타향의 길 위에 있었다. 시인이라는 천명을 다하고자 했던 젊은이가 걸었던 길, 장남의 주검을 확인하러 아버지가 헤매던 통한의 길은 폭력적인 근대의 힘에 고향을 잃어버린 사람들이 떠돌던 유민 遺民의 길이기도 했다.

윤동주, 「새로운 길」　　　　　시집 『하늘과 바람과 별과 시』

길보다 더 아름다운 것은 없으며 그것은 활동적이고 변화 있는 삶의 상
징이라고 행복하게 말하는 사람도 있다. 하지만 식민지의 백성에게 길이
란 목숨을 부지하기 위해 내딛지 않으면 안 되는 살얼음판이었으며, 부서
진 자존을 회복하기 위해 운명과 대결하는 가혹한 전쟁터였다. 그래서 유
민들에게 길을 걷는다는 것은 죽음의 창살에서 탈주하여 몸과 마음의 자
유를 구하는 과정이기도 했다.

1941년에 연희전문을 졸업하면서 윤동주는 도일 渡日 을 결심했는데, 그
무렵 쓴 시에는 이런 구절이 나온다.

내를 건너서 숲으로,
고개를 넘어서 마을로

어제도 가고 오늘도 갈
나의 길 새로운 길

－ 윤동주, 「새로운 길」 중에서

무슨 꿈을 품고 젊은 시인은 압제자의 땅으로 건너갔던 것일까? 멀고
먼 길을 돌아 아버지의 품에 안겨 귀향을 할 때까지 그는 자신이 걸어야
할 '새로운 길'을 눈물겹게 찾아 나갔다.

쉽게 씌어진 시

윤동주

창밖에 밤비가 속살거려
육첩방六疊房은 남의 나라,

시인이란 슬픈 천명天命인 줄 알면서도
한 줄 시를 적어 볼까

땀내와 사랑내 포근히 품긴
보내 주신 학비 봉투를 받아

대학 노-트를 끼고
늙은 교수의 강의 들으러 간다

생각해 보면 어릴 때 동무들
하나, 둘, 죄다 잃어버리고

나는 무얼 바라
나는 다만, 홀로 침전沈澱하는 것일까?

인생은 살기 어렵다는데
시가 이렇게 쉽게 씌어지는 것은
부끄러운 일이다.

육첩방 六疊房 은 남의 나라
창밖에 밤비가 속살거리는데

등불을 밝혀 어둠을 조금 내몰고,
시대 時代 처럼 올 아침을 기다리는 최후의 나,

나는 나에게 작은 손을 내밀어
눈물과 위안으로 잡는 최초의 악수.

일본 유학 첫해 여름(1942. 8. 4). 앞줄 왼쪽부터 윤영선, 송
몽규, 김추형, 뒷줄 왼쪽부터 윤길현, 윤동주. (출처: 연세대
학교 윤동주 기념사업회)

친구에게 – 동주의 〈쉽게 씌어진 시〉를 풀어쓰다[34]

동경의 밤이 깊어 가고 있습니다. 릿교 立教 대학에 들어온 지 벌써 3개
월이 지났습니다. 릿교의 붉은 벽돌 건물에도 조금 낯이 익어 갑니다. 교외
에 방을 얻었습니다. 여섯 첩 다다미방입니다. 가난한 학생에게는 이도 호
사스럽습니다. 연희전문 시절부터 하숙방에는 길이 들었다고 생각했는데,
다다미방에 들어오면 여기가 남의 나라라는 것을 매번 다시 생각하게 됩

---

34 이은정·한수영, 『공감: 시로 읽는 삶의 풍경들』(교양인, 2007), pp. 206-213.

니다. 오늘처럼 비가 내리는 날이면 습기를 한껏 먹은 오래된 다다미는 차 갑고 축축합니다. 손을 휘저으면 방 안에서도 뚝뚝 빗물이 떨어질 것 같습 니다. 뜨끈한 구들에서 올라오는 따뜻하고 살가운 흙냄새가 눈물 나게 그 립습니다. 고향은 참 멀리도 있지요.

이런 밤이면 나는 육첩방에 갇힌 수인囚人이 되고 맙니다. 도무지 나가 는 문이 보이지 않는 아주 견고한 감옥입니다. 어쩌다 이곳까지 들어온 것 일까요? 잃어버린 것들을 찾아서 걷다 보니 여기까지 왔습니다. 내지인內 地人이라고 스스로를 부르는 사람들의 땅에 와 보면, '외지인外地人'으로 사는 것이 더 이상 두렵지 않으리라 생각했습니다. 끝도 없는 벼랑으로 내 몰리는 삶을 추스를 방도가 보이리라고 생각했습니다. 그런데 지금 나는 무엇을 하는 것일까요?

부모와 아우의 얼굴이 슬픈 그림처럼 떠오를 때마다, 무기력에 마음은 절망의 바닥으로 가라앉습니다. 늙은 부모의 땀내가 절은 학비 봉투를 품 고 도쿄의 거리를 걷는 내가 때로는 두렵습니다. 대학 노-트에는 아무리 담으려 해도 담을 수 없는 것들이 있습니다. 어머니 아버지의 땀방울, 사랑 내, 추억, 힘 … 늙은 교수의 해묵은 강의로는 도무지 마음속의 울분과 피 로를 풀 수가 없습니다. 공부를 해도 땀방울이 나지 않는 것이 부끄럽습니 다. 가족도 동무도 없이 나는 육첩방에서 이렇게 웅크리고 있습니다. 밤비 가 영원히 그치지 않을 것 같습니다.

그러나 내가 아직 숨을 쉴 수 있는 것은 시인으로 살아야 하는 천명天命 이 남아 있기 때문입니다. 하늘은 사람에게 각자 살아내야 할 몫을 주었다 고 생각합니다. 슬픔과 부끄러움에 온몸이 부서져 내리더라도 한 줄 시를 쓸 수밖에 없습니다. 인생은 그토록 살기 어렵다는데 부끄럽게도 나는 인 생은 살 만하다고 시를 쓸 작정입니다. 창밖에는 아직도 밤비가 속절없이 내리지만, 나는 이제 등불을 밝히고 아침을 기다리자고 시를 쓸 참입니다. 내가 쓰는 시가 저 비를 그치게 할 수 없지만, 아침을 기다리는 사람이 살 아 있었음을 증명해 줄 것입니다. 출구도 없는 육첩방에서 의연하게 등불 을 밝히는 수인이 있었음을 기억하게 할 것입니다. 육첩방으로도 그 무엇으로도 시인을 영원히 가두어 둘 수는 없었다고 내 시는 말할 것입니다.

　그리운 친구여, 한 줄 시를 쓰고 나는 다시 부끄러움에 눈물짓습니다. 하지만 눈물짓는 자신을 미워하지 않겠습니다. 무기력한 수인임을 자처했던 나를 위로하고 싶습니다. 슬픈 천명을 다하기 위해 최후까지 홀로 아침을 기다리겠다는 그와 이제 화해하고 싶습니다. 나는 나에게 처음으로 작은 손을 내밀어 봅니다.

1945년 전쟁의 종결

　1945년 8월 6일과 8월 9일, 히로시마와 나가사키에 원폭이 투하되었다. 그리고 며칠이 지난 8월 15일, 일본의 항복 선언으로 기나긴 전쟁은 끝났다. 향후 전쟁 문법을 완전히 바꿔 놓을 신형무기인 원자폭탄에 히로시마와 나가사키가 피폭당하면서 일본의 전쟁은 극적으로 막을 내렸다. 돌이켜 보면 진주만 공격 이후 4년에 걸친 전쟁, 더 멀리 중일전면전쟁 이후까지 올라가면 8년, 만주사변까지 헤아리자면 15년, 제1차 세계대전을 거슬러 러일전쟁과 청일전쟁까지 헤아리면 제국 일본의 동아시아 50년 전쟁이 끝난 것이었다.

　여기서 다음과 같은 문제를 생각해 보자. 19세기 메이지 일본과 20세기 제국 일본의 행보는 과연 연속이라고 봐야 할까, 아니면 불연속 내지 단절이라고 봐야 할까? 이 문제는 바꾸어 말하면 "1930년대 일본의 군국주의체제가 메이지 이후 일본이 걸어온 행보로부터의 일탈이냐, 아니면 메이지 입헌체제의 필연적인 귀결이냐?"를 묻는, 일본과 동아시아의 근대사를 관통하는 가장 논쟁적이며 핵심적인 질문이라고 할 수 있다. 이에 대해 일본의 내셔널리즘은 '필연적'으로 파시즘 내지 초국가주의로 나아갈 수밖에 없었다고 하거나, 혹은 이것은 매우 우연적인 사태였다는 식의 이분법적인 답변은 대단히 명쾌한 것처럼 보이면서도 별로 의미 없는 답변이 될 가능성이 크다. 왜냐하면 이것은 마치 일본의 추락은 이미 처음부터 필연적으로 예정되어 있었다거나, 혹은 반대로 일본의 추락은 전혀 예기치 못한 우연한 결과였다는 둘 중 하나의 선택지밖에 존재하지 않기 때문이다. 이런 상태에서 이 질문에 대해 "예"나 "아니요"라고 답한 사람들 간에 의미 있는 대화가 성립하기는 어려울 것이다. 따라서 그것보다는 양자가 어떻게 이어지고 있으며, 동시에 어떻게 차이가 있는지를 구체적인 역사적 경로를 따라가며 종합적으로 통찰해야만 메이지 일본 내셔널리즘의 가능성과 한계를 한층 사실에 가깝게 이해할 수 있고, 대화의 가능성도 생겨날 수 있을 것이라고 판단된다.

다만 여기서는 이 질문을 일본이라는 일국사의 관점을 벗어나 동아시아 차원으로 확대해서 생각하면 전체 그림이 좀 더 명료하게 모습을 드러낸다는 사실을 지적해 두기로 하겠다. 왜 그럴까? 메이지 일본이 1890년을 전후하여 제국으로서 체제를 정비한 후에 앞서 살펴본 바와 같이 한 · 청 · 일 삼국전쟁의 성격을 지닌 청일전쟁을 치르고 나서부터는 제국 일본이 전쟁에 심취하고 중독되어 가는 정황이 명확하게 드러나기 때문이다.

앞에서 상세히 언급한 바와 같이 메이지 일본은 청일전쟁과 러일전쟁을 거치며 승승장구함으로써 동아시아의 패권을 장악하고 세계적인 열강 대열에 합류하면서 강렬한 자부심을 확보하고 이에 도취될 수 있었지만, 이는 스스로 제어하기 어려운 돌이킬 수 없는 허위의식으로 일본 열도 전체가 빠져들게 했다. 이 과정에서 매우 기만적인 수사를 구사하며 제국 일본의 전쟁을 합리화하려고 했을 뿐만 아니라 청일전쟁과 러일전쟁 이후 일본의 이른바 '영광스러운 행보'는 한국과 중국 등 주변국의 불행으로 고스란히 이어졌음을 주목하지 않으면 안 된다. 결국 청일전쟁 이후 제국 일본이 동아시아를 대상으로 반세기 동안 펼쳐 나간 근린 제국주의와 대동아공영의 꿈은 일본인을 비롯한 동아시아인들을 고통의 나락으로 떨어뜨리며 비극적인 결말로 이끌었음을 성찰할 필요가 있다.

하지만 지금까지 해 왔던 것처럼 일본이라는 국가 안으로만 시선을 집중하거나 '서양제국주의'와의 대결이라는 측면에서만 제국 일본이 걸어온 행보를 합리화하려고 하면 이른바 '어두운 쇼와' 시대의 패배한 전쟁, 즉 '아시아·태평양전쟁 혹은 만주사변 이후의 전쟁들'을 제외하고는 근대 일본이 걸었던 길은 '영광의 길'이라는 인식 수준을 벗어나기 어려워진다. 청일전쟁과 러일전쟁의 동아시아적 의미를 종합적이고 비판적인 눈으로 성찰해야 하는 이유가 여기에 있을 것이다. 이런 사실을 전체적으로 성찰할 수 있을 때 비로소 메이지유신이 가지고 있는 일본 국내적 차원의 혁신적이고 극적인 측면의 성과와 한계를 일본 열도 범위를 넘어서 동아시아적 차원에서 보다 적극적이고 섬세하게 조명하는 계기가 마련될 수 있을 것이다.

한편 포츠담 선언과 일본의 무조건 항복 결정 시기 등에 관해서도 여전히 민감하고 논쟁적인 부분이 다수 존재한다. 이는 한반도의 분할점령과도 이어지는 부분이다. 이에 관해서는 '불편한 진실'로 인해 아직도 공론화하는 것을 금기시하는 부분이 적지 않다.

우선 미국이 원자폭탄 실험에 성공한 것은 1945년 7월 16일의 일이었다. 다음 날부터 포츠담 회의가 시작된다. 그리고 며칠 후인 7월 26일에 포츠담 선언이 발표되었다. 이 선언의 제13항에는 "일본

정부가 즉시 전 일본군대의 무조건 항복을 선언하지 않으면, 일본이 할 수 있는 선택은 신속하고도 완전한 괴멸뿐"이라는 최후의 통첩이 담겨 있었다. 그런데 7월 초순에 이미 일본 정책결정 세력의 중추부는 쇼와 천황에게 미국과 영국에 대한 강화를 요청해야 한다는 진언을 한 바 있다. 그러나 천황이 소련을 중재자로 한 화평교섭을 고집하면서 결단을 미루고 있었고, 실제로 포츠담 선언이 나왔을 때는 육군 대신이 쇼와 천황의 의향을 구실로 수락을 늦추었던 것이다. 결국 스즈키 간타로鈴木貫太郎, 1868~1948 총리는 육군의 의향에 따르는 형태로 포츠담 선언을 묵살한다는 뜻을 표명했다. 하지만 이처럼 급박한 상황에서 천황과 그 측근들은 일본의 '국체'를 수호할 방안은 무엇인지, '3종의 신기神器'를 어떻게 보존할 수 있을지, 천황의 안전을 어떻게 확보할 것인지 등의 문제에만 관심을 기울이고 있었다.

이렇게 지체하는 사이 인류 역사상 최초의 원폭투하가 이루어졌다. 히로시마는 8월 6일 오전 8시 15분, 그리고 나가사키는 8월 9일 오전 11시 2분이었다. 그리고 히로시마 피폭으로 즉시 7~8만 명, 1945년 말까지 14만 명, 1950년까지 20만 명이 죽었으며, 나가사키 피폭으로 즉시 3~4만 명, 1945년 말까지 7만 명, 1950년까지 14만 명이 사망했다.

그런데 8월 9일 심야의 '어전회의'를 다룬 자료 등에는 도쿄 대공습, 오키나와전투, 히로시마와 나가사키의 원폭투하로 숨진 민간인 희생자에 대한 애도는 보이지 않고 '황국 일본의 패배를 슬퍼하는' 정책결정자들의 눈물만 등장한다. 만일 히로히토나 그의 측근들이 포츠담 선언을 '즉시' 수락하기로 결정했다면 원폭투하나 소련의 참전은 이루어지지 않았을 것이고 한반도의 분할점령과 그로 인한

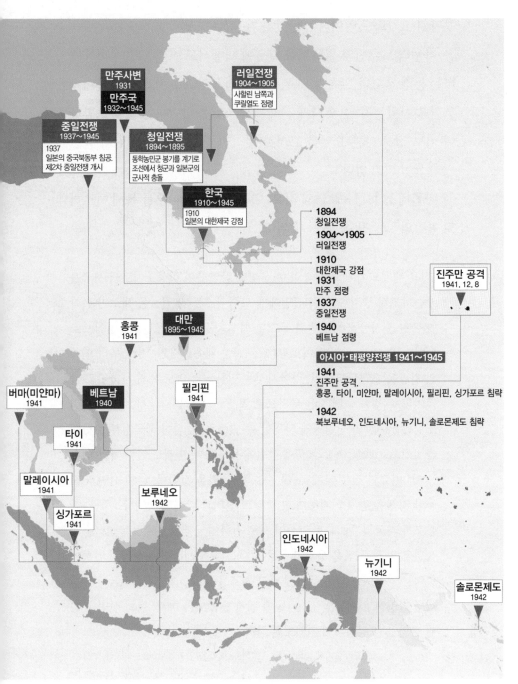

제국 일본의 동아시아 50년 전쟁 (지도: 하니누리 디자인 김승한)

분단의 고착화도 일어나지 않았을 가능성이 크다.

아울러 트루먼의 원폭투하 결정에 대해서도 여러 요인이 작용했다는 논쟁이 있다. 트루먼의 원폭투하 결정이 오로지 전쟁을 끝내기 위한 것이었는지, 전후 국제 문제에서 소련을 압박하는 것을 포함하여 어느 정도 다른 요인을 고려한 것인지 하는 문제는 여전히 논란의 대상이 되고 있다.

마침내 1945년 8월 15일 정오, 일본인들은 라디오를 통해 히로히토 천황의 '옥음방송'을 듣게 된다.

"짐은 세계의 대세와 제국의 현 상황을 감안하여 비상조치로써 시국을 수습하고자 충량한 너희 신민에게 고한다. (중략) 적敵은 새로이 잔학한 폭탄을 사용하여 빈번히 무고한 백성을 살상하여 그 피해가 참으로 헤아릴 수 없는 지경에 이르렀다. 교전을 계속한다면, 결국 우리 민족의 멸망을 초래할뿐더러, 나아가서는 인류의 문명도 깨져 사라지고 말 것이다. 이렇게 되면 짐은 무엇으로 억조億兆의 적자赤子를 보호하고 황조황종皇祖皇宗의 신령에게 사죄할 수 있겠는가. 짐이 제국정부로 하여금 포츠담에서 이루어진 연합국의 공동선언에 응하도록 한 것도 이런 까닭이다. (중략) 이로써 짐은 국체國體를 수호할 수 있을 것이며, 너희 신민의 지극한 정성을 믿고 의지하며 항상 너희 신민과 함께할 것이다. (중략) 아무쪼록 거국일가擧國一家 자손이 서로 전하여 군건히 신주信州, 현재 일본의 불멸을 믿고, 책임은 무겁고 길은 멀다는 것을 생각하여 장래의 건설에 총력을 기울여 도의를 두텁게 하고 지조를 굳게 하여 맹세코 국체의 정화를 발양하고 세계의 진운進運에 뒤지지 않도록 하라. 너희 신민은 이런 짐의 뜻을 명심하여 지키도록 하라."

-고모리 요이치, 송태욱 역, 『1945년 8월 15일, 천황 히로히토는 이렇게 말했다』,
(뿌리와 이파리, 2004), pp. 55-57

라디오 방송을 통해 흘러나온 '종전終戰 조서'에는 패전敗戰이라는 용어는 고사하고 주변국 침략 등에 관한 어떤 언급도 이루어지지 않았다. 또한 태평양전쟁을 '자존과 자위의 전쟁'이며 '동아시아의 안정을 위한 전쟁'라고 의미 부여를 하는가 하면, 일본 민족과 인류를 위해 전쟁을 종식시키려는 천황의 고뇌에 찬 '결단'이 오히려 강조되고 있음을 알 수 있다. 과거에 '개전조서'를 발표했던 천황의 전쟁책임 문제는 애매모호하게 봉합되고 일본을 지탱해 온 천황제는 앞으로도 지속되어야 한다는 생각을 엿볼 수 있게 해 준다. 전후 일본의 역사 인식에서 계속해서 나타나는 문제가 쇼와 천황의 종전조서에 이미 고스란히 담겨 있었던 것이다.

📚 NOTE 40   영화를 통해 보는 제국 일본과 전쟁의 내부 풍경

여기서는 일본제국주의와 전쟁이라는 문제를 반추해 볼 수 있는 세 편의 영화를 소개한다. 영화를 직접 보기를 권한다.

〈카베 母べえ, *Kabe* Our Mother〉, 2007

일본을 대표하는 영화감독 중 한 명인 야마다 요지山田洋次, 1931~ 의 영화이다. 1940년 이후 일본 사회의 풍경을 어느 양심적 지식인 가정을 중심으로 다루고 있다. 쇼와 15년인 1940년 도쿄. 남편 시게루와 두 딸과 함께 행복하게 살고 있던 노가미 가요野上佳代의 평온한 삶은 남편 시게루가 어느 날 갑자기 치안유지법 위반으로 체포되면서 순식간에 일변한다. 이 영화는 반전사상을 갖는 것만으로도 불순사상으로 지목되던 1940년 무렵부터 전쟁이 끝나는 시기까지 일본 사회의 내부 풍경을 담담하면서도 세밀하게 묘사하고 있다. 역사 속에서 자국이 관여했던 전쟁에 대한 깊은 성찰을 담고 있는 일본 영화가 놀라우리만큼 눈에 띄지 않는 상황에서 이 영화는 관객에게 의미 있는 메시지를 전한다.

〈난징! 난징! City of Life and Death〉, 2009

1937년 일본의 난징 대학살을 다룬 중국 영화이다. 영화의 주요한 소재는 1937년 일본의 난징 대학살이지만, 전쟁이란 무엇인지를 깊이 생각하게 만든다. 영화 초반의 치열하고 격렬한 전투장면이 지나면, 전쟁 속에서 생존을 위해 발버둥치는 인간군상의 모습이 세밀하게 다루어진다. 병사들을 향했던 총구는 민간인을 향해 무차별적으로 불을 뿜어 대고, 영화의 후반부는 선량한 일본군 주인공의 눈을 통해 학살의 과정에서 인간성을 상실하고 영혼이 파괴되어 가는 과정이 잘 드러난다.

〈에너미 앳 더 게이트 Enemy at the Gate〉, 2001

1942년 가을, 히틀러의 군대는 소련공화국의 심장부를 뚫고, 아시아 대륙의 유전을 향하여 진군하고 있었다. 독일의 마지막 장애물은 볼가강 유역의 도시 스탈린그라드였다. 이 영화는 제2차 세계대전 당시 독일과 소련이 대치했던 스탈린그라드 전장을 무대로 한다. 일본의 전쟁을 다룬 영화는 아니지만 사회주의 지식인의 꿈과 고뇌, 그리고 이념과 현실 간의 괴리 등이 섬세하게 묘사되어 있으며, 20세기 이념의 시대를 사는 보통 사람들에게 전쟁이란 무엇인지를 생각하게 만드는 작품이다.

Q6 청일전쟁과 러일전쟁은 동아시아적 차원에서 어떤 의미가 있을까? 이 두 전쟁은 근대 동아시아 문명사적 측면에서 왜 중요할까?

Tip6 우선 청일전쟁은 조선과의 조약체결 이래 한반도에서 팽창하려는 일본 세력과 이를 저지하고 조선을 실질적인 종속국으로 삼으려는 중국의 대립이 구체적인 전쟁으로 비화된 사건이다. 청일전쟁은 여러 가지 의미에서 동아시아 역사의 흐름을 완전히 바꾸어 놓았다. 청일전쟁에서 일본의 승리는 동아시아의 중심이 중국에서 일본으로 극적으로 이동했음을 의미하는 것이었다. 이것은 환언하면 부국강병을 앞세운 일본의 제국주의적 군사주의가 동아시아 국제관계를 주도할 것임과 동시에 중국이 열강들에 의해 본격적으로 분할될 운명으로 접어들었음을 의미한다. 아울러 이것은 조선이 일본에 예속되는 것을 의미했다. 제국 일본은 청일전쟁의 승리를 통해 부국강병 정책의 유효성을 확인하고 전쟁에 열광해 들어가게 된다.

청일전쟁은 일본인의 아시아에 대한 인식도 크게 바꾸어 놓았다. 청일전쟁은 문명화된 일본과 야만의 상태에 있는 중국과의 전쟁이라는 논리로 정당화되었다. 이것은 서구제국주의가 펼치던 논리를 완전히 뒤집어서 아시아권에 적용한 것이었다. 일본은 문명화되고 진보적인 속성이 있는 반면, 중국은 고루하고 정체되어 있다고 선전되었다. 청일전쟁은 문명과 야만의 전쟁으로서, '동양 진보주의의 역사에 획을 긋는 사건'으로 인식되었다. 이로 인해 일본 사회에 아시아에 대한 멸시의 감정은 확고한 것으로 자리 잡는다.

청일전쟁에서 러일전쟁에 이르는 10년간은 제국주의적 침략이 최고조에 달한 시기였다. 한반도와 만주에서 정치적, 군사적 권익을 둘러싸고 팽팽하게 맞서던 러일 양국은 1904년 2월 마침내 정면으로 충돌하여 전쟁에 돌입했다. 부동항의 확보를 위한 러시아의 남하정책과 대륙침공의 교두보를 구축하려는 일본의 제국주의 정책이 맞붙은 러일전쟁은 전쟁 당사국은 물론이고 한국의 운명까지도 결정짓는 세계사적 사건이었다.

일본은 러일전쟁을 개시하면서 이번 전쟁이 백인종과 황인종이라는 서로 다른 인종 간의 전쟁이라는 점을 강조하면서, 동양의 문명을 지키고 동양의 평화를 수호하기 위해서 일본이 앞장선 것이라고 선전했다. '서양의 백인종이 동양을 침략할 때 동양의 황인종 삼국, 즉 한·중·일이 마음과 힘을 모아야만 인종과 강토를 지킬 수 있다는 점'을 강조한 것은 이런 맥락에서 이루어진 것이었다. 러일전쟁에서 일본의 승리는 구미제국에게 핍박받던 아시아인들을 열광시켰고, 제국 일본의 팽창 의도는 은폐되고 오히려 동양 혹은 아시아의 지도국가로서 한동안 일본의 이미지가 부상하는 계기가 되었다.

일본은 러일전쟁에서 승리하면서 러시아의 랴오둥 반도 조차권을 계승하여 오랜 숙원이던 대륙 침략의 확고한 기반을 마련했고, 지역 강대국으로서 국제적 지위를 인정받았다. 청일전쟁과 러일전쟁의 승리로 인해 일본은 메이지유신 이래 40여 년간 구체적인 현안이 되어 왔던 불평등조약의 개정과 함께 한국을 강제 병합했다. 그러나 이처럼 전쟁에 열광해 들어가는 동안 일본 내부에서는 국가의 권리를 지키기 위해서라면 개인의 권리 희생이 정당한 것이라는 사고가 점차 자리를 잡게 된다.

....

Q7 제국주의와 주권국가에서 작동하는 논리는 매우 다른 것처럼 보인다. 왜냐하면 제국주의는 착취와 수탈의 수직적 지배구조를 가지고 있는 반면 주권국가는 국가평등의 수평적 원리를 내세우기 때문이다. 그런데 어떻게 근대 국제질서에서는 제국주의와 주권국가라는 서로 다른 원리가 동시에 작동할 수 있었을까?

Tip7 근대 국제질서를 구성하는 '주권국가'와 '제국주의'의 원리는 서로 전혀 다른 방향을 향하고 있는 것처럼 보이지만, 이들은 마치 이중나선 구조double helix structure처럼 서로 상보적 相補的인 관계로 이어져 있었다고 할 수 있다. 이런 상보적 관계는 유럽의 근대국가들이 유럽 내부에서는 '주권국가' 간의 수평적이고 독립적이며 대등한 국제관계를 지향하면서, 지구상의 대부분에 해당하는 비서구 지역에서는 위계적이고 강압적인 '제국'의 모습을 추구하는 이중적 형태, 즉 근대 국제질서의 이중성으로 나타나는 것이다. 이런 이중성은 현실 국제정치라는 관점에서 보면, 주권 개념이 국가의 자주와 평등을 강조하는 만큼 역설적으로 제국주의적 군사주의가 팽배하여 약육강식의 정글의 법칙, 힘의 원리가 지배하는 세계이자 전쟁으로 이어질 소지를 항시적으로 지니게 되었다. 근대 유럽에서 계속되는 제국주의적 속성을 띤 '전쟁'들은 '주권'국가를 주요 행위자로 하는 국제질서가 본질적으로 얼마나 무질서한지를 명백히 드러내 주는 것이었다.

한편 원래 근대 유럽의 기독교문명의 소산으로서 기독교 문명권 내의 국가 간 관계를 규율하려는 의도에서 형성되어 가던 국제법은 다른 문명권의 국가들과 접촉하는 과정에서 처음에 유럽 문명국만을 국제법의 주체로서 상정하고 있었다. 이것은 다름 아닌 유럽 문명의 세계 지배라는 역사적 상황과 맞물린 것이었다. 기독교 문명국 간의 논리가 형식적으로 상호 간의 권리의무관계 이행이라는 '상호주의'에 입각한 이상, 유럽 문명국과 이질적인 문명국 간의 관계는 법적 무질서의 상태로 인식되었다. 왜냐하면 이질적인 문명세계는 다른 '문명기준'에 입각해 바라보면 대체로 '야만적인 세계'와 다름없었기 때문이다.

이런 의미에서 볼 때, 기독교 문명국가의 비서구권에 대한 포섭 과정은 스스로를 '보편'이자 '문명기준'으로 인식해 가는 과정인 동시에 그것을 비서구권에 인식시켜 가는 과정이었다. 이런 과정에서 서구중심주의에 입각한 차별과 배제의 담론이 만들어지고 다양한 오리엔탈리즘이 재생산되고 확산되었음은 두말할 필요가 없다.

이런 근대 국제질서 체제가 형성되는 데는 이른바 '물적 토대'가 존재했다. 전 지구적 차원에서 전개된 제국주의는 유럽의 산업혁명과 자본주의의 발전과 병행해서 진행된 것이었다. 대외확장을 촉구한 요인이 성장해 가는 '자본資本'이라고 한다면, 신흥 자본가들의 해외 활동을 법적으로 보장하는 국제법규의 존재는 그만큼 필수적인 것이었다. 따라서 서구 근대국가의 발전에 따라 경제적 부와 군사력의 관계는 더욱 긴밀하게 밀착되어 갔으며, 신흥자본가 세력의 자유로운 해외 활동을 법적으로 보장하는 '국제법'과 그것을 물리적으로 지원해 줄 강력한 군사력의 존재는 그만큼 상호보완적 성격을 갖지 않을 수 없었다.

'주권국가'라는 국가 평등 관념에 기반한 배타적 실체와 '제국'이라는 위계적인 정치체가 모순적으로 뫼비우스의 띠처럼 이어져 있기에 그 실체를 입체적으로 파악하는 것은 당시는 물론이고 지금까지도 쉽지 않은 일이다. 하지만 이런 시대상황과 제국주의와 주권국가 간의 기이한 동거형태를 주시하면, 메이지 일본이 독립국가로서 스스로를 지켜 내려던 입장에서 한 발 더 나아가면서 제국주의에 열광하고 동아시아를 무대로 기나긴 전쟁으로 빠져들게 된 국제정치적 배경과 그 모순된 논리의 내밀한 맥락을 포착하는 것이 그리 어려운 것만은 아니다.

· ·

Q8 일본의 제국주의와 서양의 제국주의의 가장 근본적 차이는 무엇일까?

Tip8 당시 제국주의는 어떤 식으로든 착취와 수탈이라는 방식으로 연결되어 있었고, 여기에 물리적 강제력과 군사력이 동원되었다는 점에서 기본적으로 유사한 측면이 있었다. 하지만 서양제국주의가 유럽의 기독교 문명권 국가들이 다른 비기독교 문명권 국가들을 무력으로 제압하면서 진행되었던 것과는 달리 제국 일본은 동일한 문명적 기반을 갖는 국가들에 이른바 '근린 제국주의', 즉 가까운 이웃 제국주의를 펼쳐 나갔다는 점은 특별히 주목할 필요가 있다.

이런 이유로 인해 서구제국들은 식민통치 과정에서 '문명과 야만'이라는 이분법적 논리에 기반하여 '문명의 보호'나 '문명의 사명'과 같은 논리를 동원하게 된다. 반면 일본은 유럽 식민지들과는 달리 동일한 문명적 기반을 갖고 있던 나라들을 식민지로 만들었다는 점에서 일본제국의 식민통치와 서양제국의 식민통치 사이에는 미묘하면서도 매우 중요한 차이가 생겨날 수밖에 없었고, 지배논리도 교묘하게 달랐다.

요컨대 현실적으로 식민지에 대한 차별을 정당화해야 할 필요가 있을 때는 식민지와 제국 일본의 '차이'를 강조하는 문명과 야만의 논리를 적용했으며, 반대로 식민지로부터 적극적인 협조가 필요할 때는 '동양평화론', '동문동종론'을 비롯하여 아시아 지역의 정체성을 강조하는 아시아주의나 동일한 황색인종임을 강조하는 인종주의와 같은 논의를 끌어들여 이른바 제국 일본의 내지와 외지의 '일체성'을 강조하게 된다.

한편 일본제국주의가 동일한 문명권에 있던 이웃나라들을 무력으로 굴복시킨 상황이었기에 지배당하는 국가로서는 훨씬 강렬한 배신감과 분노를 느낄 수밖에 없었고 그 트라우마가 좀처럼 지워지기 어렵게 되어 있다는 점도 간과되어서는 안 된다. 이런 근린 제국주의가 남긴 상처는 냉전체제의 형성으로 인한 강렬한 이데올로기 대립과 진영논리의 전개로 전후 일본과 동아시아에서 과거사 정리가 제대로 진행되지 못한 채 임기응변적으로 봉합되어 버린 탓에 20세기 후반 동아시아인들의 정서를 심각하게 뒤틀리게 만드는 중요한 배경으로 작용하게 되었다.

....

Q9 일본 다이쇼 시기 1912~1926 는 다양한 사상이 각축을 벌이던 시기여서 보통 '다이쇼 데모크라시'라고 불린다. 그런 시류에도 불구하고

이 시기에 관동대지진이 발생하자 '조선인 학살'이라는 사건이 발생한 바 있다. 어떻게 이런 일이 발생할 수 있었을까? 그리고 이런 사건이 현재 동아시아에 시사하는 바는 무엇일까?

Tip9 일본은 1889년에 입헌 제도가 자리를 잡은 이래 이른바 '다이쇼大正 데모크라시'의 시기 1912~1926를 거쳐 쇼와 시대에 이르면서 격동의 상황을 겪어 나갔다. 이때는 청일전쟁과 러일전쟁에 대한 대중의 환호와 민중의 자기주장 목소리가 어우러진 시기로서, 그 나름의 모색과 새로운 시도가 국내정치와 국제정치의 공간을 메웠던 전환기라고 해야 할 것이다. 특히 다이쇼 데모크라시 기간에 일본 국내정치는 정당정치와 의회민주주의 체제가 자리 잡아 나갔으며, 국제적으로는 세계대전 이후 국제 평화주의가 대외관계의 기본 틀로 인식되어 가고 있었다. 경제적으로는 자본주의 체제 안에서 산업화가 가속화되고 있었으며 사상적으로는 민주주의, 민본주의 등의 자유주의 사상과 사회주의, 무정부주의, 공산주의에 이르는 다양한 좌파계열이 각축을 벌이는 양상을 보이기도 했다.

하지만 이런 다이쇼 시대는 여러 문제점을 안고 있었던 것으로 보인다. 여기서는 1923년 9월 1일 관동대지진이라는 엄청난 자연재해가 발생했을 때 일본에서 발생한 조선인 학살사건을 살펴본다. 우선 대지진이 발생한 지 1년 후 일본의 어느 신문기사 내용부터 확인하자.

지진으로 하루 만에 홀랑 다 타 버린 튼튼하지 못한 수도를 갖고 있다는 것도 일본에 별로 명예스러운 일은 아니지만, 그보다 더 큰 일본의 불명예는 1923년 9월 2일에 있었던 조선인 소동이다. (중략) 얼마나 어리석고 생각 없이 행한 야만의 극치였던가. 지진 당일을 기념하려면, 먼저 이 조선인 소동의 전말을 어떻게 해서든 공표하고 그 과오를 천하에 사죄하는 일이 먼저 되어야 한다. 9월 1일에 대지진이 있었던 사실은 아무도 아직 잊어버리지 않았다. 그런데 조선인 사건에 대해서는 잊기는커녕 그 사실을 묻어 버리려 안간힘을 쓰고 있다. 이는 곧 수치에 수치를 덧칠하고 있는 격이다.

— 〈도쿄 아사히 신문〉 1924년 8월 28일 자 석간

도대체 이 신문은 지금 무슨 이야기를 하는 것일까? 그 경위는 다음과 같다. 1923년 9월 1일 도쿄 일원의 간토 지방은 대지진으로 인하여 궤멸적인 피해를 입었고, 민심과 사회질서가 대단히 혼란스러운 사태를 맞이했다. 일반인들 사이에 서로를 믿지 못하는 불신이 싹트는 가운데 일본 내무성은 계엄령을 선포했고, 전국 각지의 경찰서에 관할 지역의 치안유지에 최선을 다할 것을 지시했다.

그런데 이때 내무성이 각 경찰서에 하달한 내용 중에 "재난을 틈타 이득을 취하려는 무리가 있다. 조선인들이 방화와 폭탄에 의한 테러, 강도 등을 획책하고 있으니 주의하라"라는 내용이 있었다. 이 내용은 일부 신문에 보도되었고 보도내용에 따라 각종 유언비어가 더욱 과격한 내용으로 신문에 다시 실리면서 "위험한 조선인들이 폭도로 돌변해 우물에 독을 풀고 방화약탈을 하며 일본인들을 습격하고 있다"라는 헛소문이 각지에 나돌기 시작했다. 이런 소문은 진위 여부를 떠나 일본 민간인들에게 조선인에 대한 강렬한 적개심을 유발했고, 이에 곳곳에서 민간인들이 자경단을 조직해 불시검문으로 조선인을 찾아내 가차 없이 살해하는 어이없는 만행으로 이어졌다.

일본의 치안 당국은 자경단의 난행을 수수방관했고 일부는 가담·조장하기까지 했다. 자경단의 살상 대상은 남녀노소를 가리지 않았으며 상당수는 암매장되었다. 이때 죽은 조선인 피해자가 도합 6000명에 이른다. 일본 정부는 최종적으로 유언비어를 공식 확인했으나 피해자의 수를 축소 발표하고, 자경단 일부를 연행·조사했으나 증거 불충분을 이유로 모두 무죄 방면되었다. 학살사건으로 인한 사법적 책임 또는 도의적 책임을 진 사람이나 기구는 전혀 없었으며, 이후 이에 대한 일본 정부의 공식적인 진상 규명은 단 한 차례도 이루어지지 않았다. 앞서 소개한 기사는 이런 학살극이 전혀 논의되지 못하고 있는 사태를 지적한 내용이라고 할 수 있다.

여기서 우리는 한편에서는 동양평화, 제국의 평등한 신민이라는 구호를 외치면서 기대를 불러일으키고 일본인으로 동화할 것을 적극적으

로 추진하면서도, 정작 어려운 상황에서는 '조선인'이라는 틀 속에 가
둬 버리는 '차별과 배제'의 부조리한 폭력의 현장을 확인할 수 있다.
학살사건을 조장하고 또한 은폐한 일본 정부의 책임의식의 부재와 함
께 직접 학살극을 자행한 일본 대중의 무감각, 그리고 이런 일을 그저
'망각'의 저편으로 묻어 버린 모두의 무책임을 총체적으로 되돌아볼
필요가 있지 않을까? 이런 사건의 경위를 살피다 보면 더욱 가슴 아프
게 와닿는 사실은 과거에 있었던 '타자'에 대한 차별과 배제의 폭력들
이 21세기 동아시아 국가들에서 편견과 혐오의 언어와 행동으로 다시
금 반복되어 나타나고 있다는 사실이다. 여러분은 어떻게 생각하는
가? 타인의 아픔을 공감하고 과거를 통해 오늘을 성찰하는 모습이 절
실하지 않은가.

Q10 일본의 제국주의 전쟁에서 수많은 일본인이 전사했다. 일본인은 제
국주의 전쟁의 피해자일까, 가해자일까?

Tip10 태평양전쟁 때 사망한 일본 군인과 민간인은 310만 명으로 추산된다.
이 숫자는 당시 일본 인구의 약 4%에 해당한다. 그중에서도 일본이
본토 사수를 결정하고 싸움터가 된 곳은 오키나와였다. 오키나와는
1945년 4월부터 6월까지 태평양전쟁 최후의 격전지가 되었고 이 과정
에서 오키나와인의 약 4분의 1에 해당하는 15만 명의 민간인이 희생
되었다. 오키나와전투 말기에는 미군에게 몰린 일본군이 참호나 동굴
에 숨어 있던 민간인에게 총을 들이대고 그들을 내쫓기도 했으며, 오
키나와 민간인에게 집단으로 '옥쇄'할 것을 강요하기도 했다. 이런 오
키나와인의 죽음을 '집단자결'로 봐야 하는지, '강제학살'이라고 봐
야 하는지를 두고 지금도 오키나와를 중심으로 꾸준히 논쟁이 지속되
고 있다.

한편 일본 정부나 군 고위층에서는 전쟁이 끝나기 1년 정도를 앞두고
서는 전쟁에서 승산이 없다는 사실을 잘 알고 있었다. 단지 항복조건

을 유리하게 하려고 우선 국지전에서 이긴 다음, 항복교섭을 시작하려는 생각을 하고 있었다. 여기서 말하는 항복조건의 개선이란 천황제를 지키는 것과 전범재판을 일본 측에서 진행하는 것을 의미한다. 1945년 2월 전 수상 고노에 후미마로 近衞文麿, 1891~1945는 천황에게 패전이 불가피하다며 항복교섭을 시작해야 한다는 진언을 한다. 하지만 천황은 이를 거부했다. 만일 이 시점에서 일본 수뇌부가 전쟁을 그만두었다면, 3월의 도쿄 대공습도, 4월부터 시작된 오키나와전투도, 8월의 원폭투하도, 소련의 대일전 참전으로 인한 한반도의 분단도 일어나지 않았을 것이다.

'310만 명이 죽었다'는 통계는 간단히 말할 수도 있겠지만, 한 사람 한 사람이 죽는다는 사실은 수많은 사람에게 깊은 상처를 남기는 일이다. 그렇다면 이런 수백만 사망자의 배후에는 얼마나 많은 슬픔과 아픔이 겹겹이 쌓여 있을 것인가.

이런 내용을 깊이 성찰하고 고민이 축적되는 것은 전후의 일본인 대다수가 가졌을 아픔과 상처, 그리고 그들의 느낌을 생생하게 추체험하는 과정에서 결코 피해 갈 수 없는 부분임에도 불구하고 일본 사회에서는 이런 내용을 언급하는 것이 여전히 금기시되고 있다. 진실 혹은 사실을 외면하는 자신을 비춰 보는 일은 무척 고통스러운 일이다. 하지만 일본 사회는 '왜' 이런 전쟁이 발생했으며, 그 과정에서 '어떤' 상처가 얼마나 크고 다양하게 생겨났는지를 지금이라도 직시할 수 있어야 한다. 왜냐하면 이 문제는 과거에 종결된 문제가 아니라 현재의 일본을 구성하는 일부인 동시에 일본의 미래로 이어질, 외면할 수 없는 바로 자신의 흔적이기 때문이다.

보통의 일본인들은 전쟁의 피해자이자 가해자였다. 여기서 일본 국민을 피해자라고 한 것은, 오늘날 일본에서 흔히 논의되는 것처럼, 일본인이 미군에 의해 피해를 본 피해자라기보다 일본 내부의 억압과 천황제 이데올로기, 국체 이데올로기의 구체적인 피해당사자라는 것이다. 한편 가해자라고 하는 것은 그토록 왜소하고 착한 사람들이 무서운

'광기'를 발하며, 악마적인 정치에 적극적으로 동의했거나 혹은 적어도 저항하지 않음으로써 무책임한 국가의 행태를 견제하지 못해 사실상 인류에 대한 범죄에 동참했다는 의미를 담고 있다. 제국 일본의 전쟁을 통해 주변 국가 국민들은 깊은 상처를 입고 헤아리기 어려운 피해를 보았다. 그런 의미에서 일본인 전체가 가해자로서 비치는 것은 불가피한 측면이 존재한다.

21세기에는 역사 문제, 이른바 과거사 문제가 주변국의 피해자들에 의해 제기되어 오던 기존의 방식과는 다른 차원에서 진행될 필요가 있다. 과거사 문제는 일본 내부에서 비판적인 자기성찰을 통한 본격적인 울림이 있어야 해결의 실마리를 찾는 것이 가능하기 때문이다. '균형' 잡힌 일본의 성숙한 자기성찰이 절실하게 요구되는 대목이다.

5장

20세기 후반,
전 지구적 냉전과
'동아시아 전후체제'

20세기는 효율성의 시대였다. 이제 효율성의 현장으로 눈을 한 번 돌려 보자. 쉬지 않고 돌아가는 컨베이어 벨트 위에 몸을 바짝 붙이고 긴장한 채 계속 너트를 조여야 하는 사람들의 모습은 이미 공장의 노동현장에만 존재하는 것이 아니다. 찰리 채플린 1889~1977 의 영화 〈모던타임스〉 1936 에 등장하는 배우들의 모습은 어느덧 현대인의 일상이 되어 버렸다. 선착순 경주는 끊임없이 이어지고, 경주에서 낙오한 자, 곧 경쟁력을 확보하지 못한 사람은 인생의 나락으로 떨어지기 십상이다. 여기서 살아남으려면 다른 생각을 할 여유가 없다. 정보혁명, 무한경쟁의 시대를 살아가는 사람의 눈에는 이런 현장이 그저 진보, 혁신, 갈망, 성취, 갈등, 고독이 뒤섞인 소용돌이로 비칠 뿐이다. 개인의 실패는 다소 운이 없었다 하더라도 근본적으로 나의 경쟁력이 뒤처지는 데서 비롯된다고 생각한다. 이것은 처음부터 줄곧 계속된 근대사회의 특징이었다.

이처럼 '무한경쟁'의 원칙에 따라 질주하는 근대 패러다임을 보고 있노라면 한편으로는 '마이다스의 손 Midas touch'이 연상된다. 과학기술의 혁신은 건드리는 모든 것을 황금으로 바꾸어 놓았고, 현대인은 모두가 자신이 마이다스의 손을 가진 주인공이 되기를 꿈꾸기 마련이다. 하지만 정작 마이다스는 온 세상을 황금

'마이다스의 손'의 비극

으로 만들 수는 있었지만, 결국 자신의 가장 소중한 것을 상실하고 말았다.

이때 간과해서는 안 될 사실은 신기술을 확보하려는 무한경쟁의 불똥이 개인의 영혼을 파괴하는 데 그치지 않는다는 점이다. 쉼 없이 계속되는 속도 경쟁은 지구 자체의 자정능력을 흔들어 놓고 평형능력을 깨뜨리는가 하면, 사회적 불평등을 심화하는 원인이 된다. 이처럼 개별적으로는 '합리적' 행위이지만 이런 행위들이 모이면서 전체적으로는 대단히 재앙적인 '비합리적' 결과를 초래하는 사태를 '공유지의 비극'이라는 비유가 매우 극명하게 보여 준다. 개릿 하딘 Garrett Hardin, 1915~2003은 '공유지의 비극'이라는 비유를 통해 "개별 행위자들이 공공의식에 입각하여 스스로 자제하는 것만으로는 이런 부조리한 상황에 대한 충분한 대처가 불가능하다"라고 지적한

바 있다. "공동체의 다른 사용자들이 기존 방식을 고수한다면 공유 자원은 궁극적으로 고갈될 것이며, 자제하는 사람들만 자원이 완전히 고갈되기 이전의 '좋은 시절'에 개인적인 이득을 챙기지 못할 것"이라고 통찰한 것이다. 인류는 이런 문명사적 과제를 어떻게 해결할 수 있을까?

🧩 제3기 20세기 후반, 동아시아 전체 풍경 퍼즐 맞추기

독일과 일본의 패배로 인류 역사상 가장 뜨거웠던 세계대전은 극적으로 막을 내렸다. 그리고 신흥제국 미국과 소련이 주도하는 전후가 시작되었다. 그것은 동아시아에서 반세기에 걸쳐 지속되던 제국 일본의 패권이 무너지는 순간이었고, 세계적 차원에서는 그동안 근대를 주도해 오던 유럽의 시대가 사실상 막을 내리는 순간이기도 했다. 연합국으로서 서로 협력하던 미·소 관계는 경쟁하며 대립하는 관계로 차갑게 얼어붙었다. 유럽에서 양대 진영 간에 '철의 장막'이 들어서고 미국에서 1947년 3월 12일에 트루먼 독트린이 선언되면서 냉전적 흐름이 분명히 가시화되어 가던 시기에, 동아시아에서는 기존에 제국 일본이 빠져나간 자리의 거대한 권력 공백을 이제 미국과 소련이 표상하는 자유주의와 사회주의 이념대결의 소용돌이가 휘감으며 흔들게 된 것이다. 그것은 거시적으로 보면 거대한 혼돈의 구름이 사라지면서 새로운 질서가 자리를 잡아 나가는 형국이라고 해야 할 것이다.

그런데 문제는 새로운 질서가 승자들의 흥정을 통한 세계분할의

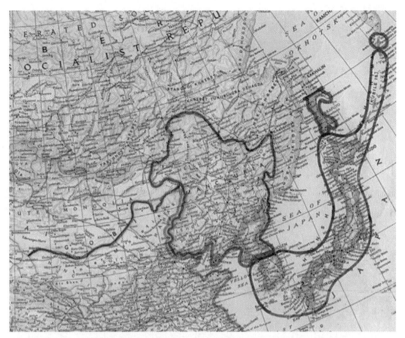

1945년 8월 10일 미국이 작성한 한반도 분할 점령 방안을 표시한 지도

동아시아에서 일본의 패전과 함께 소련의 참전이 갑자기 빠르게 현실화되는 상황에서 1945년 8월 10일 자정에 딘 러스크(Dean Rusk, 1909~1994)와 찰스 보네스틸(Charles H. Bonesteel, 1909~1977) 미군 대령이 한반도 분할 점령 방안을 지도에 표시해 두었다. 동아시아에서는 한반도 이외에 베트남이 북위 16도 홍강을 경계로 인위적 분할이 이루어졌다. 하지만 베트남의 경우는 중국과 영국이 분할 점령하기로 한 것이어서 이처럼 인위적으로 만들어진 경계선에서 미국과 소련이 대치한 경우는 아시아 지역에서 한반도가 유일하다. 동아시아의 '철의 장막'이 한반도에 들어선 것이다.

성격을 띠고 있었다는 점일 것이다. 우선 유럽의 독일이 미국, 소련, 영국, 프랑스에 의해 분할 점령된 반면, 일본은 분할되지 않고 사실상 미국의 단독 점령하에 들어갔다. 그리고 미국 측에서는 일본, 한반도, 만주, 중국, 대만, 인도차이나, 필리핀, 남태평양 등 광범위한 지역에 산재해 있던 일본군 무장 해제를 분담하는 경계선을 한반도의 북위 38도선을 기준으로 삼아 설정했다. 소련 측이 이를 수용하면서 미국과 소련이라는 신생 거대제국들에 의한 한반도 분할 점령 안이 확정되고 실행되었다. 이는 한반도 국토의 물리적인 분단이면서 이후 민족 내부의 이데올로기 대립, 적대적인 두 개의 국가 수립 등으로 이어진다는 점에서 한반도 분단체제의 출발이었으며, 동아시아 지역 차원에서는 '철의 장막'이 들어서는 과정이기도 했다. 그동안 한국인의 오랜 숙원이었던 '해방'이 한반도의 '분단'이라는 일그러진 반쪽짜리 모습으로 찾아온 것이다.

이에 따라 한반도에서는 미국과 소련이라는 세계질서의 새로운 승자들의 이데올로기 대결 및 진영논리와 한반도 내부진영의 '독립' 쟁취 방안을 둘러싼 갈등이 얽히면서 격렬한 대결 양상으로 빠져들었다. '제국 일본의 동아시아 50년 전쟁'이 끝나면서 한반도에 형성된 거대한 권력 공백을 메우며 등장한 것은 사실상 '적대적 분단체제'라고 부를 만한 생소한 모습을 띤 것이었고, 한반도의 남과 북에는 두 개의 정부가 들어섰다.

1950년 6월 25일, 3년에 걸친 전쟁이 한반도에서 발발했다. 1949년 8월 소련의 핵실험이 성공함으로써 미국의 핵독점 상황이 깨지고 1949년 10월 중국 대륙마저 공산화된 시점에서 벌어진 대규모 전쟁이었다. 한국전쟁은 '핵 시대의 첫 전쟁'이면서 대립하는 양대 진영이 벌이는 일종의 '예방전쟁'의 성격을 띠고 있었다. 북한의 공격으로 한국전쟁이 발발하자 이는 곧 남북한의 범위를 넘어 국제전으로 확산되는 양상을 보였다. 한국전쟁은 핵에 의한 승전의 유혹과 함께 상호 간에 공멸의 공포가 교차하는 전쟁이었으며, 20세기 후반에 벌어진 전쟁 가운데 제3차 세계대전에 가장 근접한 전쟁이기도 했다.

여기에서 동아시아 차원에서 주목해야 할 사실은 한반도에서 한국전쟁이 치러지는 과정에서, 이제 '과거의 제국'으로 추락하여 어려운 처지에 놓여 있던 일본과 중국이 다시 일어설 수 있는 중요한 '계기'를 찾게 된다는 점일 것이다. 당시 일본은 패전국가로서 그리고 중국은 탈식민국가로서 전후 국가 재건의 과제를 동일하게 안고 있는 상황이었다.

우선 전후 일본의 경우부터 살펴보기로 하자. 아시아·태평양전쟁에서 패하고 '무조건 항복'을 선언하면서 사실상 주권을 상실한 채 연합군의 점령하에서 전후개혁에 임하고 있던 일본은 한국전쟁 중에 맺어진 샌프란시스코 강화조약 1951년 9월 8일 체결, 1952년 4월 28일 발효을 통해 주권을 회복하고 '한국전쟁 특수'를 통해 경제적으로 재기할 수 있는 절호의 계기를 찾게 된다. 강제병합과 오랜 식민통치를 받았으며 분할 점령의 방식으로 해방을 맞이해야 했던 한반도가 또 다른 전쟁을 치르며 폐허로 변해 가는 동안 이를 계기로 전후 일본은 새롭게 부흥하는 발판을 마련했던 것이다.

그러면 전후 중국의 경우는 어떨까? 전후 중국의 상황도 한국전쟁의 참전과 대대적인 사회동원을 계기로 하여 국가 재건의 동력을 마련해 나갔다는 점에 주목할 필요가 있다. 이미 지금까지의 논의를 통해 살펴본 바와 같이, 중국은 아편전쟁 이후 서양 열강들의 계속되는 침탈과 청일전쟁 이후 이어진 기나긴 일본제국주의와의 전쟁으로 매우 황폐화한 상황이었다. 그러다 일본의 패전 후에 마오쩌둥 毛澤東, 1893~1976이 이끄는 중국공산당이 장제스 蔣介石, 1887~1975의 국민당 세력을 밀어내면서 국공내전을 종식하고 1949년 10월 1일에 중화인민공화국 건국을 선포했으며, 장제스의 국민당세력은 대만으로 대거 이주해 들어가는 어수선한 상황이었다.

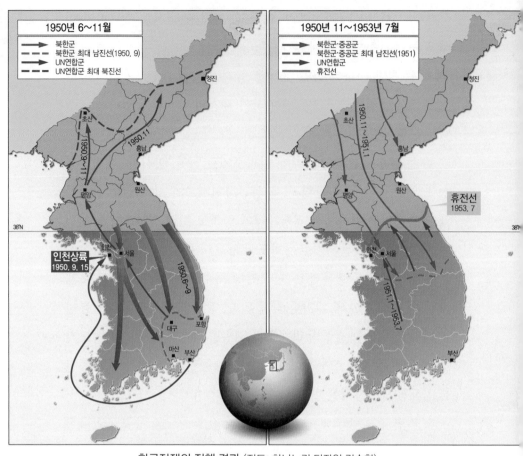

1950년 6~11월	1950년 11~1953년 7월
→ 북한군	→ 북한군·중공군
--→ 북한군 최대 남진선(1950. 9)	--→ 북한군·중공군 최대 남진선(1951)
→ UN연합군	→ UN연합군
--→ UN연합군 최대 북진선	→ 휴전선

한국전쟁의 진행 경과 (지도: 하니누리 디자인 김승한)

마오쩌둥은 한국전쟁이 발발하자 '미국 제국주의'와의 투쟁을
기치로 삼아 중국 인민지원군의 명칭으로 대규모 병력을 파병하면
서 '항미원조 보가위국抗美援朝 保家衛國'의 슬로건 아래 중국 변화의
동력을 확보하려고 했다. 중국 내부의 반제국주의 정서와 새로이 반
미의 위기의식을 부추기면서 거국적으로 신중국의 사회주의 국가
건설에 매진하는 분위기를 만들어 갔던 것이다. 이후 1954년 4월에
제정된 중국의 초대헌법 서언에서 항미원조운동의 성공적 이행에

기초하여 중국 사회주의 체제의 기반이 만들어졌음을 명시한 것은 이런 사정에 기인한 것이었다.

한편 한반도에서 벌어진 한국전쟁이라는 3년에 걸친 '열전熱戰'을 통해 '동아시아의 냉전冷戰'이라는 진영 간의 대결 양상이 확고해지는 동안, 한반도에서는 남북 간에 서로를 증오하는 '적대적 분단체제'가 확실히 고착화되어 갔다. 한국전쟁을 겪으면서 한반도의 남과 북에서 살아가는 사람들에게는 반공, 빨갱이, 반동, 괴뢰, 원수와 같은 적대적 용어들이 일상의 생활공간에 차고 넘치게 되었다.

요컨대 20세기의 양차 세계대전과 '제국 일본의 동아시아 50년 전쟁'을 마감하고 한국전쟁을 겪으면서 동아시아에는 견고한 '전후체제'가 형성되었다고 할 수 있다. 거대한 혼돈이 사라진 공간에 들어선 새로운 질서는 다음과 같은 세 가지 내용을 주요한 축으로 삼고 있었다. 그것은 첫째로 한반도의 적대적 분단체제, 둘째로 평화헌법과 미일안보체제를 기반으로 한 일본의 경제우선주의, 셋째로 중국의 양안관계로 상징되는 사실상 '두 개의 중국' 체제가 그것이다. 이들은 서로가 다른 세계를 지향하고 있고 서로 상관없는 것처럼 보이지만 만들어지는 과정부터 긴밀하게 연결되어 있었다.

하지만 전 지구적 냉전체제가 형성되는 가운데 동아시아 지역에 들어선 전후체제는 근대적 주권국가라는 일국 중심적 거울과 냉전이라는 진영논리의 거울을 통해서만 보면 좀처럼 전모가 드러나지 않고 부분적이고 파편적인 퍼즐 조각만 눈에 들어올 뿐이었다. '동아시아의 전후체제'라고 불러야 할 이런 패러다임은 매우 견고한 것이어서 20세기 후반 내내 지속되었다. 그리고 보면 20세기 후반 동아시아 국가들은 각자의 자리에서 매우 다른 궤적을 밟은 듯이 보이지만, 사실은 각국의 위기의식과 대응방식이 겨누는 창끝은 다름 아닌 '동아시아의 전후체제'라는 거대한 틀 위에서 '근대 따라잡기'라는 동일한 하나의 과녁으로 모아지고 있었다고 해야 할 것이다.

NOTE 41   공유지의 비극

바다 또는 큰 호수에서 어업에 생계를 의지하는 어떤 어촌 마을을 생각해 보자. 어부들은 어획고를 높여서 자신의 생활수준을 향상하는 데 관심을 갖는다. 몇 세기 동안 이것은 전혀 문제가 되지 않았다. 인구가 많지 않고 어업기술이 원시적이었기 때문에 남획의 문제가 발생하지 않았다. 그러나 생활조건이 향상되고 인구가 증가하면서 점차 생선에 대한 수요와 어업인구가 늘어 갔다. 이와 동시에 어업기술도 발전했다. 최근 몇 년 동안 지속이 불가능할 정도로 많은 물고기를 잡아서 그 수가 급감했다. 그럼에도 불구하고 어부들은 계속해서 자신의 어획고를 증대하는 데만 관심을 갖는다. 각 어부는 물고기 한 마리를 잡을 때마다 추가로 발생하는 이익을 혼자서 가지지만 어족의 고갈에 따른 비용에 대해서는 일부분만 부담한다. 이 비용은 마을 전체에 돌아가는 것이기 때문이다. 어족 고갈을 우려하고 환경의식이 있는 어부라 할지라도 어획고를 높이는 데 대한 유혹을 받는 것은 당연하다. 설사 자신이 그렇게 하지 않는다고 하더라도 다른 어부들은 가능하면 최대한의 어획고를 높이고자 할 것임을 잘 알기 때문이다. 즉 여기서 '공유지의 비극'은 결국 고기 떼가 완전히 사라지고 그리하여 어촌 공동체가 파괴될 때까지 남획 과정이 계속된다는 것이다.

공유지의 비극이라는 비유는 개별적으로는 '합리적'인 행위가 집합적으로는 공유자원의 고갈과 같은 재앙적 결과, 즉 '비합리적' 사태를 초래할 수 있는지를 보여 준다. 이에 대해서는 개별 행위자들이 공공의식에 입각하여 스스로 자제하는 것만으로는 충분한 대처가 불가능하다. 공동체의 다른 사용자들이 기존 방식을 고수한다면 공유자원은 궁극적으로 고갈될 것이며, 공공의식을 가지고 자제하는 사람들만 자원이 완전히 고갈되기 이전의 '좋은 시절'에 개인적인 이득을 챙기지 못할 뿐이다. 과연 이를 해결할 방법은 무엇일까? 그리고 이런 문제가 시사하는 바는 무엇일까? 독자 여러분의 깊은 사유가 필요한 대목이다.

📚 NOTE 42   이데올로기의 의미와 위험성

냉전의 시대는 이데올로기의 시대라고 일컬어진다. 또한 근대 일본을 공부하다 보면 '천황제 이데올로기'라는 말을 자주 듣는다. 이데올로기란 무엇인가? 이에 관해서는 여러 차원에서 접근해 볼 필요성이 있다. 가장 일반적인 의미에서 이데올로기란 '어떤 특정한 신념체계'를 의미한다고 할 수 있다. 좀 더 구체적으로 말하면 '사회현실의 지도地圖이며 집단의식의 창조 기반'이라고 설명되기도 한다. 그런데 이데올로기를 비판적으로 이해하는 입장에서는 이데올로기가 역사에서 '허위의식'으로 작용해 왔다고 지적한다. 왜냐하면 지배와 피지배 관계로 이루어져 있는 집단에서 이데올로기는 "피지배자가 자신의 피지배 상태를 정당한 것으로 수용하게 만드는 논의체계"가 될 소지가 크기 때문이다.

이데올로기가 무슨 의미인지 이해하기 쉽도록 흥미로운 사례를 한번 들어 보자. 2001년에 개봉한 〈몬스터 주식회사〉라는 인기 애니메이션이 있다. 여기에는 부정적인 의미의 이데올로기, 즉 허위의식으로서 이데올로기가 무엇인지가 명확히 드러난다. 영화에서는 몬스터들이 살아가는 세계가 있다. 이들은 인간세계 아

애니메이션 〈몬스터 주식회사〉의 한 장면

이들의 비명 소리에서 추출한 에너지로 자기들이 살아가는 세계의 에너지로 삼는다. 따라서 몬스터들은 아이들이 살아가는 세계로 들어가 아이들을 깜짝 놀라게 한다. 아이들은 이상한 외모의 낯선 몬스터들을 보면 기겁을 하고 온통 비명을 질러 댄다.

그런데 흥미로운 사실은 몬스터들이야말로 아이들을 몹시 두려워한다는 것이다. 왜냐하면 인간세계의 아이들은 매우 독성이 강한 위험천만한 바이러스를 갖고 있어서 이들과 혹시라도 접촉하면 당장이라도 큰일이 날 것처럼 일상 속에서 끊임없이 세뇌당했기 때문이다. 그래서 아이들의 세계로 보내지면 몬스터들은 아이가 무서워서 기겁하여 소리를 지르고, 아이들은 그런 몬스터를 보면 비명을 질러 대는 것이다.

영화에서는 아이들에 대한 공포감을 자아내기 위한 각종 방법이 매우 코믹하면서도 실감 나게 연출된다. 여러분이 직접 영화를 보면서 몬스터 주식회사에서 어떻게 허위의식을 만들어 내는지를 유심히 관찰해 보라. 그리고 이데올로기가 어떤 것인지, 이데올로기의 필요성은 무엇이며, 아울러 현실세계에서 이데올로기가 허위의식으로 잘못 오용될 소지가 어떻게 현실화되어 나타나는지를 곰곰이 사유해 보기 바란다.

1. 냉전 시대의 도래

냉전의 탄생과 전개

양차 세계대전이 끝나는 것과 때를 같이하여 세계의 흐름은 크게 바뀌었다. 국제정치적인 측면에서 이전의 시대와 무엇보다 구별되는 새로운 현상은 미국과 소련이 초강대국으로 부상하면서 냉전[1]

---

1 (용어설명) 냉전cold war : 제2차 세계대전 이후부터 동유럽 사회주의 정권의 붕괴

시대가 열렸다는 것과 유럽의 시대가 급격히 몰락했다는 것, 그리고 핵무기 경쟁이 치열해지기 시작했다는 것이었다.

전후에 들어서 연합국 간의 마찰과 대립이 나타나기 시작했으나 세계가 처음부터 바로 동서 진영으로 구분된 것은 아니다. 초강대국으로 등장한 미국과 소련이 확실한 세계정책을 수립하지 못하고 있었기 때문이다. 냉전이 언제부터 시작되었는가 하는 문제는 누가 냉전이 만들어지는 주요한 원인을 제공했는가라는 이른바 책임론과 밀접하게 연결되어 있다. 냉전의 기원은 대체로 1945년에서 1950년 사이에 일어난 사건들에서 찾아진다. 하지만 1917년의 러시아혁명으로까지 거슬러 올라가는 학자도 있다. 냉전이 불가피한 것인지, 혹은 세계의 주요 정치지도자들의 오해와 실수로 말미암은 것인지에 대해서는 오래도록 논쟁이 계속되고 있다.

일반적으로 냉전이 가시화되는 계기를 제공한 사건으로 1947년 3월 12일의 트루먼 독트린 Truman Doctrine 을 꼽는 경우가 많다. 트루먼 미국 대통령은 세계가 이제 자유세계와 전체주의 세계로 나누어졌으며, 미국은 전체주의 세력에 대항하여 싸우는 모든 자유를 갈망하는 국민들을 원조할 것임을 선언한다. 세계가 자유진영과 공산진영이라는 양대 진영으로 분리되어 있음을 선언한 트루먼 독트린은 냉전이라는 새로운 경기가 치러지게 되었음을 알리는 시작 종소리 같은 것이었다.

1947년 6월 5일에 행해진 미국의 국무장관 마셜 George Catlett

와 소련의 해체까지 진행되었던 차가운 전쟁을 말한다. 미국과 소련을 중심으로 두 개의 이념으로 나누어진 진영 간에 군사, 경제, 이데올로기적으로 대립했던 상황을 의미한다. 조지 오웰이 최초로 사용한 바 있다.

Marshall, 1880~1959의 연설도 중요하다. 전 세계는 중대한 시련에 직면해 있으며 특히 유럽 대륙은 전쟁의 피해를 딛고 일어설 능력을 상실하여 붕괴상황에 직면했다는 것이었다. 따라서 유럽의 재건을 위하여 미국의 대규모 원조가 불가피하다는 것이다. 이렇게 마셜 플랜Marshall Plan이 진행되자 소련은 1947년 9월 코민포름Cominform을 창설함으로써 이에 대비한다.

냉전의 첫 번째 주요한 대결은 1948년 베를린에서 발생하여 그 이듬해 소련의 베를린 봉쇄로 끝났다. 이와 맞물려 1949년 4월 북대서양조약기구NATO가 탄생한다. NATO 회원국 하나에 대한 공격은 전체에 대한 공격으로 간주한다는 이 조약의 핵심 원칙은 미국이 유럽방위를 위해 핵무기를 사용할 의지가 있음을 의미했다.

이처럼 냉전의 기원은 유럽이었지만 아시아의 사건과 갈등도 중요했다. 1949년에 중국의 30년 내전이 마오쩌둥이 지휘하는 공산주의 세력의 승리로 끝났다. 그리고 1950년 6월 25일 한국전쟁으로 이어진다.

이처럼 초강대국으로 부상한 미국과 소련, 그리고 그들의 동맹국 간의 이데올로기적, 정치적, 군사적, 경제적 이해관계의 갈등과 대립은 지구 전체로 확대되어 나갔다. 이 시대는 미국과 소련이라는 초강대국이 각각 자본주의와 사회주의 이데올로기를 대표하는 중심축의 역할을 하면서 갈등하고 대립했다는 점에서 양극兩極 체제였다.

이후 사회주의 진영은 노선 차이 등을 이유로 중국과 소련의 분쟁이 발생한다. 자유주의 진영 내부도 유럽의 재기와 성장이 진행되고 독일과 일본 등의 패전국이 다시 회복되어 국제질서에 재등장함으로써 복잡한 경쟁 관계가 형성된다. 이후 미·소 간의 데탕트, 미·

중 간의 화해 등으로 양극체제는 매우 복잡한 양상으로 전개되어 나갔다.

핵과 원자력의 시대

핵무기는 제2차 세계대전의 유산이다. 핵폭탄의 개발은 핵무기 군비경쟁에서 나치 독일이 승리하면 인류가 걷잡을 수 없는 대재앙을 맞이하리라는 공포감에 힘입어 추진된 것이었다. 세계대전이 끝난 이후 미국과 소련의 핵무기 개발 경쟁은 치열하게 진행되었다. 소련이 핵폭탄 개발에 성공1949. 8. 29한 이후 미국은 더욱 강력한 폭탄 개발에 매달렸다. 최초로 미국의 수소폭탄실험이 성공1952. 11. 1했을 때 그 폭발력은 1945년 히로시마에 떨어져 제국 일본의 항복에 결정적 기폭제가 되었던 당시의 수백 배에 달했다. 그러자 이어서 소련도 수소폭탄 실험에 성공1953. 8. 12하게 된다.

핵탄두의 개발과 함께 미사일과 같은 운반수단의 확보능력도 중요해졌다. 1957년 소련은 대륙간탄도미사일ICBM을 최초로 시험 발사했고, 이어 스푸트니크 인공위성을 우주로 쏘아 올리는 데 성공한다1957. 8. 26. 그러자 미국은 1958년 국립항공우주국NASA을 설립하여 미사일 개발과 우주탐사에 박차를 가한다.

1958년에서 1962년 사이에는 미·소 간에 몇 차례 중대한 위기상황이 발생하기도 했다. 그중에서도 특히 쿠바 미사일 위기는 미·소 간에 핵전쟁 가능성이 가장 고조된 상황이었다. 1962년 10월 미국은 소련이 쿠바에 비밀리에 핵미사일을 배치했음을 알게 된다. 케네디John F. Kennedy, 1917~1963, 재임: 1961. 1. 20~1963. 11. 22 미국 대통령의 대응은 '격리'라는 이름으로 실시된 쿠바에 대한 부분적 해상봉쇄였고, 미국의 핵전력은 유례없는 경계태세에 돌입했다. 이때가 냉전시기 미·소 간의 핵전쟁 위험이 가장 높았던 시기로 평가된다. 케네디의 격리 선언 이후 지속되던 양국의 외교적 군사적 대치상태는 니키타 흐루쇼프 Nikita Khrushchyov, 1894~1971, 재임: 1953~1964 공산당 서기장이 미국의 쿠바 불침공 보장을 조건으로 미사일을 철수함에 따라 6주 만에 해소되었다. 미사일 위기로 미국과 소련의 냉전관계는 절정에 이르렀다.

1960년대 중반 미·소 간의 핵무기 경쟁은 상호확증파괴[2]가 가능한 수준에 도달한다. 핵전쟁이 발생할 경우 선제공격을 시도한 측에서도 사실상 궤멸하는 사태, 이른바 '공포의 균형' 혹은 '제2공격력의 확보'라고 불리는 특이한 형태의 세력균형 상황에 이른 것이다. 이제 양측은 누가 먼저 상대를 핵으로 선제공격하더라도 모두 공멸하는 상황에 놓이게 되었다. 한편 핵확산금지조약 NPT상 1966년까지 핵무기 실험에 성공하여 핵무기 보유국으로 인정받은 국가는 미국과 소련 이외에 영국 1952. 10. 3, 프랑스 1960. 2. 13, 중국 1964. 10. 16까지 모두 5개국이다.

'절대반지'로서 원자력의 유혹

인류가 원자핵의 알갱이를 불안정하게 하거나 쪼갤 수 있다는 것을 알게 된 것은 20세기 초의 일이었다. 원자핵을 깨면 아주 강력한

---

2 (용어설명) 상호확증파괴 MAD: mutually assured destruction : 미국과 소련이라는 초강대국이 핵 선제공격을 받았음에도 불구하고, 남아 있는 핵무기를 통해 반격함으로써 상대방을 파괴시킬 능력을 공히 보유한 상태를 말한다. 요컨대 누가 먼저 공격하더라도 모두 완전히 파멸되는 사태에 이르는 상황을 의미한다.

힘으로 결합되어 있는 핵자를 결합시키는 힘, 곧 핵력이 엄청나게 거대한 에너지로 방출된다는 것이 차츰 알려진 것이다. 특히 우라늄이라는 대단히 큰 원자핵에 중성자를 부딪쳐서 원자핵을 흔들어 주면 원자핵이 불안정해지고 마침내 두 개의 파편으로 나누어진다는 우라늄 핵분열 반응이 발견된 것은 제2차 세계대전 전야인 1938년 말 독일의 학자들에 의해서였다. 우라늄 핵분열반응에서는 일반적인 화학반응과 비교해서 '자릿수가 완전히 다른' 어마어마한 양의 에너지가 방출된다는 사실을 알게 되었고, 그것이 폭탄에 이용된다면 기존 폭발물과는 '비교가 불가능한' 극히 고성능의 폭탄이 된다는 것을 직감하게 된다.

이제 중요한 것은 시간과의 싸움이었다. '나치 독일이 먼저 원자탄을 제조하면 세계는 멸망한다.' 나치보다 미국이 먼저 핵무기를 개발해야 한다는 사명감에 불타는 과학자들이 극비리에 추진된 미국의 '맨해튼 프로젝트'에 투입되었다. 세계대전의 와중에 사람들은 원자력의 안전성이나 거기서 생기는 갖가지 방사성물질이 인간이나 지구환경에 어떤 영향을 미칠 것인지를 생각하기보다는 우선 그 압도적인 힘을 손에 넣는 일에 매진해 들어갔다.

원자핵분열에서 발생하는 힘이 '비교가 불가능한 압도적인 힘'이라는 사실에 생각이 미쳤을 때, 이제 원자력은 잠재된 인간의 욕망을 꿈틀거리게 하고 요동치게 만드는 '치명적 유혹'일 수밖에 없었을 것이다. 그 힘을 장악한 자가 세상을 손에 쥐는 것은 누가 봐도 불을 보듯 명료한 사실이었을 것이기 때문이다. 비교 불가능한 압도적인 힘! 그 힘이 설령 온 세상을 재앙으로 내몰아 간다고 하더라도, 아니 어쩌면 재앙으로 몰고 갈 수 있기 때문에 더더욱 다른 존재가 그 힘을 갖기 전에 자신이 그것을 장악하고 싶은 욕망은 정당화될 수 있는 것처럼 보였을 것이다. 원자력을 장악하려는 인간들의 모습은 마치 톨킨 J.R.R. Tolkien, 1892~1973 의 『반지의 제왕 The Lord of the Rings』에서 묘사된 '절대반지 The One Ring'의 마력에 홀리는 존재들과 그대로 겹쳐진다.

일본의 히로시마와 나가사키에 원폭이 투하되면서 제2차 세계 대전의 종지부를 찍은 이후에도, 원자력이라는 '비교가 불가능한 압도적인 힘'을 경험한 인류는 '절대반지'의 유혹을 떨쳐 버릴 수 없었다. 그것은 과거에 경험해 보지 못한 너무도 두려운 존재였지만, 죽음과 파멸을 불사할 만큼 매력적인 모습을 갖추고 있기도 했다. 1953년 말부터 미국의 주도하에 '원자력의 평화적 이용 Atoms for Peace'이라는 이름으로 원전이 추진된 것은 이런 맥락에서였다. '원자력의 평화적 이용'은 원자력의 이미지를 '전쟁과 죽음'에서 '평화와 건설'로 완전히 뒤집는 '발상의 전환'이자 그 자체가 '역사의 진보'처럼 보였다. 이제 '절대반지'로서 거대한 원자력이 인간의 손안으로, 저마다의 일상 속으로 파고 들어온 것이다.

그런데 역설적으로 여기에는 인류 대재앙의 불씨가 숨어 있었다. 왜냐하면 일본의 저명한 시민과학자 다카기 진자부로 高木仁三郎, 1938~2000 등의 표현을 빌리면, "원자력이라고 하는 것이 일상적인 세계의 에너지와는 완전히 이질적인 것"이었기 때문이다. "지구상의 모든 생물이 발 딛고 사는 세계, 즉 원자핵의 안정을 토대로 이루어진 세계에 거대한 파괴력을 갖는 이물질을 투입하게 된 것"이며, 이로부터 인간의 생명, 지구환경과는 끝내 공생하기 어려운 "근본적인 문제가 발생한다"라는 것이다. 그것은 요컨대 거대한 "불을 켜는 기술"로 원자력이 발전했지만, 거기서 나오는 엄청난 방사성 물질이나 원자력 폐기물의 방사능을 제어할 수 있는 기술을 인류가 보유하고 있지 못한 데서 비롯되는 것이었다.[3] '절대반지'로서 원자력의 유혹에 의존하면 할수록 인간의 영혼과 지구환경은 마치 '골룸'의 형상처럼 병들어 간다. 그것은 현대인의 단기적 이익과 자기중심적 욕망을 채우기 위해 미래세대의 생존조건을 근원적으로 파멸시키는 행위나 다름없다.

앞에서도 언급했듯이 에릭 홉스봄은 20세기를 '극단의 시대'라고 표현했다. 인류는 과학기술혁명 등에 힘입어 대중까지 포함하여 전에 없는 풍요로움을 구가했지만, 역사에서 전례를 찾아볼 수 없을 정도의 대규모 전쟁과 핵무기의 등장, 군비경쟁의 악순환, 내란, 이념대결, 집단적 광기와 학살, 혁명과 파괴와 같은 상처로 얼룩진 시대였기 때문이다. 어쩌면 '극단의 시대'인 20세기에 인류는 브레이크 없이 달리는 고속열차 위에 올라탔는지도 모른다. 과연 누가 어떻게 '절대반지'를 파기할 수 있을까? 인류는 '절대반지'의 유혹을 떨치고 세계를 위험에서 구할 수 있을까?

2. 제국 일본의 항복과 전후개혁

히로히토 천황과 맥아더 장군

일본의 무조건 항복 이후 미군이 일본에 진주하면서 1952년 4월

---

3 다카기 진자부로, 김원식 역, 『원자력신화로부터의 해방』(녹색평론사, 2001).

강화조약이 발효될 때까지 약 7년간에 걸친 점령통치가 실시되었다. 연합국 총사령부 GHQ[4]는 민족주의적 저항감을 회피하기 위해 직접 군정을 실시하지 않고 일본 정부를 통한 '간접통치' 방식을 채택했다. 전후개혁의 목적은 일본의 '비군사화'와 '민주화'로 집약된다. 비군사화를 위하여 육해군을 무장해제하고 해체했으며, 육·해군성, 군수성 등의 관료기구를 폐지했고, 극동 군사재판에서 전범처리가 진행되고 공직추방이 이루어졌다. 천황의 인간선언이 이루어지고 천황제는 상징천황제로 존속된다. 그리고 메이지 시대에 성립한 신토神道의 국교화가 폐지되었다.

아래 사진은 1945년 9월 27일 일본의 쇼와 천황이 맥아더 장군을 접견했을 때의 기념사진이다. 점령군이 일본에 들어온 지 얼마 후 이 사진이 신문에 게재되었을 때 일본인들은 어떤 느낌을 받았을까? 사진 속에는 연합군 사령관 더글라스 맥아더 Douglas MacArthur, 1880~1964가 군복을 입은 채 편하게 서 있는 반면, 그동안 살아 있는 신 現人神 으로 추앙받던 천황은 정장을 한 채 부동자세로 서 있는 모습이다. 키가 크고 체격이 좋은 맥아더 옆에 왜소한 몸집으로 서 있는 천황의 모습은 천

패전 직후인 1945년 9월 27일 맥아더와 기념촬영을 하는 쇼와 천황. 이후 1946년 1월 1일 '인간선언'을 한다.

---

4 용어설명 GHQ: General Headquarters of the Supreme Commander for the Allied Powers의 약칭으로, 연합국 최고사령관 총사령부를 말한다.

황제 이데올로기의 마법에 걸려 있던 일본인들에게는 그 자체로 충격이 아닐 수 없었다. 당시 일본인들이 느꼈을 허탈감을 상상해 보는 것도 전후 일본을 이해하는 데 중요한 힌트가 될 수 있다. 여러분도 이런 느낌으로 전후 일본에 대한 추체험을 해 보길 권한다.

패전 직후 미주리호 선상에서 열린 일본의 항복 조인식

1945년 9월 2일, 도쿄만 안쪽에 정박하고 있던 미국 전함 미주리호 선상에서 일본 정부는 항복문서에 서명했다. 국제법상의 대일 점령은 이때부터 시작되었다고 할 수 있다. 당시 연합국 측 대표는 맥아더 사령관이었으며, 일본 측 대표는 시게미쓰 마모루重光葵, 1887~1957 외상과 우메즈 요시지로梅津美治郎, 1882~1949 참모총장이었다. 당시로는 일본 개벽 이래 초유의 불명예스러운 문서에 조인하는 것이라는 분위기가 팽배했다.

당시의 상황을 담고 있는 사진을 실감 나게 이해하기 위해 사진 속에 감춰진 에피소드를 간략히 소개한다. 우선 일본 측의 경우는 왜 두 사람이 대표로 나와 서명했던 것일까? 왜냐하면 그것은 전전 일본의 제국헌법이 군대의 최고 지휘권을 오로지 천황의 지휘를 받

일본 측 대표 앞줄이 시게미쓰와 우메즈

일본의 항복문서에 서명하는 맥아더

한국의 윤봉길 의사

는 것으로 독립시켜 놓았기 때문이다. 따라서 일본의 천황이 직접 나와서 서명을 하지 않는 한, 외상의 의사표시만으로는 일본군부의 견해가 반영되어 있지 않다는 논의가 제기될 수 있기 때문에 두 사람이 일본 측 대표로 나와서 항복문서에 서명을 했던 것이다. 한편 시게미쓰 외상이 지팡이를 짚고 있으며 한쪽 다리를 절고 있다는 것을 알 수 있는데, 그 이유는 무엇일까? 여기에는 바로 한국의 독립투사 윤봉길 의사의 도시락 폭탄의 위력이 담겨 있다. 시게미쓰는 1932년 4월 29일 중국 상하이 홍커우 공원虹口公園에서 열린 일본의 전승 축하 기념식에 당시 주중공사의 자격으로 참가했다가 중상을 입었던 것이다. 이런 점을 고려해 보면, 미주리호 선상에서 이루어진 항복문서 조인 현장에도 천황제 국가 일본, 그리고 제국 일본에 대한 식민지 조선 청년의 의연한 저항의 단면이 짙게 드리워져 있다는 것을 알 수 있다.

> **NOTE 43   패전 당시 일본에 대한 미국의 세 가지 시각**
>
> 종전 당시 미국 내에는 대일정책의 기본 방침을 둘러싸고 세 가지 시각이 다투고 있었다. 첫째 시각은 문화적, 인종적 편견을 담은 시각으로서 일본의 침략과 전시 중의 잔학행위를 일본인의 인종적 속성으로 해석하는 입장이다. 이 관점에서 정책 제언은 일본을 국제사회로부터 격리시키고, 공업발전을 금지시켜 농업국으로 머물게 해야 한다는 것이었다. 둘째 시

각은 일본의 침략전쟁의 책임이 일부 군국주의자들에게 있으며, 보다 근본적으로는 1930년대의 국제환경에 있다는 시각이다. 이 관점에서 정책 제언은 일부 군국주의자들에 대한 처벌과 관대하고 유화적인 점령정책이었다. 셋째 시각은 전근대적이고 비민주적인 일본의 사회경제 구조에 침략전쟁의 원인이 있다고 보는 시각이다. 이 입장에서 정책 제언은 일본의 군국주의적 성향을 근절하려면 사회경제 구조의 민주적 개혁이 필요하다는 것이었다.

전시 중에는 첫 번째 시각이 주류를 형성했으나, 종전과 더불어 미국 국무성 내의 지일파知日派를 중심으로 두 번째 시각이, 연합국 최고사령관 총사령부GHQ 민정국의 정책입안자들을 중심으로 세 번째 시각이 부상했다. 특히 비군사적 분야의 점령정책을 기획 입안하는 역할을 맡은 민정국의 휘트니C. Whitney 국장 등이 맥아더의 신임을 얻어 영향력을 행사하게 됨에 따라 GHQ의 점령정책은 일본 사회의 총체적인 민주개혁을 지향하는 방향으로 가닥이 잡혔다.

극동국제군사재판의 경과

1945년 9월 11일 연합국 총사령부GHQ가 제국 일본의 전 내각총리대신 도조 히데키東條英機, 1884~1948 등 39명에 대한 체포명령을 내린 것을 시작으로, 일본에서만 1000명 이상이 전범 용의자로 체포되었다. 1946년 1월 19일 연합국 최고사령관인 맥아더는 전쟁범죄 A급 전범: 평화에 반하는 죄, B급 전범: 통상적인 전쟁법규 위반죄, C급 전범: 인도(人道)에 반하는 죄를 심리·처벌하기 위한 '극동국제군사재판소의 설립에 관한 명령'을 발포했으며, 이에 기초하여 같은 해 4월 28일 A급 전범 용의자 28명에 대한 기소장이 발표되어 5월 3일에 재판이 개시되었다.

결국 2년 반의 심리를 거친 끝에 1948년 11월 12일에 판결이 내려졌으며, 도조 히데키 등 피고인 7명은 같은 해 12월 23일에 처형되었다. 그러나 이 재판으로 천황의 전쟁책임이 면죄되었으며, 731부대 책임자인 이시이 시로石井四郎, 1892~1959 등이 무죄 방면되었고, A급 전범 용의자가 석방되고 용의자에 대한 전쟁책임 추궁이 용두사미로 끝나고 말았다. 미·소 냉전이 강화되고 재판이 장기화되면서 판결을 서둘러 내렸다고 할 수 있다. 일본 국민이 이 재판에 참가하지 못했기 때문에 스스로 전쟁책임을 철저하게 추궁하지 못함으로써 전쟁책임 의식을 명확하게 심어 주지 못했다.

전범재판과 관련하여 가장 쟁점이 되었던 것은 일본천황의 전쟁책임 문제였다. 점령 초기에는 워싱턴의 정책결정자들 가운데는 천황을 전범으로 처벌할 것과 천황제를 폐지하고 공화정 체제로 개혁할 것을 요구하는 주장이 있었다. 그러나 천황에 대한 공개재판과 천황제 폐지는 일본의 정치·사회적 불안 요인으로 작용하여 점령정책의 효과적 실현에 장애가 될 수 있다는 현실주의적 고려가 대두하면서 천황제를 존속시키는 방향으로 정책이 결정되었다. 그러나 전전의 일본 군국주의자들이 천황숭배를 이용하여 대중을 전쟁에 동원했다는 점에서 천황의 탈신격화가 요구되었다.

이와 관련하여 GHQ는 초국가주의 이데올로기를 전파해 온 국수주의 단체들을 해체시키고, 신토의 국교화를 폐지하는 조치를 내렸다. 이에 호응하여 천황도 1946년 1월 1일 자신이 신이 아닌 인간임을 선언하고, 일본 민족이 다른 민족보다 우월하다는 '신국神國 일본' 사상을 부인하는 성명을 발표했다. 이로써 천황이 신의 후손이며, 이런 '만세일계'의 황실을 모시는 일본 민족은 우월하다는 식의 천황제 이데올로기는 공식적으로 부정되었다고 할 수 있다.

극동국제군사재판(International Military Tribunal for the Far East)은 1946년 2월 18일, 연합국 최고사령관인 맥아더가 W. F. 웹 재판장(오스트레일리아)을 비롯한 10명의 재판관(미국·영국·프랑스·소련·중화민국·인도·네덜란드·필리핀·뉴질랜드에서 각 1명)과 J. B. 키넌(미국)을 수석검찰관으로 하는 30여 명의 검찰관을 임명함으로써 발족되었다. 이에 따라서 1946년 4월 29일 도조 히데키를 비롯해 28명의 피고인이 A급 전범자로 정식 기소되어 다음 달 5월 3일부터 이에 대한 심리가 시작되었다.

📚 NOTE 44   일본 민주화를 위한 전후개혁

GHQ는 1945년 10월 11일 일본 정부에 대해 ① 여성참정권 부여, ② 노조 결성의 장려, ③ 교육의 민주화, ④ 인권탄압기구의 폐지, ⑤ 경제기구의 민주화 등 '5대 개혁지침'을 시달했다. 이에 따라 일본 정부는 즉각 국민의 기본권과 정치적 자유를 억압해 온 「치안유지법」, 「사상범보호관찰법」 등을 폐지하는 한편, 그 담당기구였던 내무성과 특별고등경찰을 폐쇄하고, 약 2400명의 정치범을 석방하는 조치를 취했다. 또한 여성참정권을 부여하는 새로운 선거법을 제정하고, 노조의 자유로운 결성을 장려했다. 나아가 학생들에게 초국가주의 사상을 주입해 온 수신修身·일본사·지리 과목 등의 수업을 중단시키는 조치가 취해졌다. 이런 과정을 통해 일본 국민의 기본권과 자유는 크게 신장되었다.

1946년 가을에는 국회에서 각종 노동관계 법안이 통과됨에 따라 노조 활동은 완전히 합법화되었고, 노동자의 파업권과 단체교섭권이 보장되었다. 이런 조치에 힘입어 1949년에 이르러서는 약 3만 5000개의 노조가 결성되었고, 여기에 약 650만 명이 가입하는 등 노동조합의 현저한 양적 성장이 이루어졌다. 전후 개혁을 통해 급성장한 일본의 노동조합은 그 특유의 '회사공동체적 노사관계'에 의해 유럽의 노동조합과 같은 정치적 역할을 수행하는 데는 일정한 한계를 지니고 있었지만, 일본사회당의 주요한 정치적 기반이 되었다.

경제분야에서 이루어진 대표적인 개혁조치는 농지개혁과 재벌해체였다. 패전 당시 일본 농민의 구성을 보면, 약 30%만이 자작농이고 나머지 70%가 소작농이었다. 1946년 10월에 성립된 제2차 「농지개혁법」은 부재지주가 빌려 준 토지의 전부와 농촌지주가 빌려 준 토지 중 1세대당 10에이커 이상의 토지를 정부가 강제 매수하여 유리한 신용대부 조건으로 과거의 소작농에게 매각하도록 했다. 이로써 소작지 전체의 약 80%가 농지개혁의 대상이 되었고, 소작인은 급격한 인플레이션 상황에서 싼값으로 농지를 매입할 수 있게 되었다. 그 결과 전전의 지주제는 완전히 해체되고, 자영농층이 크게 강화되었다.

한편 일본의 4대 재벌—미쓰이 三井, 미쓰비시 三稜, 스미토모 住友, 야스타 安田—은 패전 당시 국내 총생산의 24.5%를 차지하고 있었다. GHQ는 일본의 재벌이 군국주의의 중요한 지지세력으로서 팽창정책을 지원했을 뿐만 아니라, 이들로 인한 경제력의 집중이 중산층의 출현을 방해하고 있다고 판단하여 1945년 11월 재벌해체에 착수했다. 1947년 4월에는 「독점금지법」이 제정됨으로써 카르텔의 결성과 지주회사의 설립이 금지되고, 나아가 과도한 경제력 집중을 초래하는 기업합병도 금지되었다. 그리고 이를 감시하기 위해 '공정거래위원회'를 발족했다. 재벌해체로 상징되는 경제구조개혁은 일본 기업들의 체질과 성격을 한층 근대화하고, 급속한 산업구조의 재편과 기술혁신 및 자본의 광범한 조달을 가능하게 함으로써 전후 고도성장의 기초를 마련했다고 평가된다.

평화헌법

1945년 10월 맥아더 최고사령관은 헌법개정을 하겠다는 의사표명을 했다. 그리고 「치안유지법」과 불경죄를 폐지할 것과 공산주의자 등 정치범을 석방할 것을 지시했다. 히가시쿠니노미야東久邇宮 내각은 해당 지시에 대해 거부 의사를 표명했고 이에 GHQ 측은 내각 총사직을 요구한다. 그 후 전쟁책임 의혹이 없고 외교에 정통한 인물이라는 이유로 시데하라 기주로幣原喜重郎가 총리로 취임한다. 시데하라 총리는 취임 후 헌법문제조사위원회를 설치하고, 마쓰모토 조지松本烝治, 1877~1954를 위원장으로 임명한다.

한편 민간정당 등이 속속 결성되면서 이들에 의해 각종 헌법초안 등이 고민, 작성, 검토되기 시작했다. 그러던 중 마쓰모토 조지를 위원장으로 하는 헌법문제조사위원회에서 개정안을 검토하고 있었는데, 그 초안이 1946년 2월 1일 자 『마이니치 신문毎日新聞』에 특종으로 보도되었다. 여기에 보도된 헌법개정 초안은 천황의 군대에 대한 통수권이 일부 완화되었을 뿐 구헌법의 기본 골격은 거의 유지되고 있었다. 이에 당황한 GHQ 측은 일본이 전쟁에서 패했다는 사실을 망각하고 있다고 판단한다.

그래서 1946년 2월 3일에 제시된 것이 이른바 '맥아더 3원칙'이다. 맥아더 3원칙은 상징으로서 천황제 존속, 일체의 전쟁과 군비 포기, 봉건적 지배질서 폐지를 내용으로 한다. 이에 따라 GHQ의 헌법초안 작성이 시작되었는데, GHQ 민정국 직원이 '맥아더 초안'을 신속하게 준비하여 2월 13일에 제시했고, 일본 정부가 '맥아더 초안'을 원안대로 수용하여 4월 17일 헌법개정 초안을 발표했다. 그리고 10월 7일 국회를 통과하고 11월 3일 자로 「일본국헌법」이 공포되었으며, 1947년 5월 3일 헌법기념일부터 시행되었다.

　이런 점들을 고려해 보면, 「일본국헌법」이 GHQ에 의해 주도된 것은 사실이라고 해야 할 것이다. 하지만 그렇게 된 배경에는 당시의 일본 정부가 일본의 민주주의 실현을 기축으로 한 점령정책의 방향을 존중하고 독자적으로 신헌법을 만들어 내는 데 실패한 것이 중요한 원인으로 작용하고 있었다. 이런 이유 때문에 GHQ 측에서는 헌법을 주도적으로 제정하지 않을 수 없었던 것이다. 그리고 맥아더 초안이 만들어지는 데는 일본 민간에서 만든 초안들이 기초자료로 활용되었다. 아울러 간과해서는 안 될 사항은 파시즘 재현에 반대하는 세계 민주주의 여론의 압박하에서 헌법안이 작성되었다는 것이다.

　1889년에 제정된 「대일본제국헌법」, 일명 메이지 헌법은 일본국의 주권은 천황에게 있음을 명확히 하고, 행정·입법·사법의 모든 통치권을 천황에게 집중시켰다. 그러나 실제 정치는 천황이 내각과 의회 및 추밀원[5] 중신들의 보필과 협찬을 받아 행하는 방식으로 전개되었다. 만약 정치의 과실이 있다면, 이는 천황의 책임이 아니라 보필과 협찬을 잘못한 중신들에게 있다고 했다. 바로 이런 명목상의 천황의 절대권력과 실제 정치의 책임 소재 간의 이원적 분리에 천황제국가의 이중성이 있다고 하겠다. 즉 전전의 천황제국가는 한편으로는 전근대적인 절대왕정의 외견을 취하고 있으면서도 다른 한편으로는 근대 입헌군주제에 가까운 내용을 취했던 것이다.

　한편 연합국 점령군에 의한 전후 개혁의 총체적인 법적 표현은

5　(용어설명) 추밀원 樞密院 : 1888년에 설치된 천황의 자문기관으로서 번벌세력과 관료의 아성이었다

새로 제정된 「일본국헌법」에 나타나 있다. 신헌법은 전문前文과 11개 장으로 구성되는데, 전문에서는 주권의 소재에 대해, 제1장에서는 천황의 지위에 대해, 제2장에서는 전쟁의 포기에 대해, 제3장에서는 국민의 권리와 의무에 대해 각각 명문화했다.

이에 따르면, 전문 제1항에 일본국의 "주권은 국민에게 있으며", "[정부의] 권위는 국민에게서 유래하고, 그 권력은 국민의 대표자가 행사한다"라고 되어 있다. 또한 제1조에 "천황은 일본국의 상징이고 일본 국민통합의 상징이며, 그 지위는 주권을 가지고 있는 국민의 총의에 따른다"라고 했다. 이와 같은 규정은 전전의 천황주권설을 부정하고 국민주권의 원칙을 명확히 한 것으로서 국가 정통성 원리의 일대 전환을 의미하는 것이었다.

이처럼 신헌법의 첫 번째 원칙이 주권의 소재가 천황에게서 국민에게로 이동한 것이라고 한다면, 두 번째 원칙은 항구적인 평화주의 원칙의 천명이라고 할 수 있다. 구헌법의 제11조는 "천황은 육해군을 통수한다"로 명기하고 있었는데, 이는 군대가 내각의 지배 아래 있지 않고 천황 직속임을 천명한 것이었다. 이것은 환언하면 군대가 내각과 의회제 민주주의의 지시를 따르지 않는다는 것으로서, 군대가 내각의 우위에 있음을 의미하는 것이기도 했다. 이 내용은 일본 군국주의의 법적 기반이라고 할 수 있으며, 천황의 전쟁책임 문제와도 직접 관련되는 부분이다. 그런데 제국헌법은 제3조에서 "천황은 신성하게 보호된다"라고 하여, 천황이 어떤 경우에도 정치적 책임을 지지 않도록 규정해 놓았다. 반면 신헌법의 제9조는 '전쟁포기'와 '비무장'을 명확하게 선언하고 있어 이후 일본의 군사대국화를 제어하는 가장 강력한 법률적 토대가 될 수 있었다.

한편 신헌법의 세 번째 원칙은 기본적 인권의 확립이라고 할 수 있다. 구헌법의 제29조는 "일본 신민은 법률이 정하는 범위 안에서 언론, 출판, 집회, 결사의 자유가 있다"라고 규정하고 있었다. 그러나 해당 법률의 규정은 사실상 신민에게 과도한 의무만을 부과하고 인권을 심각하게 제약했다. 반면 신헌법의 제11조는 "국민은 모든 기본적인 인권을 향유할 수 있으며, 그 권리는 침해할 수 없다. 이 헌법이 국민에게 보장하는 기본적인 인권은 제한할 수 없는 영구한 권리로서 현재 및 장래의 국민에게 부여된다"라고 규정함으로써 일본 국민의 기본적 인권이 마침내 보장될 수 있게 되었다.

요약하면, 전후 「일본국헌법」의 제정으로 전전의 천황주권설은 부정되고, 국민주권의 원칙이 확립되었다고 할 수 있다. 그리고 천황은 국민통합의 상징적 존재로서만 존속하게 되었고, 전전의 귀족 제도는 폐지되었다. 또한 신헌법은 모든 국민의 '법 앞에서의 평등'을 선언했고, 남녀평등의 보통선거권을 보장했다. 이를 통해 일본은 비로소 국가 정통성의 원리라는 차원에서 명실상부한 근대민주주의 국가로 다시 태어났다.

평화헌법 제9조와 '전쟁을 할 수 없는 나라'

GHQ에 의한 일본의 비군사화 정책은 신헌법의 제정을 통해 결정적으로 표현되었다. 신헌법의 가장 큰 특징은 제9조에 있다고 할 수 있다. 이를 상세히 인용하면 다음과 같다.

① 일본 국민은 정의와 질서를 기조로 하는 국제평화를 성실히 희구하고, 국권이 발동하는 전쟁과 무력에 의한 위협 또는 무력의 행사는

국제분쟁을 해결하는 수단으로서는 영구히 방기한다.

② 전항의 목적을 달성하기 위해 육해공군 기타 전력을 보유하지 않는다. 국가의 교전권은 인정되지 않는다.

즉 일본은 '국제분쟁을 해결하는 수단'으로서 전쟁을 영구히 포기하며, 이를 위한 전력을 갖지 못하도록 규정하고 있다. 이는 일본의 군국주의화를 방지하기 위한 제도적 안전핀이 되었다. 전후 일본의 새로운 헌법은 이런 제9조의 내용 때문에 '평화헌법'이라고 불린다. 하지만 뒤에서 살펴보는 것처럼 냉전의 진행이 가시화되면서 미국의 일본점령정책은 수정되기에 이른다. 그래서 일본점령정책이 극적으로 뒤집어지는 상황, 즉 '역逆코스reverse course'로 사태가 전개되는 상황이 발생했다. 냉전이 진행되는 상황에서 일본을 자유진영의 거점으로 활용하려는 미국의 전략적 사고로 인해 전후 개혁의 방향을 수정하게 된 것이다. 이를 통해 결국 일본에서는 평화헌법과 뒤에서 다룰 미·일 안보조약체제를 주축으로 하는 '전후체제'가 형성되었다.

평화헌법은 천황주권에서 국민주권으로의 전환을 명시하고 있다. 하지만 상징이라는 형태로 천황제가 존속됨으로써 일본의 전쟁책임 문제에 대한 진지한 논의가 이루어지는 데는 결정적 한계를 노정한다. 한편 전쟁포기와 비무장의 조항을 담고 있는 신헌법, 즉 평화헌법은 이후 일본에서 전후 청산이 제대로 진행되지 못한 상황에서 매우 독특한 의미를 갖는다고 할 수 있다. 전쟁을 하지 않겠다는 평화헌법의 정신은 그 자체로 역사적 상처를 안고 있는 주변국에 대한 중대한 약속이라고 할 수 있기 때문이다. 한국을 비롯한 동아시아인들이 평화헌법에 많은 관심을 가져야 하는 이유도 이런 측면과 깊이 관련된다.

상징천황제

진전의 메이지 헌법이 천황을 신성불가침의 절대 권력을 갖는 통치권자로 규정했던 데 반해, 전후 일본의 헌법에서는 천황을 국가와 국민통합의 상징으로 규정하고 있다는 점에서 이를 상징천황제라고 명명한다. 그렇다면 전전과 전후의 일본 천황제는 연속되고 있다고 해야 하는가, 아니면 단절되었다고 해야 하는가? 여기서는 이 문제에 대해 '구조'와 '과정'이라는 두 가지 측면을 고려하여 생각해 보기로 하자. 우선 구조라는 측면에서 보면, 전전과 전후의 천황제는 논란의 여지는 있지만 분명 다르다고 할 수 있다. 권력과 권위의 일체로서 전전 천황제가 전후에는 양자가 분리됨으로써 천황은 권위의 중심이지만 실질권력과는 어떤 식으로든 거리를 두게 되었기 때문이다. 따라서 구조적 측면에서 보면 양자 간의 관계는 단절이라고 할 수 있다.

하지만 역사적 측면에서 보면 다른 해석이 가능하다. 앞서 이야기한 역사적 과정 — 에도 시대의 미미했던 천황의 위상, 막부 말기에서 메이지유신으로 넘어가면서 천황이 새롭게 정치권력과 권위의 구심축으로 부상하는 과정, 다이쇼 이후의 위기상황과 패전 직전의 극적인 위기상황에서 다시 부상하는 천황의 위상 등 — 을 장기적이고 거시적인 시각으로 고려하면 전후의 상징천황제가 앞으로도 극적으로 부상할 가능성은 여전히 존재한다고 할 수 있기 때문이다. 따라서 전전과 전후 천황제의 연속과 불연속을 이분법적으로 판단

하는 것보다는 천황제가 어떻게 지그재그로 맞물려 움직이는지를
통찰하면서 천황제의 의미를 직시하는 것이 중요하다고 하겠다.

📚 NOTE 45   상징천황제의 그림자

전전의 천황은 현인신 現人神 이라고 하여 절대 권위와 권력을 가진 존재
였다. 반면 전후의 상징천황제라고 하면 일단은 정치권력과는 거리를 두
고, 권위만을 갖는 존재라고 할 수 있다. 따라서 양자 간에는 아주 큰 '차
이' 혹은 '단절'이 있어 보인다. 하지만 거기에는 간과해서는 안 될 '연속'적
측면이 존재하는 것도 사실이다.

예를 들어 보자. 일본에서 어떤 서류를 작성하려고 하면, M·T·S·H·R과
같은 영문자와 마주친다. 이것은 각각 메이지/다이쇼/쇼와/헤이세이/레
이와의 영문 약자에 해당한다. 즉 일본은 서력을 사용하지 않고 지금도 일
본의 연호를 사용하고 있다. 이것은 바꿔 말하면 일본에서는 '시간의 기준'
으로 아직도 천황의 연호를 채택하고 있다는 것을 의미한다. 천황의 권위
는 일본의 공휴일을 통해서도 명료하게 드러난다. 이른바 건국기념인 2월
11일은 일본의 초대 천황이라고 일컬어지는 신화 속의 진무 神武 천황의
즉위일을 양력으로 환산한 날이다. 그리고 2월 23일 공휴일은 레이와 천
황의 생일이다. 2007년까지 녹색의 날 緑の日 로 불리다 이후 쇼와의 날로
개칭된 4월 29일 공휴일의 경우는 쇼와 천황의 생일이다. 또한 문화의 날
인 11월 3일은 메이지 천황의 생일이다. 이미 죽은 천황의 생일을 전혀 다
른 이름으로 포장하여 국경일로 삼고 있는 것이다. 그렇게 보면 일본의 공
휴일은 많은 부분이 여전히 천황이라는 존재를 중심으로 성립하고 있음을
알 수 있다.

또한 일본의 천황가는 지금도 성씨를 가지고 있지 않다. 천황이라는 존
재 자체가 일본을 의미하기 때문에 특정 성씨를 붙여 한정된 존재로 규정
할 수 없다는 생각이 지금까지도 견지되고 있는 것이다. 이른바 "일본의 천
황제는 풀포기 나무 한 그루에조차 스며들어 있다"라는 지적은 기본적으

로 이런 상황에서 비롯된다고 할 수 있다. 여러분은 전전과 전후에 일본의 천황제가 단절되었다고 생각하는가? 아니면 연속되고 있다고 생각하는가? 독자 여러분도 이 문제에 관해 곰곰이 생각해 보기 바란다.

3. 냉전의 확산

샌프란시스코 강화조약과 일본의 주권회복

1949년에 중화민국을 대신하여 마오쩌둥의 중국공산당이 이끄는 중화인민공화국이 들어서고 소련이 핵개발에 성공하는가 하면, 1950년에는 중·소 간의 동맹조약이 이루어지고 한국전쟁이 발발하는 등 냉전이 본격화됨에 따라 미국의 대일정책 역시 크게 전환되었다. 미국은 냉전 상황에서 일본의 중립화나 비무장화가 있을 수 없다고 인식하고 있었다.

1951년 9월 4일부터 5일 동안 미국의 샌프란시스코에서 태평양전쟁의 전후처리를 위한 국제회의가 52개국이 참가한 가운데 열렸다. 하지만 중국과 대만, 한국은 초청받지 못했다. 한국은 태평양전쟁 당시 전쟁 당사국이 아니었다는 이유로 공식 참가국의 지위를 인정받지 못했다. 당시 회의를 주도한 미국이 한국 정부의 공식 참가 주장을 받아들이지 않았던 것인데, 그 이유는 일본을 아시아에서의 반공봉쇄를 위한 중추기지로 삼고자 하는 미국의 전략적 고려 때문이었다. 미국은 한국이 강화조약의 서명국으로 참여하여 상당한 규모의 배상을 요구하고, 이 요구가 관철될 경우 일본의 경제적 회복

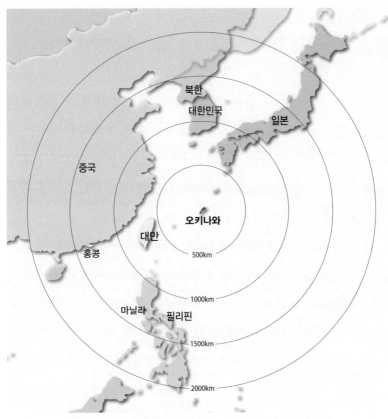

오키나와의 지정학적 위상 (지도: 하니누리 디자인 김승한)

이 지연될 것을 우려한 것이다.

　미국은 일본의 주권회복과 재군비, 그리고 미군의 계속적인 일본 내 기지사용과 주둔을 추구했는데, 샌프란시스코 회의는 이런 미국의 정책을 반영하는 내용의 강화조약을 체결했다. 1951년 9월 8일에 체결된 강화조약에는 일본을 포함해 49개국이 조인했으며, 소련을 비롯한 폴란드와 체코슬로바키아는 서명을 거부했다. 그리고 강화조약과는 별도로 미·일 양국의 상호방위보장조약도 체결되었다. 이 조약은 1952년 4월부터 발효되었고, 이로써 미국의 일본

점령은 종결되고 일본은 주권을 회복했다. 반면 미국은 오키나와를 비롯한 일본 내 기지를 계속 사용할 수 있는 권리를 확보했다.

요컨대 샌프란시스코 강화조약은 잃어버린 일본의 주권을 회복시켜 주었으며, 미국은 일본을 '아시아의 반공 방파제'로 규정하고 일본의 주권회복과 재군비, 그리고 미국 군대의 계속 주둔이라는 태도를 분명히 했다. 이른바 '역코스'였다. 이런 경위로 일본의 전후처리 과정은 사실상 생략되었으며 동아시아에는 샌프란시스코 체제로 불리는 새로운 국제질서가 등장했다.

한편 한국전쟁으로 인한 특수[6]는 전후 일본 부흥의 기폭제가 되었다. 평화헌법의 체제 안에서 경찰예비대가 창설되어 이후 자위대가 만들어졌고, 샌프란시스코 강화조약과 미·일 안보조약의 체결 등도 한국전쟁의 경과와 맞물려 진행되었다. 한국전쟁은 미국이 일본을 공산권에 맞서는 '방파제'로 인식하는 확실한 계기가 되는데, 이는 미국의 세계전략이 반영된 것이라고 할 수 있다. 방파제로서 주요한 거점이 된 곳이 오키나와였다. 한국전쟁을 통해 미국은 군사거점으로서 오키나와의 전략적 중요성을 재인식하게 되었고, 이후 베트남전쟁에서도 오키나와는 최대 규모의 폭격 거점으로 활용되었다.

한국전쟁과 일본에서의 해석개헌 등장

전후 일본의 신헌법은 1947년 5월 3일에 시행된 이래 한 번도 개

---

6 (용어설명) 조선특수朝鮮特需 : 한국전쟁의 발발과 함께 갑자기 발생한 수요로 일본이 향유한 경제적 이익을 말한다. 전쟁물자의 생산이 이루어짐으로써 전후 일본 경제 부흥의 기폭제가 되었다.

정된 적이 없다. 물론 개정에 대한 주장과 시도가 없었던 것은 아니다. 왜냐하면 「일본국헌법」이 GHQ의 강력한 관여하에 제정되었다는 사실 자체가 '강요된 헌법'이라는 비판을 초래했고, 개정을 주장하는 근거가 되어 왔기 때문이다. 또한 내용적으로도 평화헌법을 상징하는 제9조를 중심으로 개정을 주장하는 움직임이 뿌리 깊게 존재했다. 그럼에도 불구하고 헌법개정이 이루어지지 않은 이유 중 하나는 개정을 위한 정치적 조건이 오랫동안 갖춰지지 않았기 때문이다. 즉 헌법개정은 헌법 제96조 제1항에 의거해 중의원과 참의원 양원 의원의 각 3분의 2의 발의에 기초한 국민투표로 이루어지도록 되어 있지만, 헌법개정을 주장하는 세력이 3분의 2를 초과하는 의석을 확보한 적이 없었다.

그래서 헌법 조문을 수정하는 명문개헌이 아니라, 정부의 해석에 따라 헌법의 의미를 실질적으로 변경하는 '해석개헌' 방식이 취해져 왔다. 그런데 여기서 간과해서는 안 될 점은 이런 해석개헌의 시작이 1950년의 한국전쟁에서 비롯되었다는 점이다. 1950년 한국전쟁이 한창일 때 경찰예비대가 창설되었는데, "경찰예비대의 목적은 국내 치안유지에 있기 때문에 군대가 아니다"라고 하면서 해석개헌이 시작되었다. 이후 보안대를 거쳐 1954년에 자위대를 발족할 때는 "헌법이 금지하는 전력은 근대적인 전쟁 수행에 도움이 되는 정도의 장비와 편성을 구비하는 것인데, 자위대의 병력은 이런 전력에 못 미치기 때문에 위헌이 아니다"라는 해석이 내려졌다. 일본 정부는 '자위를 위해 필요한 최소한도의 실력'은 헌법이 보유를 금하는 전력에는 해당되지 않는다는 해석으로 자위대의 존재를 정당화한다.

📚 NOTE 46　한국전쟁과 일본의 상관관계를 포착한
어느 일본 지식인의 눈

한국전쟁을 일본의 전후 문제와 함께 깊이 있게 포착하고 있는 소설이 있다. 전후 일본을 대표하는 진보적 작가인 홋타 요시에堀田善衛, 1918~1998의 『광장의 고독』이라는 작품이다. 여기서는 한국전쟁이 일본에 어떤 영향을 미쳤는지 이 작품을 통해 들여다보기로 하자.

이 소설의 주인공 기가키木垣 기자는 바다 건너 한반도에서는 한국전쟁이 한창이었던 1950년의 어느 날 밤, 친구의 지프차를 타고 가와사키川崎 시에 들어선다. 여기서 그는 전쟁으로 폐허가 되어 있던 가와사키가 '또 다른 전쟁'에 힘입어 다시 전쟁 이전처럼 생기 있게 되살아나는 모습을 마주하며 당혹스러워한다.

> "(가와사키시에 들어서자) 이전의 전쟁 흔적은 아직 생생하게 남아 있었다. 불에 타고 뼈대만 앙상하게 남아 있는 철골이 어둠 속에서 하늘을 찌를 듯 솟구쳐 있었다. 양손을 뻗어 무언가 기원하고 있었다. 그리고 그 바로 옆의 공장은 불타 버린 공장의 기둥이나 지붕과는 아무 상관도 없다는 듯, 철야를 하며 활활 황적색 불꽃을 토해 내고 있었다. 전쟁의 폐허 한가운데에 서 있던 공장이, 다시 전쟁에 의해서, 아니 전쟁을 위해서 저토록 바삐 돌아가고 있는 것을 어떻게 받아들여야만 하는가? 게다가 만일 저 공장들이 전쟁을 위해 기계를 돌리고 있다고 한다면 저곳에서 일하고 있는 사람들이 어떻게 고독하지 않다고 말할 수 있을까? 기가키는 이 냉혹한 현실을 바라보면서 자신의 가슴속 저 밑바닥이, 살아 돌아가는 공장이 아닌 죽어 버린 공장의 황폐화된 풍경으로 뒤덮여짐을 느꼈다. (중략)
>
> 가와사키에서 요코하마까지, 사람들은 이미 잠들어 있었으나 큰 공장들은 아직도 불을 밝히고 있다. 사람도 풍경도 너무도 깊이, 앞선 전쟁의 상처를 그대로 간직하고 있었으나 깊은 밤의 한가운데에서 이렇듯 빠르게 또 다른 전쟁이 공장들을 돌리고 있었다."
>
> – 堀田善衛, 『広場の孤独』(東京: 新潮社, 1953), pp. 54-55

훗타 요시에의 묘사에서 드러나듯, 전후 일본은 한국전쟁 덕분에 생긴 '특수特需'를 통해 '자국의 전쟁의 상처'를 딛고 일어설 계기를 마련했다. 하지만 일본의 강제병합으로 오랜 식민통치를 받았으며 분단의 모습으로 해방을 맞이해야 했던 한반도가, 이번에는 '또 다른 전쟁'을 치르며 폐허로 변해 가는 동안 이를 계기로 일본이 새롭게 부흥하는 장면은 운명의 장난이라고 하기에는 일본 지식인이 보기에도 너무도 당황스러운 상황 전개라고 하지 않을 수 없다.

요시다 독트린과 미·일 안보조약의 성립

전후 일본은 실제로 새로이 국가 만들기를 시도하는 과정에서 각종 문제에 부딪치게 된다. 그중에서도 가장 먼저 주요한 쟁점이 된 것은 전후 처리를 위한 강화조약講和條約, Peace Treaty 체결방식을 둘러싸고 나타났다. 이 문제는 이른바 전면全面강화론을 주장하는 입장과 단독單獨강화론을 주장하는 입장으로 갈라졌다. 전자인 전면강화론은 좌파계열 혹은 혁신계열의 주장으로서, 동서냉전이 격화하는 국제정세 아래에서 비무장 평화국가로서의 일본의 안전을 확보하기 위해서는 소련·중국 등을 포함한 모든 교전 당사국과 동시에 강화조약을 체결하자는 견해였다. 반면 후자인 단독강화론은 일본의 조기 독립을 달성하기 위해서는 우선 서방진영 국가들과 강화조약을 체결하자는 것으로 주로 우파 보수계열의 입장이었다.

또 다른 쟁점이 된 문제는 일본의 방위 문제와 관련되어 있었다. 즉 전쟁을 포기하고 군대를 갖지 않기로 한 평화헌법하에서 국가의 안전보장 문제를 어떻게 해결할 것인가, 그리고 이와 관련하여 안보와 경제성장의 우선순위를 어떻게 설정해야 하는가와 같은 문제였다. 이에 대해 소위 '혁신'계열은 비무장 중립안을 제시했고, 강경보수계열은 일본의 재무장안을 주장했다. 반면 요시다 시게루吉田茂, 1878~1967 등 온건보수계열은 미·일 동맹안을 주장했다. 요시다가 보기에 비무장 중립안은 무책임하고 비현실적인 주장에 불과해 보였다. 재무장안의 경우도 일본이 자주국방을 할 수 있을 정도로 재군비를 하려면 막대한 경비가 소요된다. 따라서 당시 일본의 경제력을 고려할 때 합리적인 선택지가 될 수 없었다. 전쟁으로 피폐해진 일본이 다시 일어서려면 국방비에 막대한 자원을 할당하기보다는 우선 경제부흥에 일본의 모든 힘을 집중해야 한다는 것이 요시다의 견해였다.

결국 미·일 안보조약체제는 샌프란시스코 강화조약이 조인된 1951년 9월 8일에 체결되었으며, 이듬해인 1952년 4월 28일 강화조약 비준일에 함께 비준되었다. 따라서 샌프란시스코 강화조약과 미·일 안보조약은 쌍생아라고 부를 수 있을 것이다. 미·일 안보조약의 요지는 일본이 미국에 대해 자국 내 영토를 군사기지로 제공하고, 미국은 일본의 방위를 책임진다는 것이었다. 이를 통해 일본은 미국이 제공하는 안보우산과 개방된 자유무역질서에 무임승차하면서 자국의 국익을 최대화할 수 있게 되었다.

이렇게 하여 일본에서는 외교적으로 미국을 따르면서 안보를 전적으로 미국에 위임한 후 국내적으로 경제부흥을 최우선으로 삼아 역량을 집중하고, 이를 통해 보수정치의 질서를 공고화하려는 전략이 만들어진 것인데, 이를 요시다 독트린 혹은 자민당 보수본류保守本流 노선이라고 한다. 즉 요시다 독트린은 첫째, 친미주의와 소극적 안보정책, 둘째, 경제우선주의, 셋째, 보수적인 질서의 공고화라고 요약할 수 있다. 요시다 독트린 혹은 보수본류 노선은 비동맹 자주를 주창하는 혁신세력과 외교노선상 분명한 대립축을 형성했던 반면, 전시기의 가치를 포기하고 전후 개혁과 민주주의를 지향한다는 점에서 혁신계의 이념적 반대를 효과적으로 분산시킬 수 있었다. 무엇보다 경제 집중을 통해 서양 따라잡기에 매진하겠다는 전략은 일본의 내셔널리즘을 자극하면서 일반대중에게 호소력 있게 파고들었다.

지금까지의 내용을 요약해 보면 전후 일본을 구성하는 주요한 축은 평화헌법과 상징천황제라고 할 수 있다. 그리고 샌프란시스코 강화조약과 동시에 이루어진 미일안보조약의 체결은 전후 일본 외교와 안보전략의 기본 틀이 되었다는 점에서 전후 일본을 구성하는 근간이 되었다. 결국 일본의 전후체제의 핵심은 평화헌법과 미일동맹을 주축으로 삼으면서 그 위에서 경제우선주의 전략을 구사하는 것이라고 할 수 있다.

📚 NOTE 47　　'냉전의 섬' 오키나와

오키나와는 태평양전쟁 때 집단자결을 강요당하며 전 도민의 4분의 1을 잃었다. 그리고 전쟁이 끝난 후 미국에 편입되어 1972년에 일본에 반환되기까지 27년간에 걸쳐 미군정을 겪었다. 그것은 일본이 패전 이후 샌프란시스코 강화조약으로 주권을 회복한 이후에도 오키나와가 20년간에 걸쳐 미국의 직접 통치하에 있었음을 의미하는 것이었다. 샌프란시스코 강화조약에서 일본 정부는 오키나와를 미국에 제공한다는 조약문에 승인하고 있었다. 일본이 국제사회로 복귀한 기념할 만한 순간, 오키나와는 일본으로부터 '버리는 카드'로 사용된 것이다. 이렇게 오키나와는 미군정하의

'기지의 섬', '냉전의 섬'으로 남게 되었다. 이후 일본 본토에서는 1950년대와 1960년대에 걸쳐 미군기지 반대운동이 고조되어 본토의 미군기지는 거의 4분의 1로 축소된다. 그러나 같은 시기에 오키나와 미군기지는 약 두 배로 확대된다.

1972년 5월 오키나와는 '평화헌법'을 가진 일본의 품으로 마침내 '복귀'하지만, 오키나와현에 주둔한 미군기지는 줄어들지 않았다. 일본에 복귀한 후에도 일본 국토 면적의 0.6%에 해당하는 오키나와가 일본에 주둔하는 주일 미군기지의 약 74%, 곧 4분의 3에 이르는 부담을 떠맡음으로써 본토 내에 미군이 주둔하는 데 따른 귀찮은 문제를 벗어나게 하는 역할을 해야만 했다.

냉전이 진행되는 과정에서 미국은 반공의 기지로서 일본이 현실적으로 갖는 전략적 가치에 주목하여 비무장 평화국가의 구현이라는 이상을 포기했고, 일본은 미국에 스스로의 안전보장을 위임하면서 자국 내의 이질적이고 타자화된 존재인 오키나와에 그 부담을 감당케 했다. 그것은 환언하면 미국에 비대칭적으로 의존하고 있던 일본이 미국으로부터 자국에 넘어온 반공 기지로서의 압력을 되도록 오키나와로 전가하려 했음을 의미하는 것이었다.

오키나와는 요컨대 국제 체제와 국내 차원의 쌍방에서 제약당하고 있었던 것이다. 이처럼 오키나와로 억압이 떠넘겨지는 과정에서 전통적으로 '비무장의 섬'으로 존재하던 오키나와는 타자에 의해 그리고 타자를 위해 '완전 무장한 섬'이 되었다. 과거 '비무장의 나라'는 이제 '냉전의 섬'으로 변신하여 미·일 안보동맹을 지탱하는 '기지의 섬'으로 변신했다. 노벨문학상을 받고 일본의 평화운동에 헌신해 온 작가 오에 겐자부로大江健三郎가 오키나와의 형국을 가리켜 "오키나와가 일본에 속한 것이 아니라, 일본이 오키나와에 속한다"라고 질타한 것은 이런 일본과 오키나와의 뒤틀린 역사의 부조리한 측면을 지적한 것이다.[7] 이런 점에서 오키나와는 20세기 부

---

7 오에 겐자부로, 이애숙 역, 『오키나와 노트』(삼천리, 2012).

국강병의 틀 위에서 전개된 동아시아 국제관계의 한 단면을 상징적으로 읽을 수 있는 하나의 창窓이라고 할 수 있다.

📚 NOTE 48   전후 일본의 미국에 대한 복잡한 감정

여러분은 19세기에 일본이 개항을 하게 된 것이 다름 아닌 미국의 페리가 흑선을 몰고 온 데서 비롯된 것을 기억하고 있을 것이다. 그런데 이런 양국관계가 20세기에 들어 경색되다 급기야는 일본의 진주만 공격으로 태평양전쟁으로 치닫게 되었고, 이 과정에서 일본인에게 미국인은 이른바 '귀축미영鬼畜米英'이라는 표현처럼 그야말로 귀신이자 짐승과 같은 잔인한 존재로 인식되기도 했다. 그런데 이미 살펴본 바와 같이, 전쟁에서 패배한 후 미국이 일본에 점령군으로 들어왔고 이들의 지도하에 일본은 '민주주의'를 받아들이게 된다. 더욱이 냉전이 전개되면서 전후개혁을 추진하던 점령군이 일본을 반공의 거점으로 활용하기 위해 이른바 역코스라고 부를 만한 정책전환을 하게 되니, 결국 일본은 일종의 '반공'과 '민주주의'가 절충된 형태의 방향으로 나아갔고 미국을 바라보는 일본인의 감정은 매우 복잡하지 않을 수 없었다.

예컨대 전전 일본에 대한 강력한 비판의식을 갖고 있던 사람들에게는 일본에 깊이 뿌리박고 있는 초국가주의 파시즘을 해체하는 것이야말로 전후 민주주의 혁명의 과제라고 생각하고 있었다. 그런데 샌프란시스코 강화조약과 역코스가 진행되면서 이런 경향과 정치적 대립각을 세우고 이른바 평화헌법을 배경으로 평화와 민주주의를 추구하는 세력들에게 미국을 어떤 시선으로 바라볼 것인가 하는 문제는 대단히 어려운 문제였을 것이다. 여러분이 당시 상황을 '추체험' 하게 되면, 미국과 일본의 상호인식이라는 문제가 우여곡절을 많이 겪을 수밖에 없었으리라는 것을 실감나게 인식할 수 있을 것이다.

4. 냉전의 시대

안보투쟁의 역설

1958년 무렵부터 기시 노부스케 岸信介, 1896~1987 내각은 1951년에 체결된 미·일 안보조약을 개정하기 위한 교섭을 시작했다. 그리고 1960년 1월에는 미국을 방미하여 신안보조약의 조인과 미국의 아이젠하워 Dwight Eisenhower, 1890~1969 대통령의 방일에 합의했다. 이를 통해 미·일 공동방위가 명문화되었고, 주일미군의 배치와 장비에 대한 양국 정부의 사전협의제도 등이 마련되었다.

아직 전쟁의 기억이 가시지 않은 상황에서 이에 대한 시민의 반발은 매우 격렬하게 나타난다. 팽팽한 긴장관계 아래에서 일본 정부와 자민당은 1960년 5월 19일 조약 비준안을 단독으로 강행 처리하는데, 이로부터 자연승인일인 6월 19일까지 사상 초유의 반대운동이 한 달간 지속된다. 이른바 '격동의 1개월'이 시작된 것이다. 국회에는 연일 10만 명에서 30만 명에 달하는 데모 인파가 몰려들었으며 '안보 반대', '기시 타도' 등의 구호를 외쳤다. 결국 기시 총리는 아이젠하워 미국 대통령의 방일을 단념한다. 하지만 6월 19일 수십만 명의 데모대가 국회를 포위한 가운데 신안보조약은 참의원의 결의를 거치지 않은 채 '자연승인'이 되었다.

하지만 안보투쟁의 효과는 강력한 것이었다. 안보투쟁으로 기시 총리는 사임했으며, 보수정치가들은 급격한 헌법개정과 재무장을 단행했을 경우 국민적 반발이 일어날 것에 대한 두려움을 갖게 된 것이다. 안보투쟁으로 헌법과 재무장 문제는 뒤로 미루어지고 일본에 의회제 민주주의가 정착하기 시작했으며, 다음 총리인 이케다 하야토池田勇人, 1899~1965와 사토 에이사쿠는 경제 문제에 집중한다.

이런 상황을 전체적으로 고려해 보면, 정치의 계절이라고 불리던 일본의 1950년대는 안보투쟁을 통해 역설적이지만 극적으로 막을 내리고, 이른바 '경제의 계절'로 급속하게 전환되었다는 평가가 가능할 것이다. 즉 일본은 안보투쟁을 거치면서 본격적인 고도성장의 시대로 접어들었다고 할 수 있다.

📚 NOTE 49　　　55년체제의 등장

패전 후 연합국 점령 당국에 의해 정당활동의 자유가 보장되자, 일본에는 우후죽순처럼 많은 정당이 난립하여 분열과 통합을 거듭했다. 보수진영의 정당으로는 자유당, 진보당, 협동당 등이 있었고, 혁신진영의 정당으로는 공산당, 좌·우파 사회당 등이 있었다. 그러나 1955년 10월 좌·우파 사회당이 통합하여 일본사회당으로 힘을 불리자, 보수정당들도 하나로 통합하면서 11월 15일 자유민주당自民黨을 결성한다. 이를 '보수합동保守合同'이라고 하며, 이처럼 자민당으로 대표되는 거대한 보수와 사회당으로 대표되는 혁신의 대결구도를 이른바 '55년체제'라고 칭한다.

보수합동을 통해 등장한 정당시스템은 외형상으로는 보수 대 혁신의 양당체제였지만, 실제로는 1과 1/2 정당제라고 부를 만한 것이었다. 대항정당으로서의 사회당 의석률이 자민당 의석률의 절반에 불과했기 때문이다. 따라서 55년체제는 자민당 일당 우위하의 보-혁 양당제적 구조라고 할 수 있으며, 그런 만큼 55년체제의 등장은 혁신세력이 존재하되 보수당 절대우위의 안정된 지배체제가 기우뚱하게 확립되었음을 의미하는 것이었다.

보수당 우위의 안정적인 지배체제의 확립은 성장지향형 경제정책의 일관된 추진을 가능하게 함으로써 고도 경제성장의 정치적 조건으로서 작용했다. 일본 경제의 고도성장이 '민간부문의 자발적 노력에 의한 것인가,

아니면 엘리트 경제 관료들의 적극적인 시장개입에 의한 것인가'를 둘러싸고 많은 논쟁이 있지만, 그 어느 경우에도 기업활동에 우호적인 보수당의 장기집권에 의한 정치안정이 경제성장에 간접적으로 기여했다는 점을 부정하기는 어렵다. 하지만 보수당의 장기집권은 다른 한편으로 정치가·관료·업계의 유착관계를 낳고, 노동자를 비롯한 특정 사회세력을 반영구적으로 권력으로부터 소외시킴으로써 사회발전이나 정치발전에 긍정적으로 기여했다고 볼 수 없는 측면도 있다.

보수합동이 가져온 단기적이고 직접적인 정치적 성과의 하나는 보수 안정의 기반 위에서 일·소 국교정상화가 이루어지고, 일본의 UN 가입이 실현되었다는 점이다. 요시다의 뒤를 이은 하토야마 이치로鳩山一郎, 1883~1959 총리는 안으로는 재군비와 헌법개정에 힘을 기울이면서, 밖으로는 자주외교 노선을 지향했다. 이런 노력의 일환으로 전개된 것이 소련과의 국교회복정책이었다. 이는 대미협조 노선에 차질이 생길 것을 우려하는 보수진영 일각의 강한 반대에 부딪혔지만, 보수합동을 통한 정치안정에 힘입어 적극 추진되어 마침내 1956년 10월 '일·소 공동선언'이 조인되고 11월에 비준서가 교환됨으로써 양국 간의 국교정상화가 이루어졌다. 그리고 소련의 반대 철회로 그해 12월에 일본의 UN 가입이 실현되었다.

일본의 고도성장과 자신감 회복

안보투쟁을 계기로 기시 내각이 총사퇴하자, 1960년 7월 이케다 내각이 출범했다. 이케다 하야토는 사토 에이사쿠와 더불어 요시다 시게루가 키운 대표적인 관료 출신 정치가로서 그의 정치노선과 정치 스타일은 그 후 자민당 정권의 기본 성격을 규정하는 데 큰 영향을 미쳤다. 무엇보다도 이케다는 전임 총리인 하토야마와 기시가 취했던 '헌법개정, 재군비, 자주외교' 노선을 폐기하고, 전후 초기에 요시다에 의해 채택된 '평화헌법 유지, 미·일 안보하에서의 경제우선, 대미협조외교' 노선을 부활시켰다. 이는 이케다 자신이 요시다의 충실한 제자였기 때문만이 아니라, 안보투쟁의 경험을 통해 국민이 평화헌법의 개정, 일본의 재군비, 군사적 역할 강화 등을 원하지 않고 있음을 확인했기 때문이라고 해야 할 것이다. 이케다의 이런 노선 전환은 안보투쟁 과정에서 과열된 반정부 여론을 진정시키고 야당과의 대립을 완화하는 데 주효했다. 그 후 일본 정계에서는 헌법개정 논의가 금기시되고, 평화헌법의 틀 안에서 소극적 안보정책이 전개되었다. 이와 같은 '보수본류' 노선은 요시다에 의해 창안되었지만 그의 제자인 이케다와 사토 등을 통해 일본 정치에 뿌리를 내리게 되었다.

일본은 1955년부터 1973년까지 19년 동안 연평균 9.8%라는 놀라운 고도 경제성장을 이루었다. 1969년이 되면 일본의 GNP는 미국에 이어 세계 2위까지 극적으로 올라선다. 한편 1960년대 초에는 전기세탁기, 냉장고, 흑백텔레비전이 급속히 보급되었는데, 이를 일본 황실의 보물에 빗대어 '3종의 신기神器'라고 불렀다. 또한 1960년대 후반에는 '신3종의 신기'라고 일컬어진 컬러텔레비전, 자동차, 에어컨의 폭발적인 수요 증가가 나타나기도 했다. 1947~1949년의 전후 베이비붐은 1960년대 고도성장의 인적 기반을 제공했는데, 이들을 흔히 '단카이 세대'[8]라고 일컫는다. 1964년 도쿄올림픽의 성공적 개최, 1966년 비틀즈의 일본 부도칸武道館 공연 등에

8　용어설명 단카이團塊 세대: 제2차 세계대전 직후인 1946~1949년에 태어난 일본의 베이비붐 세대를 말한다. 이들은 1960년대 일본의 고도성장기를 거쳐 1970~1990년대 경제 중흥기를 경험했다. 일본의 경제평론가 사카이야 다이치堺屋太一의 소설 『단카이의 세대』1976에 처음 등장해 인구사회학적 용어로 정착되었다.

서 드러난 것처럼 세계적 차원의 새로운 감성의 탄생에 발맞춰 일본
도 크게 변화하게 된다.

전후 개혁이 주로 제도와 이념의 측면에서 일본 사회의 틀을 바
꾼 것이라면, 고도성장은 산업화와 도시화를 비롯한 사회계층 구조
와 가족구조를 변화시킴으로써 일본인의 생활과 의식 전반을 바꿔
놓는다. 물질적 풍요의 확산에 따른 자연스러운 의식구조의 변화가
일어나면서 사생활 중심주의가 확산되었으며, 유권자들의 보수화
와 탈이데올로기화 성향이 명료하게 정치에 반영되었다.

이런 고도성장 과정을 거치는 동안 전후 일본 사회에 팽배해 있던
일본인 혹은 일본 문화에 대한 부정적 인식은 역전되어 자긍심으로
바뀌게 된다. 이른바 '부정적 특수성'을 그 내용으로 하던 일본인론,
일본문화론이 이제 '긍정적 특수성'이라는 측면에서 조명되는 사태
를 맞이한 것이다.

NOTE 50 가와바타 야스나리의
노벨문학상 수상과 '아름다운 일본의 나'

"국경의 긴 터널을 빠져나오면 설국이었다. 밤의 밑바닥이 하얘졌다"로
시작하는 『설국雪國』!

1968년 가와바타 야스나리川端康成, 1899~1972는 이 소설을 가지고 조
국 일본에 최초의 노벨문학상을 안겨 주었다. 스웨덴의 왕립아카데미는
『설국』이 일본적인 마음의 정수精髓를 뛰어난 감수성으로 포착하여 정교
하게 서술했으며, 동양과 서양의 정신적인 가교 역할을 했다고 노벨상 수
상 이유를 밝혔다. 만약 인간 사회를 떠나는 날이 와서 마지막으로 단 한
권의 작품을 선택해야 한다면 망설임 없이 『설국』을 고를 것이라는 일본

인들의 말에서도 알 수 있듯이, 가와바타 문학에 대한 일본인의 애정과 자부심은 대단하다. 그의 노벨상 수상은 어느 면에서 1964년 도쿄올림픽만큼이나 일본현대사를 뒤흔드는 상징적인 사건이었다. 전쟁종주국이었던 일본을 국제사회가 새로운 정치 문화적 동반자로 받아들였음을 의미하는 것이기 때문이다.

그런데 이 작품이 제국주의의 광풍이 몰아치던 시기에 폭풍의 시대를 가로지르며 탄생했음에도 불구하고, 신기하리만큼 이 작품에는 그 어디에도 역사적 현실의 흔적이 묻어 있지 않다는 점은 주목할 부분이 아닐 수 없다. 소설이 현실의 모습을 의도적으로 반영하지 않았다는 것은 그 자체로 또 하나의 의도가 된다. 현실에 눈을 감음으로써, 현실에 대한 태도를 표명하는 셈이 되기 때문이다. 가와바타는 폭력의 역사에 적극적으로 동참하지도 반대하지도 않았다. 대신 현실과는 전혀 다른 비현실적 공간을 창조해 냄으로써, 폭력의 시대를 건너가는 작가 나름의 독특한 길을 제시한다.

가와바타 문학의 핵심은 일본의 고전과 전통미의 세계를 소설 속에 구현하는 것이었다. 노벨상 수상 연설문인 「아름다운 일본의 나」에서도 알 수 있듯이 스스로를 일본 문학 전통의 계승자로 내세우며, 일본의 자연과 품격, 일본의 정서와 가치를 소설에서 구현했다.

가와바타 문학을 통해 일본적인 정서와 미의 전통은 비로소 세계무대에서 인정을 받았고, 일본적인 것의 새로운 신화가 시작되었다. 가와바타는 철저하게 비역사적인 세계를 고집했지만, 그는 그토록 역사적 자리에 서 있었던 것이다.

『금각사 金閣寺』 등의 작품으로 널리 알려진 작가 미시마 유키오 三島由紀
夫, 1925~1970 는 어떤 소설보다도 더욱더 소설 같은 삶을 살다 간 인물이다.
1968년 가와바타 야스나리가 일본인 최초로 노벨문학상을 탔을 때, 서구
언론이 '왜 미시마가 아닌가'라는 의문을 표할 만큼 미시마 유키오는 일본
문학을 대표하는 작가로서 명성을 누렸다.

쇼와 시대의 천재로서, 전후 일본 문학을 대표하는 이 작가는 미숙아로
태어나서 청년시절까지는 허약 체질로 육체적 열등감에 시달렸으나 비상
한 두뇌의 소유자로 '도쿄대학 법학과—행정고시—대장성 입성'이라는
일본의 최고 엘리트 코스를 거쳤다. 그러나 중학교 때부터 글을 쓰면서 다
져 온 문학에 대한 열망을 버리지 못해, 1948년에 대장성을 사직하고 본
격적인 작가생활을 하게 된다.

명민한 두뇌와 개성 있는 필체로 무장한 이 작가는 소설, 수필, 대중적
글쓰기, 가부키를 위한 희곡, 일본 전통극인 노能의 현대적 개작 등 장르
를 가로지르며 다양한 창작활동을 했으며, 대부분의 작품이 살아생전에
영어로 번역되어 서구에 소개되었다. 유럽과 미국에서도 미시마의 추종자
들이 줄을 이었다. 그중 1956년에 발표된 『금각사』는 1950년 7월에 실제
있었던 금각사 방화 사건을 소재로 발표된 탐미주의 소설이다.

그의 미에 대한 집착이나 죽음에 대한 충동은 점차로 현실적인 힘에 대
한 지향으로 옮겨 갔고, 정치적으로는 일본의 전통과 천황주의에 대한 추
종으로 급선회했다. 1961년에 발표된 『우국憂國』에서는 천황과 국가를
위해 할복하는 군인의 죽음을 영웅주의와 에로티시즘을 버무려 비장하게
그리고 있다. 강한 일본을 만들어야 한다는 사회 분위기 속에 극우주의자
로 변모한 미시마 유키오는 1970년 11월 25일, 자신이 이끌던 극우단체
인 다테노카이 楯の会 회원 4명과 도쿄 시내 한복판에 있는 자위대 건물에
난입한다. 그리고 평화헌법 폐지와 천황제 부활을 외치고 할복을 한다. 제

자이자 동성애 상대였던 모리타가 뒤에서 그의 목을 침으로써 미시마의 사무라이식 죽음은 완성되었다.

미시마 유키오의 할복은 일본 전역에 텔레비전으로 생중계되었고, 이에 대해 전 세계가 경악했다. 죽음이라는 극단적 방법으로 어떤 문제를 해결하려고 했다는 점에서 미시마의 자살은 금각사 방화 사건과 매우 닮아 있었다. 죽음은 자기희생을 바탕으로 하기에 때로 탐미적인 빛깔을 띠기도 한다. 하지만 모순투성이인 삶과 인생, 사회의 문제들은 방화로도 죽음으로도 결코 풀어지지 않는다. 타인이나 세계와의 소통, 문제를 직시하려는 치열한 노력 속에서 비로소 개인의 삶도, 우리가 살아가는 사회도 자정능력을 회복하고 화해와 상생의 길을 찾아가는 것이다. 일본의 긍정적 특수성이 논의되던 바로 그 지점에서 나타난 미시마의 할복과 그의 기이한 일본주의, 그리고 경도된 방식의 '우국'은 보편과 특수의 균형이 무너진 자리에서 자칫하면 어떤 그로테스크한 정신들이 고개를 내밀 수 있는지를 우리에게 생생하게 보여 준다.

한·일 국교정상화

한국과 일본 사이의 국교정상화 교섭은 1951년의 예비회담, 1952년의 제1차 본회담으로 시작하여, 제7차까지 15년에 걸쳐 이루어졌다. 일본의 식민지 지배를 정당화하는 구보타 간이치로久保田貫一郎, 1902~1977의 발언 등으로 결렬되는 사태가 거듭되었다. 그러다 1965년 6월 22일, 드디어 긴 교섭에 종지부를 찍었다. 국교 수립과 관련하여 「한·일 기본조약」이라고 불리는 「일본과 대한민국 사이의 기본관계에 관한 조약」과 아울러 ① 「청구권-경제협력협정」 ② 「어업협정」 ③ 「재일한국인의 법적지위 협정」 ④ 「문화재-문화협력 협정」 등 4개 협정이 도쿄에서 서명되었으며, 기본조약은

1965년 12월에 발효되었다.

하지만 식민지 지배의 기억이 선명하게 남아 있는 상태에서 수억 달러로 식민지 지배를 청산하려는 것은 한국의 대중에게 매우 굴욕적인 것으로 받아들여졌다. 이것은 1961년 5월 16일의 군사쿠데타로 권력을 상악한 박정희 정권이 외세에 기대어 권력 기반을 공고히 하려는 의도를 품은 것으로 여겨졌다. 1965년 6월 3일 국교정상화에 반대하는 시민들의 대규모 시위는 한국인의 민족적 자존심에서 비롯된 것이었다.

한편 일본에서도 한·일 국교정상화에 반대하는 운동이 전개되었다. 그것은 일본의 자본이 과거의 식민지에 다시 손을 내미는 일종의 '제국주의의 부활'이 아닌가 하는 의심 때문이라고 할 수 있다. 이들 비판세력은 일본의 지배층이 식민통치의 책임을 전혀 인식하지 않고 미국과의 종속적인 동맹관계 아래에서 박정희 군사독재정권에 힘을 실어 주는 행위라는 비판의식을 대체로 공유하고 있었다. 한편에서는 일본이 대한민국하고만 손을 잡아도 되는 것인가 하는 비판도 강했다. 당시 일본의 비판적 지식인들 중에는, 여러 문제를 안고 있음에도 불구하고 한국보다는 북조선이 오히려 자주성과 정통성을 갖는다는 인식도 적지 않게 존재했기 때문이다.

「한·일 기본조약」은 식민지 지배 등에 대한 해석을 둘러싼 대립으로 인해 매우 애매모호하게 처리된 표현들이 들어가 있다. 특히 제2조에서는 1910년 8월 22일 이전에 체결된 조약이나 협정이 "이미 already 무효라는 것이 확인되었다"라고 되어 있다. 이에 대해 한국 측은 '이들 조약이 처음부터 잘못된 것으로서 무효'라고 해석했으며, 일본 측은 '과거의 체결은 합법이었으나 1948년 대한민국의 건국으로 무효가 되었다'고 해석했다. 즉 기본조약에서는 무효의 시점에 관한 명확한 언급을 피하고 있는 것이다. 또한 제3조에서는 한국 정부를 "조선에 있는 유일한 합법적 정부로 인정한다"라고 규정하고 있다. 일본은 한국이 관할하는 범위를 군사분계선 남측으로 해석했고, 한국은 이를 한반도 전체라고 해석하게 된다. 애매모호한 표현 때문에 양측 간에 일종의 '편의적 오해'가 이루어진 셈이다.

또한 「청구권 경제협력협정」으로 일본은 한국에 무상 3억 달러, 유상 2억 달러를 제공했다. 협정은 한국과 일본 양국 간의 재산, 권리 등에 대한 청구권에 대해서 "완전하고도 최종적으로 해결되었음을 확인한다"라고 기술했다. 일본 식민지 지배하에서의 징용, 징병 등 개인보상은 한국 정부 측에 맡기고 경제협력의 형태를 통해 '청산'을 대신했다. 또한 전시 성폭력 문제는 논의조차 되지 못했다.

이처럼 한·일 교섭을 타결할 수 있었던 견인력은 다름 아닌 '안보논리'와 '경제논리'였다. 안보논리와 관련해서 미국은 냉전체제 아래에서 공산권을 효과적으로 봉쇄하기 위해 북한과 대치하는 한국과 일본을 정치적·경제적으로 연결하려고 했다. 통킹만 사건[9]을

---

9 (용어설명) 통킹만 사건: 1964년 8월 2~4일에 베트남 근해의 통킹만에서 미국 제7함대 소속 구축함 매덕스호와 C. 터너조이호가 북베트남군의 어뢰정으로부터 공격을 당했다는 보고를 들은 미국의 린든 존슨Lyndon B. Johnson, 1908~1973, 재임: 1963~1969 대통령은 미해군 폭격기에 북베트남을 보복 폭격하라는 명령을 내렸다. 이 사건을 계기로 미국 의회는 거의 만장일치로 통킹만 결의안을 채택했다. 결의안의 목적은 미국군에 대한 어떤 무장공격도 격퇴하고 더 이상의 침략을 방지하기 위해 통수권자로서 대통령이 취하는 모든 조치를 승인하고 지지하기 위한 것이었다. 통킹만 결의안은 사실상 대통령에게 미국이 베트남전쟁에 전면적으로 개입할 수 있도록 하는 공식적인 권한을 부여해 주었다. 그러나 후일 옛 비밀문건이 해제되어 공개되면서, 8월 2일에 교전한 것은

구실로 한 베트남전쟁의 본격화와 1964년 10월 16일 중국의 핵실험 성공 등으로 미국의 압력은 최고조에 달한다. 한편 경제논리와 관련해서 미국은 한국에 대한 원조를 점차 줄여 나가다가 이를 일본에 넘기려 했다. 경제발전을 최우선시하던 박정희 정부는 어떤 식으로든 일본의 돈을 끌어들일 필요가 있다고 인식해서 교섭을 밀어붙였다. 이로 인해 한·일 국교정상화의 원래 주제였다고 할 수 있는 식민지 지배에 대한 책임 문제는 뒷전으로 미뤄졌다. 일본 정부가 식민지 지배의 책임을 마지막까지 인정하지 않은 것은 결국 이 조약의 최대의 문제점으로 남는다.

재일조선인과 디아스포라

재일 在日 조선인이란 일제강점기에 한반도에서 일본으로 건너온 사람, 강제로 연행된 사람, 그 자손으로 일본에서 태어나서 살아가는 사람을 지칭한다. 1945년 일본이 패전할 당시 대체로 230만 명 이상의 조선인이 일본 내지에 거주하고 있었던 것으로 알려져 있다. 해방을 맞이하자 재일조선인들은 한반도로 돌아가기 위해 줄지어 인양 引揚 항구로 향했다. 하지만 연락선에 타는 것은 용이한 일이 아니었다. 한반도의 상황 또한 매우 불안정한 시점이었다. 이런 상황에서 고국에 아무런 생활 기반이 없는 사람들이 무작정 귀국한다는 것도 쉬운 일이 아니었다.

맞지만 8월 4일에는 북베트남 함정이 없었음이 밝혀졌다. 당시 린든 존슨 대통령이 언급했던 북베트남 어뢰정의 선제공격은 없었으며, 미국 측이 베트남에 군사적 간섭을 하기 위해 통킹만 사건을 조작한 것으로 드러났다. https://en.wikipedia.org/wiki/Gulf_of_Tonkin_incident 참조.

일본 정부는 국제법적으로 강화조약이 체결 때까지 국적의 변경을 인정하지 않고 재일조선인을 일본 국적자로 간주했다. 그러나 가까운 장래에 있을 귀속의 변화를 이유로 일본인과 같은 '국민의 권리'는 인정하지 않았고 다양한 차별이 가해졌다.

일본이 조선을 강제 병합한 이후 한국인은 좋건 싫건 일본 국적을 지니고 있었다. 당시 일본 내지 內地에 건너온 조선인들은 외국인으로서 일본에 이민 온 것이 아니라 일본 국적 소지자로서 일본국 영토 안에서 이동한 것이다. 그들에 대한 가혹한 차별이 존재했지만, 조선인은 국적상 일본 국민이었다. 패전 이후 재일조선인의 국적은 파란 많은 과정을 겪으면서 한국 국적 소지자, 조선 국적 소지자, 일본 국적 소지자 등 크게 세 부류로 나뉜다.

조선 국적을 가진 재일조선인은 현재까지도 사실상 무국적 상태이다. 하지만 그럼에도 불구하고 지금까지 '조선적 朝鮮籍'을 유지하고 있는 사람들이 존재한다. 이들 중에는 자각적으로 북한의 국민이고자 하는 사람도 있지만, '본시 조선은 하나'라는 소신을 간직하고 견지해 나가려는 사람, 재일조선인이 형성된 역사의 기록을 지키려는 사람, 또는 단지 기재 변경을 할 기회가 없었던 사람 등 다양한 입장이 혼재하고 있다.

그뿐만 아니라 우리는 모어 母語, mother tongue 와 모국어를 구별하지 않고 산다. 하지만 근대의 식민지배, 지역 분쟁 등의 외적인 이유로 인해 자기가 속한 공동체로부터 이산을 강요당한 사람들과 그들의 후손, 즉 디아스포라[10]의 경우는 상황이 다르다.

---

10 (용어설명) 디아스포라 diaspora : 본래는 이산 離散 을 의미하는 그리스어로, '팔레스

재일조선인의 경우는 식민지 피지배자의 후손이면서 과거의 식민지 종주국에서 태어난 탓에, 지배자의 국어를 모어로 하는 운명을 짊어지고 살아야 한다. 즉 재일조선인은 일본의 다수자 쪽에서 보면 같은 모어를 지닌 소수 민족이며, 한국이나 북한에서 보면 같은 민족이면서 모어를 달리하는 언어소수자가 되는 것이다.

어느 재일조선인 작가는 자신의 상황을 "말라 가는 수레바퀴 자국에 고인 물속의 붕어"와 같다고 털어놓으면서 다음과 같이 비유한다.

"옛날 강과 호수에 있던 우리들의 조상은, 식민지배라는 홍수의 시대에 일본이라고 하는 수레바퀴 흐름 속으로 끌려 들어갔다. 큰물이 빠진 후 강과 호수로부터 떨어져 나온 수레바퀴 자국 웅덩이 속에 우리들은 남았다. 지글지글 물은 말라 간다. 내가 여행을 떠나는 것은 붕어가 산소 부족에 허덕이며 수면 위로 얼굴을 내미는 것과 같다.

그렇게 일본이 살기 힘들다면 왜 일본으로 돌아오는가? 왜 일본을 영영 떠나지 않는가? 이렇게 묻는 사람들의 얼굴이 보인다. 천진하게 물어보는 사람도 있고, 싫으면 나가라는 듯이 말하는 사람도 있다. 실제로 재일조선인 중에는 일본이 정말로 싫어져 해외이주를 하는 사람들이 늘고 있다. 그러나 그렇게 할 수 있는 이들은 경제력이나 특별한 능력을 지닌 소수뿐임을 조금만 생각해 보면 알 수 있다.

재일조선인의 대다수가 일본 식민지배의 결과 의도하지 않은 채 이 나라에서 태어났다. 그 때문에 이 나라의 언어밖에 모르고, 여기밖에는 집이 없고, 여기밖에 직장이 없고, 여기밖에는 친구도 아는 사람도 없다. 다시 말하면, 삶의 기반이 여기 외에는 없는 것이다. 어떤 때는 완곡

타인 땅을 떠나 세계 각지에 거주하는 이산 유대인과 그 공동체'를 가리킨다. 오늘날에는 다양한 '이산의 백성'을 일반적으로 지칭한다.

하고 부드러운 말로, 어떤 때는 거친 목소리로 싫으면 나가라고 하는 말을 들어 가면서, 그래도 여기밖에는 살 곳이 없는 것이다."

– 서경식, 김혜신 역, 『디아스포라 기행: 추방당한 자의 시선』(돌베개, 2006)

강자 혹은 다수의 입장에 서 있으면 약자 혹은 소수자의 입장을 흔히 무시하게 된다. 하지만 약자나 소수자의 입장을 추체험하려는 노력을 하면, 여태껏 보지 못한 세계의 다른 측면이 함께 보이기 시작한다. 국가 중심이나 이념 중심으로 역사를 이해하고 세계를 바라보면, 큰 것들은 보이지만 그 틈새에 끼어 있는 사람들의 이야기를 간과할 소지가 커지게 마련이다. 20세기 한·일 관계가 식민지, 분단, 냉전의 전개, 한·일 국교정상화 과정을 거치며 격렬하게 삐걱거릴 때 그 틈새에 끼어 있어 밟히고 눌렸던 존재가 바로 '재일조선인'이라고 할 수 있다.

이 상황에서 함께 지적하고 싶은 사실은 한국 내에 거주하는 약소국 출신의 외국인들에게 우리는 과연 어떻게 행동하고 있는지 관심을 가져야 한다는 것이다. 자기중심적 사고에 갇혀 자기 눈에 보이는 것만이 세상의 전부라고 생각한다면 안 될 것이기 때문이다.

참고로 영화의 몇 개 장면을 통해 한국현대사를 반추해 보자. 첫 번째 영화는 〈2009 로스트 메모리즈〉2002, 두 번째 영화는 〈실미도〉2003, 세 번째 영화는 〈화려한 휴가〉2007이다. 첫 번째 영화에서는 조선인의 후예들이 "불령선인[11]? 나는 범죄자가 아니다!"라고 절규

---

11 (용어설명) 불령선인不逞鮮人 : 제국 일본이 한반도를 강점하던 시기에 일본의 식민 통치에 반항적이거나 각종 통치행위에 비협조적인 한국인을 지칭하는 용어로 '불순한 조선인', '요주의 인물'이라는 의미이다.

한다. 두 번째 영화에서는 "우리는 무장공비 武裝共匪 가 아니다!"라고 외치면서 죽어 간다. 1980년의 광주를 다룬 세 번째 영화에서는 "나는 빨갱이가 아니다"라고 말하며 죽음을 택한다. 과연 이들은 그들이 서 있는 자리에서 무엇을 거부하고 싶었던 것일까?

20세기 한반도에서는 격변의 역사를 기치는 동안 수많은 구분, 경계 짓기의 방식이 일상적으로 이루어져 왔다. 그리고 '차이'는 다름 아닌 '차별'로 이어졌다. 그래서 그만큼 역사의 갈피갈피 많은 아픔이 아로새겨져 있는 것이다. 그렇다면 이런 역사를 어떻게 바라보며 어떻게 품고 가야 할까? 한국을 비롯한 동아시아 모두가 성찰해야 할 매우 힘겹지만 결코 회피할 수 없는 과제임을 잊어서는 안 될 것이다.

대만의 역사와 '두 개의 중국'

대만에는 남태평양계 등의 민족이 옛날부터 정착해 살았다. 1590년에 처음으로 포르투갈인들이 대만을 방문하여 아름다운 섬이라는 뜻의 포르모사 Ilha Formosa 라는 이름을 붙인 바 있었으며, 1624년에는 네덜란드가 남부에, 스페인이 북부에 들어와 경합하다 결국 네덜란드가 대만의 지배권을 확보하게 되었다. 그런데 1644년 동아시아에서 명청교체가 이루어지면서 명제국을 다시 재건하겠다며 청 제국에 끝까지 저항하던 세력을 이끌던 정성공 鄭成功, 1624~1662 은 전세가 불리해지자 북벌계획을 일단 단념하고 청에 저항할 거점으로 대만에 눈을 돌린다. 결국 정성공은 1661년 4월 350척의 군함과 2만 5000명의 병사를 데리고 타이난 臺南 의 안핑 安平 으로 들어와 9개월간의 전투를 통해 네덜란드 세력을 축출하는 데 성공한다. 1624~1662년 동안 이루어진 네덜란드 통치 38년을 마감시킨 것이다.

네덜란드인들로부터 대만에서의 철수와 모든 권리 이양을 약속받은 정성공은 의도치 않게 대만의 역사상 최초로 한족漢族 정권을 세우면서 이전까지 중국인의 관심 밖에 있던 대만을 최초로 중국의 판도에 편입시키게 된다. 이런 점에서 정성공은 유럽인들의 식민지 지배하에 놓여 있던 대만을 해방시키고 대륙과 구분되는 독자적인 정권을 수립했다고 할 수 있다. 이런 이유로 중국 대륙과 별개로 대만의 정치적 독립성을 주장하는 후대인들이 정성공을 대만에 국가를 수립한 '개산왕開山王'으로 인식하고 높게 평가한다. 정성공에서 시작한 정씨 일가의 3대에 걸친 대만 통치는 1683년에 청의 강희제康熙帝, 재위: 1661~1722가 대만을 정복함으로써 21년 만에 막을 내리고 청의 지배하에 들어가게 되었다. 이 무렵부터 대만해협 맞은편의 푸젠성福建省을 중심으로 대륙에서 건너온 이민자들이 급증했다.

그러다 19세기 '서양의 충격' 이후 일본에 메이지유신이 성립한 지 얼마 후인 1871년 11월 대만에 표류한 류큐인 54명이 현지인들에 의해 살해되는 이른바 '대만사건'이 발생한다. 일본 정부는 이 사건을 빌미로 1874년 5월 대만에 5000명의 일본군을 출병시킨다. 메이지 정부 최초의 해외파병이었다. 또한 청일전쟁 발발 후에는 제국 일본이 대만 서쪽의 펑후澎湖 열도를 점령했으며, 1895년 시모노세키 조약으로 일본에 대만과 펑후열도를 할양하기로 결정되어 대만에는 반세기에 이르는 식민지시대가 전개되었다.

이후 제2차 세계대전에서 일본이 패하자, 대만은 1945년 10월 장제스의 국민당이 이끄는 중화민국中華民國 정부의 지배로 들어간다.

그런데 대만에 들어온 중화민국의 국민혁명군이 군사점령지역처럼 대만을 가혹하게 다스리면서, 중화민국 정부에 대한 주민들의 기대는 곧 실망과 분노로 바뀐다. 그런 와중에 1947년 2월 28일에 대만의 북부 지역인 타이베이 臺北에서 외성인[12] 경찰이 본성인[13] 시민을 폭행하는 사건이 발생하면서 시민들의 시위가 커지자 유혈진압과 학살이 이루어져 3만 명에 이르는 본성인이 희생되는 사태로 확대되었다. 국민당 정권과 본성인의 충돌로 다수의 주민이 희생되고 내부 균열은 돌이킬 수 없는 지경에 이르렀다. 1947년에 발생한 대만의 2·28사건은 새로운 정복자의 지배가 다시 시작되었다는 인식이 폭넓게 확산되는 주요한 배경이 되었다.

한편 1949년 10월 1일 국공내전에서 중국 공산당이 승리하면서 마오쩌둥이 중화인민공화국의 성립을 선언했고, 1949년 12월 기왕의 중화민국 정부가 대만의 타이베이로 수도를 옮기자 수백만 명이 대만으로 대거 이주해 들어왔다. 이처럼 동아시아 대륙을 차지하는 중국이 중화인민공화국과 중화민국으로 나뉘는 사태가 발생하면서 지난 날 반세기에 걸친 일본의 식민지 지배를 겪고 난 대만에는 이제 다시 중화민국 정부가 이전해 들어서는 예기치 못한 상황을 겪게 된 것이다.

그러면 여기서 중화민국 곧 대만의 국제적 위상을 생각해 보기

---

12 (용어설명) 외성인 外省人: 대만인 중에서 1945년 일본 패전부터 1949년 중국 국민당 세력이 내전에서 패하기까지 중국대륙에서 대만으로 건너온 사람들을 의미한다. 중화민국의 장제스 정부는 중국의 인민해방군에게 밀려 대륙에서 대만으로 도피했는데, 규모가 약 200만 명에 달했다.

13 (용어설명) 본성인 本省人: 1945년 일본이 패전하기 전에 대만으로 건너온 한족 漢族과 그들의 후손을 말한다. 대만 원주민과는 구별된다.

로 하자. 중화민국의 국제적 위상은 중국 본토의 중화인민공화국과 함께 생각해야 그 의미 변화가 이해하기 쉽다. 냉전이 한창이던 1960년대까지 중화민국 자유중국, 대만 의 위상은 자유주의 진영에서 중국의 역할을 해 왔다. 냉전 시기는 진영 간의 대립이 치열한 가운데 진영 내부에서의 상호관계 위주로 국제무대가 작동했기 때문이다. 그런데 미·중 간에 화해무드가 만들어지고 데탕트 시대로 넘어가면서 국제무대에서 중국공산당이 이끄는 중화인민공화국의 위상이 새롭게 각광받기 시작했다. 결국 1971년 10월 유엔 총회에서 중국 대표권이 대만에서 중화인민공화국으로 넘어가는 결의안이 통과되었고, 대만은 유엔에서 퇴출되는 상황에 놓이게 되었다. 이런 분위기에서 일본이 빠르게 중화인민공화국과 1972년 9월에 수교를 맺었으며, 미국마저도 중화인민공화국과 1979년 1월에 수교를 맺자 대만은 국제무대에서 고립되는 국면에 처한다. 중화인민공화국은 줄곧 '하나의 중국'이라는 원칙에 따라 외교관계를 맺고 있기 때문에, 중화인민공화국의 위상이 높아지면서 중국과 수교를 맺는 나라는 대만과의 수교를 철회하게 되었던 것이다.

대한민국은 전 지구적 차원의 냉전이 끝나고 난 뒤에 중국과 1992년 8월에 수교를 하게 된다. 이로 인해 그동안 한반도의 해방 이후 가장 먼저 수교관계를 맺고 있던 중화민국, 곧 대만과는 단교斷交하는 상황이 된 것이다. 2021년 3월 현재 대만은 15개국과 수교하고 있는 상태이다. 이들은 모두 중국과 수교하지 않은 약소국이라는 공통점이 있다. 이처럼 대만은 중국이 지구적 차원에서 대세가 됨에 따라 국제적 위상이 계속 하락하는 실정이다.

한편 장제스의 국민당 정권은 1949년 5월 중국 본토에서 벌어지

중국과 대만의 양안관계 (지도: 하니누리 디자인 김승한)

고 있던 국공내전에서 국민당의 패전 기미가 짙어지자 대만에 계엄
령을 실시했다. 대만의 계엄령이 해제된 것은 38년이 지난 1987년
7월의 일이었다. 대만에는 1980년대 후반부터 서서히 민주화가 진
행되어 1996년에는 총통직선제를 도입하고 2000년에 최초로 민주
진보당, 곧 민진당民進黨의 천수이벤陳水扁이 정권을 잡았다. 2008년
에는 국민당의 마잉주馬英九가 8년 만에 정권을 되찾았으나, 2016년
이후로는 다시 민진당의 차이잉원蔡英文이 집권했다.

이렇게 복잡하게 얽혀 있는 대만의 역사로 인해 제국 일본의 식민지배에 대한 대만인의 견해는 복잡하다. 국민당정권 이전부터 대만에서 거주해 온 사람들은 대만인 의식이 강하고, 그 이후에 해협을 건너온 사람들은 중국인 의식이 강하다. 양자 간에는 역사관도 정치적 입장도 차이가 난다.

민진당 계열은 계속해서 대만인 의식을 호소한다. 반면 국민당 계열은 비교적 중국인 의식이 짙고 중국 대륙과의 통일도 시야에 넣는다. 대만이 중국과 다르다는 의식을 갖는 쪽에서는 청일전쟁 이후 대만이 중국과는 다른 길을 걷게 된 것을 긍정적으로 해석하는 경향이 상대적으로 강하다. 반면 중국인 의식이 강한 쪽에서는 대체로 일본의 대만침략을 부정적으로 인식하는 경향이 강한 것이다. 일본의 식민통치에 대해 대만에서 긍정적인 인식을 많이 보이는 이유를 여러분이 역사적인 맥락과 근대 국제질서의 주권국가라는 구조적 차원에서 생각해 보기 바란다.

5. 글로벌 데탕트와 위기의식

베트남전쟁과 미중 데탕트

여러 가지 의미에서 극한으로 치달리던 냉전의 대결 양상은 어느 순간부터인가 서서히 변화하고 있었다. 미국과 소련을 중심으로 하는 양대 진영이 내부적으로 균열상황을 겪고 있었던 것이다. 우선 공산진영의 균열은 1953년 스탈린 사망 이후부터 나타나고 있었다. 동유럽권의 자유화 움직임과 이에 대한 소련의 무력진압, 그리고 중·소 분쟁은 사회주의 진영 내에서 간과하기 어려운 모순이 쌓여 가고 있음을 강렬한 파열음과 함께 드러내 주었다. 자유진영 내부에서도 유럽과 일본이 세계무대의 주요국으로 빠르게 재등장하면서 미국이 주도하던 내부질서에 균열의 조짐이 나타나고 있음을 드러냈다. 더욱이 이때 미국은 베트남전쟁의 수렁에 빠져 있었다. 베트남전쟁은 1965년 2월 미국의 북베트남 폭격으로부터 1973년 1월 베트남 평화협정까지 약 8년간의 전쟁을 말하며, 이때까지 '미국이 경험한 가장 긴 전쟁'이었다. 미국과 소련은 각각의 국내적 어려움을 해소하기 위해서라도 대외적인 긴장 완화가 필요한 상황이었다.

1969년 7월, 닉슨Richard Nixon, 1913~1994, 재임: 1969. 1~1974. 8 미국 대통령은 '아시아인을 위한 아시아'라는 요지의 '닉슨 독트린'을 발표하는데, 여기에는 "아시아에서 미국의 역할을 축소하고 대신 아시아 국가들이 자국의 안보에 대한 주된 책임을 져야 할 것"이라는 내용이 담겨 있었다. 그 배경에는 베트남전쟁이 존재하고 있었고, 베트남전쟁은 미국의 상대적 쇠퇴를 가속화하고 있었다. 1971년 8월, 결국 미국은 달러·금 태환兌換 정지와 고정환율제의 포기 선언을 함으로써 전후 세계경제 구조의 재편을 모색하면서 기존 무역상대국에 대해 상호주의에 입각한 시장개방을 요구하고 나섰다. 이는 환언하면 미국의 세계전략이 근본적으로 재편되고 있음을 의미하는 것이었다.

1972년 2월, 닉슨 대통령은 역사적인 중국 방문길에 오른다. 이때 닉슨 행정부는 '양국 관계 개선에 대한 공동합의'를 발표했다. 이는 '중국카드'를 사용함으로써 한편으로는 외교적으로 소련에 대한 전략적 주도권을 차지하고, 다른 한편으로는 베트남전쟁 종결을 위한 중국의 도움을 확보하려는 의도가 있었다. 닉슨 독트린과 미·중의 접근은 동아시아, 특히 동북아 정세에 큰 변화를 가져온다. 1971년 가을 유엔총회에서 중국이 대만을 대신하여 유엔회원국으로 인정되었고, 많은 국가가 중국과의 관계를 정상화하려고 했다. 요컨대 전후 대만과 중국 관계가 역전되는 현상이 빚어진 것이다. 일본은 이를 '닉슨 쇼크'라고 칭하면서 1972년에 신속히 중국과 수교를 맺는다. 소련도 경기침체를 극복하기 위해 대외환경의 안정이 필요했고, 외교적 포위상태를 극복하기 위해 데탕트 분위기에 합류한다. 이로써 유럽의 긴장 완화, 미·중, 미·소 간의 대립이 완화되는 이른바 '데탕트 시대', 즉 화해의 국제적 분위기가 조성된 것이다.

이후 중국은 1976년 마오쩌둥이 사망하고, 덩샤오핑 鄧小平, 1904~1997이 새로운 권력자로 부상하면서 경제개발을 위한 실용주의 노선을 추진하게 된다. 미국과 중국 간에 정식수교가 맺어진 것은 1977년 카터 Jimmy Carter, 1924~ , 재임: 1977. 1~1981. 1 행정부가 출범한 후 1979년에 이르러서야 가능했다.

안보에 대한 새로운 위기의식 확산: 한국과 일본

닉슨 독트린과 미·중 화해로 대변되는 데탕트는 분명 세계적 차원에서 긴장 완화를 가져왔으나, 한국이나 일본에서는 오히려 안보 불안이 가중되는 상황이 초래되었다. 데탕트 상황의 전개가 당시 정책결정자들에게 혼란을 초래한 이유는 기존 이념대결의 상황에서 같은 진영에 속하는 국가들 간의 결속과 보호가 공고하게 이루어지던 상황이 변화한 데서 비롯된 것이다. 다시 말하면, 이념 차이에 따른 적과 동지, 즉 피아 彼我 의 식별이 명백하다고 생각되던 상황이 변화하면서 혼돈의 상황이 초래되었다고 할 수 있다. 이에 따라 새로운 국제환경에서 한·일 양국 공히 자국의 안보를 공고히 하려는 노력이 가시화되었으며, '국제정치에는 영원한 적도 우방도 없다'는 현실주의적 인식이 강화되었다.

데탕트의 분위기 속에서 1971년 주한미군 지상군 1개 사단 규모의 병력이 철수했다. 주한미군의 부분철수와 미·중 화해의 분위기는 한국 정부의 안보에 대한 위기감을 증폭시켰다. 한국으로서는 북한의 위협이 상존하는 상황에서 동맹국을 신뢰하기 어렵다는 고민에서 자주국방 능력을 증진하려는 노력이 추진되었다. 경공업 중심에서 중화학공업 위주로 경제개발의 중점 방향을 전환한 것도 방위산업개발 육성에 대한 한국 정부의 의지와 관련되어 있었고, 핵무기와 유도탄의 독자적 개발이 시도되기도 했다.

한편 유동적인 안보환경 속에서 한국의 박정희 정부는 국내역량의 총결집을 도모할 필요성이 증가했다는 이유로 권위주의체제를 강화해 나갔다. 1972년 10월, 유신헌법의 선포는 이를 상징하는 것이었다. 사실상 박정희의 무제한적인 권력과 종신집권을 보장한 유신헌법이 선포됨에 따라 한국의 민주주의는 크게 훼손되지 않을 수 없었다.

또한 남북대화가 시작되어 1972년 역사적인 7·4 남북공동성명이 발표되었다. 한국 정부가 북한과의 대화에 나선 것은 대체로 다음과 같은 몇 가지 이유가 있다. 우선 세계적, 동아시아적 차원에서 데탕트를 추진하고 있던 미국이 한반도에서의 긴장 완화를 바라고 있었다. 그리고 한국 정부는 1960년대 중반부터 본격화된 경제개발의 성과에 근거하여 북한과의 체제경쟁에 어느 정도 자신감을 갖게 되었지만, 북한과의 대화를 유지함으로써 자주국방 능력이 완비될 때까지 시간을 벌 필요가 있었다. 북한의 입장에서도 남북대화는 한반도의 표면적인 긴장 완화를 통해 주한미군 철수를 촉진하려는 전술적인 선택이었다.

하지만 이런 동상이몽 아래 진행된 남북대화가 오래 지속되기는 어려웠다. 1974년 8월 대통령 저격사건과 그로 인한 영부인의 총격사망사고가 있었고, 휴전선 부근에서 땅굴사건이 터지는가 하면, 1976년 8월에는 판문점 도끼사건 등으로 남북 간의 긴장이 고조된 것이다. 한편 1977년에는 인권외교를 표방하는 미국의 카터 행정부가 등장하여 주한미군 철수 문제가 다시 불거져 나오는 등 한·미 관계가 재차 경색되는 상황이 전개되기도 했다.

1979년 10월에 박정희 대통령이 시해당하는 사건이 발생했고, 한국은 1980년에 이른바 '민주화의 봄'을 맞이하는 것처럼 보였다. 하지만 전두환을 중심으로 한 신군부는 대한민국 남단의 광주를 피로 물들임으로써 민주주의에 대한 전 국민적 열망을 다시금 무력으로 저지했다.

한편 전후 일본의 안보정책은 대체로 소극적 차원에 머물러 있었다고 할 수 있다. 그리고 거기에는 몇 가지 제도적 장치가 존재하고 있었다. 그중에서 가장 중요한 제약이 된 것은 두말할 나위도 없이, "국제분쟁을 해결하는 수단으로서 전쟁과 무력에 의한 위협 등을 영구히 포기하며, 또한 전력을 보유하지 않겠다"라는 내용을 담고 있는 평화헌법 제9조라고 할 수 있다. 이후 일본은 평화헌법을 점차 적극적으로 확대 해석해 나가지만, 그럼에도 불구하고 "일본의 방위정책은 오로지 일본의 자위를 위해 필요한 최소한도 내에서만 이루어진다"는 이른바 전수방위정책 專守防衛政策 에 국한된다.

아울러 1967년 사토 에이사쿠 내각 때 발표된 비핵 3원칙 또한 중요하다. 핵병기를 만들지도, 보유하지도, 반입하지도 않는다는 비핵 3원칙은 베트남전쟁의 확산을 계기로 고조되던 반진평화운동의 분위기를 반영한 것으로, 경제대국으로 성장한 일본이 조만간 핵무장을 할 것이라는 주변국의 우려를 해소해 주었다.

또한 비핵 3원칙과 같은 해에 발표된 '무기수출 3원칙'도 일본의 소극적인 안보정책을 지탱하는 주요한 보루가 되었다. 무기수출 3원칙이란 공산권 국가, UN의 결의에 의해 무기 등의 수출이 금지된 나라, 국제분쟁의 당사국이나 그럴 우려가 있는 국가에 대해서 무기와 관련 기술 수출을 금지하겠다는 내용을 담고 있다. 이는 일본에서 군산복합체 軍産複合體 의 발전을 억제하는 제약요건이 되었다.

한편 미·일 안보체제의 확립 역시 현실적으로 일본의 안보정책을 소극적인 틀 안으로 묶어 두는 중요한 장치라고 할 수 있다. 미·일 안보체제는 전후 일본이 세계적인 경제 강국으로 도약할 수 있게 한 보호막인 동시에 일본이 군사적으로 세계대국으로 성장하지 않게 제어하는 역할을 하고 있는 것이다. 아울러 문민통제 제도의 확립으로 일본 방위력의 확대는 일본 국민의 동의 없이는 불가능하다는 원칙하에 묶이게 된 것이다.

그런데 1970년대 데탕트라는 새로운 국제환경이 출현함으로써 분위기는 달라진다. 1972년 닉슨의 중국 방문은 정치·군사적으로 미국에 절대적으로 의존하고 있던 일본에 아무런 언질도 주지 않은 채 이루어졌고, 이는 일본의 안보에 대한 위기감을 확산시켰다. 그뿐만 아니라 1973년의 석유위기는 일본의 존립을 위협하는 외적 위협으로서 군사적인 것뿐만 아니라 비군사적인 것도 존재하고 있다는 사실을 새삼스럽게 상기시켰다. 이를 계기로 '경제안보론'과 '총합 總合 안보론'이 차례로 대두되었다. 경제안보론이란 천연자원이 빈곤한 일본에는 해외시장의 폐쇄나 에너지의 공급 중단이 국가의 존립을 위협하는 사태이므로 안보적 차원에서 이에 적극적으로 대응해야 한다는 주장을 말한다. 한편 총합안보론이란 경제안보론을 좀 더 넓게 개념화한 것으로서, 현대세계에서 한 나라의 안보는 단지 타국으로부터의 군사적 침략에 대비하는 것뿐 아니라, 경제나 환경 등 비군사적 분야의 목표도 안보 개념에 포함해야 하며, 이들 목표를 달성함에 있어 군사적 요소를 최소한으로 억제하고 비군사적 수단을 최대한으로 활용해야 한다는 주장을 말한다. 이는 일본의 안보의식이 이제 기존의 일국적이고 소극적인 안보의식에서 벗어나 보다 적극적인 방향으로 변화하고 있음을 반영하는 것이라고 할 수 있다.

'신냉전'과 일본의 적극적 안보정책 모색

1979년 소련의 아프가니스탄 침공은 신냉전이라고 불리는 긴장상태를 초래했다. 1981년에 등장한 미국의 레이건 Ronald Reagan, 1911~2004, 재임: 1981~1989 행정부는 미국의 국력과 자신감의 회복을 강조하고 나섰다. 소련을 '악의 제국'이라고 지칭하며, 군비 증강과 '별들의 전쟁'이라고 불리는 '전략방위구상 SDI: Strategic Defense Initiative'을 추진하면서 소련에 대해 전방위적으로 압박을 강화한다. 이에 따라 미국은 군사적 분야에서 동맹국들의 '책임 분담 burden sharing'을 보다 강력히 요청하게 된다.

특히 당시 경제대국인 일본에 대해서 일본만의 안보뿐만 아니라 서방진영 전체의 안보에 적극적으로 기여해 줄 것을 요구했다. 이에 따라 일본 국내에서도 군사 면에서 미국을 보좌하여 국제평화질서의 보전에 기여해야 한다는 군사적 국제공헌론[14]이 보다 적극적으로 발언권을 키워 가게 된다. 기존에는 국제사회에 대한 일본의 공헌은 어디까지나 경제원조, 기술원조 등 비군사적 분야에 국한되어야 하며, 군사적 분야에서의 개입은 극히 자제되어야 한다는 이른바 비군사적 국제공헌론 외에 군사적 국제공헌론은 입 밖에 내는 것조차 금기시되고 있었다.

군사적 국제공헌론을 제기하는 사람들이 일본의 비군사적 국제공헌을 부정하는 것은 아니었지만, 방위책임의 분담이나 UN의 PKO 활동에의 참여 등 군사적 분야에서도 서방 동맹국들과 함께 적극적으로 협력해야 한다는 주장을 들고 나왔다. 이처럼 일본에서 방위력 증강에 대한 국내여론의 저항이 약화되고 군사적 국제공헌론이 대두된 배경에는 일본의 '안보 무임승차'에 대한 국제사회의 비난과 전후 세대의 성장으로 인한 전쟁 체험의 풍화현상, 그리고 미·일 안보의 신빙성에 대한 의문 등이 자리하고 있었다.

1982년 일본에 신보수주의를 자처하는 나카소네 야스히로中曾根康弘, 1918~2019 정권이 등장한다. 나카소네 정권의 등장은 영국의 대

---

14 (용어설명) 국제공헌론: 전후 미국의 안보우산 아래 경제성장을 도모해 온 일본에 대해 국내외에서 비난이 커짐과 함께 등장한 주장이다. 헌법 제9조를 둘러싸고 군사적, 비군사적 국제공헌론이 대립하는 양상으로 전개되다가 1991년 걸프전쟁을 계기로 군사적 국제공헌론이 강화되는 추세이다.

처리즘, 미국의 레이거노믹스와 같은 세계적 차원의 신보수주의의 등장과 케인스적인 복지국가 이념의 후퇴, 시장중심주의의 재등장의 흐름과 맞물린 것이었다. 일본의 보수본류 노선은 쇠퇴하고 '큰 정부'에서 '작은 정부'주의로 바뀌게 된다. 나카소네는 경제대국 일본에 걸맞게 국제적 책임을 다하겠다고 하면서, '세계에 열려 있는 일본, 국제국가 일본'이라는 슬로건 아래 '불침항모不沈航母 설'을 제기했다. 불침항모란 용어에는 일본을 소련의 군사력으로부터 방위하기 위해서 일본 열도 전체를 미국 군대가 사용할 수 있도록 '침몰하지 않는 항공모함'으로 제공하겠다는 의도가 담겨 있다.

1980년대 일본 안보외교의 특징은 미일동맹하에서 일본 측의 군사적 역할을 적극적으로 확대해 나간 데 있다. 나카소네 정권은 '전후정치의 총결산'을 내걸고 야스쿠니 신사靖国神社를 공식 참배했고, 천황을 미화하는 신교과서를 채택하는가 하면, 1986년에는 방위비를 GNP의 1% 이내로 제한한다고 정한 1976년 일본 내각의 결정을 철폐한다.

한편 냉전의 발생, 전개와 전후처리가 임기응변적으로 진행된 동아시아 국가들은 근대를 상대화해서 보려는 움직임들이 나타나면서 자국의 '정체성'을 둘러싼 질문을 새로이 진지하게 던진다. 이런 과정에서 기억을 둘러싼 갈등이 심화되는 양상을 보였다. 일본에서 1982년 최초로 교과서 문제가 터진 것은 이런 맥락에서 이루어진 것이었다. 이런 경향은 얼마 후 1989년 11월 냉전의 상징이던 베를린 장벽이 붕괴되고 세계적 차원의 이데올로기 시대가 끝나면서 보다 본격적으로 전개되기 시작한다. 이로 인해 동아시아 국가들은 내셔널리즘의 재등장이라는 문제에 직면한다.

6. 글로벌 냉전의 종식과 동아시아의 변화

냉전의 붕괴 과정과 새로운 질서의 태동

1985년 소련공산당 서기장으로 등장한 고르바초프Mikhail Gorbachev, 1931~는 '새로운 사고'를 표방하며 '개혁 페레스트로이카, Perestroika'과 '개방글라스노스트, Glasnost' 정책을 시도한다. 고르바초프가 추진한 개혁·개방정책의 목표는 공산주의를 포기하는 것이라기보다는 오히려 소련의 억압적인 정치체제와 취약한 경제체제를 사회민주주의에 가깝게 자유화하고 현대화하여 장기적으로 현실 사회주의체제를 건강하게 재건하려는 것이었다. 그는 이전의 소련 지도자들과는 달리 미국과 전략무기감축 협상을 진행하는 등 서방 국가들과의 관계 개선을 추진했다.

하지만 시간은 고르바초프의 구상이 현실화되는 것을 인내심 있게 기다려 주지 않았다. 우선 고르바초프의 개혁·개방정책은 동유럽 사회주의 국가들에도 중대한 영향을 미쳤다. 폴란드, 헝가리 등 동유럽 국가들에서 정치적 자유의 확대를 요구하는 운동이 본격화되었고 자유와 풍요를 찾아 서유럽 국가로 탈출하는 사람들이 급격히 증가했다. 1989년 베를린 장벽이 붕괴했으며, 동유럽의 공산주의 정권들이 마치 도미노처럼 차례로 무너졌다. 동유럽 공산주의의 몰락은 소련의 자체 붕괴로 이어졌다. 한편 소련의 붕괴에는 소련의 체르노빌현재 우크라이나에 있는 도시의 원자력발전소에서 1986년 4월 26일에 발생한 폭발사고가 가지는 충격도 빼놓을 수 없다. 훗날 고르바초프는 그의 회고록을 통해 "체르노빌의 노심 용해가 소련 붕괴의 진짜 원인일 수 있다"라고 말한 바 있는데, 소련이 역사상 초유의 재난사고의 진실을 은폐하면서 인류는 그 대가를 혹독하게 치러야 했다.

고르바초프의 개혁·개방정책은 현실 사회주의 체제의 재건을 위한 것이었으나 개혁의 단기적 결과는 대내적인 정치적, 경제적 혼란을 야기했으며, 대외적 위상의 약화를 초래했다. 개혁 과정에서 물자 부족과 높은 인플레이션이 초래되고 국내여론이 최악의 국면으로 치달되면서 결국 고르바초프는 사임하고 1991년 12월 소비에트연방, 즉 소련은 해체된다. 이는 반세기에 걸쳐 지속되던 미·소 경쟁에 기초한 양극체제의 종언을 의미하는 것이었다.

냉전 종식 이후 이념의 벽이 무너지면서 지구화는 더욱 심화되어 나타난다. 미국은 압도적인 군사력을 바탕으로 세계 유일의 초강대국 지위를 유지한다. 이른바 미국 주도의 질서가 형성된 것이다. 반면 구소련 연방국가들의 분리 독립이 격렬하게 진행되었으며, 동시에 1992년 마스트리히트조약을 통해 유럽연합 European Union 이 창설되었다. 이른바 세계화, 지구화라는 '통합'현상과 지역주의라는 '분리'현상이 동시적으로 가시화되면서 진행된 것이다.

중국의 급부상과 동아시아 질서의 변동

고르바초프의 등장 이후 소련과 중국은 오래도록 지속되던 갈등관계를 개선해 나갔다. 양국 모두 대내적인 발전과 개혁에 집중하기 위해서는 대외관계의 안정이 필요하다고 느끼고 있었기 때문이다. 이런 와중에 발생한 것이 천안문사건이었다. 1989년 5월부터 천안문광장에 모여 민주화를 요구하는 학생시위대를 중국 인민해방군이 무력으로 진압하면서 수많은 사상자가 발생했다. 하지만 동유럽의 공산권이 붕괴된 것과는 달리 중국의 공산당 체제는 살아남고, 중국은 시장경제를 적극적으로 수용하면서 경제개혁과 문호개방을 본격적으로 추진했다. 중국의 실권을 장악하고 있던 실용주의자 덩샤오핑 鄧小平, 1904~1997 은 냉전 종식의 충격을 이겨 내고 국가 발전의 초석을 성공적으로 다져 나갔다.

냉전의 종식, 지구화의 진전과 함께 동아시아의 역동성은 한결 현저하게 나타났다. 동시에 지역 내의 주도권 경쟁이 심화되었는데, 갈등의 중심에는 지역질서 형성에서 주도적 역할을 수행하려는 미국, 급상승하는 경제력을 바탕으로 지역강국으로서의 역할을 모색하려는 중국, 그리고 일본 역시 지역 주도권을 놓고 잠재적인 경쟁관계에 놓이게 된 것이다. 동아시아 국가들은 미국, 유럽과 함께 세계경제의 흐름을 주도하는 주요한 중심축으로 부상했다. 1990년대 중국의 급부상으로 제품공급기지로서 중국의 약진이 현저해지면서 기존에 주로 미·일 간에 전개되던 무역마찰이 이제 미·중 간, 나아가 중·일 양국관계로 이동하는 양상을 보인다.

일본 쇼와 시대의 종언

1988년 9월 쇼와 昭和 천황이 위독하다는 보도와 함께 일본 열도에 자숙 自肅 현상이 나타난다. TV는 매일 천황의 상태를 보도했고, 전국은 천황의 회복을 기원하는 분위기에 휩싸였다. 그리고 냉전이 종식되던 시점에서 마침내 쇼와 천황 히로히토 裕仁 가 사망했다. 1989년 1월 7일의 일이었다. 유럽에서 철의 장막이 무너져 내리는 것과 때를 같이하여 1926년부터 63년간이라는 장기간에 걸친 일본의 쇼와 시대가 마침내 끝난 것이다. 63년간 연호로 사용된 쇼와는 일본에서 가장 오랫동안 사용된 연호였다. 쇼와 시대가 끝나고 바로 이어 헤이세이 平成 시대가 시작되었다. 헤이세이 시대에 들어서면서 일본의 거품경제가 붕괴되기 시작하여, 일본 경제는 장기 경기침체에 빠진다.

📚 NOTE 52   애니메이션 <반딧불의 묘>에 관한 단상

이 작품은 전쟁을 다룬 일본의 대표적인 애니메이션으로 1988년에 제작, 상영되었다. 이 작품은 전쟁이 얼마나 고통스러운 것인지를 세이타와 세츠코라는 어린 남매의 눈을 통해 다큐멘터리 방식으로 애잔하게 보여준다. 그럼으로써 전쟁이 얼마나 보통 사람들의 일상을 뒤틀어 놓는지를 매우 뛰어난 영상으로 재현해 내고 있다.

이 작품은 아마도 전후 일본인 대다수가 가졌을 아픔과 상처, 그리고 그들의 느낌을 생생하게 추체험하는 데 매우 도움이 될 수 있다고 생각된다. 그런 점에서 전후 일본을 이해하고 싶어 하는 사람, 일본과의 대화와 상생을 꿈꾸는 사람들에게 꼭 권하고 싶은 작품이다.

하지만 이 영화를 보는 데는 여러 가지 시선이 필요하다는 점을 부언해 두지 않을 수 없다. 이 작품에는 전쟁이 아프다는 사실은 나오지만 '왜' 이런 전쟁이 발생했으며, 그 과정에서 '어떤' 상처가 얼마나 다양하게 존재하고 있었는지는 다루어지지 않는다. 보편적인 시각에서 일본의 전쟁을 성찰하는 영화가 많이 나오는 상황이라면, 이 영화 하나를 딱히 끄집어내어 비판적인 시선으로 바라볼 필요는 없을 것이다. 하지만 일본에서 SF전쟁

애니메이션은 끝없이 만들어지지만, 역사 속에 실재했던 전쟁에 대한 깊은 통찰을 담고 있는 영화는 놀라우리만큼 눈에 띄지 않는다.

이런 상황을 고려할 때, 〈반딧불의 묘〉와 같은 애니메이션을 아무 생각 없이 계속 접하게 되면, 신세대들에게 일본이 일으킨 잔혹한 전쟁의 전체상은 보이지 않고 가해자가 사라져 버린 채 '옥쇄'를 마다하지 않은 '영웅적인 일본 청년'과 오로지 '고통받는 착한 일본인'만이 시야에 들어올 것이라고 생각되어 안타깝다. 이렇게 되면 왜소하고 착한 사람들이 어떻게 광기에 휩쓸려 들어갔으며, 그들이 왜 하필 그때 그 자리에 그렇게 서 있었는지를 성찰할 수 있는 시야를 확보할 수 없지 않을까? 균형 잡힌 일본의 성숙한 자기성찰이 절실하게 요구되는 대목이 아닐 수 없다. 비판적 시선과 균형 있는 안목으로 여러분도 직접 이 영화를 접해 보기 바란다.

NOTE 53   전후 일본 통상외교의 전개

전후 일본의 통상외교는 안보외교의 경우와 마찬가지로 대미관계를 중심축으로 전개되었다. 이에 관해서는 크게 세 개 시기로 나누어 설명이 가능하다. 우선 첫째 시기는 미국이 압도적인 경제적 우위하에 호의적이고 관용적인 통상정책을 전개한 1960년대 중반까지의 시기이다. 일본은 이 시기에 전후 경제부흥을 달성했으며, GATT 관세 및 무역에 관한 일반협정와 OECD에 가입하여 무역자유화를 추진했다. 여기서 GATT는 관세와 각종 비관세 장벽 등 국가 간 상품거래에 장애가 되는 조치를 완화 혹은 철폐할 목적으로 1948년 1월에 발족된 국제기구를 말하며 출범 당시 23개국이 참가했다. 이후 1995년 세계무역기구 WTO로 대체할 무렵에는 가입국이 120여 개국으로 확대되었다.

둘째 시기는 미국 경제의 상대적 지위가 뚜렷하게 하락한 1960년대 말부터 1980년대 초까지를 말한다. 이 시기에 미·일 간의 무역불균형이 심화됨에 따라 미국의 통상정책은 점차 보호주의로 변화되고, 일본은 통상마찰을 완화하기 위해 수출자주규제로 대응하게 된다. 여기서 잠깐 수출자주규제라고 하는 용어가 갖는 의미를 살펴보기로 하자. GATT는 급격한 수입 증가로 인해 국내산업이 큰 타격을 입은 나라는 수입을 제한할 수 있다는 제19조 규정을 두고 있다. 하지만 이런 조치를 취할 때는 특정한 상대국을 차별해서는 안 된다는 원칙이 있다. 따라서 일본 상품의 대미 수출이 급증하여 미국 국내산업이 큰 타격을 받았다고 해서 미국이 특별히 일본을 지정하여 수입제한을 하는 것은 GATT의 원칙에 위배된다. 이런 제약을 회피하기 위해 만들어진 것이 수출자주규제이다. 수출자주규제는 미국이 일본으로부터 수입을 제한하는 것이 아니라, 일본이 스스로 수출을 자제하는 것이기 때문에 형식상으로는 GATT의 원칙에 어긋나지 않는 것이다.

셋째 시기는 통상마찰에서 더 나아가 구조마찰로 발전한 1980년대 중반 이후 현재까지가 해당한다. 미국은 보다 적극적인 시장개방과 불공정 거래관행의 시정을 요구했고, 일본도 적극적인 국제공헌과 국내 구조개혁 추진을 정책목표로 내걸게 된다.

📚 NOTE 54 국가와 시장, 그리고 자유주의와 중상주의의 상관관계

인류 역사에 등장한 가장 중요한 양대 조직은 국가 state 와 시장 market 이라고 할 수 있다. 양자의 성격을 크게 나누어 생각하면, 국가는 강한 중심성을 갖는 만큼 개입하고 간섭하려는 경향을 가지는 반면, 시장은 보이지 않는 손에 따라 움직이는 만큼 자율을 강조한다. 인간의 삶에 가장 큰 영향을 미친다고 할 수 있는 양대 조직 간의 관계를 어떻게 수립할 것인가에 따라 경제와 통상정책은 크게 '자유(무역)주의'와 '중상주의'라는 두 가지 상반된 시각으로 나타날 수 있다.

우선 자유주의 혹은 신자유주의는 시장의 자율적 기능에 대한 낙관적

긍정에 의지하여 정부 개입의 최소화를 주장한다. 자유주의적 관점에 따르면, 시장은 자원의 효율적 배분과 경제발전의 지구적 확산이라는 낙관적인 전망으로 이어진다. 여기에는 첫째로 자유무역이 비교우위에 기초한 국제노동 분업체계를 만들어 낼 것이고, 이는 무역 당사국 모두에게 이익을 가져다줄 것이라는 가정, 그리고 둘째로 자유무역은 각국의 문화를 전파하고 경제적 상호의존을 증대함으로써 국가 간의 평화와 협력의 기초를 창출할 것이라는 가정이 전제되어 있다. 이에 따르면, 결국 자유무역은 '경제성장의 엔진'인 동시에 '국제평화의 안전판'과 같은 역할을 하는 셈이 된다.

이런 자유주의자들의 입장에 대해서는 다음과 같은 비판이 제기되고 있다. 첫째, 합리적인 경제행위자와 경쟁적 시장이라는 가정 자체가 비현실적이다. 현실적으로 교환의 조건들은 독점에 따른 협상력의 차이, 정치적 요인 등에 의해 크게 지배받고 있다. 둘째, 분배상의 불평등 문제를 경시하는 경향이 있다. 현실적으로 시장경제는 분배의 악화, 부익부 빈익빈, 제3세계 빈곤의 악순환을 낳고 있다. 따라서 자유주의자들의 주장은 결국 '강자의 논리'에 불과하다. 자국 산업이 국제경쟁에서 비교우위를 가질 경우 그 국가는 자유무역의 옹호자가 되지만, 그 지위가 역전될 경우 보호주의적 관리무역으로 정책을 전환한다는 것이다.

한편 중상주의 혹은 신중상주의는 시장에 대한 불신과 정부 개입의 필요성을 주장한다. 이들은 기본적으로 국제관계란 국가 간의 지배-종속 관계로 특징지어지는 위계적 질서이며, 무역은 국민경제의 조화로운 상호발전을 가져오기보다는 국가 간에 부의 이동을 촉진시켜 착취와 갈등을 야기한다는 점, 그리고 경제활동은 강력한 국가 건설의 목표에 종속되어야 한다는 점을 강조한다. 이를 달성하기 위해 정부는 다양한 정책수단을 동원하여 시장에 개입할 필요가 있다는 것이다. 이에 대해서는 역시 다음과 같은 비판이 제기될 수 있다. 첫째, 무역이 비록 동등하지는 않을지라도 상호이득을 가져올 수 있다는 점을 간과한다. 둘째, 권력의 추구와 부의 추구는 서로 갈등을 일으킬 수도 있다. 셋째, 강력하고 간섭주의적인 국가가 반드시 경제발전을 보장하지는 않는다.

결국 이런 사실을 고려해 보면, 국가와 시장의 관계를 어떻게 보느냐에 따라 현실의 통상정책이 이처럼 자유무역주의 대 중상주의적 입장으로 나타날 수 있으며, 국내적인 측면으로 한정해 보면 자유방임주의 대 복지국가론의 입장으로 나타날 수도 있다는 것을 알 수 있다.

그뿐만 아니라 이런 논의를 통해 정치와 경제라는 것이 서로 떼어서 생각하기 어려울 만큼 상호 간에 긴밀한 상관관계가 있으며, 끊임없는 긴장관계에 놓여 있다고 할 수 있다.

동아시아의 새로운 위기와 기억을 둘러싼 갈등의 심화

냉전이 종식되었으나 동아시아는 국가 간 분쟁 가능성이 여전히 높은 것으로 나타났다. 지역 내 국가들 간의 경제적 격차가 크고, 자본주의와 사회주의, 민주주의의 운영방식 등 체제 간의 상이함이 존재하며, 각국 간의 안보 현안과 갈등을 효과적으로 조율하고 의논할 제도적 장치가 부재한 것이다. 그리고 20세기 불행했던 역사에 관한 진지한 대화나 성찰, 진정한 화해가 이루어지지 않은 채 자기중심적인 '편의적 해석'이 무성한 만큼 적대감과 두려움, 상호불신이 뿌리 깊게 존재한다.

더욱이 1990년대 이후 중국의 급속한 부상으로 인한 세력전이 현상과 이로 인한 중·일 간의 주도권 경쟁, 부자연스러운 분단으로 인한 남북한의 대치, 양안 문제, 영토분쟁 등 위협적이고 불안한 안보요인이 항시적으로 잠복한 상황에 놓이게 된다. 동아시아 국가들의 군비 지출이 지속적으로 증가한 것은 이런 맥락에서였다. 한·중·일 삼국은 각종 첨단무기 개발에 심혈을 기울이고 있으며, 이런 점에서 동아시아 안보환경은 전 지구적인 냉전이 해체된 이후로도 전통적인 안보 딜레마에 따른 군비경쟁의 악순환을 반복하는 경향을 보이게 된 것이다.

한편 냉전이라는 이데올로기 대립의 상황에서는 자유롭게 다루지 못했던 문제가 다수 존재할 수밖에 없었다. 하지만 냉전이 종식되면서 상황이 바뀐다. 새로운 자료가 공개되고, 새로운 시각에서 과거의 상황을 다시 해석하려는 경향이 자연스럽게 대두되었다. 냉전 종식으로 인해 세계적 차원에서 이른바 '역사 다시 쓰기'의 분위기가 자연스럽게 조성된 것이다.

이런 세계적 차원의 분위기 속에서 냉전의 발생과 아울러 전후처리가 임기응변적으로 진행되었던 동아시아 국가들은, 이데올로기의 시대가 지나면서 자국의 정체성을 둘러싼 질문을 새로이 진지하게 던지고 이런 과정에서 기억을 둘러싼 갈등이 심화되는 양상을 보이게 된다. 국가 상호 간에 역사해석을 둘러싼 논쟁이 격렬하게 재현되었으며, 국가 내부적으로도 서로 다른 역사해석들이 충돌하는 사태가 발생한다.

이런 사태의 본질을 심층적으로 이해하려면 예컨대 조지 오웰 George Orwell, 1903~1950 의 『1984』에서 나오는 한 대목인 "현재를 지배하는 자가 과거를 지배하고, 과거를 지배하는 자가 미래를 지배한다"라는 말을 연상해 볼 필요가 있을지도 모른다. 즉 기억의 문제는 단순한 과거의 문제로 그치는 것이 아니라 현재의 문제이자 미래의 문제가 되는 것이고, 진실의 영역인 동시에 권력의 영역이기도 한 것이다. 아울러 어떤 특정한 사실을 기억하는 것과 어떤 사실을 망각하는 것은 별개의 문제가 아니라 동전의 양면일 수 있음을 상기할 필요가 있다. 따라서 '역사 다시 쓰기'를 둘러싼 논의는 요컨대 '기억을 둘러싼 일종의 내전內戰'의 양상을 보이면서 격렬하게 전개되는 경향을 띠기 쉬운 것이다.

예를 들어 보자. 히로히토 쇼와 천황이 위독한 상황이던 1988년 12월 모토시마 히토시本島等, 1922~2014 나가사키 시장은 쇼와 천황의 전쟁책임을 묻는 질문에 대해 쇼와 천황에게 전쟁책임이 있다는 발언을 한 바 있었다. 이후 모토시마 시장은 경찰의 경비가 느슨해진 1990년 1월 일본 우익 행동대원의 총격을 받았으나 기적적으로 목숨을 건진다. 테러사건이 발생한 후에 당시 질문했던 기자가 "작년에 300명이 수해로 죽었을 때도 마을축제가 원래 예정대로 진행되었는데, 천황이 앓아누웠다는 이유로 마을축제를 취소하는 것이 이상하다고 생각되어 질문했던 것"이라고 말하자, 모토시마 나가사키 시장은 "나는 모두가 다 그렇게 생각하리라 믿었다"라고 대답했다.

결국 모토시마 시장은 일본 사회에서 터부시되는 천황의 전쟁책임 문제를 발언한 것이 화근이 되어 우익의 테러를 받았던 것이다. 총격이 있은 지 3개월 후인 1990년 4월 1일 일본 문부성은 초중고 입학식에서 히노마루와 기미가요의 제창을 의무화한다. 그 무렵 천황의 즉위식에 따른 대상제大嘗祭에 반대하던 한 대학총장이 우익에게 총격을 받기도 했다.

탈냉전의 상황에서 전후 보상 혹은 배상 문제, '종군 위안부' 혹은 전쟁 성노예 문제, 식민지 지배 문제, 역사교과서 문제, 식민지근대화론을 비롯한 역사해석 문제, 영토 문제, 야스쿠니 신사 참배 문제 등과 관련하여 계속해서 망언이 이어지는 것은 기본적으로 이런 맥락에서라고 할 수 있다. 이런 문제는 새로운 전환기적 상황에서 동아시아 각국이 정체성을 확인하고 새로이 국가의 비전을 설정하는 것과 깊이 관련되면서 진행 중이다.

NOTE 55 오에 겐자부로의 노벨문학상 수상과 '애매한 일본의 나'

〈NOTE 50〉에서 소개한 가와바타 야스나리는 노벨문학상을 수상하고 나서 3년 후 문학가로서 가장 영광스러운 절정의 시기에 제자인 미시마 유키오가 그랬듯이 스스로 목숨을 끊었다. 71세 노작가의 자살은 아름다운 벚꽃 잎이 떨어지는 순간을 가장 아름답다고 여기는 탐미적인 일본식 죽음을 그대로 구현한 것이었다.

가와바타 이래 26년 후인 1994년 오에 겐자부로大江健三郎, 1935~가 일본인으로서 두 번째 노벨문학상을 받았다. 그는 가와바타의 탐미주의와 노벨상 수상강연 '아름다운 일본의 나'를 십분 의식한 듯, '애매한 일본의 나'라는 제목으로 수상강연을 했다. 오에는 그 자리에서 가와바타식의 신비주의를 단호히 거부하면서 역사와 현실, 정치와 삶의 문제에 대해 천착하고 성찰해 가는 것의 중요성에 관해 피력했다.

그는 일관되게 전후 민주주의자임을 자임하면서, 국가주의와 일본의 천황제에 대해 비판적인 관점을 견지하며 글을 쓰고 있다. 2004년부터는 평화헌법 제9조의 전쟁포기의 이념을 지키려는 '구조노카이九条の会'를 가토 슈이치加藤周一, 1919~2008, 쓰루미 슌스케鶴見俊輔, 1922~2015 등과 함께 결성하여 전국에서 강연을 펼쳐 왔다. 그렇게 보면, 가와바타에서 오에에 이르는 길은 일본 문학이 특수한 탐미적 세계에서 보편적인 삶의 세계로 걸어 나오는 지난한 여정이라고 할 수 있겠다.

NOTE 56 정치인의 '생각'과 '표현' 그리고 '정책' 간에 존재하는 간극

여러분은 어떤 정치인에 관심을 갖고 있을까? 동서고금을 막론하고 좋아하는 정치인이 존재하는지, 만약 존재한다면 그 인물을 왜 좋아하는 것인지 설득력 있게 설명할 수 있을까? 여기서 이런 질문을 던져 보기로 하자. 만일 어떤 정치인 혹은 정책결정자의 생각을 이해하고자 한다면 어떻게 접근할 수 있을까? 혹시 여러분이 어떤 정치적 인물의 생각을 조사해서 파악하려고 한다면 어떻게 해야 할까?

이런 문제에 진지하게 접근하려면 우선 그가 남긴 기록과 저작, 언론을 통해 발언한 내용과 그가 추진한 정책 등을 추적함으로써 그의 생각에 접근해 볼 수 있을 것이다. 이런 내용을 생생하게 담아내고 있는 자료를 흔히 1차 자료라고 한다. 그런데 문제는 이런 자료를 확인하는 것만으로 어떤 인물의 인식을 정확하게 읽었다고 할 수 있는가 하면 꼭 그런 것도 아니라는 사실이다. 그러면 과연 왜 그런 것일까?

왜냐하면 정치행위자의 의식이나 인식내용과 실천적 차원이라고 할 수 있는 정책, 그리고 정치현장에서 사용하는 정치적 표현 혹은 레토릭 rhetoric 들이 반드시 일치해서 나타나는 것이 아니라는 점을 고려해야 하기 때문이다. 정치가는 대체로 제한된 선택의 폭 안에서 정치적 결정을 하며, 따라서 자신의 의지를 곧바로 현실세계에서 정책화할 수 있는 경우가 많지 않다. 또한 현실정치의 장에서 자신의 견해를 필요에 따라 과장하거나 혹은 반대로 감춰야 하는 경우가 빈번하게 발생하기 마련이다.

따라서 어떤 정치적 인물을 구체적이고 생동감 있게 이해하기 위해서는, 그가 살아가는 시대상황을 비롯하여 그가 활동한 구체적인 정치상황, 평소의 권력 관계 등을 깊이 있고 입체적으로 통찰해 들어가야 한다. 그런 고민이 쌓이고 쌓였을 때 비로소 어떤 정치적 인물에 대한 피상적인 이해 수준을 넘어설 수 있기 때문이다.

NOTE 57   근대 국제관계에서 '협력'의 어려움과 '안보외교'의 특별한 의미

근대국가는 '주권'국가이며, 근대 국제관계는 이런 주권국가들 간의 관계를 지칭하는 말이다. 따라서 주권국가의 '배타적 독립성'으로 인해 모든 행위자를 구속할 수 있는 정책을 수립하고 시행할 수 있는 권위와 힘을 가진 '세계정부'가 근원적으로 존재할 수 없으며, 실제로 존재하지도 않는다. 그러므로 세계적 차원에서 전체적으로 보면, 근대 국제질서는 구조적으로 무정부적이고 본질적으로 무질서한 성격을 태생적으로 가질 수밖에 없다. 이에 따라 근대 국제관계는 독립적인 선택을 하는 행위자 간에 발생할 수 있는 구조적 딜레마라고 할 수 있는 '상대적인 이익의 크기'와 같은 문제가 언제라도 발생할 수 있으며, '배신'의 가능성이 항시적으로 존재하는 것이다.

여기서 루소의 '사슴 사냥'의 비유를 생각해 볼 필요가 있다. 여러 사람이 기근을 경험하는 아주 어려운 상황에서 누군가의 제안으로 사람들이 함께 사슴사냥을 나가게 되었다. 그래서 사슴이 자주 나타나는 곳에서 모두 매복을 서고 있다. 그런데 사슴이 시야에 들어온 순간 마침 당신 곁으로 토끼가 다가오고 있다면 당신은 어떻게 할 것인가? 저 사슴을 잡아서 서로 사이좋게 나눌 수 있으면 좋겠지만, 사슴을 분명히 잡을 수 있다는 보장은 없다. 하지만 저기 있는 토끼는 내가 지금의 타이밍에서 실수하지만 않으면 잡을 수 있을 것 같다. 그러면 집에서 당신을 기다리고 있는 가족의 배를 채워 줄 수 있다. 그러나 당신이 토끼를 잡으려고 위치를 이탈하면 함께 계획한 사슴사냥은 실패할 소지가 크다. 이런 경우에 당신은 의리를 지키는 것이 맞는가, 아니면 실리를 취하는 것이 옳은 것인가? 이런 상황에서 여러분은 어떻게 하겠는가? '사슴 사냥'의 사례는 근대국가 간의 협력이 어려운 이유를 잘 보여 주며, 또한 근대 국제질서에서 신뢰의 중요성을 새삼스레 상기시켜 준다.

한편 근대 국제질서의 무정부적 성격으로 인하여, 모든 국가는 최종적으로 자국의 안전보장을 스스로 책임지지 않으면 안 된다. 모든 국가는 전쟁을 억지하고 자국의 안전을 보장하기 위해 군비를 강화하려고 한다. 그런데 이런 자국을 지키려는 노력을 다른 국가의 입장에서 보면 결국 자국의 안전이 위협받을 가능성이 증대하고 있음을 의미하는 것이다. 이런 '안보 딜레마'로 인하여, 근대 국제관계에서는 군비경쟁의 악순환이 일어날 소지가 항시적으로 존재한다. 이런 이유 때문에 근대 국제관계에서 안보 문제는 외교정책 중에서도 가장 핵심적으로 고려해야 할 사항이 되는 것이며, 대개의 경우 일국의 군사력만으로는 전쟁억지력을 충분히 가질 수 없기 때문에 다른 국가와 군사동맹을 맺거나 다자간 집단안보체제를 구축함으로써 자국의 안전보장을 증진하려고 노력하게 되는 것이다.

20세기 후반, 동아시아 퍼즐 맞추기를 위한 토론

Q11 전후 일본 사회는 제국 일본의 전쟁과 군국주의를 어떻게 인식해 왔을까?

Tip11 일본의 중도적 지식인 혹은 일반인은 대체로 만주사변에서 아시아·태평양전쟁까지의 이른바 '15년전쟁'이 잘못된 것이며, 불행한 역사라고 생각한다. 하지만 어디까지나 '15년전쟁'은 메이지유신 이후 잘해 오던 일본이 궤도를 일탈하면서 발생한 불행한 사건이라는 생각을 공유하고 있다.

한편 평화주의자나 좌파적 관점을 견지하는 일본의 지식인들은 '15년전쟁'을 매우 비판적으로 바라본다. 그러나 그와 동시에 자본주의의 근본적 문제, 곧 유럽의 제국주의라는 흐름 위에서 살펴야 한다는 점을 강조한다. 따라서 후발국인 일본이 전쟁으로 치닫는 측면도 중요하지만, 자본주의의 본질적인 문제점에 논의의 초점이 맞춰지는 경향을 드러내기도 한다. 그러다 보니 일본제국주의와 전쟁의 문제를 본격적으로 조명할 필요성이 약해질 소지가 크다.

반면 일본의 우익들은 일본의 전쟁이 대체로 정당한 것이었다고 생각한다. 다만 전쟁에 패배했기 때문에 비판의 도마 위에 올라간 것이지, 패배하지 않았더라면 문제가 될 것이 없다는 생각을 갖는 경우가 많다. 종합해서 생각해 보면 일본인에게 일본의 메이지 시대는 전적으로 훌륭한 시기였다는 공감대가 형성되어 있으며, 의외로 일본제국주의에 대한 성찰이 풍부하게 이루어지지 않았음을 알 수 있다. 아울러 제국 일본의 기나긴 전쟁을 1930년대 이후의 '15년전쟁'에 국한해서 보는 경향이 있다는 사실도 주목할 필요가 있다. 메이지 시대의 청일전쟁, 러일전쟁, 다이쇼 시기의 제1차 세계대전이나 시베리아 출병 등은 제국 일본의 영광스러운 전쟁으로 간주되며 비판의 대상에서 벗어나 있다고 할 수 있다.

Q12 유럽과 달리 동아시아에는 왜 집단안보기구가 만들어지지 않았을까?

Tip12 전후 유럽에서는 북대서양 조약기구NATO를 중심으로 한 서방의 다자간 안보체제가 형성되었다. 이와 대조적으로 동아시아에서는 미국 중심의 양자동맹 관계가 맺어졌을 뿐 다자안보체제는 형성되지 않았다. 미국은 한국, 일본, 대만, 필리핀, 태국 등의 동아시아 국가들과 각각 동맹 관계를 맺었지만, 이들 국가 전체가 참여하는 다자안보체제는 부재했다. 그러면 유럽과 달리 동아시아에 자유진영의 다자안보협력체가 부재했던 이유는 무엇일까?

그 중요한 이유는 일본에 대한 주변국들의 반감 때문이었다. 미국은 일본을 동아시아 지역에서의 대공산권 봉쇄전략의 중추기지로 삼았고, 이를 위해 일본의 경제적 재건을 적극 추진했다. 또한 동남아시아를 일본의 경제적 배후지로 통합시키는 거대한 초승달 모양의 지역통합을 시도했다. 하지만 경제 영역과 달리 안보 영역에서는 아시아·태평양전쟁의 기억이 채 가시지 않은 상태에서 일본에 대한 동아시아 주변국들의 거부감과 의심이 대단히 강했다. 따라서 일본을 중심으로 하는 동아시아 지역 다자안보협력체의 탄생을 기대하기는 어려웠다. 아울러 미국이 동아시아 국가들과 동등한 자격으로 다자안보체제에 동참하려 하지 않았던 점도 중요한 요인이다. 동아시아 국가들에 비해 월등한 힘과 자원을 보유하고 있던 미국으로서는 그럴 필요성을 느끼지 않았다. 미국의 주요한 관심지역은 유럽이었다. 반면 동아시아에 대한 미국의 관심과 문화적 동질감은 매우 낮았다. 이런 이유로 인해 미국은 동아시아에서 다자안보체제의 마련에 적극적으로 나서지 않았던 것이다.[15]

---

15 마상윤, "국제 냉전질서와 한국의 분단", 하영선·남궁곤, 『변환의 세계정치』 (을유문화사, 2012), p. 91.

Q13 20세기 한국인의 식민지 체험이란 무엇일까? 이를 어떻게 바라봐야 할까?

Tip13 한국인에게 국권의 상실과 식민지의 체험은 거시적인 민족국가의 맥락에서 보면 주체의 상실을 의미하는 것이었다. 따라서 강렬하고 배타적인 저항민족주의를 탄생시키는 분노의 원천이 되었고, 해방과 함께 한반도의 분단이 시작되는 국제정치적 기원이 되기도 한다. 식민지 체험은 사회적인 맥락에서 보면 한국인의 공공의식 왜곡을 초래하는 근원이 되기도 했다.

억압적인 식민지 상황하에서 한국인에게 자신의 과거인 '조선'은 불식 拂拭 시켜야만 하는 부정적인 대상이었고, '일본'은 모방하고 지향해야 할 대상으로 자리 잡았다. 이처럼 일본인이 되기를 강요받는 현실 속에서 한국인에게 자기 자신을 일본에 동일화하려는 의식적인 노력이 내면화되는 것은 어느 정도 불가피한 현상이 아닐 수 없었다. 하지만 일본인은 내선일체와 일선동조론을 주장하면서 한국인에게 일본인이 되기를 강요하면서도 중요한 선택의 상황에서는 '조선인 조센진'이라는 차별의 언어를 어김없이 들이대었다. 이처럼 식민지 체험과 제국 일본의 계속되는 총력전은 한국인 개개인의 일상 속에 전장의 규율을 심어 놓음으로써 삶의 공간, 일상의 영역을 전장터처럼 황폐화시켜 놓았다.

문명기준의 역전과 근린 제국주의라는 동일한 문명권 내부의 횡포로 말미암아, 한국인은 내면에서 제국 일본이라는 타자 他者 에게 가위눌림을 당하면서 한편으로는 타자를 두려워하고 미워하는 동시에, 다른 한편으로는 타자의 힘을 동경하는 정신적 공황 상태를 경험했던 것이다. 이에 따라 한국인은 '힘에 대한 공포와 선망' 속에서 강한 힘을 무한히 동경하고 자기를 강하게 부정하는 집단적 체험을 하게 되었다. 이런 식민지 경험은 한국의 20세기와 21세기의 삶에 적지 않은 영향을 미치지 않을 수 없었다.

21세기 '지금, 여기'에서 한반도의 식민지 경험을 성찰해야 하는 이유는 이른바 '식민지 근대화론자'들이 논의하는 것처럼 한반도의 식민지 경험 속에서 지속 가능한 발전의 잠재력의 기원을 발견하고 발굴하기 위해서가 아니다. 그것은 오히려 한국인이 현재를 살아가고 있는 '근대 한국인'의 신체 속으로 들어와 그 속에서 꿈틀대는 식민지적 일그러짐과 뒤틀림의 유산을 발견하고 이를 성찰하고 건강하게 풀어낼 수 있어야 하기 때문일 것이다.

....

Q14 21세기를 살아가는 한국인은 히로시마와 나가사키에 대한 원폭투하를 어떻게 바라보는 것이 바람직할까?

Tip14 노벨 문학상을 받은 오에 겐자부로는 히로시마에 살던 사람들의 아픔을 『히로시마 노트』1965 라는 작품으로 형상화했다. 이에 대해 한국의 김지하1941~ 는 오에 겐자부로에게 히로시마가 왜 원폭을 맞아야 했는지를 일본인들은 생각해 보아야 한다고 따끔한 지적을 한 바 있다. 이후 오에 겐자부로는 이런 김지하의 지적에서 많은 영감을 얻었다는 고백을 여러 차례 하게 된다.

하지만 과연 우리는 김지하의 지적만으로 히로시마와 나가사키의 원폭을 이해하고 기억의 저편으로 접어 둬도 되는 것일까? 아무런 영문도 모른 채 죽어 간 보통 사람들에는 조선인도 다수 포함되어 있었다. 21세기 상황에서는 민족이라는 관점에서만 문제를 보지 말고, 인류 혹은 시민의 관점에서 함께 접근해 가는 성숙한 자세가 필요하다. 물론 일본의 과거 역사에 대한 정당한 비판은 앞으로도 우리가 견지해 나가야 한다. 하지만 피해의식에 묻혀 원폭이 던지는 메시지를 협소하게 해석하고 넘어간다면 이것은 매우 비극적인 사태로 이어지지 않을까? 앞으로 깊은 고민과 성찰이 요구되는 문제이다.

....

2006년 8월 15일 도쿄에 위치한 야스쿠니 신사에 참배를 강행한 고이즈미 준이치로(1942~) 일본 총리.

1970년 12월 7일 폴란드 바르샤바 유태인 희생자 위령탑에 무릎을 꿇은 빌리 브란트(Willy Brandt, 1913~1992) 서독 총리. 세계 언론은 빌리 브란트의 사죄를 "무릎을 꿇은 것은 한 사람이었지만 일어선 것은 독일 전체였다"라고 평했다.

Q15 패전 이후 일본은 역사적인 문제로부터 큰 부담을 안게 된다. 일본이 현재까지 과거의 부담을 극복하지 못한 것을 어떻게 보아야 할까? 독일의 전후처리를 고려하면서 이 문제를 생각해 보자.

Tip15 독일의 경우 전승국, 연합국, 점령국에 의한 전후처리뿐만 아니라 독일 스스로 전후처리에 관여하여 '과거 극복'에 직접 나섰다는 점은 일본의 전후처리와 가장 큰 차이점이라고 할 수 있다. 독일의 '과거 극복' 노력에는 첫째로 전쟁책임이 아닌 가해자에 대한 책임추궁, 둘째로 피해자의 구제와 보상, 셋째로 재발방지라는 세 가지 원칙이 존재했으며, 독일인들은 이 문제를 능동적이고 적극적으로 풀어 나가려고 노력했다. 이는 독일이 과거의 부정적 유산을 감싸는 것이 아니라 '거리 두기'를 함으로써 자신을 과거의 속박에서 분리하는 지혜를 보여준 것이라고 평가할 수 있다.

반면 일본의 경우는 근린 제국주의의 성격을 띤 일본제국주의가 주변국들에 남긴 깊은 상처를 돌아보지 않았을 뿐만 아니라, 자국의 상처를 돌아보고 깊이 성찰하는 시간조차도 충분히 가지려 하지 않았다. 따라서 여전히 자국이 역사적 피해자라는 의식에서 벗어나지 못하면서, 역설적으로 역사적 그늘에 스스로 묶이는 결과를 낳았다고 할 수 있다. 스스로를 비우고 내려놓지 못한 일본 전후처리 방식의 역설이라고 해야 할 것이다.

6장

21세기 초반,
근대 문명의 복합위기와
'지금, 여기' 동아시아의 선택

1989년 베를린 장벽이 붕괴된 이후 세계는 한편으로 미국 주도의 세계화, 지구화 현상들이 진전되어 나타났고, 다른 한편으로는 새로운 지역주의가 등장하면서 다양한 분쟁과 갈등이 동시적으로 진행되었다. 이를 두고 어떤 학자는 공산주의 체제의 붕괴를 빗대어 '역사의 종언'[1]이라고 명명하기도 했는데, 그의 논지는 공산주의 붕괴로 인해 경제체제로서 자본주의 이념과 통치체제로서 자유민주주의 이념에 도전할 만한 대항 이념은 더 이상 존재하지 않는다는 것이었다. 미국의 정치학자 새뮤얼 헌팅턴은 냉전 이후의 상황을 예측하면서, 새로운 세계질서가 출현할 때까지의 과도기적 상황에서

---

1 (용어설명) 역사의 종언 end of history : 1989년 냉전이 종식될 때, 프랜시스 후쿠야마 Francis Fukuyama 가 사용하여 유명해진 표현이다. 집단주의와 개인주의의 대립으로 형성된 역사의 한 국면이 끝났으며, 자유주의가 승리했다고 주장한다.

그라운드 제로

'문명의 충돌'이 가장 주목해야 할 변수가 될 것이라고 예측했다. 냉전 종식 이후의 세계는 승자에게는 장밋빛 기대로 가득 찼지만, 또한 잠재적 위험이 도처에 잠복하고 있었다.

2001년 9월의 어느 날, TV 정규방송 중에 난데없는 화면이 흘러나왔다. 뉴욕과 워싱턴의 낯익은 건물 속으로 민간 항공기가 차례로 돌진하는 모습과 시커먼 연기가 하늘 위로 솟아오르는 영상이었다. 이어서 화염에 휩싸인 쌍둥이 빌딩이 마치 거짓말처럼 송두리째 무너져 내렸다. 그리고 얼마 전까지 지구상에 가장 높은 마천루 빌딩이 서 있던 그 자리에는 거대한 잔해 외에 아무것도 남지 않았다. 순식간에 일어난 너무나 극적인 상황이었지만 그것은 드라마가 아니었다. 세계인은 눈앞에 펼쳐진 광경에 경악했다. 쌍둥이 빌딩이 허망하게 무너져 내리는 모습은 마치 인류가 어렵게 구축해 온 문명의 바벨탑이 하루아침에 사라질 수 있음을 보여 주는 듯했다.

21세기의 벽두에 벌어진 이 뜨거운 사건은 새로운 세기가 평화와 번영, 그리고 안정된 미래로 이어지리라는 낙관적인 전망에 찬물을 끼얹는 것이었다. 9·11테러로 시작한 21세기는 어디로 가게 되며, 동아시아는 어떤 현실과 직면하게 될까?

☙ 제4기 21세기 초반, 동아시아 전체 풍경 퍼즐 맞추기

1991년 거대한 제국 소련이 해체되었다. 1989년 베를린 장벽이 무너지고 불과 2년 후의 일이었다. 그리고 인류의 역사상 이념의 차이를 명분으로 갈라진 두 개의 진영이 서로 경합하며 치열하게 대결하던 시대가 종언을 고한 지 10년이 지나고 2001년 9월 11일에 발생한 테러 공격은 치밀한 준비와 대담한 방식으로 미국의 심장부를 강타했다. 9·11테러는 '비국가 행위자'[2]가 21세기 세계 안보환경의 태풍의 눈으로 새롭게 등장했음을 요란하게 알리는 결정적인 사건이었다. 달라진 안보환경에서는 잠재적인 공격자들이 세계 어디에나 존재하는 반면, 세계의 어떤 대도시도 위협으로부터 안전하지 않는 것처럼 보였다. 이들 테러리스트에게는 대량보복을 경고하는 '억제'나 '봉쇄정책'과 같은 과거 20세기의 방식으로 대응하는 것이

---

2 (용어설명) 비국가 행위자 non-state actors : 국가 혹은 국가를 대표하는 정부가 아닌, 다른 행위자를 지칭하기 위해 널리 사용하는 용어이다.

거의 효과를 발휘하기 어려웠다. 부시 대통령의 표현대로 '소수의 사람들이 탱크 한 대 값도 안 되는 돈으로' 미국과 전 미국인을 극도의 공포로 몰아가는 사태가 발생하면서, 이제는 적대국가뿐만 아니라 '불순한 개인'들에 의해 미국 혹은 미국인이 언제 어디서 어떻게 공격받을지 모른다는 위기의식에 휩싸이게 된 것이다. 역사학자 개디스John Lewis Gaddis의 표현에 따르면, "우리 마음의 DNA까지 뒤틀어지게 하는" 사태가 발생한 것이다. 21세기는 세계가 새로운 위기 앞에 노출되었다.

이처럼 달라진 안보환경의 배후에는 정보혁명과 네트워크 사회의 도래라는 거대하고 복합적인 변환의 현실이 구조적으로 자리 잡고 있음에 주목할 필요가 있다. 인터넷의 익명성과 무소불위한 특징 등을 고려해 볼 때, 정보혁명은 기존의 테러 조직이 가졌던 지역적 한계를 극복함은 물론이고 불특정 다수에 의한 범지구적 테러 조직의 네트워크화를 가능하게 함으로써 폭력의 전 지구적 확산 가능성을 무한대로 열어 주었다. 하지만 이를 물리력으로 일망타진하는 것은 사실상 불가능한 일이다. 더욱이 날로 진화하는 기술혁신과 정보혁명은 기존에 일부 강대국에 의해서만 개발, 통제, 관리되고 있던 대량살상무기[3]를 개인이나 비국가 단체, 혹은 이른바 '불량' 국가들이 획득할 수 있는 기회를 증대해 놓았다.

이렇게 하여 범지구적 테러조직의 네트워크화와 대량살상무기

---

3 (용어설명) 대량살상무기WMD: Weapons of Mass Destruction : 여타의 무기에 비해 단 한 번의 사용으로 순식간에 수많은 인명과 재산을 파괴할 수 있는 무기체계를 지칭한다. 핵무기 외에도 화학무기와 생화학무기까지 대량살상무기로 분류된다.

의 연결이라는, 문명과 야만의 극단적인 형태의 결합은 21세기 지구 안보를 위협하는 가장 위험한 시나리오로 부상하게 된다. 한편 미국은 9·11테러의 직접적인 피해 당사자로서 21세기 세계안보질서의 최우선적 과제를 반테러전으로 규정하고, 필요하다면 자위권의 차원에서 선제공격[4]과 일방주의 정책도 불사하겠다는 대단히 공세적인 안보전략을 취했다.

반면 동아시아는 미국의 테러 전쟁과는 직접적인 관련성이 약하다. 동아시아 국가들은 상대적으로 강력한 국가의 통제하에 있으며 테러의 위협을 세계에서 가장 덜 느끼는 지역 중 하나이기 때문이다. 그런데 이처럼 21세기 새로운 위협으로 떠오른 테러리즘과 동아시아 안보상황의 격차를 메우고 양자 간을 서로 연결하는 중요한 연결고리 역할을 하는 것이 나타났다. 다름 아닌 바로 북핵 문제이다. 북한이 최초 핵실험에 성공한 것은 2006년 10월의 일이었다.

북핵 문제는 21세기 한반도를 새로운 이슈 지역으로 떠오르게 했다. 북핵 문제가 이처럼 21세기 안보환경에서 특히 주목받는 이유는 9·11테러 이후 달라진 안보환경 아래에서 대량살상무기와 테러 조직의 연결이야말로 세계안보를 위협하는 가장 위험한 요인으로 간주되었기 때문이다. 북한의 정세가 불안한 상황에서 북한의 핵능력이 테러 조직에게 절대 이전되지 않는다는 보장이 없는 상황에서, 북한의 핵은 그 존재만으로도 미국을 비롯한 주요국들에 가장 큰 위

---

4 (용어설명) 선제공격: 방어를 목적으로 하는 무력 사용으로, 적의 위협이 확실하게 인지되고 그것이 임박했음을 감지할 때 이를 미연에 제거하는 무력 사용을 의미한다. 반면에 예방공격이란 위협이 임박하지는 않았지만, 적의 위협이 확실하다는 전제하에 미리 공격하여 위협을 제거하는 것을 말한다.

협요소로 간주되는 것이다.

테러 이전에 미국의 동맹이 침략을 억제하려는 방어적 성격을 띠고 있었다면, 테러 이후의 미국은 자국과 군사적 행동을 같이할 수 있는지의 여부로 동맹관계를 판단하고 있다. 따라서 미일동맹 역시 글로벌한 질서유지 차원에서 일본 영역 밖에서 발생하는 여러 문제에 행동을 같이할 수 있는지가 중요한 과제로 제기되었다. 이에 따라 미일동맹은 글로벌한 위협과 과제에 대해 기존 틀을 뛰어넘어 적극적으로 대처하는 동맹으로 성격이 변화해 나간다. 미일동맹의 조정, 강화 과정에서 일본은 미국의 동맹관념과 위협인식을 그대로 수용하는 경향을 보이고 있다. 즉 미·일 간의 위협인식 공유와 미일동맹 강화라는 상황이 전개되는 것이다.

여기서 주목해야 할 사실이 바로 북한의 일본인 납치사건과 북핵위기의 의미일 것이다. 북한의 일본인 납치사건과 북핵 문제는 일본에 미국의 테러와 대량살상무기에 대한 위기의식을 생생하게 연결해 주는 근거로 작용하기 때문이다. 즉 변화하는 안보환경에서 일본인들은 '북한의 일본인 납치'와 '북핵 문제'에 대해 각각 동아시아 차원의 테러이자 대량살상무기라는 위협요인으로 간주하는 것이다. 이런 일본의 사태 인식은 과거에 북한이 저지른 일본인 납치사건과 북핵 문제에 대해 일본 정부나 언론이 과도하리만큼 강력하고 집요한 대응을 하는 데서 확인할 수 있다. 곧 북한의 일본인 납치사건이나 북핵 문제는 이런 점에서 일본의 전후체제를 청산할 수 있는 절호의 기회를 제공하는 역할을 하고 있다.

이런 와중에 일본 동북부 지역을 뒤흔든 대지진과 쓰나미, 그리고 이어 연쇄적으로 후쿠시마 원전이 폭발하여 방사성물질이 대량으로 방출되는 미증유의 사건이 발생한 것은 2011년 3월이었다. 9·11테러 그리고 미국의 테러와의 전쟁이 시작된 지 10년이 지난 시점이다. 연이은 대재앙의 순간은 TV로 중계되면서 세계인의 이목을 집중시켰다. 일본의 정치적 리더십이 위기상황에 적절하게 대응할 능력을 갖추지 못하고 있음을 가감 없이 드러내 주었다. 이에 대해 일본의 사상가 쓰루미 슌스케鶴見俊輔는 3·11사태 이후 일본 사회를 보고 있노라면, 수많은 정보가 시시각각으로 쌓여 가지만 사람들의 사고가 '파편적이고 조각나 있다'고 지적했다. "일본인 위로 떨어진 원자폭탄에 관해 우리는 응답하지 않은 채 살아왔으며, 그러는 중에 지진, 해일, 원자로 파괴로 이어지는 3·11사태를 마주하게 되었다"는 것이다.

이런 거대한 재앙들을 거치는 동안 미국의 일본중시정책과 9·11 이후 일본의 미일동맹 강화노선이 맞물리면서 일본은 자국의 국익을 미국의 입장과 거의 일치시키면서 스스로 미국의 가장 중요한 동맹국으로 자리매김해 나가게 된다. 전쟁을 할 수 있는 보통의 주권국가라는 의미를 가진 '보통국가'화로 대변되는 일본의 국가전략은 평화헌법을 중시하던 기존의 대외 소극적 역할론에서 벗어나 일본의 확장된 군사 역할과 위상의 제고를 통해 자국의 안보는 물론이고 세계 안보질서에서 중요한 역할을 집요하게 모색하는 중이라고 해야 할 것이다.

결국 글로벌 파워로 떠오른 강력한 중국의 등장과 그로 인한 동아시아 패권이 중국으로 이동한 것을 배경으로 하면서, 기나긴 경제 불황과 후쿠시마 원전사고로 상징되는 총체적인 일본의 위기상황이 일본인의 위기의식에 불을 질렀고, 이런 국민의 위기감이 '강한 일본'을 주장하는 정치세력의 정치적 선동을 용인하는 방향으로 견인하고 있다고 할 수 있다.

20세기 말 이후 21세기 초 동아시아의 세력관계는 냉전이 끝나고 전 지구적 차원에서 세계화와 정보화가 진행되면서 급격하고 복잡하게 변동하는 모습을 보이고 있다. 이런 상황에서 2020년을 기점으로 전 세계가 코로나19 팬데믹을 겪고 있으며, 전 지구적 생태환경이 위험상황에 이르렀다는 갖가지 징후들을 실감 나게 접하는 실정이다. '경쟁'과 '진보'에 대한 무한한 긍정과 신뢰 위에 인류의 근대문명이 새롭게 만들어 낸 거대한 복합위기 속에서 과연 인류는 어떻게 출구를 찾아가야 하는 것일까?

근대문명의 거대한 복합적인 위기의 징후를 감지하는 상황에서 여러분은 이 시기 동아시아와 관련해서 어떤 상황에 주목하고 있을까? 아마도 중국의 G2 부상, 북한의 핵실험과 한반도의 전쟁위기 고조, 후쿠시마 원전사고로 상징되는 일본의 상대적 하락 가속화와 일본의 급격한 우경화, 동아시아 국가들의 민족주의 급부상과 배타적인 역사인식의 확산 등과 맞물려 미·중 갈등의 양상이 전 방위적으로 확산되는 등 굵직굵직한 사태들이 눈에 들어올 것이다. 이런 내용 하나하나가 앞으로 주목해야 할 만한 중요한 이슈가 된다는 것은 틀림없다. 그러면 여기서는 이 책에서 앞서 살펴본 바와 같이 동아시아 차원의 역사적 맥락에서 상황을 정리해 보기로 하자.

이 시기는 이 책에서 다뤄 온 시대 구분으로 말하면 네 번째 시기에 해당한다. 탈냉전 이후 현재 21세기 초반까지에 해당하는 시기로서 현재진행형의 유동적인 동아시아라고 할 수 있다. 여기서 간과해서는 안 될 사실은 전 지구적 냉전과 함께 형성된 '동아시아 전후체제'가 세계적인 냉전이 끝나는 1991년으로부터 30여 년이 지난 2021년 현재까지도 여전히 끝나지 않고 있다는 점이다.

앞서 양차 세계대전과 제국 일본의 동아시아 50년 전쟁을 마감하고 한국전쟁을 겪으면서 동아시아에는 견고한 '전후체제'가 모습을 드러내게 되있다고 언급한 부분을 상기할 필요가 있다. 그것은 첫째로 한반도의 적대적 분단체제, 둘째로 평화헌법과 미일안보체제를 기반으로 한 일본의 경제우선주의, 셋째로 중국의 양안관계로 상징되는 두 개의 중국체제를 가장 주요한 세 개의 축으로 삼는다고 지적한 바 있다. 이들은 서로가 다른 세계를 지향하고 있고 서로 상관없는 것처럼 보이지만, 만들어지는 과정부터 긴밀하게 연결되어 있었다. 다만 전 지구적 냉전체제가 형성되는 가운데 동아시아 지역에 들어선 전후체제는 근대적 주권국가라는 일국—國 중심적 거울과 냉전이라는 진영논리의 거울을 통해서만 보면 그 전모가 잘 드러나지 않고 파편적인 퍼즐 조각만 눈에 들어올 뿐이었다.

그런데 언젠가부터 세계사적 차원에서 나타난 이른바 '근대문명의 복합위기'와 함께 그동안 동아시아 차원에서 지속되던 '동아시아 전후체제'가 한계상황에 이르렀다는 징후가 선명하게 드러나고 있다. 여기서 근대문명의 복합위기란 각종 위기가 각기 개별적으로 존재하기보다는 다분히 중첩되어 있고 긴밀히 연결되어 있다는 점, 그리고 그 원인이 근대문명의 성격과 광범위하게 맞물려 있어 복합적으로 얽혀 있다는 점, 따라서 이에 대한 대응방안 또한 다차원적인 고도의 융합을 요한다고 할 수 있다. 이런 전 지구적 차원의 문명사적 위기상황에서 이른바 '임계점에 도달한 동아시아 전후체제'라고 부를 만한 상황이 발생하고 있는 것이다.

여기에서 우선 한반도에서 형성되어 견고하게 지속되어 오던 '적대적 분단체제'가 동요하는 상황에 직면했다는 점부터 주목해 보기로 하자. 한반도에서 발발했던 한국전쟁은 1953년 7월 27일에 휴전협정이 체결된 이후로 지금도 종결되지 못하고 있고, 이런 긴장 상태에서 북한이 미니 수소폭탄급 핵무기와 대륙간 탄도미사일을 개발함으로써 더 이상 이대로는 남·북, 북·미, 북·일 간의 평화적 공존이 지속되기 어려운 한계점에 이르렀다고 할 수 있다. 한편 일 본의 경우 역시 평화헌법과 미·일 안보체제를 기반으로 하면서 경제우선주의에 매진하려 했던 '일본의 전후체제'는 그대로 지속하기 에는 이미 더 이상 매력도 순발력도 잃어버린 지 오래이다. 더욱이 3·11사태라는 대재앙의 무게와 그로 인한 불안과 공포감의 확산은 일본의 기존 전후체제 아래에서 해결되기 어려운 상황이다. 여기서 체르노빌 사태가 사회주의가 붕괴하는 실질적 원인 중 하나였음을 냉정하게 성찰할 필요가 있다. 중국의 경우도 G2의 위상으로 격상 된 후 스스로의 급부상에 도취되어 있어 더 이상 제3기 이후에 형성 된 양안관계라는 '두 개의 중국' 상황을 유지하려는 인내심을 가지 려고 하지 않는다. 중국은 2013년 시진핑 習近平 정부가 들어서기 전 까지는 어느 나라 못지않게 평화의 중요성을 통감하고 강조해 왔다. 일단 힘을 비축하고 경제성장을 지속적으로 촉진해 가는 것만큼 중 국에 절실한 문제가 없었기 때문이다. 그래서 중국 스스로가 조심스 럽게 인내하며 국제질서에 심각한 정치적 도전으로 비칠 행동을 자 제해 왔다고 할 수 있다. 하지만 이제는 기존에 견지하던 일종의 '전 략적 인내'를 유지할 의지보다는 '중국몽 中國夢, Pax Sinica', 곧 중국이 주도하는 세계질서로 나아가려는 의욕이 스스로 자제하기 어려울 지경에 이르렀음을 빈번하게 드러내고 있다.

앞서 살펴본 바와 같이, 동아시아의 19세기 전환기 경험은 기본적으로 이질적인 문명 간의 충돌에서 비롯되는 문제였다. 하지만 동아시아의 21세기 전환은 기본적으로 정보혁명과 세계화를 기반으로 한 무한경쟁의 속도전의 양상을 띠고 있다. 동아시아에는 19세기의 전환이 문명기준의 뒤바뀜이라는 문제였던 만큼, 주권국가 간의 국제질서나 부국강병과 같은 외래의 문명기준을 수용하고 이에 적응하는 것은 오늘날의 상상을 훨씬 뛰어넘는 지극히 어려운 일이 아닐 수 없었다. 하지만 그럼에도 불구하고 간과해서 안 될 사실은 19세기와 20세기는 따라잡아야 할 목표와 선두주자가 분명히 존재하고 있었다는 점이다. 따라서 힘들더라도 선두주자를 보면서 '근대의 문법'을 열심히 배우고 따라가면 길이 보이는 듯했다. 하지만 21세기 상황은 미래가 훨씬 불투명하다. 안개에 휩싸여 있는 데다 아무도 아직 걸어 보지 못한 미답의 초행길인지라 누구도 답을 가지고 있지 않기 때문이다.

더욱이 동아시아 국가들은 19세기와 20세기에 얽혀 있던 해묵은 갈등을 해결하지 못했다. 국가 간의 신뢰가 아직 자리 잡지 못하고 있으며, 서로에 대한 불신과 혐오가 뿌리 깊게 번져 있는 상황이다. 동아시아의 상황은 어쩌면 제1차 세계대전이나 제2차 세계대전 이전의 유럽과 닮은 면이 적지 않아 보인다. 그만큼 불안하다는 의미이다. 하지만 동아시아의 미래가 20세기 전반의 불행한 유럽의 전철을 되밟을 것인지, 아니면 20세기 후반의 유럽처럼 협력의 동반자로 나아갈 것인지, 혹은 20세기 유럽과는 다른 고유한 제3의 길로 나아갈 것인지는 아직 정해져 있지 않다. 그만큼 동아시아 시민들의 인식과 선택이 갖는 의미가 중요하다는 의미이다. 지금 세계는 다양한 전 지구적 문제에 봉착하고 있다. 기존의 근대 국민국가 체제하에서 우리가 당연시해 왔던 '내셔널리즘의 유용성에 대한 비판적 성찰'이 필요한 것도 이런 변화하는 세계의 상황과 관련되어 있다.

이 책을 통해 전환기적 상황에서 유연한 사고, 발상의 전환이 중요하다는 점을 강조했다. 물론 변화나 대세만을 따라가는 것이 유연함을 의미하는 것은 결코 아닐 것이다. 19세기 후반 이래로 상황주의, 실용주의적 사고를 강조하면서 '개조'와 '순응'을 주창하고, '세계의 대세'를 열심히 따라가려 했던 일본이 끝내 불행한 역사로 나아가고 말았던 경험은 21세기에도 시사하는 바가 크다.

'동아시아 전후체제'는 변화를 목전에 두고 있다. 앞서 언급한 세 가지 구성요소를 근간으로 하는 '동아시아 전후체제'가 이제 더 이상 지속 가능한 패러다임이 되기 어렵다는 사실을 고려한다면, 동아시아 국제질서가 상생할 수 있는 해법은 어떻게 마련될 수 있는 것일까? 분명한 것은 어느 국가의 일방적인 주도나 자국 중심의 발상과 같은 이른바 '근대적 문제 해결 방식'만으로는 동아시아 문제의 평화적 해법을 마련하기는 어렵다는 것이다. 필자가 보기에 동아시아 근현대를 보는 획기적인 안목을 담은 역사적 성찰이 절실한 것도 이런 정황에서 연유한다. 유연하면서도 큰 그림을 담은 역사적 성찰이 동아시아 구성원들 서로에게 공감을 불러일으키며 축적되고 확산될 때 비로소 "과거의 잘못된 선택들이 '지금, 여기'에서 반복적으로 확대, 재생산되어서는 안 된다"라는 새로운 각성과 더불어 진정성 담긴 '상생과 협력을 모색하는 대화'의 가능성이 피어날 수 있을 것이기 때문이다. 그것은 그동안의 근대적 해법을 뛰어넘는 발상의 전환과 상상력의 발휘, 새로운 소통과 연대 위에서 해결의 실마리를 발견할 수 있을 것이다.

세상에 결정되어 있는 것은 없다. 과거는 바꿀 수 없지만 미래는 바꿀 수 있다. 변하는 것과 변하지 않는 것의 치열한 긴장 속에서 우리가 삶을 깊이 성찰하고 타자들과의 상생, 과거와 미래와의 소통을 끊임없이 고민해야 하는 이유가 여기에 있다. 동아시아 국가들은 과연 어떤 길을 가게 될까? 독자 여러분은 과연 어떤 길을 선택하겠는가.

📚 NOTE 58　1941년과 2001년 기습공격 비교

2001년 9월 11일에 발생한 테러 공격으로 미국의 심장부가 흔들렸다. 이처럼 미국의 영토가 기습적으로 공격을 받은 경우는 역사적으로 그 전례를 찾기 어렵다. 하지만 9·11테러 사건이 처음은 아니다. 1941년 12월 7일 일본의 전폭기에 의해 진주만을 기습당한 경험이 있기 때문이다. 이 두 건의 충격적인 사건은 모두 '정보'수집의 실패에 따른 하늘로부터의 기습공격이었고 '즉각적인 전쟁선언'으로 이어졌다는 점에서 놀랄 만한 공통점이 있으며, 9·11 테러리스트들이 아시아·태평양전쟁 막바지에 당시 일본의 가미카제 특공대들이 시도했던 것처럼 살아 돌아오는 것을 포기하는 극단적인 방식을 취하고 있다는 점에서 섬뜩할 만한 연속선상에 위치하는 것이다.

하지만 두 사건에는 간과해서는 안 될 중요한 차이점이 존재한다. 일본의 공격은 '국익'을 증진하기 위해 국민들이 어떤 식으로든 참여 혹은 동원되면서 이루어진 사건이었다. 또한 저들의 공격 대상 역시 군사기지였다는 점에서 그 충격적인 방식에도 불구하고 20세기의 전쟁 형식을 벗어나지 않는 것이었다. 하지만 후자의 경우는 달랐다. 9·11 테러리스트들의 배후에는 어떤 특정 국가가 존재하지 않았고, 따라서 그들이 '국익'을 위하여 자살공격을 감행한 것은 아니었다. 오히려 이 테러리스트들은 익명성이 제공된 예상치 못한 '일상'의 공간으로부터 공격을 계획하고 실행했다. 또한 그들의 타격 목표 역시 전쟁과는 전혀 무관한 시민들의 일상적인 생활 공간이었다.

📚 NOTE 59 애니메이션 <라이온 킹>을 통해 생각해 보는 전환기 아이덴티티의 문제와 자기성찰의 중요성

인간은 어떤 변화의 와중에서 자기가 누구인지, 그리고 자기를 자기답게 하는 것이 무엇이며 자신을 다른 존재들과 구별 짓게 하는 것은 무엇인가 하는 이른바 '정체성'의 문제에 부딪힌다. 이와 마찬가지로 집단을 이루어 문화를 공유하는 사회나 국가에서도 전환기적인 거대한 변화 혹은 위기의 상황에서 이런 정체성의 설정이라는 문제를 겪는다. 여기서는 <라이온 킹>이라는 애니메이션을 통해 이런 문제에 관해 생각해 보기로 하자.

장면 1 '하쿠나 마타타' ─ 엄청난 사건을 겪고 좌절한 어린 주인공 심바가 새로운 친구들을 만나 '책임지는 것 없이 근심 걱정 없이 살아가는 No Responsibility, No Worry' 인생철학을 배우면서 성장해 가는 장면. 고통스러운 상황을 어렵게 극복하고 살아남다.

장면 2 '심바, 고민에 빠지다' ─ 어른이 된 심바가 오랜 친구 날라와 재회하여 대화를 나누는 과정에서 정체성의 혼란 속으로 더욱 빠져든다.
심바: 어차피 걱정해 봐야 소용도 없는 걸 왜 걱정하고 살아야 하니?
날라: 왜냐하면 그것은 너의 책임이기 때문이야.Because, it's your responsibility!

장면 3 '아버지의 영혼이 심바를 깨우다' ─ 날라를 만나 정체성의 혼란을 겪던 심바가 예언자인 라피키를 통해 아버지의 영혼을 만나 자신이 누구인지를 돌아보고, 다시 자신의 자리로 돌아간다.

　무파사 심바 아빠: 너 나를 잊었구나 You have forgotten me.

　심바: 아니요. 제가 어떻게 그럴 리가 No, how could I? …

　무파사: 네가 누군지를 기억해라 Remember who you are! …

　심바: (침묵의 시간)

　심바: 나 돌아갈래 I'm going back!

〈라이온 킹〉이라는 애니메이션 중에서 여기서 언급한 내용은 한 사자의 삶의 과정에서 나타난 주요한 변화의 시기에 정체성에 관한 문제가 대두되는 경위를 흥미 있게 보여 준다. 영화 속의 주인공 심바가 삼촌과 하이에나들의 음모에 빠져 왕인 아버지를 죽음으로 내모는 사건에 휘말렸고, 과거를 직시할 용기가 생겨나지 않아 진실을 외면하고 스스로를 돌아보지 못했다. 특히 ① 책임지지 않고 근심 걱정 없이 살아가는 생활에서 No Responsibility, No Worry ② 책임감을 자각하는 일 Because, it's your responsibility!, ③ 그러기 위해서는 자신의 존재에 대한 깊은 성찰이 필요하다 Remember who you are!로 이어지는 논의의 전개는 전후 일본의 전쟁책임과 정체성의 문제를 생각해 볼 때 일본의 자기성찰을 위한 매우 흥미로운 단서를 제공할 수 있다고 생각된다. 영화에서 다뤄진 사례는 매우 특수하면서도 동시에 대단히 보편적인 문제를 담고 있기 때문이다.

그런데 여기서 유의해야 할 점이 있다. 그것은 여기서 심바가 외면해 온 과거와 일본이 외면하고 있는 과거가 그 내용이 완전히 다르다는 것이다. 심바는 사실은 억울한 피해자이면서 진실을 알지 못한 채 가해자라는 죄책감에 시달리고 있었던 반면, 일본의 경우는 가해자이면서 진실을 알지 못하고 스스로를 피해자이며 주변 아시아 국가를 대신하여 투쟁하며 시혜를 베풀고자 했던 것으로 오해하고 있었다. 이처럼 양자 간의 거대한 갭을 성찰하지 못한 채 〈라이온 킹〉에서 나타난 논의를 전후 일본에 그대로 적용하면, 일본의 우익들이 말하는 것과 같은, '위대한 자기 자신의 발견'이라는 또 다른 위선과 망각의 늪 속에 빠지게 될 수밖에 없다. 그러면 동아시아 상생의 길은 더욱 요원한 것이 되고 말 것이다.

ᴿNOTE 60　자위대의 해외파병과 일본인 납치사건
그리고 자기책임론

　2003년 12월, 자위대의 이라크 파견 기본계획이 일본의 내각 회의에서 결정되었다. 그리고 70% 가까운 일본 국민이 반대하는 가운데 항공자위대와 육상자위대가 이라크로 떠났다. 그로부터 얼마 후인 2004년 4월 8일, 이라크인에 대한 인도적 지원에 힘쓰고 있던 일본인 여성과 저널리스트 등 세 명의 일본인이 이라크에서 인질로 잡혔다. 이 사건은 연일 언론에서 보도되었으며 당시 일본 사회 최대의 화두로 부상했다. 이에 따라 일본 정부에 대한 비판 여론이 거세졌다. 4월 15일 이들 일본인은 다행히 석방될 수 있었는데, 그 이유는 일본 정부의 외교교섭의 결과라기보다는 인질극을 벌인 무장세력에 대한 국제적 여론이 매우 나쁘게 돌아갔기 때문이다. 인질로 잡힌 일본인들이 이라크에 대한 인도적 지원에 몰두하던 사람들이었으며, 이들이 일본 자위대의 이라크 파병에 반대하고 있다는 것이 알려지면서 이들의 인질극이 득보다 실이 많은 것은 당연한 것이었다.

　어떤 기자가 인질로 잡혔다가 막 석방된 일본인 여성 다카토 나호코高遠菜穂子, 당시 34세 씨에게 인질로 잡혔을 당시 상황에 대한 소감을 묻자 "너무 힘들었으며, 상당한 쇼크를 받았다"라고 털어놓았다. 그러자 "앞으로도 이라크에 올 것인가?"라는 질문이 이어졌다. 이에 대해 다카노 나호코 씨는 울먹이며 "여기서 정말 힘든 일을 당했지만 이라크인을 미워할 수 없다"라고 대답했다. 이 내용이 생방송으로 중계되자, 고이즈미 총리를 비롯한 일본 정계의 주요 인사들이 지각 없는 언행을 삼가라고 비난하면서 일본 정부가 얼마나 애를 먹었는지를 강조했다. 그리고 이런 사태가 발생한 것은 모두 경솔하게 행동한 자기책임이라고 지적했다. 이와 함께 이들에게 일본 정부가 손해배상을 청구해야 한다는 의견이 터져 나왔고, 결국 납치된 일본인들이 일본으로 귀국해 들어올 때, 이를 맞이한 것은 자기책임이라는 플래카드를 든 일본인들의 차갑고 냉담한 시선이었다.

　이런 비난 일색의 상황에 대해 다소 다른 방향의 논의 가능성을 열어 준

것은 일본 TBS의 어느 유명 언론인과 당시 미국 국무장관의 인터뷰였다. "이번 이라크에서 인질이 된 일본인들을 어떻게 생각하느냐"라고 묻자, 콜린 파월 Colin Powell 미 국무장관은 다음과 같은 요지의 대답을 했다. "정부는 정부대로, 시민은 시민대로 역할이 있다. 누구도 위험을 감수하지 않으려고 한다면 세계는 앞으로 나아갈 수 없다. 인질이 되었던 그들이나, 위험을 알면서도 이라크에 파견된 병사가 있다는 것을 일본인들은 자랑스럽게 여겨야 할 것이라고 생각한다." 자기책임론이 순식간에 일본 열도를 뒤덮은 와중에서 나온 파월의 인터뷰 내용은 이후 상황이 어느 정도 진정되는 데 매우 중요한 청량제 역할을 했다.

구조와 개인이라는 문제는 정치학을 비롯한 사회과학의 가장 주요한 주제라고 할 수 있다. 구조의 책임 혹은 사회나 국가의 책임이라는 문제에 대해서는 침묵하면서, 선량한 개인에게 자기책임이라는 이름의 가혹한 억압을 덮어씌우고 이를 방관한 일본 사회의 일련의 행위는 일본 시민들이 앞으로 깊이 성찰하며 풀어 가야 하는 과제라는 생각을 하게 된다.

📚 NOTE 61 북한의 일본인 납치사건을 대하는 일본 정부의 태도에 관한 단상

2002년 9월, 북한의 김정일 국방위원장이 북일 정상회담에서 북한의 '일본인 납치 사건'을 인정하며 전면 사죄하는 상황이 발생했다. 이로 인해 조총련계 동포 사회가 크게 술렁였다. 납치사건은 일본 측의 날조라는 북한 당국의 주장을 그대로 믿어 온 조총련계 동포들로서는 김 위원장의 사죄를 날벼락에 가까운 사태로 받아들일 수밖에 없었기 때문이다.

이에 따라 동포 사회에서는 최근 본국과 조총련에 배신당했다며 책임을 묻는 비난의 목소리가 잇따랐다. 예컨대 조총련 산하 기관의 하나인 재일본 조선인 인권협회 긴키近畿 지방본부는 "일본인 납치에 항의하며 진상 해명을 요구한다"면서 "식민지 지배의 피해자 자손인 우리가 지금 '가해자' 입장에 처해 있는 것을 통감하며 (납치) 희생자와 가족에게 사죄한다"라는 내용의 성명을 발표하면서 당혹감을 감추지 못했다.

그러면 한·일 관계가 세계적 차원과 동아시아 지역 차원, 그리고 양국의 국내 상황과 남북한 관계와 맞물려서 전개되는 최근의 사례로서 '북한의 일본인 납치사건'의 경우를 한 번 살펴보기로 하자.

일본은 납치 문제의 진전 없이 핵 문제는 물론이고 전반적인 북·미 관계 개선을 추진해서는 안 된다고 미국을 비롯한 국제사회에 줄기차게 요구하고 있다. 하지만 1970년대 북한 정부가 행한 일본인 납치를 '국가에 의한 용납할 수 없는 폭력'이자 '동아시아형 테러행위'라고 일본이 일방적으로 비난하기에는, 그로부터 그리 멀지 않은 시기에 일본제국이 식민지 민중에게 가한 국가폭력의 규모는 가히 비교할 수 있는 차원의 것이 아니다. 더욱이 이런 역사 문제를 대하는 일본 측의 태도는 지금까지도 애매모호하다.

그럼에도 일본 정부나 언론이 국내외의 비판여론에 전혀 개의치 않고, 과거 북한 정부에 의해 저질러진 일본인 납치 사건에 대해 지나칠 정도로 집요하고 강도 높게 비난해 가며 강경 대응하는 데는 국내외적으로 중요한 이유가 존재하고 있음을 간과해서는 안 된다.

지금 일본은 냉전의 해체 이후 변화하는 세계정세와 아울러 중국의 급격한 부상 등으로 상징되는 동아시아 지역질서의 변동에 대처하지 않으면 안 되는 상황에 놓여 있다. 그런데 전후 냉전시기에 마련된 평화헌법 등 국내의 구조적 요인은 여전히 지속되고 있다. 이런 상황에서 일본 정부나 매스컴은 분단된 한반도의 다른 한쪽인 북한을 자국에 대한 새로운 위협 요소로서 국민에게 분명히 각인시킴으로써, 대외적으로는 미·일 동맹을 강화해 나가고 대내적으로는 평화헌법 개정 등 전후 일본 국내정치의 제약 요인을 돌파하기 위한 명분과 계기를 마련해 나가고 있는 것이다.

국가중심적 사고하에서 오로지 눈앞의 국익만을 생각하는 일본의 이런 행보가 어찌 보면 당연하게 느껴질 수 있을지 모른다. 하지만 일본이 '과거의 덫'에 걸려 주변국을 비롯한 전 세계로부터 신뢰받지 못하고 있다는 점,

그리고 바로 이런 이유가 일본이 경제력에 상응하는 정치력을 구가할 수 없는 대외적인 원인이 되고 있다는 점 등을 고려할 때, 일본의 이런 태도가 과연 전략적으로도 지혜로운 선택인지 의문을 갖지 않을 수 없다.

≣ NOTE 62　지진과 피폭국의 체험 그리고 3·11사태

일본은 세계적으로 지진의 위험성이 가장 높은 곳이다. 일본 열도는 태평양 플레이트, 유라시아 플레이트, 필리핀 플레이트, 북아메리카 플레이트라는 4개의 거대한 플레이트의 경계 위에 자리 잡고 있기 때문에 지각이 매우 불안정하다. 따라서 일본 열도가 지각변동에서 생겨난 만큼 일본의 어디에서 산다고 해도 지진에서 안전한 곳은 없다.

대지진이 일본의 언제 어디에서나 일어날 수 있다는 사실은 일본 정치와 사회를 이해하는 데 매우 특별한 의미를 갖는다. 왜냐하면 이런 자연조건은 일본인들에게 '위기의식'을 일상화해 놓음으로써, 더욱 안전한 일본의 구축이라는 소명의식과 꼼꼼한 대비태세, 아울러 암묵적으로 단결과 조화의 일본 문화를 형성하게 만드는 토대이자 배경이 되기 때문이다.

그런데 2011년 3월 11일에 발생한 대재앙 사태를 보면서 이해할 수 없는 점은 이런 일본 열도의 자연조건, 즉 언제든지 강력한 지진이 발생할 수 있다는 일본 열도의 '구조'적 특성을 무시한 채 일본에 54기에 이르는 원자력발전소가 건설되어 있다는 것이었다. 더욱이 일본의 원자력발전 전력량은 놀랍게도 미국, 프랑스에 이어 세 번째로 높다.

이런 원자력발전 수치를 곰곰이 생각해 보면서 더욱 당혹스러움을 느끼는 것은 일본이 지구상에서 히로시마와 나가사키에 원자폭탄을 맞은 아픈 상처와 경험이 있는 유일한 국가라는 '역사'적 사실 때문이다. 히로시마에서 14만 명, 나가사키에서 7만 명으로 추정되는 사망자가 단기간에 나왔으며, 살아남은 이들은 피폭자라는 멍에를 짊어지고 평생을 살아야 했다. 그렇다면 이런 지질학적 구조와 역사적 특수성을 갖고 있는 일본이 그동안 어떻게 원자력발전 국가로서의 입지를 다질 수 있었던 것일까?

유라시아
플레이트

북아메리카
플레이트

태평양
플레이트

필리핀
플레이트

지구의 지각 구조와 일본 열도 (지도: 하니누리 디자인 김승한)

야마모토 요시타카山本義隆는 일본이 원전을 개발하게 된 전후 상황을
다음과 같이 명료하게 지적한다.

"20세기 후반에 시작된 '원자력의 평화적 이용'은 미합중국이 제
2차 세계대전 중에 세운 원자폭탄 제조계획인 '맨해튼 프로젝트'의 연
장선상에 있다. 전후 미국과 영국은 '맨해튼 프로젝트'에서 개발하고 입
수한 핵기술을 은닉하고, 그것을 통해 핵무기의 독점적 소유를 유지하려
고 획책했다. 하지만 소비에트연방이 예상보다 빨리 핵무기 개발에 성
공하자, 이에 당황한 미국은 미국, 영국, 소련 3개국으로 핵독점을 한정
하면서 그 이후의 핵개발 경쟁에 대처하려 했다. 그러려면 오히려 기술
일부는 공개하고 원자력발전을 민생용으로 개방함으로써, 전문적인 핵
기기술 유지와 부단한 갱신 그리고 핵기술자 양성을 민간회사와 전력회
사에 부담지우는 것이 상책이라고 판단한 것이다. 그와 함께 원자력발

전 플랜트와 그 연료용 농축 우라늄을 외국에 팔아서 새롭게 형성된 미국 핵산업의 글로벌 시장을 개척한다는 미국 정부와 미국 금융자본의 노림수도 있었다. 이것이 1953년 말에 미합중국 대통령 아이젠하워가 UN총회에서 제안한 'Atoms for Peace', 즉 '원자력의 평화적 이용'의 숨은 의도였다."

– 야마모토 요시타카, 임경택 역, 『후쿠시마 일본 핵발전의 진실』(동아시아, 2011), p. 15

이런 배경하에서 나카소네 야스히로中曾根康弘, 1918~2019를 비롯한 일본의 정치가들이 1954년에 일본에 원자력예산을 제출하여 「원자력기본법」을 성립시키는데, 이는 산업정책의 관점에서는 원자력이 미래 에너지 정책의 일환으로 자리매김되었기 때문일지 모르지만 보다 중요한 이유는 권력정치의 관점에서 핵을 둘러싼 전후 국제정치의 정황을 민감하게 느끼고 있었기 때문이라는 것이다. 즉 전후 일본 정치가들의 의식을 사로잡은 것은 한편으로 '원자력의 평화적 이용'이라는 명목으로 핵기술을 산업 차원에서 수용하면서, 다른 한편으로는 핵무장이라는 미래의 선택지도 가능하게 해 두겠다는 고민이 있었다는 이야기이다. 요컨대 잠재적 핵무기의 보유야말로 원전 추진의 숨겨진 진실이었다는 것이다.

이처럼 전후 일본의 원자력발전이 유력 정치가와 엘리트 관료들의 주도하에 추진될 때, 다카기 진사부로와 같은 학자에 따르면 여러모로 갈등이 존재하기는 했으나 많은 일본의 과학자들은 일본이 미국에 패배한 것이 일본 과학이 충분히 발전하지 못했고 과학적 사고가 결여되어 있기 때문이라는 '자각'과 '반성'에 젖어 있었다. 이런 의식 속에서 발아한 과학적 합리성과 과학만능적 지향의지가 미래의 에너지로서 원자력을 수용하고, 원자력에너지를 실용화하는 것을 인류의 위업이자 과학기술의 위대한 성과라고 여기게 만들었다. 그리고 이것이야말로 역사의 필연적인 '발전'방향이라는 믿음을 갖게 되었다는 것이다.

그래서 "원폭을 얻어맞고 채 10년도 되지 않은 1954년, 그것도 마침 비키니의 (핵실험) 사고가 나서 그 방사능 피폭으로 수많은 일본인이 히로시마 이상의 피해를 깨닫게 된 바로 그런 '비키니의 해'에, 이른바 원자력의 도입은 강행되었던 것"이다. 이는 환언하면 결국 핵분열 에너지에 대한 경악할 만한 '공포'의 경험과 동시에 그에 대한 '선망'이 역설적으로 전후 일본인의 의식 속에서 원자력의 도입을 받아들이게 했다는 것을 의미한다.

한편 이런 원자력 추진의지에 순풍을 달아 준 것이 자원고갈에 대한 위기의식이었다. 즉 '원자력은 석유위기를 극복한다'는 신화가 만들어졌다는 것이다. 고이데 히로아키小出裕章의 견해에 따르면, "화석연료는 언젠가 고갈되기 때문에 원자력이야말로 미래의 에너지원이 된다"라는 전망이 일본 사회에 회자되면서, '자원고갈의 공포'가 원자력 발전을 추진하게 했다는 것이다.

요컨대 일본이 지진이나 재해가 빈발하고 피폭의 역사를 지니고 있음에도 불구하고 전후에 원자력발전에 매진할 수 있었던 것은, 안보의 측면에서는 핵무기 제조능력을 잠재적으로 확보하려는 정치가들의 숨겨진 의지가 강력히 존재하고 있었고, 발전과 성장, 경제대국의 욕망, 진보의 신념 등으로 집약되는 세계관과 가치관, 그리고 이윤추구를 지향하는 강고한 원자력 카르텔이 존재했기 때문이었다.

Q16 20세기를 '극단의 시대'라고 말한다. 그런데 한나 아렌트라는 사상가는 거대한 광기의 중심에 있었던 인물들이 의외로 악마도 괴물도 아니라는 이른바 '악의 평범성'에 관해 언급한 바 있다. 이런 논의가 동아시아에 시사하는 바는 무엇일까?

Tip16 한나 아렌트 1906~1975 라는 독일의 유명한 정치사상가가 있다. 그녀는 『전체주의의 기원』 1951, 『인간의 조건』 1958 등 매우 주목할 만한 저서를 남긴 20세기 사상계의 거목이다. 아렌트의 책 중에는 『예루살렘의 아이히만』 1963 이라는 다소 생소한 저작이 있다. 이 책의 제목에 나오는 아이히만이라는 인물은 유대인 학살의 핵심 책임자이다. 그는 독일이 패전하자 아르헨티나에서 체포되어 예루살렘으로 압송되었고 그곳에서 재판을 받았다. 아렌트는 예루살렘에 머물면서 아이히만 재판에 대한 보고서를 썼는데, 이 보고서는 나중에 『예루살렘의 아이히만』이라는 책으로 출간되었다. 여기서 아렌트는 '악의 평범성 banality of evil'이라는 용어를 사용했다.

이 책에서 아렌트는 악이 근본적인 것인지, 아니면 보통 사람들이 그들의 활동이나 비활동이 낳을 결과에 대한 비판적 사고 없이 명령에 복종하고 다수 의견에 따른 결과인지에 대한 질문을 던진다. 여기서 파편화되고 소외된 개인들과 그들의 수동적이고 마치 죽어 있는 듯하며 '생각 없이' 모든 것을 안이하게 수용하는 생활이 결과적으로 '악의 평범성'을 낳는다는 결론을 내렸다.

여기서 아렌트가 지적하는 것은 아이히만과 같이 정치적으로 매우 악한 행동을 하는 사람들이 의외로 매우 평범한 인격을 지닌 인물이라는 점이다. 이들의 행위가 아무리 괴물과 같은 행동이었다고 하더라도 막상 그 행위자는 괴물 같지도 악마적이지도 않았다는 것이다. 다만 이들은 '자기가 무슨 일을 하는지 전혀 깨닫지 못하고 있다'는 특징을 보인다는 점에 주목할 필요가 있다. 그러면 왜 이런 상황이 발생하는 것인가? 그것은 이들의 사고가 매우 천박해서 세상을 편협하게 바라보고, '타인의 관점에서 생각할 능력이 없기 때문'이었다. 즉 세상을 매우 자기중심적으로만 바라보는 것이 일상화되어 무의식중에 반복되는 것이 문제라는 것이다.

한나 아렌트의 논의가 우리에게 시사하는 바는 거대한 악을 행하는 사람이 악마의 부름을 받은 특별히 사악한 인간이 아니라 우리가 일상에서 만나는 이웃, 혹은 다름 아닌 나 자신일 수도 있다는 점일 것이다. 그러고 보면 '우리 모두의 내면에 아이히만이 존재'하는 셈이다. 이런 아렌트의 논의는 언뜻 보면 매우 당혹스러운 지적이라고 할 수 있다. 하지만 동시에 이것은 우리가 세상과 삶을 깊이 있게 사유하고 '성찰'하는 것, 그리고 나의 생각이 편벽되지 않도록 국경을 비롯한 다양한 장벽을 넘어 다른 사람과 '소통'하는 것이 배타적인 애국주의와 차별, 편견이 횡행하는 동아시아에 얼마나 중요한 것인지를 새삼스레 곱씹게 해 준다.

....

Q17 한국을 비롯한 동아시아 국가들이 주권국가로 진입한 것은 언제부터일까? 동아시아 주권의 역사는 어떻게 파악할 수 있을까?

Tip17 동아시아에서 주권국가의 역사가 진행되기 시작한 이야기는 여러 나라 역사책 어디에서도 사실상 거의 논의되지 않고 있다. 앞서 언급한 바와 같이 주권국가가 인류 역사에서 국가의 등장과 함께 시작되었다고 하는 것이 정설이 되어 있는 상황에서 동아시아에서 주권국가의 출발이 19세기에 어떻게 이루어졌는지를 다루는 것은 뭔가 '불편한 진실'과 같은 것이 되어 금기시되어 온 측면이 없지 않다. 연구자에게는 과거의 역사 속에 면면히 이어져 온 오랜 국가의 계보를 주권국가가 아닌 그 어떤 다른 형식의 국가라고 지칭하는 것이 심적으로 상당한 부담으로 작용하기도 할 것이다. 게다가 19세기 역사에 대한 방대하면서도 정밀한 고찰 위에서 동아시아 주권국가에 관한 논의를 펼쳐 나가는 것이 학문적으로도 그리 만만한 작업이 아니다. 그러려면 여러 학문들, 예컨대 서양과 동양의 국제정치사, 국제법사, 정치외교사, 번역의 사상사, 개념사와 같은 분야의 경계를 넘나들면서 정교하게 퍼즐을 맞춰 나가야 하는데 분과학문 위주로 진행해 온 학문의 풍토상 이렇게 종합적으로 접근해 연구해 들어가는 것이 결코 쉽지 않기 때문이기도 하다. 이것은 환언하면 수많은 다중거울을 통해 동아시아 국가들의 주권의 역사를 살필 수 있어야 한다는 것을 의미한다.

여기에서는 여러분의 이해를 돕기 위해 편의상 동아시아 국가들의 주권국가 상황을 통해 상기 질문에 대한 답변의 윤곽을 그려 보기로 하겠다. 먼저 동아시아 주권국가의 현재 상황을 이해하려면 국가의 수교상황을 살펴보는 것이 가장 빠른 접근방법이 될 수 있다.

그러면 대한민국의 경우를 생각해 보자. 대한민국은 현재 몇 개국과

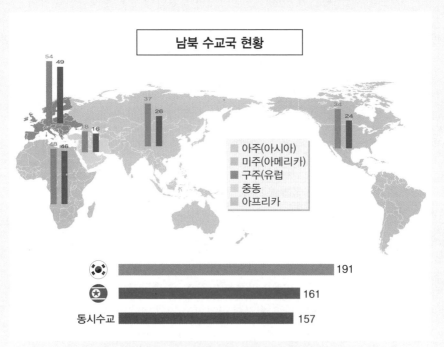

자료: 외교부, 「외교관계 수립현황」(2021. 6. 기준) 참조 재구성. 지도: 하니누리 디자인 김승한.

수교하고 있을까? 2021년 6월 기준 191개국과 수교하고 있다. 그럼 같은 시기에 북한은 몇 개국과 수교하고 있을까? 모두 161개국과 수교하고 있다. 대체로 사회주의가 붕괴하고 냉전이 끝나면서 그동안 이념대립과 진영의 논리로 인해 외교관계가 맺어질 수 없었던 국가와 외교관계를 대거 맺으면서 수교국이 대폭 늘어난 것이다.

여기서 주목해서 봐야 할 국가가 있다. 바로 중국이다. 대한민국은 중국과 1992년 8월에 수교를 하게 된다. 그런데 이때 중국과의 수교로 기존 수교관계가 취소된 곳이 있다. 바로 대만이다. '하나의 중국'이라는 원칙에 따라 중국과 수교를 맺으면서, 그동안 한반도의 해방 이후 가장 먼저 수교관계를 맺은 나라인 중화민국 곧 대만과는 단교하는 상황이 된 것이다. 이후 한국-대만 관계는 주권국가로서의 관계가 아닌 이른바 '특수한 관계'로 교류하고 있다. 따라서 정식 외교부가 아닌 대표부를 두고 서로 교류하게 된다. 그럼 대만은 현재 몇 개국과 수교하고 있을까? 2021년 3월 기준 15개국이 대만과 수교 중이다. 그런데 이들 국가는 국제사회에서 존재감이 작은 나라들이다. 그러면 이들은 어떤 공통점을 갖고 있을까? 이들은 모두 중국과 수교하지 않은 나라라는 점이다.

과거 대한민국도 냉전시기에는 할슈타인원칙에 따라 북한과 수교한 나라와는 수교하지 않는 원칙을 둔 적이 있었다. 할슈타인원칙이란 과거 분단국가였던 서독이 동독과 수교한 나라와는 수교하지 않기로 했던 방침을 말한다. 따라서 '하나의 중국'이라는 원칙은 중국판 할슈타인정책이라고 할 수도 있다. 중국은 일본과는 1972년에, 미국과는 1979년에 수교하게 되었으며 이에 따라 대만은 기왕에 수교했던 국가들과 떨어지게 되고 중국이 대세가 됨에 따라 그에 따라 국제적인 위상이 계속 하락하고 있다고 할 수 있다. 최근 대만에 대한 중국의 압박이 심해지면서 대만의 설 자리가 계속 좁아지고 있으며, 올림픽 참가도 차이니스 타이페이라는 이름으로 참가할 것인지, 그냥 타이페이라는 이름으로 참가할 것인지가 큰 논란거리가 되고 있다는 뉴스가 나오는 것도 이런 맥락과 관련된다.

그럼 여기서 이런 수교국의 의미가 어떤 것인지 살펴보자. 근대국제
질서에서 수교를 맺는다는 것은 수교국이 쌍방 간에 서로를 '주권국
가'로 인정하고 승인하는 것이라고 할 수 있다. 바꿔 말하면, 수교를
한다는 것은 쌍방 간에 상대국이 그 해당 지역에서 최고의 권위를 가
진, 배타적이고 독립적인 권위체임을 인정하는 행위라고 할 수 있다.
그렇게 되면 기본적으로 국민들 간의 상호 방문이나 교류 등등이 가
능해지는 것이다.

주권국가는 스스로 배타적이고 독립적인 존재로서 권위를 갖고 있다
고 말한다. 주권국가는 자국의 권위보다 더 높은 권위를 원칙적으로
인정하지 않는다. 따라서 이런 주권국가들로 구성된 국제질서에서는
태생적으로 '세계정부'가 존재할 수 없다. 세계정부가 존재하지 않기
에 국제질서는 무정부적인 질서체제라고 이야기하는 것이다. 세계정
부가 존재하지 않기에 주권국가를 인정해 줄 더 높은 권위체가 존재
할 수 없으며, 따라서 주권국가라고 하는 자격은 수교를 맺는 쌍방 간
에 서로 인정하고 승인하는 형태를 취하는 것이다.

그러면 주권국가가 되려면 어떤 절차를 밟아야 할까? 우선 구성원들
이 독립된 국가를 희망해야 할 것이다. 그리고 그에 따른 독립국가의
선언이 필요할 것이다. 그리고 다음으로는 기존 주권국가들과 외교관
계를 통해 승인을 밟는 절차가 필요해진다. 어떤 나라가 수교를 맺는
국가가 많아질수록 자국을 주권국가로 승인해 주는 국가가 그만큼 많
아진다는 의미가 된다. 즉 국제무대에서 자국의 멤버십을 인정해 주
는 국가가 많아진다는 말이 되는 것이다. 그리고 이런 작업과 동시에
국가의 내실을 탄탄히 다져 가야 지속 가능하며 명실상부한 주권국가
가 될 수 있다.

요컨대 지금까지 언급한 내용으로 종합하면, 대한민국을 주권국가로
승인하는 국가가 몇 개국이라는 의미가 되는가? 191개국인 셈이 된
다. 그러면 북한은? 161개국이 된다는 의미이다. 그러면 북한과 수교
관계를 맺지 않은 나라로서 특히 중요한 나라, 존재감 있는 주권국가

남북 단독 수교국 현황

 34개국	 3개국
아주(아시아) 마셜제도, 마이크로네시아, 말레이시아, 부탄, 사모아, 솔로몬제도, 일본, 키리바시, 쿡제도, 통가, 투발루, 팔라우 (12) **미주(아메리카)** 미국, 볼리비아, 아르헨티나, 아이티, 에콰도르, 엘살바도르, 온두라스, 우루과이, 코스타리카, 파나마, 파라과이 (11) **구주(유럽)** 교황청, 모나코, 안도라, 에스토니아, 프랑스 (5) **중동** 사우디아라비아, 이라크, 이스라엘, 요르단 (4) **아프리카** 보츠와나, 에스와티니 (2)	**미주(아메리카)** 쿠바 (1) **중동** 시리아, 팔레스타인 (2)

자료: 외교부, 「외교관계 수립현황」(2021. 6. 기준) 참조 재구성. 지도: 하니누리 디자인 김승한.

는 어디가 있을까? 먼저 남북한 관계를 보자. 남북한은 서로 수교를
맺은 상태인가?

아쉽게도 남북한은 아직 수교를 맺지 않았다. 서로를 아직 승인하지
않은 상태이다. 그럼 북한과 미국은 어떤가? 이 역시 아직 수교가 이

루어지지 못했다. 그럼 또 북한이 주변국 중에서 수교를 맺지 않은 나라로는 어디가 있을까? 바로 일본과 대만이다. 대한민국의 경우는 일본과 1965년에 국교정상화를 한 바 있다. 그렇지만 북한은 아직 일본과 수교관계를 맺지 않고 있다. 그렇게 보면, 동아시아 차원에서 북한은 여전히 외교적으로 냉전 상태에서 크게 달라지지 않은 상황이라고 할 수 있다.

그렇다면 대한민국이 북한을 정식 주권국가로 인정하지 않았다는 것은 무엇을 의미하는 것일까? 대한민국의 헌법 제3조에는 대한민국의 영토는 한반도와 그 부속도서로 한다고 되어 있다. 그런데 북쪽에 '사실상의 국가'가 존재한다는 것은 모두 아는 사실이다. 벌써 70년이 넘게 계속되고 있으니 말이다. 하지만 대한민국이 인정하는 '법률상의 국가', 곧 주권국가가 존재한다는 것을 인정하고 있는 것은 아닌 셈이다. 또한 이런 상황은 북한의 경우도 마찬가지여서 대한민국을 한반도 남단에 위치한 '법률상의 주권국가'로 승인한 것은 아니라는 사실을 알 수 있다. 이런 내용을 알고 나니 여러분에게 한반도에서 지속되고 있는 남북간의 분단체제가 얼마나 특별한 것이며 안타까운 상황인지 좀 더 실감이 갈 것이다.

지금까지의 논의를 통해 짐작할 수 있는 바와 같이, 동아시아 한자문명권의 주권국가의 역사는 동아시아 국가들이 서양 주권국가들과 수교하는 역사와 함께 시작한다고 할 수 있다. 19세기 서양 국가들과의 조약체결은 주권국가 간 국제질서에 새롭게 발을 들여놓는 역사라는 관점에서 새롭게 이해될 필요가 있다. 이 시기에 마침 동아시아 각 나라에 주권국가의 상징물인 국기가 등장하는 것이나 1896년부터 올림픽의 역사가 시작되는 것도 같은 맥락이라고 할 수 있다. 이 시대 구미 제국들이 제국주의의 모습과 주권국가의 모습을 동시에 추구했음은 앞의 질문과 답변을 통해 확인한 바 있다. 이 시대 국가평등의 논리와 제국주의의 논리는 이율배반적이면서도 상호보완적으로 뫼비우스의 띠처럼 서로 이어지고 있었다.

이런 점에서 19세기가 저물어 갈 무렵 조선/대한제국이 당대의 주요국들과 체결한 조약들은 조선/대한제국이 대외질서 패러다임이 변화하는 와중에서 새로운 행위주체인 자주독립국가이자 주권국가로 등장했음을 보여 주는 매우 중요한 단서가 되는 것이다. 예컨대 조선이 미국과 수교를 맺은 것은 1882년 5월 22일 조미수호통상조약에 의해서였다. 1882년의 시점에서 조미조약이 이루어질 수 있었던 데는 조선·중국·미국 측 3자 간의 전략적 선택이 결합하여 가능할 수 있었다. 미국과의 조약은 한국근대사에서 주권, 자주와 독립의 논의가 사실상 시작되는 시점이라는 점에서 특별한 의미와 가치를 지닌다. 당시 조선의 국왕 고종이 미국 측에 보낸 영문으로 된 조회문의 내용은 다음과 같이 되어 있다.

"조선 국왕은 여기 국서를 보냅니다. 예부터 조선은 중국에 조공을 바치던 국가tributary state 였습니다. 하지만 오늘날 조선의 국왕은 국내외의 모든 문제에 대해 완전한 자주지권full sovereignty 을 행사하고 있습니다. 조선과 미국은 이제 상호동의에 의하여 조약을 맺음에 있어서 평등을 기초a basis of equality 로 상대국을 대하고 있습니다. 조선의 국왕은 분명히 말하건대 만국공법international law 에 따라 본 조약을 체결함에 있어서 신의로써 자신의 자주지권his own sovereign powers 을 완전히 수행할 것입니다. 조선이 청에 대해 조공국가tributary state 로서 갖는 의무에 관해서 미국은 아무 관련도 없습니다. 이제 조약을 체결하기 위해 사신을 파견함에 있어 이런 예비적 설명을 붙이는 것이 의무라고 여겨지는 바입니다.
미국 대통령 각하, 1882년 5월 15일"

- Denny, O. N., China & Korea(1888), pp.18-19

이후 실제로 미국은 조선과의 조약을 비준하고 북경주재공사와 동격인 특명전권공사 Envoy Extraordinary and Minister Plenipotentiary를 조선에 파견하는데, 이때 미국 대통령의 비준서는 다음과 같이 조선이 주권국가임을 승인하고 있다.

"우리는 대군주께서 조선은 대내 대외적인 정치 문제를 자주적으로 처리하고 있다고 말씀하신 데 대해 만족하고 있습니다. 국제적 교섭의 대의를 위해서도 자치권self-control이 있는 조선은 독립국가independent state로서의 여러 권리와 여러 의무가 부여되어 있습니다. 이제 미국 상원의 충고와 동의를 얻어서 본인은 본 조약이 제3국과 미국과의 협상을 통해서가 아니라 우리 주권국가sovereign nations 간의 협약에 의해 체결된 조약이라고 인준하는 바입니다."

– Diplomatic Documents, National Archives, Chester A. Arthur, President of the United States of America to His Majesty, The King of Chosen, March 14, 1883

이런 내용은 한국근대사의 외교현장에서 주권, 자주와 독립의 논의가 사실상 시작되는 것이라는 점에서 특별한 의미를 담고 있다. 당시 조선/대한제국은 일본제국주의에 강제로 병합당하기 이전에 국내외의 갈등과 다양한 압력에도 불구하고 일본, 미국, 영국, 독일, 러시아, 이탈리아, 프랑스, 오스트리아, 청국, 벨기에, 덴마크 등과 수호통상조약을 체결한 바 있다. 하지만 19세기 동아시아의 경우 주권국가 체제가 새롭게 들어와 작동했으나 동양 삼국 사이에 적응력과 국력의 현저한 차이로 주권국가 체제가 실질적으로 오래 지속되지는 못했다. 특히 한국의 경우는 주권국가라는 모습으로 변신하던 과정에서 근린 제국주의로 질주한 일본제국에 희생당함으로써 한반도의 유구한 민족사와 새로운 주권의 역사가 교차하며 중첩되는 시기를 겪다가 좌절하며 무대에서 밀려났고, 이후 제국 일본이 전쟁에 패하면서 주권국가의 대열에 다시 들어섰다고 정리할 수 있다.

....

Q18 20세기 동아시아를 주도한 제국 일본과 미국의 전쟁이 갖는 공통점은 무엇일까?

Tip18 미국의 대외전쟁은 1898년 미국과 스페인전쟁 이후 20세기 양차 세계대전을 비롯하여 21세기 테러와의 전쟁까지 계속하여 이어지고 있다. 일본의 대외전쟁 역시 1894년 청일전쟁 이후 1945년 패전까지 거의 쉬지 않고 전쟁을 준비하거나 전쟁이 계속되었다. 양국은 매우 상이한 방식과 의도를 가지고 기나긴 전쟁에 참여하고 있지만, 간과해서는 안 될 공통점이 있다고 생각된다. 제국주의를 수행한 국가들은 어떤 식으로든 자국의 영토가 아닌 장소에서 전쟁을 수행한 경우가 많다는 공통점을 지니고 있지만, 제국 일본과 미국의 경우는 다른 제국들보다 자국이 아닌 본토에서 멀리 떨어진 곳에서 전쟁을 수행한 정도가 상대적으로 훨씬 두드러진다고 할 수 있다.

소수의 예외적 사태를 들자면 미국의 경우는 1941년 12월 7일의 진주만피습, 2001년 9·11테러 등이 있다. 제국 일본의 경우는 1945년에 본토가 공습에 노출되면서 주요 도시가 무차별폭격을 당하고, 4~6월에 오키나와전투, 8월의 히로시마, 나가사키가 원자폭탄에 의해 피폭당하는 피해를 입었다. 하지만 오키나와의 경우는 유구왕국이라는 제국 일본 내부의 타자로서 희생양으로 내던져진 상황이라는 점도 고려하지 않으면 안 된다. 그러고 보면 제국 일본이 청일전쟁과 러일전쟁이래 50년에 걸쳐 수행한 전쟁의 전장이 된 곳은 한반도, 대만, 중국 대륙, 몽골, 동남아시아, 태평양 지역 등지였으며, 제국의 전쟁의 마지막이 되는 해 일본 본토가 공격당하는 고통을 받았음을 간과하면 안 될 것이다.

영화 〈미션〉의 포스터
제국주의자들이 벌이는 전쟁이 십자가와 겹쳐지며 정의롭고 신성한 것으로 비치는 모습을 형상화한 포스터

다른 제국들의 경우는 제2차 세계대전으로만 한정해 보더라도 자국 영토 내에서 전쟁의 고통을 호되게 겪었다고 해야 할 것이다. 영국의 경우는 1940년 8월부터 1941년에 이르기까지 독일의 대공습에 그대로 노출

되면서 싸워야 했으며, 프랑스는 1940년 5월 이래 1944년 8월 파리를 회복할 때까지 독일의 지배하에 온갖 고통을 감수해야 했다. 특히 소련의 경우는 1941년 6월의 바르바로사 작전 이래 2700만 명 이상이 전사하는 지옥 같은 고통을 겪으며 맞서 싸운 기억을 갖고 있다. 전쟁 초반 전장을 압도하던 히틀러 지배하의 독일제국의 경우도 1943년 2월 스탈린그라드 전투에서 참패하면서 국토가 초토화되는 경험을 한 바 있다.

반면 제국 일본과 미국의 경우는 자국이 아닌 본토에서 전쟁을 치르다 보니 국민들의 전쟁에 대한 객관적 시야는 물론이고 공감능력이 현저히 떨어지는 문제를 수반한 측면이 있다. 따라서 전쟁에 대한 자국 정부의 프로파간다에 대한 합리적 비판이 힘을 얻기 어려우며, 자국의 전쟁에 대한 가해자 의식을 결여한 채 오히려 시혜자 의식 혹은 피해자 의식이 강하게 나타날 소지가 자연스럽게 커질 수밖에 없다. 자국의 전쟁을 '문명의 전쟁', '정의로운 전쟁'으로 보는 의식이 일반화될 소지가 큰 데다 영광스러운 승리에 도취할 공산이 매우 크게 나타나는 문제를 안고 있다.

....

Q19 20세기 말 세계적 차원에서 전개되던 냉전이 끝나고 난 후, '동아시아 공동체론'에 관한 논의를 가끔씩 접한다. 여러분은 '동아시아 공동체론'이라는 말을 들으면 어떤 이미지가 떠오르는가? 이 논의가 왜 정작 동아시아인들의 피부에 와닿지 않는 것일까?

Tip19 이 논의는 글자 그대로 생각하면, 동아시아가 공동체 의식을 가지고 보다 평화롭게 공존하고 번영해 가려는 내용과 의지를 반영하고 있다는 점에서 21세기 동아시아 평화를 갈망하는 사람들에게 매우 절실한 주제가 아닐 수 없다. 하지만 그럼에도 불구하고 이에 대한 공감대가 형성되기에는 암울한 과거의 그림자가 여전히 짙게 드리워져 있다는 사실을 간과해서는 안 된다. 그중에서도 20세기 전반 일본이 자국의 제국주의를 합리화하기 위한 방편으로 사용한 동양평화론이나, 동문동종, 대동아공영권과 같은 용어는 동아시아인들의 기억에 여전히 깊고 무거운 상처를 남기고 있다.

여러분은 동양평화론이라는 말을 들으면 누가 떠오르는가? 혹자는 한국인 안중근 의사의 동양평화론이 떠오를 수도 있고, 혹자는 일본의 거짓 선전문구로서 동양평화론이 떠오를 수도 있을 것이다.

20세기 역사 속에 등장했던 동양평화론이란, '동양은 동양인의 동양'이라는 말에 압축되어 표현되고 있듯이 '서양의 백인종이 동양을 침략할 때 동양의 황인종 삼국, 즉 한·중·일이 마음과 힘을 모아야만 인종과 강토를 지킬 수 있다는 점'을 강조한다. 이른바 '아시아주의'의 한 형태로서 러일전쟁을 치르면서부터 빈번하게 사용되었던 것이다.

후쿠자와 유키치의 문명개화론에 입각한 탈아론脫亞論이 동아시아 삼국 중에 일본만이 개화와 근대화에 성공한 예외적 국가라는 인식을 전제로 하면서 동아시아에 문명을 전파시켜야 한다는 일종의 '문명의 사명' 혹은 '문명인의 책임'을 거론하며 자신의 침략전쟁인 청일전쟁을 합리화했던 반면, 러일전쟁을 전후로 다양하게 제시된 동양평화론은 열강의 아시아 침략에 대항한다는 의미에서 상대적으로 아시아 공동체적인 인식을 전략적으로 강조하고 있었다.

그러나 탈아론이 동양에서 스스로를 예외적이라 인식했던 것처럼, 동양평화론 역시 동양의 여러 민족과 일본과의 관계를 수평적 관계에서 논하지 않고 어디까지나 일본을 정점으로 한 수직적 관계에서 논하는 것이었다. 그뿐만 아니라 전자가 부국강병이나 문명개화와 같은 새로운 가치체계에 근거하여 아시아에 '힘의 논리'를 강요했다면, 후자는 한·중·일 삼국으로 이루어지는 동양의 일체성을 강조하면서 주변국에 대한 침략적인 일본의 의도를 위장하려고 했다. 따라서 탈아론과 아시아주의라는 전혀 상반되는 것처럼 보이는 두 가지 사상이 크게 보면 동일한 사상적 맥락 위에 존재하며 다만 정치적 국면의 전환에 맞추어 대응하기 위한 상호보완적 성격을 지니고 있음을 알 수 있다.

"나는 천국에 가서도 또한 우리나
라의 독립을 위해 힘쓸 것이다. 대
한독립의 소리가 천국에 들려오면
나는 춤추며 만세를 부를 것이다."

1910년 3월 26일 사행집행 직전까지
안중근이 뤼순감옥에서 집필한 『동양
평화론』.

여기서 안중근이 말하는 동양평화론의 논리에 귀를 기울일 필요가 있
다. 안중근이 죽기 전 뤼순감옥에서 집필한 『동양평화론』을 보면, "일
본과 러시아가 개전할 때, 일본 천황이 선전포고하는 글에 "동양평화
를 유지하고 대한독립을 공고히 한다"라고 했다. (중략) 그런데 무슨
이유로 일본은 이런 순리의 형세를 돌아보지 않고 같은 인종인 이웃
나라를 치고 우의를 끊어 스스로 방휼 蚌鷸 의 형세 조개와 도요새가 다투는 형
세를 만들어 어부에게만 좋은 일을 시켜 주려고 하는가"라고 하면서,
동양평화의 논리를 빌려 일본의 언행이 일치하지 않음을 비판하고 있
다. 즉 안중근은 동양평화론의 당위적 측면과 현실 간의 괴리를 짚으
며 일본의 근린 제국주의를 비판하는 동시에 일본 측 논리의 허구성
을 통렬하게 논박하는 것이다. 결국 그는 이웃 국가의 독립을 존중하
지 않는 동양평화론이란 거짓이라는 주장을 명쾌하게 끌어내고 있다.
이처럼 동아시아에서 공동체에 관한 논의가 진전될 필요가 있음에도
불구하고 기왕에 이에 관한 논의가 이미 허위의식으로 가득 찬 방식
으로 악용되어 왔기 때문에, 건강한 의미의 공동체 논의가 진전되지

않는다고 할 수 있다. '거짓말쟁이 양치기 소년'의 비극적 이야기가 떠오르는 대목이다. 반면 이런 과거를 대국적으로 성찰하는 지혜와 용기를 가지고 대화해 나갈 수 있다면 새로운 미래를 향한 발걸음을 내딛는 가능성이 조금씩 열릴 수 있을 것이다. 과거는 바꿀 수 없지만 미래는 바꿀 수 있기 때문이다.

....

Q20 원폭 피해국이자 지진의 나라 일본이 원자력 대국이 된 것은 누구에 의해 어떻게 가능했을까? 그리고 이런 문제가 동아시아 국가들에 시사하는 바는 무엇일까?

Tip20 전후 일본은 원폭의 상처를 보듬은 채 출발해야 했다. 피폭의 아픔을 경험한 일본, 지진의 열도 일본은 어떤 계기로 어떤 생각을 가지고 원자력 대국이 되었던 것일까? 일본에 원전이 도입되는 과정을 전후 일본정치사의 맥락에서 간략히 살펴보기로 하겠다. 일본이 피폭의 상처를 안고 전후를 출발하여 평화헌법, 미일동맹, 경제 우선주의로 상징되는 전후체제를 구축하고 주권을 회복하여 국제사회에 복귀하는 과정에서 1953년 12월 8일 미국 아이젠하워 대통령의 '원자력의 평화적 이용 Atoms for Peace'연설이 발표되었다.

아이젠하워는 '원자력의 평화적 이용'이라는 연설을 통해 핵 개발로 인한 세계적 상황을 직시할 것을 강조했다. 요컨대 핵무기 제조기술이 차츰 확산되기 시작하여 모든 나라로 퍼져 나갈 것이라는 점, 그리고 머지않은 장래에 핵공격이 벌어질 가능성이 매우 높다는 것이었다. 따라서 "핵 관련 연구와 개발을 군사적 목적이 아닌 평화적이고 경제적 활용이 가능한 방식으로 돌려놓아야 하며, 핵이 인류의 사회경제적 조건을 향상하는 도구가 될 수 있도록 해야 한다"라는 요지의 연설이었다.

그리고 핵무기 생산에 사용될 수 있는 핵분열 물질을 국제적인 통제 아래 두자는 취지로 후일 발족하는 국제원자력기구 IAEA에 대한 구상도 담겨 있었다. 놀라운 '발상의 전환'이자 '획기적인 핵 군축 제안'처럼 보이는 논리가 아닐 수 없었다. 그런데 동일한 시기에 일본을 비롯한 서방 국가에서 반핵여론이 비등하는 사건이 발생하면서 사태는 예측불능의 상황으로 번진다.

다름 아닌 1954년 3월 1일 마셜제도의 비키니섬에서 미국이 수소폭탄 실험 Castle Bravo을 비밀리에 진행했는데, 예상보다 훨씬 큰 폭발력으로 인해 안전지대라고 예상되는 인근 섬에 대피해 있던 마셜제도 주민 236명이 방사능 피폭을 당했고, 해상에서 조업 중이던 일본 참치잡이 어선 '다이고 후쿠류마루第5福龍丸, Lucky Dragon'의 선원 23명까지 피폭당하는 사건이 발생했다.

비키니해역에서 미국의 수소폭탄 실험에 피폭당한 사고가 알려지면서 수산물 먹거리 등 방사능오염에 대한 공포와 불안이 엄습했고, 원폭에 대한 반대 서명운동과 저항이 시작되었다. 이 사건은 히로시마와 나가사키에서 피폭당한 일본인들이 전후에 억눌러야만 했던 반핵감정과 반미감정을 격렬히 자극하면서 일본 여론을 들끓게 했다.

다이고 후쿠류마루 피폭사건에서 시작되어 일본의 가정주부를 중심으로 한 원자탄과 수소폭탄 금지청원은 1955년까지 3200만 명에 달하는 일본인이 청원서에 서명한 미증유의 상황으로 확산되었다. 일본 국내에서는 이 사건을 계기로 반핵 평화운동이 일어났고, 1955년 8월 6일을 시작으로 '원자탄과 수소폭탄 금지 세계대회'가 매년 열리게 되었다. 이처럼 일본 열도가 반핵과 반미의 여론이 비등한 상황에서 미일 양국 관계자들은 일본 전역에 비등한 반핵여론이 반원전여론으로 번지지 않고, 반미감정이 사회주의 진영에 대한 친화적 감정과 태도로 이어지지 않도록 하는 데 주력했다. 그리고 이처럼 어려운 국면을 돌파할 수 있었던 슬로건이 다름 아닌 '원자력의 평화적 이용'이었다. 원자력의 평화적 이용이라는 슬로건은 미국 CIA의 관여와 쇼리키 마쓰타로正力松太郎, 1895~1969라는 일본 매스미디어계 거물의 치밀한 기획, 일본 정계-관계-재계-언론계와의 협력 속에서 철저히 대중

데츠카 오사무의 〈테츠완 아톰〉   영화 〈고질라〉 포스터(1954)

에게 파고들었다.

이처럼 원자력에 대한 긍정적인 이미지가 확산될 수 있었던 데는 『소년』 잡지에 1952년 4월호부터 연재되기 시작한 데츠카 오사무手塚治虫, 1928~1989 의 만화 〈철완 아톰鉄腕アトム〉이 공전의 히트를 친 것이 매우 크게 작용하고 있었다는 점도 흥미롭다. '아톰'은 체구는 작으면서도 10만 마력의 엄청난 힘을 가진 정의의 로봇으로서, 원자력으로 움직이는 과학문명의 첨단 아이콘으로 일본인들의 마음속에 자리 잡아 갔다. 그는 원자력을 상징하는 아이콘과 같은 존재였으며, 원자력 연구의 개발을 진행하는 데 친화적 여건을 조성해 나가게 된다. 1954년에 개봉한 영화 〈고질라〉가 일본인들에게 원자폭탄의 공포를 상징하는 존재라면, '아톰'은 '원자력의 평화적 이용'을 상징적으로 보여주는 존재가 되었던 것이다.

여기서 주목하게 되는 점은 이런 상황을 겪으면서 '원자력'을 일본이 경험한 '원폭'과 '구별'해야 하며, 오히려 '새로운 과학', '문명'의 상징으로 받아들여야 한다는 인식이 일본에서 광범위하게 나타나고 있다는 점이다. 원자력이 일본 사회에서 희망, 첨단, 진보, 미래를 상징하는 아이콘으로 확실히 자리매김하고 결국은 원자폭탄을 반대하던 대표적인 세력이 주도하던 '원자탄과 수소폭탄 금지 세계대회'나 피폭자단체의 성명서, 피폭의 도시인 히로시마 시장의 입에서조차 '원자력의 평화적 이용'은 거부할 수 없는 세계적인 대세이자 장밋빛 미래를 표상하는 희망찬 이미지로 받아들여졌다.

이처럼 '원자력의 평화적 이용' 신화가 성공적으로 확산될 수 있었던 데는 비대칭적인 미일 동맹관계와 일본의 친미주의적 태도, 그리고 경제우선주의가 배후에 자리 잡고 있었음을 주목할 필요가 있다. 아울러 일본의 독립과 자주를 확보하기 위해서는 국운 융성과 진보가 너무나도 절실하다고 생각한 전후 일본의 정치가, 기업가, 언론인, 대중의 열망과 '편의주의적 망각'이 작동했다고 할 수 있다. 더욱이 일본의 주요 정치가들은 원자력기술을 산업정책의 차원에서 미래의 에너지 정책의 일환으로 자리매김하면서 동시에 원자폭탄을 만들 수 있는 잠재적 능력을 확보하고 싶어 하는 욕망에 사로잡혀 있었다. 원자력의 평화의 얼굴은 원자폭탄이라는 두려운 힘과 뫼비우스의 띠처럼

일본 원자력발전소 운영 현황(1970년대까지)

운전 개시 연도	원전 명칭	전력회사	운전 개시 연도	원전 명칭	전력회사
1966	東海(도카이)	일본원자력발전	1975	高浜(다카하마) 2호 玄海(겐카이) 1호	関西(간사이)전력 九州(큐슈)전력
1970	敦賀(쓰루가) 1호 美浜(미하마) 1호	일본원자력발전 関西(간사이)전력	1976	美浜(미하마) 3호 福島(후쿠시마) 3호 浜岡(하마오카) 1호	関西(간사이)전력 東京(도쿄)전력 中部(주부)전력
1971	福島(후쿠시마) 1호	東京(도쿄)전력	1977	伊方(이카타) 1호	四国(시코쿠)전력
1972	美浜(미하마) 2호	関西(간사이)전력	1978	福島(후쿠시마) 4, 5호 浜岡(하마오카) 2호	東京(도쿄)전력 中部(주부)전력
1974	島根(시마네) 1호 福島(후쿠시마) 2호 高浜(다카하마) 1호	中国(주고쿠)전력 東京(도쿄)전력 関西(간사이)전력	1979	福島(후쿠시마) 6호 大飯(오이) 1, 2호	東京(도쿄)전력 関西(간사이)전력

의식의 한편에서 이어지고 있었던 것이다. 이런 상호협력 관계 아래에서 '원자력의 평화적 이용' 신화는 날카로운 칼날을 숨기고 일종의 '정의의 보검 寶劍'이 되었다고 할 수 있다. 그러는 가운데 일본은 고도 경제성장을 이루면서 1969년에는 세계 GNP 2위 경제대국으로 부상했고 1970년대에는 원전대국으로 떠올랐다.

전후 일본의 원자력발전소 개발의 논리와 심리는 한국이나 중국의 경우도 크게 다르지 않다. 일본이 원폭으로 인한 피해국가이고 빈번하게 지진이 발생한다는 점이 다를 뿐이다. 한국의 경우는 원자력발전소 밀집도라는 측면에서 2021년 3월 기준 압도적인 세계 1위이다. 그리고 중국의 경우는 최근 들어 세계에서 가장 빠르게 원자력발전소 개발에 열을 올리고 있다. 원자력발전에 종사하고 있는 전문가들은 하나같이 자국의 원자력발전소가 철저히 안전하게 관리되고 있다고 말한다. 하지만 우리가 살아가는 세계는 우리가 예측하기 어려운 돌발 상황이 수시로 발생한다. 2011년 일본 동북지역 대지진과 쓰나미로 인한 후쿠시마 원전사고는 원자력에 대한 안전 신화가 얼마나 작위적이며 허구적인 것인가를 실감하게 해 주었다.

동아시아는 주지하는 바와 같이 전통적인 국가 간 분쟁 가능성이 여전히 매우 높은 지역이다. 게다가 2001년 미국에서 발생한 9 · 11테러사건 이후 인류가 두려워하는 가장 무서운 시나리오 중 하나가 '대량살상무기와 테러조직이 결합'하는 사태라는 점을 고려한다면, 2011년 일본의 원전폭발 사고는 안보 문제라고 하는 측면에서 또 다른 가시적 위험사태가 항시적으로 도사리고 있음을 선명히 드러낸 셈이다. 따라서 당장은 지진과 같은 자연재해로부터 상대적으로 안전하기에 원전사고의 위험에서 자유롭다고 간주하는 것은 근시안적인 데다 매우 위험한 모험주의적 발상이라고 할 수 있다. 21세기 동아시아는 기로에 서 있다. 미래로부터의 시선이 지금 우리의 선택에 주목하고 있다.

에필로그:
'가재의 탈피'와 전환기를 살아가는 해법

여기 가재 한 마리가 있다. 그런데 뭔가 낌새가 이상하다. 자세히 바라보니, 천천히 그러면서도 주변의 적을 의식이라도 한 듯 아주 조심스럽고 신중하게 자신의 몸을 보호해 주던 단단한 보호막을 벗어 버리려 안간힘을 쓰고 있다. 그런데 그게 그리 쉽지 않아 보인다. 그도 그럴 것이 자신의 큰 집게발과 몸통을 단단한 껍데기 작은 마디마디 사이로 빼낸다는 것이 간단한 일일 수는 없을 테니까. 더욱이 가재가 이처럼 탈피를 하는 동안 다른 가재나 주변 물고기의 공격이라도 받으면 그야말로 가재는 속수무책으로 당할 수밖에 없다. 그래서 가재에게 탈피는 불가불 위기상황을 수반하는 과정이다.

그런데 이처럼 위험한 과정임에도 불구하고 가재는 탈피를 한다. 그렇다면 가재는 도대체 왜 탈피를 하는 것일까? 그것은 자신을 감싸고 있는 단단한 껍데기 속에서 가재의 몸이 성장하며 변화하고 있기 때문이다. 하지만 가재의 껍데기는 단단하고 딱딱해서 변화하지 않는다. 그러다 보니 이제껏 가재를 보호해 주던 껍데기가 어느 순간부터 가재의 몸에 너무 작다고 느끼는 '모순'된 순간에 이르는 것이다. 그래서 가재에게 탈피는 운명이다. 가재 몸의 성장이 멈추지 않는 한, 가재는 여러 차례 탈피를 해야 하며 이에 필연적으로 수반되는 위기상황을 잘 극복해야 하는 것이다.

가재의 몸을 내용에 비유한다면 가재의 껍데기는 일종의 형식이라고 할 수 있다. 내용과 형식이 서로 잘 어우러지는 상황에서는 다른 문제가 있을 리 없을 것이다. 그런데 문제는 몸이 가만히 있지 않고 자꾸 커져 간다는 것이다. 하지만 기존의 껍데기는 단단하고 딱딱한 것이어서 변화하려 하지 않는다. 즉 신체의 일부는 변화하는데, 다른 일부는 변하지 않는 것이다. 바꿔 말하면 변하는 것과 변하지 않는 것 사이에 대립과 모순, 긴장과 갈등이 가재의 신체에서 필연적으로 발생하는 것이다. 따라서 이처럼 몸이 커져 감에 따라 내용과 기존의 형식 간에 불일치가 발생하고 그 모순이 심화되면, 달라진 내용을 담아낼 수 있는 새로운 형식, 곧 새로운 패러다임이 불가피해지는 것이다.

가재의 탈피가 이처럼 모순과 지양의 과정을 반영하는 것처럼 우리가 살아가는 세계도 유사한 상황을 겪는다. 우리의 삶은 모순으로 가득 차 있다. 더욱이 개개인이 어우러져 살아가는 세계는 더더욱 그렇다. 따라서 여기서 '변하는 것과 변하지 않는 것' 혹은 '상대적으로 빠르게 변하는 것과 느리게 변하는 것' 사이의 모순과 대립이 끊임없이 발생하기 마련이며, 가재가 숙명처럼 탈피를 하지 않을 수 없는 것처럼 역사의 전환기는 어김없이 찾아온다는 것이다. 가재의 삶을 역사에 비유한다면 가재의 탈피는 기존의 틀, 곧 패러다임의 변화가 일어나는 전환기에 해당한다.

이 책에서는 모순이 극대화되어 가재가 탈피를 해야만 하는 그 순간, 기준이 바뀌고 패러다임이 변화했던 동아시아 근대의 전환기를 다중거울로 조망해 보고자 했다. 역사의 중요한 국면마다 전환기적 변화가 있었고, 그리고 현재에도 숙명처럼 새로운 탈피가 진행되고 있음을 확인했다. 21세기 동아시아의 역사와 정치와 문명을 어떻게 살아낼 것인가? 상처와 배타로 얼룩진 주변국들과 어떻게 상생할 것인가?

춘추전국시대 초나라 사람이 검을 품고 양쯔강을 건너다 그만 강에 검을 빠뜨리고 말았다. 그는 나중에 찾기 위해 검을 떨어뜨린 곳에다 주머니칼로 표시를 해 두었다. 배가 목적지에 도착한 후 그는 표시해 둔 곳으로 내려가 검을 찾으려 하지만, 검은 눈에 띄지 않았다. 각주구검 刻舟求劍이라는 유명한 고사성어에 얽힌 이야기이다. 누구나 들으면 실소를 금하기 어려운 무슨 바보 시리즈 이야기처럼 들리지만, 조금 더 곰곰이 생각해 보면 우리가 다루는 주제에 관한 날카로운 통찰력이 담겨 있다. 이 사람의 무엇이 문제가 되는 것일까? 문제는 주인공이 강물이 흐른다는 것을 의식하지 못했다는 것이다. 만일 그가 흐르는 강물 위에 있지 않았다고 한다면, 이 사람의 행위는 나무랄 데 없는 매우 성실하고 정당한 대응방식이었을 것이기 때문이다.

각주구검이라는 고사성어는 게임의 규칙이 변하고 경기장이 바뀌는 상황, 즉 패러다임이 변화하는 전환기를 이해할 때 매우 유용하다. 왜냐하면 기존의 패러다임에서는 현실적으로 타당하다고 간주되던 방식이 전환기의 상황, 즉 새롭게 부상한 패러다임에서는 전혀 현실적인 해법이 되지 못할 수 있음을 명료하게 시사하기 때문이다.

그러면 패러다임이 변화하는 전환기적 상황을 지혜롭게 맞이하려면 어떻게 해야 할까? 앞서 언급한 바 있는 가재의 탈피를 통해 전환기를 맞이하는 해법을 벤치마킹해 보기로 하겠다. 여기서 먼저 다음과 같은 질문을 던져 보자. 가재는 탈피를 통해 기존의 껍데기를 벗고 더욱더 큰 새로운 껍질로 갈아탄다. 그러면 어떻게 작고 단단한 껍데기 속에서 더욱 크고 단단한 껍데기를 준비해 둘 수 있는 것일까? 어떻게 작고 단단한 상자 안에서 더 큰 상자가 나올 수 있냐는 것이다. 여러분은 이에 대해 대답할 수 있는가? 혹시 막 탈피를 마친 가재에게는 껍데기가 존재하지 않다가 탈피 후에 다시 생기는 것일까? 가재는 탈피 과정에서 마법을 부리는 것일까? 어렵사리 막 탈피를 마친 가재의 몸에는 분명히 새로운 보호막이 씌워져 있다. 그러면 도대체 어떻게 된 것일까? 책을 덮고 여러분도 한번 곰곰이 생각해 보라.

가재의 탈피 과정을 관찰하면서 필자는 그 비밀을 알 수 있었다. 여러분도 가재 혹은 갑각류의 탈피 과정을 직접 관찰해 보길 바란다. 그러면 탈피하는 가재의 노하우를 발견할 수 있을 것이다. 가재 선생님이 온몸으로 보여 준 해답은 새로 생겨난 껍데기가 기존의 단단하던 보호막과는 다르게 아주 부드럽고 말랑말랑하다는 데 있다. 그것은 유연하고 신축적이기 때문에 기왕의 강하고 단단한 껍데기 속에서 마치 바람이 빠진 풍선처럼 속살에 밀착된 형태로 준비될 수 있었던 것이다. 그리고 탈피를 마친 가재의 새 껍데기는 풍선처럼 부풀어 올라 영양분을 공급받는 가운데 다시 단단해진다. 탈피를 마치고 새로운 가재로 탄생하는 것이다.

가재를 비롯한 갑각류에게 탈피가 숙명이듯, 인간의 삶과 역사에서도 크고 작은 전환기적 상황은 반드시 찾아온다. 피할 수가 없다. 가재 선생님의 탈피 노하우에 따르면 패러다임이 바뀌는 전환기는 위기를 수반하기 마련이며, 위기상황을 극복하는 열쇠는 발상의 전환을 가능하게 하는 '유연한 사고'와 '모험정신' 유무에 달려 있다고 할 수 있다. 즉 새로운 세계에 대한 호기심과 풍부한 상상력, 그리고 그것을 가능하게 하는 실험정신과 도전정신이야말로 전환기를 헤쳐 나가며 미래를 열어 가는 해법이 될 수 있을 것이다. 고착되어 있는 기존의 틀을 깨고 나올 수 있는 유연하고도 담대한 도전이 새로운 전환기에 우리에게 필요한 이유이다.

부록: 동아시아 문제를 지금, 어떻게 볼 것인가

일본 사상가 고야스 노부쿠니와의 대담

2014년 11월에 서면으로 진행한 대담

제1차 세계대전이 시작된 지 100년의 세월이 흐른 오늘날 동아시아는 중국의 급속한 부상과 일본의 급격한 우경화 움직임을 마주하고 있다. 마치 100년 전의 유럽 상황을 대하는 것처럼 21세기 동아시아 정세는 상당히 불안하다. 동아시아는 지금 어디로 가는 것인가? 그리고 우리는 지금 무엇을 해야 하는가? 한국에서의 강연을 앞둔 일본의 대표적인 비판적 지성 고야스 노부쿠니 子安宣邦 선생과 이를 주제로 폭넓은 대담의 시간을 가졌다.

강: 동아시아는 현재 세계에서 가장 역동적인 지역입니다. 그리고 상호 간 의존도도 매우 높습니다. 그럼에도 대단히 불안한 상황이 전개되고 있습니다. 선생님께서는 21세기 작금의 동아시아의 현실을 거시적 차원에서 어떻게 진단하십니까?

고야스: 많은 지식인이 글로벌 자본주의라는 현대 세계의 존재 방식이 이제는 변화하지 않으면 안 되는 최종적인 단계에 이르렀다고 지적합니다. 저 역시 이런 인식에 동의합니다. '동아시아 문제'를 거시적 차원에서 조망하려면 바로 여기서부터 논의를 시작해야 할 것입니다. 글로벌 자본주의는 일국적 자본주의를 넘어 세계의 지역적 통합화, 즉 '제국'과 같은 식의 재분할을 진행하고 있습니다. 미국과 EU, 그리고 구사회주의 국가인 러시아, 지금도 여전히 사회주의 국가를 자칭하는 중국이 글로벌 자본주의 세계에서 '제국'으로 존립하고 있는 것이 21세기 세계의 현황입니다. 그리고 이것이 동아시아 세계의 현재 상황이기도 합니다.

강: 21세기 동아시아의 불안이 가중되는 현상의 저변을 이해하려면 글로벌 자본주의 체제를 우선적으로 이해해야 한다는 말씀이신데요. 좀 더 부언 설명해 주실 수 있겠습니까?

고야스: 네, 제가 글로벌 자본주의가 변화하지 않으면 안 될 최종 단계라고 말하는 가장 큰 이유는 전 세계적으로 경제적 격차와 사회분열을 야기하고 이를 끊임없이 확대 심화시켜 가고 있기 때문입니다. 인간의 공동 생존조건을 세계적인 차원에서 무너뜨려 가고 있다는 것이죠. 그런데 이런 사회분열은 국가적 차원의 통합에 위기로 작용합니다. 그리고 국가적 차원의 통합 위기는 언제든지 민족주의, 곧 내셔널리즘을 환기하고 자극하게 됩니다. 글로벌 자본주의 세계에서 경제적 약진을 이룬 중국을 비롯한 동아시아 여러 나라들이 2010년대에

들어와서 격렬한 민족주의적인 대결관계에 접어든 것을, 저는 글로벌 자본주의가 초래한 국내적 위기의 심화와 관련지어 조망하지 않으면 안 된다고 생각합니다.

강: 그러면 이제 역사인식 문제를 생각해 보도록 할까요? 20세기 일본제국주의의 경험은 아시아, 그중에서도 한반도와 중국에 매우 깊은 상처를 남겼습니다. 그럼에도 불구하고 냉전의 전개 상황에 가려 전쟁책임의 문제는 임기응변적으로 처리되었고, 이에 따라 주변국에 대한 진지한 사과와 화해가 이루어지지 못한 채 서둘러 봉합되고 말았습니다. 21세기에 들어와서 역사인식 문제는 동아시아 국가들 간에 그리고 국가 내부적으로 더욱 심각하게 대두되는 상황입니다. 21세기의 역사인식 문제를 어떻게 보아야 한다고 생각하십니까?

고야스: 21세기에 들어서부터 현재까지 일본과 중국, 한국과 일본 간의 민족주의적 대결관계는, 그 이전인 20세기의 '역사인식 문제'를 둘러싼 정치적 긴장관계와는 질적으로 성격이 다르다고 생각합니다. 영토를 둘러싼 국제적인 정치 외교상의 문제가 민족주의적 대결의 문제로 비화하는 원인은 오히려 국내적인 요인에서 그 이유를 찾아야 합니다. 국제적 요인보다 국내적 요인이 중요하다는 것은 20세기 전쟁의 역사를 상기해 보더라도 명백한 것입니다. 지금 동아시아가 민족주의의 열기가 고조됨에 따라 치열한 긴장관계에 들어가고 있는 것은, 그만큼 국내적 위기가 깊고 사회분열의 정도가 크다는 것을 의미합니다.

강: 선생님의 지적을 예컨대 일본의 상황에 한번 적용해 보겠습니다. 아베 정권 이후 일본의 우경화는 매우 우려할 만한 상황입니다. 일본의 우경화가 2011년 3월 11일 사태와 어떤 상관관계가 있다고 생각하십니까? 강력한 중국의 등장과 그로 인한 동아시아 패권의 이동 등을 배경으로 하면서, 기나긴 경제 불황과 후쿠시마 원전사고로 상징되는 총체적인 일본의 위기 상황이 일본인의 위기의식에 불을 질렀고, 이런 국민의 위기감이 '강한 일본'을 주장하는 정치세력의 정치적 선동을 용인하는 방향으로 나아가게 하고 있다고 해야 하지 않을까요?

고야스: 일본에서 아베라는 역사수정주의적인 정치가의 재등장을 용인한 이유가, 오래도록 지속되는 경제 불황과 동일본 대지진, 그리고 후쿠시마 원전사고가 초래한 심각한 사회적 위기에 있다는 것은 분명합니다. 그와 함께 동아시아 국제환경의 긴장상황이 아베가 정권 담당자로 재등장하도록 재촉한 측면도 물론 있습니다. 이런 아베 수상의 재등장과 현재에 이르기까지 정치 지도자로서 그가 존립할 수 있는 것은 야당이 사실상 해체된 전후 일본 정치의 인과응보임과 동시에, 원자력 발전소의 재가동과 군국주의화에 반대하는 시민운동이 정국을 전환시킬 만큼의 힘을 안타깝게도 양적으로나 질적으로 아직 확보하지 못하고 있기 때문입니다.

강: 앞서 선생님께서 언급하신 바와 같이, 21세기 동아시아 지역은 때늦은 민족주의가 기승을 부리면서 홍역을 앓고 있는 상황입니다. 하지만 70여 년의 세월을 분단 상태에 있는 한반도

로서는 민족주의를 포기하기도 어려운 처지입니다. 21세기의 시점에서 내셔널리즘을 어떤 시선으로 바라봐야 한다고 생각하십니까?

고야스: 그와 관련해서 제가 여기서 특별히 강조하고 싶은 것이 있습니다. 이른바 '역사인식 문제'를 둘러싼 일본에 대한 비판이 점점 민족주의적 색채를 더하고 있다는 사실입니다. 이미 '역사인식 문제'를 넘어 민족주의적인 문제가 되어 버린 것 같습니다. 이것이 우리 모두에게 불행인 이유는, 한편으로는 '역사인식 문제'를 재부상하도록 불을 붙인 장본인이라고 해야 할 역사수정주의자 아베 수상의 입장을 역설적으로 대항 민족주의로 지탱하게 만들어 주기 때문입니다. 또한 다른 한편으로는 일본 정부의 대응에 대한 저와 같은 비판적인 내부의 목소리가 국내의 민족주의적인 압력에 짓눌리게 됩니다. 이것은 매우 불행한 사태입니다.

강: 동감입니다. 선생님의 말씀은 양날의 검이라고 할 수 있는 민족주의가 빠지기 쉬운 함정을 매우 적절하게 지적한 것이라고 생각합니다. 그렇다면 한국의 경우 구체적으로 어떤 자세가 필요하다고 생각하십니까?

고야스: 저는 언젠가 한국의 어느 언론사가 '야스쿠니 신사 참배 문제'에 관해 문의해 왔을 때, 만일 아베 수상이 야스쿠니 신사에 참배를 하게 된다면, 그것을 민족주의적인 차원에서 다룰 것이 아니라 인류사적 차원의 범죄행위로서 항의해야 할

것이라고 대답한 바 있습니다. 게다가 동아시아의 이웃들에게 필설로 형언할 수 없는 가해행위를 저질렀음에도 불구하고 과거의 전쟁국가 일본의 제사시설에 지금의 일본 수상이 참배하는 것은 인류사적 차원의 범죄입니다. 이런 보편적이면서도 인류사적 차원에서 항의를 통했을 때 비로소 동아시아의 '야스쿠니 문제'를 둘러싼 시민운동의 연대가 형성될 수 있을 것입니다. 우리가 추구해야 하는 것은 민족주의적 대립이 아니라 동아시아 시민으로서 공감과 연대입니다.

강: 지금 선생님의 언급은 '21세기 동아시아에 절실하게 필요한 것은 자극적인 선동적 언어가 아니라 인류 보편의 언어와 상생의 시선으로 문제를 파악하는 능력이다'라는 말씀으로 제게는 들립니다.

고야스: 그렇습니다. 동아시아 시민의 연대는 인류사적 차원의 보편주의 입장에서 비로소 가능합니다. 제가 처음에 언급한 바와 같이, 글로벌 자본주의가 변화하지 않으면 안 될 최종 단계에 놓여 있는 현대사회는 인류적 차원의 위기를 비단 전쟁이나 원자력발전소 문제뿐만 아니라 우리의 사회생활에서부터 일상의 생활 기반에 이르기까지 그야말로 도처에서 문제를 표면화해 놓은 상황입니다. 이런 위기가 민족국가를 넘어선 동아시아 시민, 생활자들의 연대를 요구하고 있으며, 이 연대야말로 현대사회의 위기를 풀어 나가게 하는 힘이 될 것입니다.

강: 그렇다면 시민 차원의 교류와 연대가 가능한 영역으로 구체적으로 어떤 것이 있을까요? 예컨대 원전 문제를 사례로 생각해 본다면….

고야스: 구체적으로는 일본 헌법의 평화주의적 원칙의 이상과 현실에 대하여 한국과 일본의 학생들이 공동으로 토의를 해 보는 방법도 좋지 않을까요? 그렇게 함으로써 일본 학생들이 한국 징병제의 실제가 어떤지 알게 되고, 함께 사고해 갈 수 있다면 서로에게 더할 나위 없이 유익할 것이라고 생각합니다. 그리고 지적하신 원전 문제는 본질적으로 지구적 차원의 문제이자 원자력발전에 의한 에너지체제라는 국제적 차원의 문제이기 때문에, 이것이 일국적 차원의 문제로만 다뤄져서는 원전을 정지하거나 폐기하는 것이 불가능하다고 여겨집니다. 따라서 일국적 차원을 넘어 생활자 차원에서 문제의식을 공유하고 원전 폐기를 향한 운동의 연대가 시급히 요구되는 것입니다.

강: 마지막 질문입니다. 20세기 후반 이후 동아시아 국가들의 발전이 가시화되면서 이른바 '유교적 자본주의'의 논의가 활발하게 나타났습니다. 더욱이 최근에 중국 정부는 강력한 지원을 통해 유학의 세계화, 보편화를 추진하고 있는 것으로 보입니다. 과연 유학은 근대 서양문명을 보완하는 하나의 대안이 될 수 있을까요? 이런 논의가 오리엔탈리즘이나 서구중심주의에 대한 비판적 사고가 만들어 낸 또 다른 '허상' 혹은 역편향이 되어서는 안 될 텐데요. 유학이 '제국'으로서 중국의 복

귀를 돕는 중국의 정치 이데올로기로 작용할 소지도 없지 않다는 우려가 들기도 합니다.

고야스: 저 역시 기본적으로 강 선생님의 지적에 동의합니다. 제가 한국에서 열리는 이번 초청강좌에서 중요하게 다루고자 하는 것이 '동아시아'를 '실체'가 아닌 '방법'으로 사고하자는 것입니다. '동아시아'를 '유교 문화권'으로 보는 것은 말하자면 동아시아를 실체적으로 보는 것에 해당합니다. 이런 실체로 바라보는 유교란 중화제국이라는 예의 관계에 입각한 질서체제를 지탱해 온 도덕적이고 정치적인 교리입니다. 따라서 지금 '동아시아 유교'를 말하는 것은, 현실세계에 실체로서 등장하고 있는 중화'제국'으로 동아시아가 다시금 포섭되는 것을 의미하는 것이라고 생각합니다. '동아시아'를 방법으로서 사고한다는 것은 '동아시아'를 우리가 새로이 만들어 가는 '동아시아'로서 사유한다는 것입니다. 동아시아 시민의 연대와 운동이란 '동아시아'를 우리 공동의 생활세계로서 이를테면 새로이 상상하고 만들어 가는 것을 의미합니다.

강: 운전할 때 우리는 다양한 미러, 일종의 '다중거울'을 통해 도로 상황을 파악합니다. 각각의 거울은 매우 다른 측면에서 도로 상황을 비춰 줍니다. 모두 유용한 거울이지만 어느 거울도 충분히 주변을 비춰 주지는 못합니다. 운전자는 자신의 안목으로 다양한 거울을 적절하게 활용하며 운전을 해야 합니다. 21세기 동아시아는 20세기 상황보다 훨씬 복합적으로 구성되어 있습니다. 일상의 안전 운전을 위해서도 다중거울을 적

절히 활용하는 노련함이 요구되는데, 하물며 복잡하고 역동적으로 변화하는 21세기 동아시아를 건강한 삶의 공간으로 열어 가려면 얼마나 많은 거울과 지혜로운 안목이 필요하겠습니까. 그런 점에서 고야스 선생님과의 대화는 거시적 통찰력과 유연하고 균형 잡힌 안목의 필요성을 새삼 되새겨 보는 매우 귀한 시간이 되었습니다. 감사합니다.

- 子安宣邦,『帝国か民主か: 中国と東アジア問題』(社会評論社, 2015), pp. 111-116

참고도서

가토 기요후미, 안소영 역, 『대일본제국 붕괴』(바오, 2010)

가토 요코, 김영숙 역, 『만주사변에서 중일전쟁으로』(어문학사, 2012)

가토 요코, 양지연 역, 『왜 전쟁까지: 일본제국주의의 논리와 '세계의 길' 사이에서』(사계절, 2018)

가토 요코, 윤현명·이승혁 역, 『그럼에도 일본은 전쟁을 선택했다』(서해문집, 2018)

강덕상 편저, 김광열·박순애 역, 『우키요에 속의 조선과 중국: 다색판화에 투영된 근대 일본의 시선』(일조각, 2009)

강상규, "동주 이용희의 국제정치학과 민족주의연구 다시읽기", 『통합인문학연구』 9권 2호(2017)

강상규, "역사적 전환기 한반도의 국제정치 경험에 관한 연구: 류큐왕국/오키나와 및 대만과의 비교를 중심으로", 『진단학보』 135호(2020. 12)

강상규, "원자력의 평화적 이용 신화와 일본의 전후체제", 한양대 일본학 국제비교연구소, 『비교일본학』 43집(2018. 9)

강상규, "'절대반지'로서 원자력의 유혹", 서울대학교 일본연구소, 『일본비평』 7호(2012)

강상규, "주권개념과 19세기 한국근대사", 『한국동양정치사상사연구』 제19권 1호(2020)

강상규, 『19세기 동아시아의 패러다임 변환과 다중거울』(논형, 2012)

강상규, 『19세기 동아시아의 패러다임 변환과 제국 일본』(논형, 2007)

강상규, 『19세기 동아시아의 패러다임 변환과 한반도』(논형, 2008)

강상규, 『조선정치사의 발견』(창비, 2013)

강상규·김세걸, 『근현대일본정치사』(한국방송통신대학교출판문화원, 2014)

강상규·김세걸, 『근현대 한일관계와 국제사회』(한국방송통신대학교출판문화원, 2013)

강상규·김세걸·김웅희, 『현대일본정치의 이해』(한국방송통신대학교출판문화원, 2013)

강상중, 노수경 역, 『떠오른 국가와 버려진 국민』(사계절, 2020)

강상중, 노수경 역, 『한반도와 일본의 미래』(사계절, 2021)

강상중, 이경덕·임성모 역, 『오리엔탈리즘을 넘어서』(이산, 1997)

개디스, 존루이스, 강규형 역, 『9·11의 충격과 미국의 거대전략』(나남출판사, 2004)

개번 매코맥·노리마쓰 사토코, 정영신 역, 『저항하는 섬, 오끼나와』(창비, 2014)

고모리 요이치, 송태욱 역, 『1945년 8월 15일, 천황 히로히토는 이렇게 말했다』(뿌리와 이파리, 2004)

고야스 노부쿠니(子安宣邦), 『帝国か民主か: 中国と東アジア問題』(社会評論社, 2015)

고야스 노부쿠니, 이승연 역, 『동아, 대동아, 동아시아: 근대일본의 오리엔탈리즘』(역사비평사, 2005)

고이데 히로아키, 고노 다이스케 역, 『원자력의 거짓말』(녹색평론사, 2012)

그레이엄 앨리슨, 정혜윤 역, 『예정된 전쟁』(세종서적, 2018)

김기봉, 『역사를 통한 동아시아 공동체 만들기』(푸른역사, 2006)

김용구, 『세계관충돌과 한말외교사, 1866-1882』(문학과 지성사, 2001)

김용구, 『세계관충돌의 국제정치학』(나남, 1997)

김용구, 『약탈제국주의와 한반도: 세계외교사 흐름 속의 병인·신미양요』

(도서출판원, 2013)

김용옥, 『우린 너무 몰랐다: 해방, 제주 4.3과 여순민중항쟁』(통나무, 2019)

나카츠카 아키라, 박맹수 역, 『1894년, 경복궁을 점령하라』(푸른역사, 2002)

나카츠카 아키라, 이규수 역, 『일본인이 본 역사 속의 한국』(소화, 2020)

남기정, 『기지국가의 탄생: 일본이 치른 한국전쟁』(서울대학교출판문화원, 2016)

노마필드, 박이엽 역, 『죽어가는 천황의 나라에서』(창작과 비평사, 1995)

누스바움, 김영석 역, 『국제법의 역사』(한길사, 2013)

다카기 진자부로, 김원식 역, 『원자력신화로부터의 해방』(녹색평론사, 2001)

다카하시 데쓰야, 한승동 역, 『희생의 시스템 후쿠시마 오키나와』(돌베개, 2013)

데이비드 글랜츠, 유승현 역, 『8월의 폭풍: 1945년 8월 9~16일, 소련의 만주전역 전략 공세』(길찾기, 2018)

데이비드 레이놀즈, 이종인 역, 『정상회담: 세계를 바꾼 6번의 만남』(책과함께, 2009)

도요시타 나라히코, 권혁태 역, 『히로히토와 맥아더: 일본의 '전후'는 어떻게 만들어졌는가』(개마고원, 2009)

래너 미터, 기세찬·권성욱 역, 『중일전쟁: 역사가 망각한 그들 1937-1945』(글항아리, 2020)

로버트 잭슨, 옥동석 역, 『주권이란 무엇인가』(21세기북스, 2016)

리디아 류, 차태근 역, 『충돌하는 제국: 서구 문명은 어떻게 중국이란 코끼리를 넘어뜨렸나』(글항아리, 2016)

리처드 맥그레거, 송예슬 역, 『미국, 새로운 동아시아 질서를 꿈꾸는가: 미중일 3국의 패권전쟁 70년』(메디치, 2019)

리처드 쏜턴, 권영근 역, 『강대국 국제정치와 한반도』(KIDA, 2020)

마고사키 우케루, 양기호 역, 『미국은 동아시아를 어떻게 지배했나: 일본의 사례, 1945-2012』(메디치, 2013)

마루야마 마사오 · 가토 슈이치, 임성모 역, 『번역과 일본의 근대』(이산, 2000)

마루야마 마사오, 김석근 역, 『문명론의 개략을 읽는다』(문학동네, 2007)

마루야마 마사오, 김석근 역, 『현대정치의 사상과 행동』(한길사, 1997)

마루야마 마사오. 박충석 · 김석근 역, 『충성과 반역: 전환기 일본의 정신사적 위상』(나남출판사, 1998)

마이클 돕스, 홍희범 역, 『1945: 20세기를 뒤흔든 제2차 세계대전의 마지막 6개월』(모던 아카이브, 2018)

마이클 하워드, 최파일 역, 『제1차 세계대전』(교유서가, 2015)

미하일 고르바초프, 이기동 역, 『선택: 미하일 고르바초프 최후의 자서전』(프리뷰, 2013)

민병원 · 조인수 외, 『장소와 의미: 동주 이용희의 학문과 사상』(연암서가, 2017)

박상섭, 『국가/주권』(소화, 2008)

박상섭, 『근대국가와 전쟁』(나남, 2004)

박영준, 『제국 일본의 전쟁 1868-1945』(사회평론아카데미, 2020)

박은식, 이장희 역, 『한국통사(韓國痛史) 상/하』(박영사, 1996)

배기찬, 『코리아 생존전략』(위즈덤하우스, 2017)

백영서 편저, 『동아시아 지역질서: 제국을 넘어 공동체로』(창작과 비평사, 2005)

벤저민 슈워츠, 최효선 역, 『부와 권력을 찾아서』(한길사, 2006)

브래드 글로서먼, 김성훈 역, 『피크재팬』(김영사, 2020)

빅 히스토리 연구소, 윤선영 · 이영혜 · 우아영 · 최지원 역, 『빅 히스토리』(사이언스북스, 2017)

사토 신이치(佐藤愼一), 『近代中國の知識人と文明』(東京大學, 1996)

새뮤얼 헌팅턴, 이희재 역, 『문명의 충돌』(김영사, 1997)

서경식, 김혜신 역, 『디아스포라 기행: 추방당한 자의 시선』(돌베개, 2006)

세르히 플로히, 허승철 역, 『얄타: 8일간의 외교전쟁』(역사비평사, 2020)

시모토마이 노부오, 정연식 역, 『아시아 냉전사』(경북내학교출반부, 2017)

신욱희, 『삼각관계의 국제정치: 중국, 일본과 한반도』(서울대학교출판문
화원, 2017)

아사히신문 취재반, 백영서 역, 『동아시아를 만든 열 가지 사건』(창비,
2008)

안중근, 『동양평화론』(서울셀렉션, 2019)

앙드레 슈미드, 정여울 역, 『제국 그 사이의 한국 1895~1919』(휴머니스트,
2007)

앤터니 비버, 김규태 역, 『제2차 세계대전: 모든 것을 빨아들인 블랙홀의
역사』(글항아리, 2017)

야마다 아키라, 윤현명 역, 『일본, 군비 확장의 역사』(어문학사, 2019)

야마모토 요시타카, 임경택 역, 『후쿠시마 일본 핵발전의 진실』(동아시아,
2011)

에드워드 사이드, 박홍규 역, 『오리엔탈리즘』(교보문고, 2015)

에릭 홉스봄, 김동택 역, 『제국의 시대』(한길사, 1998)

에릭 홉스봄, 이용우 역, 『극단의 시대: 20세기 역사』(까치, 1997)

오에 겐자부로, 이애숙 역, 『오키나와 노트』(삼천리, 2012)

오에 겐자부로, 이애숙 역, 『히로시마 노트』(삼천리, 2012)

오코노기 마사오, 류상영 외 역, 『한반도 분단의 기원』(나남, 2019)

와다 하루키, 서동만 역, 『한국전쟁』(창작과비평사, 1999)

와다 하루키, 이웅현 역, 『러일전쟁: 기원과 개전 1-2』(한길사, 2019)

요시다 유타카, 최혜주 역, 『아시아 태평양전쟁』(어문학사, 2012)

윌리엄 스마이저, 김남섭 역, 『얄타에서 베를린까지』(동녘, 2019)

윌리엄 시어도어 드 배리, 한평수 역, 『다섯 단계의 대화로 본 동아시아 문명』(실천문학사, 2001)

윤해동, 『동아시아사로 가는 길: 트랜스내셔널 역사학과 식민지근대』(책과함께, 2018)

이노우에 가쓰오, 동선희 역, 『메이지 일본의 식민지 지배: 홋카이도에서 조선까지』(어문학사, 2014)

이리에 아키라, 이종국·조진구 역, 『20세기의 전쟁과 평화』(을유문화사, 1999)

이삼성, 『한반도의 전쟁과 평화』(한길사, 2018)

이성환, 『전쟁국가 일본』(살림, 2005)

이와나미 신서 편집부 편, 서민교 역, 『일본 근현대사를 어떻게 볼 것인가』(어문학사, 2013)

이용희, 『동주 이용희 전집 2권: 정치사상과 한국민족주의』(연암서가, 2017)

이용희, 『동주 이용희 전집 3권: 일반국제정치학(상)』(연암서가, 2017)

이용희, 『동주 이용희 전집 4권: 한국외교사와 한국외교』(연암서가, 2017)

이은정·한수영, 『공감: 시로 읽는 삶의 풍경들』(교양인, 2007)

일본역사연구회, 아르고 인문사회연구소 편역, 『태평양전쟁사 1권: 만주사변과 중일전쟁』(채륜, 2017)

일본역사연구회, 아르고 인문사회연구소 편역, 『태평양전쟁사 2권: 광기와 망상의 폭주』(채륜, 2019)

자크 파월, 윤태준 역, 『좋은 전쟁이라는 신화』(오월의봄, 2017)

재레드 다이아몬드, 강주헌 역, 『대변동 위기, 선택, 변화』(김영사, 2019)

전재성, 『동북아 국제정치이론』(서울대학교출판문화원, 2020)

전재성, 『주권과 국제정치: 근대 주권국가체제의 제국적 성격』(서울대학교출판문화원, 2019)

정병준, 『한국전쟁: 38선 충돌과 전쟁의 형성』(돌베개, 2006)

조 굴디 · 데이비드 아미티지, 안두환 역, 『역사학선언』(한울아카데미, 2018)

조지 오웰, 박유진 역, 『1984』(코너스톤, 2020)

조지 오웰, 이한중 역, 『나는 왜 쓰는가』(한겨레출판, 2010)

조지 오웰, 정회성 역, 『1984』(민음사, 2003)

조지 케넌, 유강은 역, 『조지 케넌의 미국 외교 50년』(가람기획, 2013)

조지프 나이, 양준희 역, 『국제분쟁의 이해: 이론과 역사』(한울아카데미, 2000)

조지프 나이, 홍수원 역, 『제국의 패러독스』(세종연구원, 2002)

존 다워, 최은석 역, 『패배를 껴안고: 제2차 세계 대전 후의 일본과 일본인』(민음사, 2009)

존 루이스 개디스, 강규형 역, 『역사의 풍경』(에코리브르, 2004)

존 미어샤이머, 이춘근 역, 『강대국 국제정치의 비극: 미중 패권경쟁의 시대』(김앤김북스, 2017)

존 베일리스 · 스티브 스미스 · 퍼트리샤 오언스 편저, 하영선 외 역, 『세계정치론 3판』(을유문화사, 2006)

존 키건, 류한수 역, 『2차 세계대전사』(청어람미디어, 2007)

최덕수 외, 『조약으로 본 한국 근대사』(열린책들, 2010)

최원식 · 백영서 · 신윤환 · 강태웅 편저, 『제국의 교차로에서 탈제국을 꿈꾸다: 남쪽에서 본 동북아시아』(창비, 2008)

최은봉 · 오승희, 『전후중일관계 70년』(이화여자대학교 출판문화원, 2019)

태가트 머피, 윤영수 · 박경환 역, 『일본의 굴레』(글항아리, 2021)

테일러, A.J.P, 유영수 역, 『지도와 사진으로 보는 제2차 세계대전』(페이퍼로드, 2020)

티머시 스나이더, 함규진 역, 『피에 젖은 땅: 스탈린과 히틀러 사이의 유럽』(글항아리, 2021)

페르낭 브로델, 이정옥 역, 『역사학 논고』(민음사, 1990)

폴 케네디, 이일수·황건·전남석 역, 『강대국의 흥망』(한국경제신문사, 1997)

폴 코헨, 이남희 역, 『학문의 제국주의: 오리엔탈리즘과 중국사』(산해, 2003)

폴 콜리어 외, 강민수 역, 『제2차 세계대전』(플래닛미디어, 2008)

피터 홉커크, 정영목 역, 『그레이트 게임: 중앙아시아를 둘러싼 숨겨진 전쟁』(사계절, 2015)

필립 M.H. 벨, 황의방 역, 『12전환점으로 읽는 제2차 세계대전』(까치, 2012)

하라다 게이이치, 최석완 역, 『청일·러일전쟁』(어문학사, 2013)

하라 아키라, 김연옥 역, 『청일·러일전쟁 어떻게 볼 것인가: 동아시아 50년전쟁 다시 보기』(살림, 2015)

하세가와 쓰요시, 한승동 역, 『종전의 설계자들: 1945년 스탈린과 트루먼, 그리고 일본의 항복』(메디치, 2019)

하영선, 『한국 외교사 바로보기』(한울아카데미, 2019)

한나 아렌트, 김선욱 역, 『예루살렘의 아이히만: 악의 평범성에 대한 보고서』(한길사, 2006)

한도 가즈토시, 박현미 역, 『쇼와사 1: 전전편, 일본이 말하는 일본 제국사』(루비박스, 2010)

한도 가즈토시, 박현미 역, 『쇼와사 2: 전후편, 일본이 말하는 일본 현대사』(루비박스, 2010)

한영우, 『명성황후와 대한제국』(효형출판사, 2001)

한중일3국공동역사편찬위원회, 『한중일이 함께 쓴 동아시아 근현대사』(휴머니스트, 2012)

호사카 마사야스, 정선태 역, 『쇼와육군』(글항아리, 2016)

홋타 요시에(堀田善衞), 『広場の孤独』(東京: 新潮社, 1953)

황준헌, 조일문 역, 『朝鮮策略』(1880)(건국대학교출판부, 1977)

황태연, 『갑오왜란과 아관망명』(청계, 2017)

황태연, 『갑진왜란과 국민전쟁』(청계, 2017)

후쿠자와 유키치(福澤諭吉), 『文明論之槪略』(1875)(東京: 岩波文庫, 1995)

히틀러, 황성모 역, 『나의 투쟁』(동서문화사, 2014)